21世纪高等学校物流管理与物流工程系列教材

集装箱运输管理理论与实务

（第2版修订本）

主　编　林敬松　黄细洋
副主编　夏玉香

清华大学出版社
北京交通大学出版社
·北京·

内 容 简 介

本书全面系统地论述了集装箱运输管理的基本理论、原理、内容和方法。全书共分11章。内容主要包括集装箱运输系统的构成、特点和发展概况；国际集装箱标准及箱务管理；集装箱水路、公路、铁路和航空运输管理；集装箱码头及装卸工艺；集装箱租赁业务；集装箱多式联运、集装箱运费和经济分析，以及集装箱信息化管理、危险货物集装箱运输；并附录了有关集装箱运输的相关法规。

本书可作为高等院校、物流管理、物流工程、交通运输、国际贸易等专业本科的教科书，也适合物流企业培训业务人员之用。

图书在版编目(CIP)数据

集装箱运输管理理论与实务/林敬松,黄细洋主编. —2版. —北京:清华大学出版社；北京交通大学出版社，2015.12(2021.7重印)
(21世纪高等学校物流管理与物流工程系列教材)
ISBN 978－7－5121－2069－3

Ⅰ.①集…　Ⅱ.①林…　②黄…　Ⅲ.①集装箱运输－交通运输管理　Ⅳ.①U169.6

中国版本图书馆CIP数据核字(2014)第200800号

责任编辑:郭东青　　　　特邀编辑:张诗铭
出版发行:清 华 大 学 出 版 社　　邮编:100084　　电话:010－62776969
　　　　　北京交通大学出版社　　邮编:100044　　电话:010－51686414
印 刷 者:北京鑫海金澳胶印有限公司
经　　销:全国新华书店
开　　本:185×260　　印张:22.5　　字数:562千字
版　　次:2016年1月第2版　　2019年7月第2次修订　　2021年7月第4次印刷
书　　号:ISBN 978－7－5121－2069－3/U.183
印　　数:5 001～7 500册　　定价:59.00元

本书如有质量问题，请向北京交通大学出版社质监组反映。对您的意见和批评，我们表示欢迎和感谢。
投诉电话:010－51686043，51686008；传真:010－62225406；E-mail:press@bjtu.edu.cn。

第 2 版前言

集装箱运输作为一种先进的运输组织和管理形式，已经被国内外广泛采用。各国都把集装箱运输的普及和发展看作是货物运输进入现代化进程的重要标志。国际贸易日趋频繁，要求国际运输方式的改进，集装箱运输适应了国际物流的发展趋势，以集装箱运输为基础的国际多式联运，在现代物流中越来越呈现出独特的优势，发挥着物流环节中高效运输方式组织形式的重要作用。本书围绕集装箱运输相关基础理论和实务操作方面的内容，结合集装箱运输发展的最新动态，特别是相关国际集装箱标准和相关集装箱运输国际规范进行编写，以期为相关读者呈现最新集装箱运输相关知识。

集装箱运输是一种资金密集型、技术密集型的产业。这一运输方式的标准化程度高、国际化程度高、法规化程度高。其运作环节都按国际惯例操作，其运输规则即规范又复杂，因而对这个行业的从业人员素质要求较高，为了更好地适应集装箱运输人才的培养要求，本书体现以下特点。

（1）编写形式合理。本书每章前围绕本章主题设置教学案例，启发教学，突出重点，每章后设置复习思考题、案例分析，以便学生掌握重点知识，并运用所学知识解决实际问题，真正体现学以致用。

（2）体系完整。围绕集装箱运输管理涉及的各种运输方式，集装运输标准，箱务管理，集装箱码头机械，集装箱运输的发展，集装箱运输的费用，集装箱运输的信息化，集装箱租赁等业务进行编写，基本涵盖了集装箱运输所需具备的完整知识体系，让读者通过本书的学习能够全方位掌握集装箱运输相关理论与实务知识。

（3）操作性强。集装箱运输本身实务操作性强，本书通过大量的图片，案例和流程来帮助读者理解相关集装箱运输的基本理论、基本概念和业务操作。同时也将集装箱运输最新的标准和法规纳入本书，从而将理论性和适用性较好结合。

（4）适用性强。本书可作为高等院校物流管理、物流工程、交通运输、国际贸易等专业的教材，也可作为物流企业培训业务人员使用。

为适应我国集装箱运输快速发展的需要，我们在第 1 版的基础上编写了本教材，目的就是为了全面、系统地反映集装箱运输全过程的理论、方法和实务等内容。在撰写过程中，作者参考了大量的相关书籍，并吸收它们的理论、思路、方法，编者结合多年的教学实践及在港口集装箱行业学习和培训的体验，以集装箱运输管理理论与实践为主线，突出重点，强调深入浅出，通俗易懂，选择具有代表性的案例供读者借鉴。在此对所引用书籍的相关作者表示衷心的感谢，同时还要感谢北京交通大学出版社的大力支持和帮助。

本书建议总授课学时为 52 学时，其中，第 1、2、5、6 章分别为 4 学时，其余章节每章分别为 6 学时，为培养学生的自学和综合分析能力，应布置一定的自学内容，并将自学内容纳入考试范围。

本书由长期在高校从事集装箱运输教学与实践工作的老师共同编写，林敬松负责写作提纲、组织编写和最后的统稿工作。全书共分11章，其中第1、2、4、11章及附录部分由林敬松编写；第3、5、6章由夏玉香编写；第7、8、9、10章由黄细洋编写。

本书配套教学资源可从出版社网站（http://www.bjtup.com.cn）下载，或与责任编辑联系，电子邮箱 guodongqing2009@126.com。

由于作者水平有限，书中不妥之处在所难免，敬请广大读者批评指正。

编者

2015年11月

前　言

集装箱运输是一种先进的现代化运输方式。尽管现代意义上的集装箱运输仅有50多年的发展历史，但集装箱运输已遍及世界上所有的国家，世界货物运输集装箱化已成为不可阻挡的发展趋势。由于集装箱运输有巨大的社会效益和经济效益，各国都把集装箱运输的普及和发展作为运输现代化进程的重要标志，集装箱运输方式已成为国际贸易的最优运输方式之一。随着集装箱运输系统的建立、运行及各相关法规的完善，集装箱运输打破了长期以来各运输方式独立发展、独立经营和独立组织的局面，实现了“门—门”的运输方式。目前，集装箱运输网络已在全球范围内逐步形成。

随着技术的迅速发展和产业化，商品的结构日益向轻、薄、短、小和高附加值化发展，适箱货源逐渐增多。集装箱货物的运量增长远远超过非集装箱货物运量的增长速度，集装箱流量已成为代表国际物流水平和港口地位的主要标志。集装箱运输涉及面广、环节多、影响大，是一项高度系统化的运输工程，其整体功能的发挥依赖于系统内部各部分的协调发展和紧密配合。集装箱运输是资本密集、管理技术要求很高的产业。运输领域内集装箱化运动的普及及多式联运的发展，给运输技术、经营管理、运输法规、责任划分、货运单证、运输保险等方面都带来新的变化。它对从事集装箱运输管理的人员提出了更高的要求。同时，集装箱运输具有很强的专业性和竞争性，这就要求各环节的管理人员、技术人员和业务人员具有较高的专业素质和业务水平，才能更充分地发挥集装箱运输的优越性。

为适应我国集装箱运输快速发展的需要，我们编撰了本书，目的就是全面、系统地反映集装箱运输全过程的理论、方法和实务等内容。本书在撰写过程中，作者参考了大量的相关书籍，吸收其理论、思路、方法，并结合作者多年的教学实践及在港口集装箱行业学习和培训的体验和总结，注意以集装箱运输管理理论与实践为主线，突出重点，强调深入浅出，通俗易懂，选择具有代表性的案例供读者借鉴。在此对所引用书籍的相关作者表示衷心的感谢，同时还要感谢北京交通大学出版社的大力支持和帮助。

本书由六位长期在高校从事集装箱运输教学与实践工作的老师共同编写，全书共分10章，其中第1、2、4、6和附录部分由林敬松编写；第3、5章由夏玉香编写；第7、8、9、10章由黄细洋编写。

由于作者水平有限，时间仓促，疏漏之处难免，恳请读者批评指正。

编　者

2011年1月

目　　录

第1章

绪　论

本章要点

- 掌握集装箱运输的基本概念；
- 理解集装箱运输的发展阶段；
- 理解集装箱运输系统；
- 理解我国集装箱运输的发展。

中国出口集装箱运输市场

中国出口集装箱运输需求旺盛，船公司为迎接运输旺季的到来，展开了新一轮运力部署，运输市场供求关系基本保持平衡，航线运价稳定。2007 年 5 月，上海航运交易所发布的中国出口集装箱综合运价指数为 1 011. 89 点，上海地区出口集装箱运价指数为1 025. 28 点。

欧洲航线，总体保持了旺盛的需求，船舶基本满载出运。值得关注的是北方重货出口的踊跃程度在船公司征收重货附加费的限制下略有下降，部分低值货重回散装出口。即使重货出口略减，也未影响到欧洲航线总体运价稳定。对于夏季的旺季运输，船公司预期十分乐观。远东班轮公会近日公布的数据显示，第一季度，其成员公司承运亚欧西行货量达 212 万 TEU，同比增长 20. 7%，其中亚洲出口至北欧地区增长 19%，出口至地中海地区增长 24. 2%。从市场表现看，欧洲航线的供求形势较 2006 年明显改观，预计出口货运将增长 20%。

北美航线运输需求表现强劲，美西航线由于运价上调幅度较美东航线小，订舱情况略好于美东航线。为应付爆舱，部分船公司甚至增开加班船，快速疏运货物。在充足的货量支撑下，美西航线运价小幅攀升。

日本航线虽然进入传统淡季，但运输需求保持良好，船舶平均舱位利用率在 80% 以上，“淡季不淡” 成为日本航线 2007 年的一大特点。北方港口日本航线运价在货量的支撑下，进入上升通道，其中天津港日本航线运价已升至 60 美元/TEU。但上海港日本航线由于竞争激烈，运价呈下跌趋势。

思考题：出口集装箱运输需求旺盛取决于什么因素？

1.1 集装箱运输的发展

1.1.1 集装箱运输发展的起因

第二次世界大战以后，世界经济得到了迅猛发展，跨国经营和国际贸易量不断上升，激烈的国际竞争迫使企业不断地寻求降低成本的途径，以便在国际市场竞争中处于有利地位，获得更大的利润。

国际竞争中，企业对降低成本的不断追求，国际贸易量的上升及跨国经营的增加，自然对国际货物运输提出更高的要求。传统的货物运输由于采用件杂货的方式，货物品种多，包装形式多样，单件重量相差较大，很难实现全过程的机械化和自动化运输，也不适应现代大规模专业化生产的要求。为了克服件杂货运输所带来的问题，扩大运输单元是必然趋势。在这一变化过程中，出现了货物运输单元化、成组化的运输组织形式。但是这种方式的集成化程度有限，外形仍不规整，由于包装强度所限，使得堆码困难，空间利用率低。所以，更大单元的、外形尺寸标准的、包装具有一定强度的集成化运输方式便应运而生。

作为运输对象的货物，按其物理形态可以分为散货、液体货与件杂货。

散货即在运输中其物理形态为细小的粉末状或颗粒状、块状的货物，主要有煤炭、矿粉等，粮食、化肥和水泥等货物，在大规模水路运输时，也经常采用散货运输方式；液体货是指在运输中其物理形态为气态，经过压缩变为液态，装在容器中进行运输的货物，主要有石油、石油制成品、液态天然气、液化煤气等；件杂货指在运输中，不论其原物理形态如何，均经包装而形成袋装、桶装、捆装等形态，然后进行运输。在所有的运输货物中，“件杂货”覆盖面最广，几乎所有的制成品，包括机械设备、零部件、标准件、服装、食品及农产品、水果、鲜花等，在运输过程中，均表现为某种包装形态的“件杂货”。

由于件杂货本身的特点（如外形不一、体积不一、比重不一等），要提高装卸效率，首先要摆脱沉重与低效的人力装卸状况。而要摆脱依赖人力的装卸，人们首先着眼于“货件”的标准化与扩大“装卸单元”，也就是使得外形、大小不一的件杂货，通过某种组合方式，变成外形、大小一致的“货件”。于是就出现了“成组运输”这一方式。

所谓“成组运输”，就是把单件杂货，利用各种不同的“成组工具”，组成一个个同一尺寸的标准“货件”，并使其在铁路、公路、水路等不同的运输方式间，可以不拆组快速转移。采用这种运输方式，不仅提高了每个“货件”的重量，而且使每个“货件”定型化、标准化，从而促进了件杂货运输的机械化和自动化。

件杂货的成组运输开始是用“网兜”和“托盘”来实现的，后来进一步发展了托盘船，实现了“托盘化”。

件杂货“托盘化”以后，与单件运输比较，已有了很大的进步。但是在托盘运输中还存在一些不足之处。

（1）托盘上只能装载包装尺寸相同的货物。它最适合装载那些用纸板箱或木板箱包装的商品；对坛、罐包装或形状不一的家具、机械和长大件货，堆装就会发生困难。

（2）托盘的尺寸有限。托盘货组每件重量一般为 1 ~ 2 t。因此装卸效率提高的幅度不大。

（3）采用托盘运输时，货件需要堆装，上层货件的重量直接压在下面的货件上，因此，货物的外包装需要具有较大的强度。

（4）托盘运输时，托盘上的货件是敞开的，在运输过程中容易发生被盗事件。

（5）货物交接理货工作量大，在国际贸易运输中，需要办理较烦琐的过境手续。

成组运输的进一步改进，就是集装箱化。托盘货件被装进集装箱，克服了托盘运输的上述缺点。于是，集装箱化运输就代替了托盘化运输。

通过上述分析，业内人士开始对成组工具不断进行改进、完善，所以更大单元的、外形尺寸标准的、具有一定强度的集成化运输方式的出现势在必行，集装箱的诞生正顺应了这种发展趋势。集装箱在船舶中的应用，彻底改变了“件杂货”运输的落后面貌，突破了“件杂货”运输的装卸瓶颈，引起了世界运输史上前所未有的大变革。

1.1.2 集装箱运输的发展阶段

集装箱运输虽然是一种现代化的运输方式，但其发展却经历了漫长的过程。自 1956 年 4 月美国泛大西洋汽船公司“马科斯顿”号装载 35 英尺集装箱首航纽约—休斯敦航线进行海上集装箱运输以来，至今已 50 多年。目前，集装箱运输已进入以国际远洋运输为主，以铁路运输、公路运输、航空运输为辅的多式联运为特征的新时期。集装箱运输发展的大事年记如表 1-1 所示 。

表 1-1 集装箱发展大事记

年 份	事 件	影 响
1801	英国人安德森博士提出集装箱运输设想	
1830	在英国，在铁路上使用大容器装运出现了	最早出现的集装箱运输雏形
1845	英国铁路出现酷似集装箱的货车车厢	
1853	美国铁路业采用了容器装运法	
1880	美国正式试用第一艘内河集装箱船	水路集装箱运输出现
1900	英国铁路正式使用简陋的集装箱	
1917	美国在铁路上试行集装箱运输	
1926	德国出现集装箱运输	
1928	法国出现集装箱运输	
1928	在罗马举行世界公路会议，讨论公路集装箱运输	公路集装箱运输开端
1933	在法国成立国际集装箱运输局	集装箱管理机构出现
1956	“马科斯顿”号在航线运输	集装箱运输正式诞生
1957	泛大西洋汽船公司改装成吊装式全集装箱船	世界上第一艘全集装箱船
1960	泛大西洋汽船公司改名为海陆运输公司	

续表

年份	事件	影响
1961	海陆开辟了纽约—洛杉矶—旧金山航线	奠定了在美国进行集装箱运输的基础
1965	ISO 颁布了一系列国际集装箱的规格	集装箱开始标准化
1966	海陆公司经改装的全集装箱船开辟了纽约—欧洲航线	集装箱运输国际航线出现
1967	马托松船公司将夏威夷殖民者号全集装箱船投入到日本—北美太平洋航线	
1968	日本有 6 家船公司在日本至加利福尼亚之间开展集装箱运输	海上集装箱运输首次出现在美国以外
1971	世界 13 条主要航线基本上实现了件杂货集装箱化	
1980	在日内瓦通过了《联合国国际货物多式联运公约》	集装箱多式联运出现
1980—1989	国际远洋集装箱运输发展迅速，从欧美扩展到东南亚、中东及世界各主要航线	
1996	荷兰渣华合并了英国铁行	集装箱运输企业联合、合并进入高潮
1997	马士基收购海陆	
2005	马士基与铁行渣华合并	
2006	中国拥有自主知识产权的集装箱电子标签在上海研制成功并投入使用	中国集装箱信息化走到了世界前列

1. 集装箱运输发展的初始阶段（19 世纪初—1966 年）

集装箱运输起源于英国。早在 1801 年，英国的詹姆斯·安德森博士已提出将货物装入集装箱进行运输的构想。1845 年英国铁路曾使用载货车厢互相交换的方式，视车厢为集装箱，使集装箱运输的构想得到初步应用。19 世纪中叶，在英国的兰开夏已出现运输棉纱、棉布的一种带活动框架的载货工具，这是集装箱的雏形。

正式使用集装箱来运输货物是在 20 世纪初期。1900 年，在英国铁路上首次试行了集装箱运输，后来相继传到美国（1917 年）、德国（1926 年）、法国（1928 年）及其他欧美国家。

1966 年以前，虽然集装箱运输取得了一定的发展，但在该阶段集装箱运输仅限于欧美一些先进国家，主要从事铁路、公路运输和国内沿海运输；船型以改装的半集装箱船为主，其典型船舶的装载量不过 500TEU（20 ft 集装箱换算单位，简称“换算箱”）左右，速度也较慢；箱型主要采用断面为 8 ft×8 ft，长度分别为 24 ft、27 ft、35 ft 的非标准集装箱，部分使用了长度为 20 ft 和 40 ft 的标准集装箱；箱的材质开始以钢质为主，到后期铝质箱开始出现；船舶装卸以船用装卸桥为主，只有极少数专用码头上有岸边装卸桥；码头装卸工艺主要采用海陆联运公司开创的底盘车方式，跨运车刚刚出现；集装箱运输的经营方式是仅提供港到港的服务。以上这些特征说明，在 1966 年以前集装箱运输还处于初始阶段，但其优越性已经得以显示，这为以后集装箱运输的大规模发展打下了良好的基础。

2. 集装箱运输的发展阶段（1967—1983 年）

自 1967 年至 1983 年，集装箱运输的优越性越来越被人们承认，以海上运输为主导的国际集装箱运输发展迅速，是世界交通运输进入集装箱化时代的关键时期。

1970 年约有23 万 TEU，1983 年达到208 万 TEU。集装箱船舶的行踪已遍布全球。随着海上集装箱运输的发展，各港口纷纷建设专用集装箱泊位，世界集装箱专用泊位到1983 年已增至983 个。世界主要港口的集装箱吞吐量在20 世纪70 年代的年增长率达到15%。专用泊位的前沿均装备了装卸桥，并在鹿特丹港的集装箱码头上出现了第二代集装箱装卸桥，每小时可装卸50TEU。码头堆场上轮胎式龙门起重机、跨运车等机械得到了普遍应用，底盘车工艺则逐渐趋于没落。在此时期，传统的件杂货运输管理方法得到了全面改革，与先进运输方式相适应的管理体系逐步形成，电子计算机也得到了更广泛的应用，尤其是1980 年5 月在日内瓦召开了有84 个联合国贸易和发展会议成员国参加的国际多式联运会议，通过了《联合国国际货物多式联运公约》。该公约对国际货物多式联运的定义、多式联运单证的内容、多式联运经营人的赔偿责任等问题均有所规定。公约虽未生效，但其主要内容已为许多国家所援引和应用。

虽然在20 世纪70 年代中期，由于石油危机的影响，集装箱运输发展速度减慢，但是这一阶段发展时期较长，特别是许多新工艺、新机械、新箱型、新船型及现代化管理，都是在这一阶段涌现出来的，世界集装箱向多式联运方向发展也孕育于此阶段之中，故可称之为集装箱运输的发展阶段。

3. 集装箱运输的成熟阶段（1984 年以后）

1984 年以后，世界航运市场摆脱了石油危机所带来的影响，开始走出低谷，集装箱运输又重新走上稳定发展的道路。有资料显示，发达国家件杂货运输的集装箱化程度已超过80%。据统计，到1998 年世界上约有各类集装箱船舶6 800 多艘，总载箱量达579 万 TEU。集装箱运输已遍及世界上所有的海运国家，随后集装箱运输进入成熟阶段。世界海运货物的集装箱化已成为不可阻挡的发展趋势。

集装箱运输进入成熟阶段的特征主要表现在以下两个方面。

（1）硬件与软件的成套技术趋于完善。干线全集装箱船向全自动化、大型化发展，出现了2 500～4 000 TEU 的第三代和第四代集装箱船。一些大航运公司纷纷使用大型船舶组织了环球航线。为了适应大型船停泊和装卸作业的需要，港口高速、自动化装卸桥也得到了进一步发展。为了使集装箱从港口向内陆延伸，一些先进国家对内陆集疏运的公路、铁路和中转场站及车辆、船舶进行了大量的配套建设。在运输管理方面，随着国际法规的日益完善和国际管理的逐步形成，实现了管理方法的科学化、管理手段的现代化。一些先进国家已从原仅限于港区管理发展为与口岸相关各部门联网的综合信息管理，一些大公司已能通过通信卫星在全世界范围内对集装箱实行跟踪管理。先进国家的集装箱运输成套技术为发展多式联运打下了良好的基础。

（2）开始进入多式联运和“门—门”运输阶段。实现多种运输方式的联合运输是现代交通运输的发展方向，集装箱运输在这方面具有独特优势。先进国家由于建立和完善了集装箱的综合运输系统，使集装箱运输突破了传统运输方式的“港—港”概念，综合利用各种运输方式的优点，为货主提供“门—门”的优质运输服务，从而使集装箱运输的优势得到充分发挥。“门—门”运输是一项复杂的国际性综合运输系统工程，先进国家为了发展集装箱运输，将此作为专门学科，培养了大批集装箱运输高级管理人员、业务人员及操作人员，使集装箱运输在理论和实务方面都得到逐步完善。

1.1.3 中国集装箱运输发展概况

中国集装箱运输是从20世纪50年代开始起步的。1955年4月，铁路部门开始办理国内小型集装箱运输。水运部门在1956年、1960年、1972年3次借用铁路集装箱进行短期试运。1973年开辟海上国际集装箱运输，1973年9月开辟用杂货船捎运小型集装箱的上海至横滨、大阪、神户航线。中国国际集装箱运输起步较晚，但发展的速度是最快的。自1973年天津接卸了第一个国际集装箱，历经了70年代的起步、80年代的稳定发展，到90年代中国国际集装箱运输引起全世界航运界的热切关注。至此，中国拥有了一支现代化的集装箱船队，建成了一批集装箱专用深水泊位。目前，中国的香港地区、上海、深圳和中国台湾地区的高雄港排在世界集装箱港口的前十位；中远集团和中海集团、中国香港的东方海外集团和中国台湾的长荣海运集团也身居世界前二十大班轮公司之列。

国民经济的发展特别是对外贸易的迅猛发展是中国港口集装箱运输蓬勃发展的内在动力，纵观中国集装箱运输的发展历程，主要表现出以下的特点。

1. 集装箱港口数量增长快

1978年以后，沿海的大连、青岛、烟台、宁波、厦门、深圳等纷纷投资建立集装箱码头；上海、天津等最早形成集装箱接卸能力的港口更是不断加大投资，扩大集装箱吞吐能力。长江沿线也出现了一些内河集装箱码头。

2. 集装箱码头的装备发展迅速

中国主要集装箱港口，如上海、深圳、青岛等，装备水平的发展速度很快，在泊位配机量、集装箱桥吊的大型化程度、集装箱码头管理的现代化程度、装卸工艺的水平等方面，与世界先进港口的水平接近，在一些新建的设施最先进的码头，其硬件的现代化程度，已经赶上国外最好的集装箱码头。当然，在管理水平、装卸效率、管理的规范化、信息化等方面与世界先进集装箱港口还有一定的距离。

3. 集装箱船舶大型化

1995年年底，中国的集装箱船队总运力26万TEU位，当时共拥有各类集装箱运输船舶935艘，而到现在，中国的集装箱船队运力达到50万TEU位，几乎是前者的两倍，但是船舶的数量却大幅下降。运力翻倍而船舶数量大幅下降，说明了船舶的大型化趋势。船舶的大型化可以充分发挥规模经济，有效地降低运输成本。据测算，8 000 TEU的集装箱船舶的运输成本将比4 000 TEU的集装箱船低10%。

4. 集装箱运输法规不断完善

“八五”期间，1990年12月国务院发布第68号令，颁布了《中华人民共和国海上国际集装箱运输管理规定》；同年6月，交通部发布第15号令，颁布了《国际班轮运输管理规定》。1992年8月，交通部颁布了《中华人民共和国海上国际集装箱运输管理规定实施细则》；1997年3月14日交通部、铁道部以1997年第2号令发布《国际集装箱多式联运管理规则》。在国际海运业的外资政策方面，2001年又颁布《国际海运条例》。2002年，交通部等六部委联合发布《关于加快发展我国集装箱运输的若干意见》，要求各有关部门认真清理现行的政策性文件，废止不利于集装箱运输发展的有关规定，根据中国市场经济和集装箱运输发展的实际情况，依据世界贸易组织规则和国际惯例，制定符合中国集装箱运输发展的政策法规。近年来，《港口法》、《国际海运条例》等法规的颁布实施，进一步促进了包括港口

集装箱运输在内的水路运输业法律法规体系的健全与完善。这些法规的颁布，在充分发挥市场机制作用的同时，也对行业运行和发展进行必要的规制，是实现资源有效配置和市场有序运作的重要途径。

5. 依靠科技发展集装箱运输，管理水平极大提升

为了提高集装箱运输的管理水平，“七五”期间，在国家计委等部门的支持下，交通部主持了“运输系统工业性试验”，在上海口岸通过设备配套、技术开发、规章制定、单证统一等形式，发展和完善了以上海港为中心，向国外和内陆两个扇面辐射的干支线相衔接的国际集装箱运输系统和示范模式，取得了圆满的成功，并于“八五”期间在其他口岸进行了推广。通过技术的推广和应用，使中国集装箱运输走上了正规化、科学化的道路，管理水平迈上了一个新台阶。

20 世纪 90 年代，中国又加快了集装箱运输信息系统的现代化建设，电子数据交换系统、国际互联网和企业内部互联网等在集装箱运输管理中得到广泛的应用。目前，全国沿海主要港口已经基本建立港口电子数据交换中心，实现了电子通关和贸易无纸化，建立了公共交易平台，使得相关信息得以迅速而准确地在相关方传递，极大提高了服务水平和工作效率。如上海集装箱码头有限公司自行开发了公司码头营运系统，通过降低成本，完善了作业流程，加强了信息流通和企业管理，使得其管理水平始终居于国内港口的领先地位。

1.1.4　中国集装箱运输发展的制约因素

目前，中国集装箱运输的发展程度，沿海地区远远好于内陆地区；水路运输远远好于公路和铁路。集装箱运输在中国中、西部经济相对落后的地区发展得还很缓慢，有很多地区还从来没有过集装箱的踪迹，与发达国家纵横交错的集装箱多式联运相比，尚存在非常大的差距。中国各地区集装箱运输发展极不平衡的原因，主要表现以下一些方面。

1. 中国各地经济发展极不平衡，导致集装箱运输发展不平衡

中国从东到西，经济发展极不平衡。像上海等发达地区，人均国民生产总值已跨入中等发达国家的行列，而中、西部的一些省区，经济却处于相当贫困的状态。经济发展的差距，一方面导致道路等运输条件的差距，也影响了各地集装箱运输的发展。中国高速公路和高等级公路，至今尚只能较密集地分布在东、南沿海发达地区，集装箱公路运输的触角，也只能延伸到高速公路与高等级公路能达到的地区，这就限制了集装箱运输的推广和拓展；另一方面也导致了所运货物货种结构的差距，影响了各地集装箱运输的发展，经济落后地区所运输货物中适箱货源（如家用电器、高档消费品、食品等）数量相对较少，而原料、矿产、低档生活资料、土产等相对较多，这也制约了集装箱运输的发展，经济发展的差距还导致了落后地区投资能力的匮乏。开展集装箱运输需要大量的基础设施投资，由于缺乏投资能力，经济落后地区就难以形成集装箱运输或接卸能力，这些都制约了中、西部经济落后地区集装箱运输的发展。

2. 由于种种条件的制约，集装箱运输的优势无法发挥，某些企业缺乏开展集装箱运输的积极性

集装箱运输高效的优势表现在它是一种“门—门”运输。中国有很多地区集疏运能力差，集装箱根本不可能运到“门”，只能中途拆箱，那么“门—门”运输的优势就无法发挥。出现的问题是，货物采用集装箱运输方式后，其运输成本反而大幅上升，所以导致企业对采用集装箱方式运输积极性不高。

3. 集装箱管理的专业人员缺乏，难以形成一支专业管理力量

集装箱运输是一种高度标准化、国际化的运输方式，严格采用国际惯例进行运输的组织。各种单证与国际接轨，适用法律、法规也与国际接轨，采用费用计算方式、保险方式，均按国际惯例办事，与中国传统运输、仓储等做法有一定的距离。所以，开展集装箱水路运输和内陆多式联运，不能简单地依靠原来做件杂货运输、仓储的人员，而必须通过培训建设一支新的专业管理队伍。由于集装箱运输的信息管理高度计算机化、国际化，所以这支专业管理队伍的素质要求相应较高。这对于中国相对落后的中、西部地区，短期内形成专业管理队伍，也有一定困难。

1.2 集装箱运输的特点及发展趋势

集装箱运输是将集装箱作为运输单元，在运输过程中采用专用的运输工具和装卸设备的一种运输方式。集装箱运输之所以能在全世界范围内迅猛发展，是因为这种运输方式具有鲜明的特点和突出的优越性。

1.2.1 集装箱运输的特点

1. 高效益的运输方式

集装箱运输经济效益高主要体现在以下几方面。

（1）简化包装，大量节约包装费用。为避免货物在运输途中受到损坏，必须有坚固的包装，而集装箱具有坚固、密封的特点，其本身就是一种极好的包装。使用集装箱可以简化包装，有的甚至无须包装，实现件杂货无包装运输，可大大节约包装费用。

（2）减少货损、货差，提高货运质量。由于集装箱是一个坚固密封的箱体，集装箱本身就是一个坚固的包装。货物装箱并铅封后，途中无须拆箱倒载，一票到底，即使经过长途运输或多次换装，不易损坏箱内货物。集装箱运输可减少被盗、潮湿、污损等引起的货损和货差，深受货主和船公司的欢迎，并且由于货损货差率的降低，减少了社会财富的浪费，也具有很大的社会效益。

（3）减少营运费用，降低运输成本。由于集装箱的装卸基本上不受恶劣气候的影响，船舶非生产性停泊时间缩短，又由于装卸效率高，装卸时间缩短，对船公司而言，可提高航行率，降低船舶运输成本，对港口而言，可以提高泊位通过能力，从而提高吞吐量，增加收入。

2. 高效率的运输方式

传统的运输方式具有装卸环节多、劳动强度大、装卸效率低、船舶周转慢等缺点。而集装箱运输完全改变了这种状况。

（1）普通货船装卸，一般每小时为 35 t 左右，而集装箱装卸，每小时可达 400 t 左右，装卸效率大幅度提高。同时，由于集装箱装卸机械化程度很高，因而每班组所需装卸工人数很少，平均每个工人的劳动生产率大大提高。

（2）由于集装箱装卸效率很高，受气候影响小，船舶在港停留时间大大缩短，因而船舶航次时间缩短，船舶周转加快，航行率大大提高，船舶生产效率随之提高，从而，提高了船

舶运输能力，在不增加船舶艘数的情况下，可完成更多的运量，增加船公司收入，这样高效率导致高效益。

3. 高投资的运输方式

集装箱运输虽然是一种高效率的运输方式，但是它同时又是一种资本高度密集的行业。

（1）船公司必须对船舶和集装箱进行巨额投资。根据有关资料表明，集装箱船每立方英尺的造价为普通货船的3.7～4倍。集装箱的投资相当大，开展集装箱运输所需的高额投资，使得船公司的总成本中固定成本占有相当大的比例，高达2/3以上。

（2）集装箱运输中的港口的投资也相当大。专用集装箱泊位的码头设施包括码头岸线和前沿、货场、货运站、维修车间、控制塔、门房及集装箱装卸机械等，耗资巨大。

（3）为开展集装箱多式联运，还需有相应的设施及内陆货运站等，为了配套建设，这就需要兴建、扩建、改造、更新现有的公路、铁路、桥梁、涵洞等，这方面的投资更是惊人。可见，如果没有足够的资金开展集装箱运输，实现集装箱化是困难的，必须根据经济实力量力而行，最后实现集装箱化。

4. 高度协作的运输方式

集装箱运输涉及面广、环节多、影响大，是一个复杂的运输系统工程。集装箱运输系统包括海运、陆运、空运、港口、货运站及与集装箱运输有关的海关、商检、船舶代理公司、货运代理公司等单位和部门。如果互相配合不当，就会影响整个运输系统功能的发挥，如果某一环节失误，必将影响全局，甚至导致运输生产停顿和中断。因此，要求搞好整个运输系统各环节、各部门之间的高度协作。

首先，集装箱运输是把高效装卸的专业化码头、快速周转的运输船队、四通八达的集疏运网络、功能齐全的中转站、具有较强实力的运输经营人、遍及世界的代理网络、科学准确的信息传递和单证流转、各种运输方式综合的组织和管理、先进的经营思想、标准化的货源和技术工艺、完善的法规体系、协调工作的口岸各部门有机地结合在一起的大规模运输工程。

其次，集装箱运输是一项高度系统化的运输工程，其整体功能的发挥依赖于上述各方面的协调发展与密切配合。现代集装箱运输从产生时起就把不同的运输方式紧密结合在一起，实现了多种方式的综合组织，这些特点打破了长期以来各运输方式独立发展、独立经营和独立组织的局面，使得集装箱运输系统在系统规划和建设、企业经营、运输组织和管理的基本思想及方法技术等方面与传统运输相比都发生了极大变化。

集装箱运输优越性的发挥取决于各方面、各环节的协调发展、密切配合和综合组织，因此是一种高度协作的运输方式。

5. 适于组织多式联运

由于集装箱运输在不同运输方式之间换装时，无须搬运箱内货物而只需换装集装箱，这就提高了换装作业效率，适于不同运输方式之间的联合运输。在换装转运时，海关及有关监管单位只需加封或验封转关放行，从而提高了运输效率。

此外，由于集装箱运输是一个资金密集、技术密集及管理要求很高的行业，是一个复杂的运输系统工程，这就要求管理人员、技术人员、业务人员等具有较高的素质，才能胜任工作，才能充分发挥集装箱运输的优越性。

1.2.2 集装箱运输的优越性

1. 扩大成组单元，提高装卸效率，降低劳动强度

在装卸作业中，装卸成组单元越大，装卸效率越高。托盘成组化与单件货物相比，装卸单元扩大了20~40倍；而集装箱与托盘成组化相比，装卸单元又扩大了15~30倍。所以集装箱化对装卸效率的提高是个不争的事实。

2. 减少货损、货差，提高货物运输的安全与质量水平

货物装入集装箱后，在整个运输过程中不再倒载。由于减少了装卸搬运的次数，就大大减少了货损、货差，提高了货物的安全性和质量。据中国的统计，用火车装运玻璃器皿，一般破损率在30%左右，而改用集装箱运输后，破损率下降到5%以下。在美国，类似运输破损率不到0.01%，日本也小于0.03%。

3. 缩短货物在途时间，降低物流成本

集装箱化给港口和场站的货物装卸、堆码的全机械化和自动化创造了条件。标准化的货物单元加大，提高了装卸效率，缩短了车船在港口和场站停留的时间。据航运部门统计，一般普通货船在港停留时间约占整个营运时间的56%；而采用集装箱运输，则在港时间可缩短到仅占营运时间的22%。这一时间的缩短，对货主而言就意味着资金占用的大幅下降，可以很大程度地降低物流成本。

4. 节省货物运输包装费用，简化理货工作

集装箱是坚固的金属（或非金属）箱子。集装箱化后，货物自身的包装强度可减弱，包装费用下降。据统计，用集装箱方式运输电视机，本身的包装费用可节约50%。同时，由于集装箱装箱通关后，一次性铅封，在到达目的地前不再开启，也简化了理货工作，降低了相关费用。

5. 减少货物运输费用

集装箱可节省船舶运费，节省运输环节的货物装卸费用；由于货物安全性提高，运输中保险费用也相应下降。据英国有关方面统计，该国在大西洋航线上开展集装箱运输后，运输成本仅为普通件杂货运输的1/9。

1.2.3 集装箱运输存在的问题

集装箱运输具有上述许多优势，因此，采用集装箱运输的程度越来越高。但是，采用集装箱运输以后，也会带来一些不利的因素，这也是值得注意的问题。

1. 采用集装箱运输需要大量的初始投资

集装箱运输是一种现代化的运输方式，开展集装箱运输需要具有专门的设施和新的技术装备，如集装箱船舶、集装箱专用卡车、集装箱专用列车等。航运公司需要购置或租赁大量造价较高的集装箱，一般来说，全集装箱船舶的造价是杂货船造价的4倍以上，集装箱船舶和集装箱的高投资，使船公司的成本结构发生了很大的变化，固定成本在总成本中的比例会达到2/3以上。

集装箱运输需要有集装箱专用泊位和配套的装卸、堆码、搬运机械设备。这些机械设备与传统的港口设备相比，技术上要求更高，所投入的资金也同时明显增多。此外，为适用于大型集装箱专用车辆的通行，内陆运输线路、运载工具和内陆货运站都必须进行改造、兴

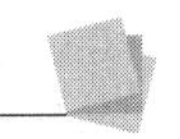

建、扩建等，这也需要巨额的资金投入。

因此，集装箱运输作为一种资金密集型行业，其发展对经济、技术相对落后的发展中国家是较为困难的，这也是集装箱运输在发达国家发展较快的主要原因。

2. 增加了箱务管理业务

集装箱运输是以国际标准的集装箱为媒介的。由于集装箱数量多，而且流向复杂，要及时地掌握集装箱动态是一项复杂的管理业务，通常会由于箱务管理混乱，导致大量集装箱流失，这不仅造成重大的经济损失，而且影响到运输的正常运行。如何提高集装箱的利用率，加速集装箱的周转，减少空箱回运，是集装箱箱务管理的任务。箱务管理的好坏，对降低运输成本，提高集装箱运输的经济效益都会产生重大的影响。

3. 要求“一关三检”等机构的配合

国际集装箱运输时，按照国家的规定，货物的进出口需要办理各种检验手续，这就需要耗费大量的时间。如果集装箱运输也与传统的杂货运输一样，须开箱检查，并且各方都应到场，这势必影响到集装箱运输高速高效的优势。因此，为适应集装箱运输的要求，各方必须改革以前传统的做法，提高工作效率，紧密配合，以确保集装箱运输的畅通无阻。

4. 集装箱船舶的潜在风险

集装箱船舶为便于装卸，一般设置很大的舱口，从而船舶纵向变形的适应力小了很多，极易自舱口四角因扭力矩产生集中应力而撕裂。

一般来说，首先，集装箱船舶甲板装载集装箱量比较大，占船舶总载箱量的30%～50%，这样会造成船舶重心较高，船舶的稳性因重心提高而受到影响；其次，甲板装载以后，驾驶室的视线受到限制，加大了视野的死角，增加了货运事故的可能性；再次，甲板装载的集装箱极易受风浪的袭击，货损的风险性加大。

虽然存在以上的不足，但总体说来，由于集装箱运输加快了运输速度，减少了货损货差，简化了相关手续，节省了包装费用，增大了通过能力，所以其必有良好的发展。

1.2.4 集装箱运输发展的趋势

1. 集装箱船趋向大型化

为了参与国际范围内的竞争，减少运输成本，各大跨国航运公司纷纷投资，大力发展大型化集装箱船舶，使世界集装箱船舶的平均载箱量逐年上升。进入20世纪90年代以来，载箱量为3 000～4 000 TEU的第四代集装箱船已成为主流船型，并开始形成向第五代集装箱船发展的趋势。1997年1月中远集团的第一艘5 250箱位、载重量68 950 t的第五代全集装箱船“鲁河”轮首航天津港和上海港，标志着中国集装箱船队的发展也进入了大型化阶段。但是，集装箱船舶的大型化趋势也会遇到一系列的障碍。这包括港口的水深条件、起重设备的作业尺寸、港口的装卸效率及陆路的集疏运能力等问题。因此，未来的集装箱船主流船型将会维持在一定的规模水平上。

南通中远川崎船舶工程有限公司是国内首家中外合资的大型造船企业，位于长江入海口北岸，离南通市中心约4 km，系中国远洋运输（集团）总公司（COSCO）与日本川崎重工业（Kawasaki Heavy Industry，KHI）株式会社合资兴建的大型企业。公司注册资本8 000万美元，总投资2.4亿美元，中日双方各占50%，是中远集团旗下唯一的造船企业。南通中

远川崎船舶工程有限公司（Nantong COSCO KHI Ship Engineering Co.，Ltd.，NACKS）于1995年年底成立，于1999年正式开业。2001年，NACKS以仅仅850名职工的船厂规模、短短3年的造船历史，创造出年产量近60万吨的惊人业绩，并且居然填补了中国建造大型集装箱船的空白，获得了业界的惊叹关注。从1999年到2002年，在开业后的3年内，公司实现了从承造4.75万吨级散货船，到第五代5 400 TEU（标准箱）集装箱船，再到30万吨级巨型油轮令人炫目的“三级跳”，为中国造船业作出了积极的贡献，获得了社会各界广泛赞誉。南通中远川崎是中国本土上第一个实质建造5 000箱级第五代集装箱船的造船厂，也是华东地区首个能建造30万吨级VLCC的造船厂，虽然该两型船的设计工作不全部由中国设计力量进行，但其建造施工确实在南通中远川崎完成，也可算是中国的骄傲。

2. 集装箱码头趋向深水化、大型化和高效化

随着集装箱船舶的大型化，特别对最新的6 000 TEU以上的超大型船来说，水深条件越来越成为船公司选择港口的重要因素。船舶的大型化要求有自然条件良好的处于航运干线附近的深水港与之配套，因此全球运输中的枢纽港的作用日益重要。而这些起枢纽作用的港口的稳定货源必须有众多的支线港予以支撑。而枢纽港的非直接腹地的货源所占比重会不断增加。这种集装箱量向少数一些港口集聚的趋势已表现得越来越明显，中国香港地区和新加坡的集装箱吞吐量的急剧上升印证了这一点。因此，集装箱码头规模的扩大，码头深水化、高效化已成为枢纽港的必要条件。为此，集装箱码头将向着全自动化作业方向发展，装卸工艺将有突破性改进，作业设备将进入新一轮的更新换代时期。

在一个港口发展集装箱运输，必须有深水航道、深水泊位。尤其是规划成为集装箱运输的枢纽港，更需要深水航道、深水泊位，现在，第六代或超大型集装箱船（能载7 000～8 000标准箱）一艘艘投入营运。第六代集装箱船及万箱位船，其吃水至少14 m，如要进港系泊，当然要求航道水深和码头前沿水深均在15 m以下。一个港口，没有深水航道和深水泊位，就不能接纳大型集装箱船，只能是支线港、喂给港，只能为大型深水港配套服务。

上海国际航运中心规划深水港选址，最后定在杭州湾的外海，距南汇芦潮港约30 km的大、小洋山岛。按照规划，洋山港深水港区一期工程，港区位于小洋山港南岸，有总长1 600 m的5个集装箱船泊位，码头前沿水深15 m，年吞吐能力达220标准箱。2010年前完成深水港区二期工程，有15 m水深泊位30个，年吞吐能力达1 300万标准箱。至2020年，整个洋山港区将有15 m以下深水泊位50多个，深水岸线长达20 km，形成年吞吐能力达2 500万标准箱的规模。无疑，上海港届时能成为国际航运的最大中心、世界上最大的集装箱港口。

3. 集装箱运输量将继续增长

与其他运输方式相比，集装箱运输是一种较新的模式。这种运输方式本身还在不断地发展和创新，它将在整个运输中承担越来越大的市场份额。集装箱运量发展的增长主要来自于适箱货进一步的集装箱化，同时，短途的沿海集装箱运输量将有明显增加。

4. 船舶挂靠港口减少，促进港口建设

航运公司运力优化配置带来的最大效果就是运输服务质量的提高。表现为航线挂靠港口减少，航班服务密度增加，交货期缩短。在重组的、以枢纽港为核心的、新的港口群中，港口密度将进一步提高，大中小港口、大中小泊位、专业与通用泊位将更强调相互协调发展，

港口群体将更注重港口间密切的相互协作性和高度的互补性，从而导致采用更为先进的港口技术设施。

5. 集装箱运输组织方式的变化

目前各种运输方式是各自为政的，各种运输方式在争夺货源时相互间难以协调，有时造成客户的极大不便。现代集装箱运输系统则要求铁路、公路、水路、航空、港口、机场、场站、仓储及海关、检验检疫、货主等方面的协同组织，这是提高运输效率，降低运输成本的关键。这种需求与人们追求运输系统整个过程的效率，降低整个过程的运输成本的要求是一致的。因此，集装箱运输系统组织的进一步集成化将是未来发展的一种趋势。在海运方面，这种集成化趋势已经非常明显，体现在航运企业内部趋于集中，外部走向联合等方面。

6. 集装箱运输与信息化的结合

集装箱运输的优点正是表现在它的快捷，而这种快速送达又必须有先进的信息技术作为支持。当今社会已经进入了信息时代，运输信息的及时传递，可以实现运输过程组织的并行处理，从而加快了运输节奏。目前中国航运业在大力推广的EDI（电子数据交换）技术正是顺应了这种需求。

1.2.5 集装箱运输在中国的发展前景

1. 中国经济已进入良性发展的轨道，经济增长将极大刺激运输量的增长

1997年以后，中国的GDP以每年7%～8%的增速增长，经济增长十分稳健。开发西部的政策有效执行，使西部与东南部的经济循环开始建立，这对西部经济的发展和东南部经济的发展，都会有良好的影响。国际贸易稳步增加，外汇储备稳定增加，经济良性增长，必定刺激物流量的增长，促使运输量增加，促进集装箱运输的发展。

2. 运输货物结构变化，适箱货比例迅速上升，刺激集装箱运输发展

无论是国际贸易还是国内贸易，中国运输货物的结构均在发生明显的变化，适箱货的比例迅速上升，货物集装箱化的程度在提高。

从国际贸易的角度看，中国正在渐渐地成为世界的“工厂”。中国传统产业（农业）迄今为止还存在巨大的过剩劳动力储备，在相当长的时间内还能源源不断地转向现代产业（制造业、服务业），这使得中国现代产业的工资水平不会因为对劳动力需求的增加而过快上升，使中国产品可以在相当长的时间内，保持劳动力成本低的竞争优势，使世界各国的制造业进一步向中国转移；近年来中国教育水平不断提高，进入企业的劳动力训练程度提高较快，素质不断提高，这使得中国制造业的技术含量能很快提高，出口产品的档次不断上升；随着中国加入WTO，国际贸易的门也开得越来越大。这些都导致中国不但国际货物运输的数量在迅速上升，货物结构也在明显变化，由早期的初级产品（不适箱货）出口转向现在的加工业制成品（适箱货）出口，直接刺激了集装箱国际水路运输数量的上升。据统计，自1979年以后，中国对外贸易的数量上升了25倍，而同期国际加工贸易的数量却上升了145倍。这就解释了中国港口国际集装箱运输的吞吐量为什么会增加得那么快，也可以看出未来的发展势头。

从国内贸易的角度看，在20世纪七八十年代，中国国内运输的主要格局是“北煤南运”和“南粮北调”，燃料和粮食运输占了沿海水路运输和铁路运输的大半江山。煤和粮都是不适箱货，所以货物集装箱化的程度很低，各地集装箱的生成量也很低。90年代以后，由于能源格局的变化和北方粮食产量的增加，“北煤南运”和“南粮北调”的格局被彻底打破，沿海与内陆运输的货物主要变成了各种类型的制成品和水果、花卉等高档农产品，适箱货的比例大幅上升。在国内运输中，集装箱的“生成量”也迅速提高。

国际与国内贸易运输货物的结构变化，使集装箱货物生成量上升，客观上刺激了集装箱运输的发展。

3. 随着国力上升，加大了对基础设施投资的力度，使集装箱运输发展的客观基础加强

改革开放后的开始几年，由于中国综合国力比较薄弱，对道路、港口等基础设施的投资一直滞后，这在某种程度上制约了运输和经济的增长，形成恶性循环。近年来，由于中国宏观经济已进入良性循环的轨道，有能力加大对基础设施的投入，这就为集装箱运输的发展创造了良好的条件。如1995年，国务院就提出了以上海为中心，江浙为两翼，建设上海“国际航运中心”的设想。2002年，这一设想迈出了重大实质性步伐，“洋山集装箱深水枢纽港”开始动工兴建。这一宏大的港口工程包括洋山深水港、30 km的跨海大桥和30万人口的芦潮港“海港新城”三部分。2005年，形成一期生产能力后，很可能改变东亚集装箱港口的竞争格局。洋山新港依托江、浙、沪三地的经济实力和中国经济的强大背景，很可能在东亚集装箱港口的激烈竞争中取得有利地位，成为“东亚—北美”钟摆式运输中东亚一侧的枢纽港，推动中国集装箱运输的整体发展。

4. 中国的行政管理体制和法律、法规建设，也正在向有利于集装箱运输的方向发展

多年来，中国主要集装箱港口几乎没有“转口运输”，这极大地制约了中国集装箱运输的发展。如上海口岸，多年来集装箱国际转口运输量，只占总吞吐量的不足1%；深圳盐田港国际转口运输量，也不足1%。而与此同时，中国香港集装箱转口运输量，占总吞吐量的40%；中国台湾高雄集装箱转口运输量，更高达70%。这固然有所处地理位置的原因，但也有法律、法规方面的原因。如香港、高雄等，集装箱转口运输不作为进、出口处理，可以从一条船上卸下来，直接装上另一条船；而中国的口岸则将转口运输作为进、出口看待，既要纳关税，又要办理复杂的手续。这就严重阻碍了中国港口集装箱转口运输的发展。有关方面已开始对此进行积极的改革，这一问题将很快得以解决。

1.3 集装箱运输系统及其业务机构

由于集装箱运输是一种“门—门”的运输方式，是一种国际多式联运，所以集装箱运输必定是一个复杂的大系统。这个复杂的大系统可从集装箱运输的基本要素和各个子系统两个层面上去观察和认识。同时作为对集装箱运输系统的认识，也需要理解与集装箱运输相关的业务机构。

1.3.1 集装箱运输的基本要素

1. 适箱货源

集装箱运输的顺利开展，必须具备足够的适箱货源。一般而言，并不是所有货物都适合于集装箱运输，适箱货源主要是指那些物理及化学属性适合于装入集装箱，并且货物对运价的承担能力较大的货物。对此，必须重视了解货物的种类及其流向、流量，掌握货源的变化规律。

具体而言，从是否适用于集装箱运输的角度，货物可分成四类。

（1）物理与化学属性适合于通过集装箱进行运输，且货物本身价值高，对运费的承受能力大的货物。

（2）物理与化学属性适合于通过集装箱进行运输，货物本身价值较高，对运费的承受能力较大的货物。

（3）物理与化学属性上可以装箱，但货物本身价值较低，对运费的承受能力较差的货物。

（4）物理与化学属性不适于装箱，或者对运费的承受能力很差，从经济上看不适于通过集装箱运输的货物。

以上第一种货物称为“最佳装箱货”，第二种货物称为“适于装箱货”，第三种货物称为“可装箱但不经济的装箱货”，第四种货物称为“不适于装箱货”。

集装箱运输所指的适箱货源，主要是前两类货物。对于适箱货物，采用集装箱方式运输是有利的。

2. 标准集装箱

标准集装箱是进行国际集装箱运输的必要设备。为了保证集装箱运输的顺利进行，运输中必须使用标准集装箱，以保证其在不同运输方式中的通用性和互换性，提高其运输的安全性和经济性，使集装箱运输成为相互衔接配套、专业化、高效率的运输系统。

3. 集装箱船舶

集装箱船舶是集装箱水上运输的主要载运工具，是完成集装箱运输任务的重要手段。集装箱船舶经历了一个由非专业到专业转化的过程。最早的集装箱船舶是件杂货与集装箱混装的，没有专门的装载集装箱的结构。发展到现在，在国际海上集装箱运输使用的集装箱船舶，均已专业化，而且船型越来越大。内河运输的集装箱船，大多是由原来的驳船改造的。集装箱船舶与传统杂货船相比，具有吨位大、航速高、功率大、货舱开口大、货舱尺寸规格化、船体形状比较瘦削、稳性要求较高的特点。集装箱船的船型相关数据如表1-2所示。

表1-2 集装箱船型

船 型	出现年代	船长/m	船宽/m	吃水/m	载箱量/TEU	载重量/万t
第一代	1966年前	约150	约22	8~9	1 000以下	约1
第二代	1967—1970年	175~225	25~30	9.5~10.5	1 000~2 000	1.5~2
第三代	1971—1983年	240~275	约32	10.5~12	2 000~3 000	约3
第四代	1984年后	275~295	32.2	11.5~12.5	3 000~4 000	约5.5
第五代	1998年后	280~300	32.2~39.4	11.5~13.5	4 000~6 500	约7.5
第六代	2002年后	300以上	40以上	13.5以上	6 500以上	8~10

4. 集装箱码头

集装箱码头是集装箱水陆联运的枢纽，是集装箱运输系统的重要组成部分，是各种运输方式衔接的换装点，也是集装箱的集散地。随着集装箱运输的快速发展，从提高装卸效率、加快换装速度和集装箱周转方面来看，集装箱码头都要求具有良好的硬件和软件系统，才能实现目前船舶大型化、集装箱运输专业化的发展趋势。

早期的集装箱码头也与件杂货码头交叉使用，是在件杂货码头的原有基础上配备少量用于装卸集装箱的机械，用于处理混装的件杂货船舶上的少量集装箱。这类码头目前在中国一些中、小型的沿海港口和内河港口还经常可以看到。现代化的集装箱码头已高度专业化，码头前沿岸机配置、场地机械配置、堆场结构与装卸工艺配置均完全与装卸集装箱配套。

5. **集装箱货运站**

集装箱货运站主要对集装箱内的货物进行装入、取出、收发交接和暂时存放处理，它是集装箱运输中一个必不可少的重要环节。集装箱货运站根据所处的地理位置和职能，可分为设在集装箱码头内的货运站和设在集装箱码头外的货运站及集装箱内陆货运站。集装箱货运站的主要职能与任务是集装箱货物承运、验收、保管与交付；拼箱货的装箱和拆箱作业；整箱货的中转；实箱和空箱的堆存和保管；票据单证的处理；运费、堆存费的结算等。

6. **集装箱卡车及集装箱铁路专用车**

集装箱卡车主要用于集装箱公路长途运输、陆上各结点（如码头与码头之间、码头与集装箱货运站之间、码头与铁路办理站之间）之间的短驳及集装箱的“末端运输”。

集装箱铁路专用车主要用于铁路集装箱运输。铁路集装箱专用车主要用于集装箱的陆上中、长距离运输和“陆桥运输”。

1.3.2 集装箱运输的子系统

从运输方式的角度来看集装箱运输的子系统主要由以下几个组成。

1. **集装箱水路运输子系统**

集装箱船舶、集装箱码头与集装箱货运站等基本要素，可组合成集装箱水路运输子系统。集装箱水路运输子系统完成集装箱的远洋运输、沿海运输和内河运输，是承担运量最大的一个子系统。集装箱水路运输子系统由集装箱航运系统和集装箱码头装卸系统两个次级系统组成。

2. **集装箱铁路运输子系统**

随着“陆桥运输”的起始与发展，集装箱铁路运输子系统在整个集装箱多式联运中起着越来越重要的作用，它是集装箱多式联运的重要组成部分。铁路集装箱运输近年来发展很快，已经成为国际集装箱运输系统的重要环节和不可缺少的运输方式。集装箱铁路专用车、集装箱铁路办理站与铁路运输线等组成了集装箱铁路运输子系统。

3. **集装箱公路运输子系统**

集装箱卡车、集装箱公路中转站与公路网络，构成了集装箱公路运输子系统。集装箱公路运输子系统在集装箱多式联运过程中，完成短驳、串联和“末端运输”的任务。在不同国家和地区，由于地理环境、道路基础设施条件的不同，集装箱公路运输子系统处于不同的地位，发挥着不同的作用。

4. **集装箱航空运输子系统**

随着国际贸易中商品结构的变化，一些附加值高、单位体积小、时效性要求高的商品需求的出现，航空货运在国际贸易中的比例逐步增大。当然在航空集装箱运输中还存在着若干不利因素，如集装箱浪费了有限的货舱容积，降低了运输的经济性，空用集装箱采用铝合金材料制造，投资大等。

1.3.3 集装箱运输系统的业务机构

1. 国际货运代理人

国际货运代理人是指接受委托人的委托，就有关的货物运输、转运、仓储、保险及与货物运输有关的各种业务提供服务的机构。通过国际货运代理人的专业化运作，对组织合理运输，提高运输效率，方便受托人业务办理都起到非常重要的作用。

2. 集装箱租赁公司

由于集装箱的造价相当昂贵，同时集装箱种类繁多，对不同的货物需要不同的集装箱来装载。船公司如果在运作过程中全部采用自备箱，首先在投资上不经济，另外，集装箱船舶在航线运营中，由于货源在方向和时间上不均衡，需要自备大量的集装箱才能保证正常的运行，同时还会产生对集装箱调运、维护、过时等方面的问题。在这种情况下，专业的集装箱租赁公司应运而生。目前，世界上具有相当规模的集装箱租赁公司已有100多家，可供出租的箱量已超过世界集装箱总数的50%，这对于集装箱运输的发展起到非常重要的促进作用。国际上一些集装箱租箱公司名称如表1–3所示。

表1–3 集装箱租箱公司名称

英文缩写	中文名称	英文全称
TEX	特克斯集装箱设备管理有限公司	Textainer Equipment Management Ltd.
GST	金斯塔租箱公司（美国）	Genstar Container Corp.
TRI	特来顿国际租箱公司（美国）	Triton Container International Ltd.
WCL	世界租箱公司（日本）	World Container Leasing Ltd.
TOL	泛洋租箱公司	Trans Ocean Leasing Corp.
UFC	富列克西租箱公司（美国）	Flex-Van Corp.
CLO	克卢租箱公司（德国）	Clou Container Leasing
XCD	跨国租箱公司（欧洲）	Cross Country Leasing Ltd.
TAL	全美租箱公司（美国）	Transamerica Leasing Inc

3. 集装箱船舶出租公司

由于集装箱运输市场供求关系的变化，船舶投资的巨大，航线货流的不均衡，船公司在实际航线的运行中，往往会通过租船的方式来进行运力的调整，这样对于上述问题的风险可以进行有效的规避。随着这种租船业务的不断发展，根据具体的业务要求，租船运输的方式灵活多样，有融资性的租赁、航次租船、不定期租船等方式。目前集装箱租船市场的规模有不断扩大的趋势。

4. 无船承运人

无船承运人是指在集装箱运输中，经营集装箱货运业务，但不经营船舶的承运人，它的业务范围如下。

（1）作为承运人签发货运提单，并因签发提单而对货物托运人负责。

（2）代表托运人承办订舱业务。无船承运人根据货物托运人的要求和货物的具体情况安排运输工具。

（3）承办货物交接。无船承运人根据托运人的委托，在指定地点接受货物并转交承运人或其他人。如从内陆运输出口的货物，则交给指定的海运承运人，在交接过程中，为托运人办理理货、报关、检验等业务。

（4）代办库场业务。无船承运人的产生，在一定程度上促进了货主与船公司之间的相互协作，对有效开展集装箱运输起到重要作用。

当然涉及集装箱运输的业务机构还包括：货主、船公司、外理公司、货运站、报关行及一些监管单位，如海关、海事局、船检局等。

复习思考题

1. 集装箱运输的主要特点是什么？
2. 简述集装箱运输的发展阶段。
3. 集装箱运输发展有哪些制约因素？
4. 集装箱运输的优越性有哪些？
5. 集装箱运输的系统有哪些？

案例分析

中国集装箱运输发展的内外因素

1. 中国集装箱运输发展的内部因素

（1）经济发展的先决因素。中国宏观经济发展将依旧保持良好势头。预计到2010年年底，全国GDP将接近20万亿元人民币，外贸额将接近3万亿美元。区域间商品交换将更为频繁。多品种、少批量、多批次货物运输需求的出现，给集装箱运输提供了广阔空间和充足货源。

（2）产业结构的促进因素。中国基本完成了工业的“调整型增长”，并表现出“加速增长”的新趋势，规模化效应越来越强。在未来一段时间里，第二产业（尤其是工业）在产值结构和就业结构的比重上升。产品结构的变化，使货物流通越来越向集装箱化运输发展，而第三产业尤其是交通运输业的快速发展，为巨大货源提供了充足的支持和保障。规模化、集约化的工业产业结构将大大促进中国集装箱运输的发展。

（3）外贸发展的主导因素。中国外资流入增加和投资领域的扩大，不仅继续拉动外贸增长，而且对改善外贸货物结构也将发挥重要作用。在外商直接投资推动下，中国成为全球重要制造业基地将更加名副其实。中国将在更加开放的环境下参与国际经济合作与竞争，外贸总规模将会进一步扩大，必然引起外贸运输的快速发展。中国的地域特征决定了外贸运输以水运为主，未来近3万亿美元的外贸商品额，将会带来大量的运输需求，同样会带来适箱货比例、集装箱化率等的较大提高。

（4）港口集约化的保障因素。未来中国集装箱港口布局将更趋合理，将形成北、东、南三大集装箱主枢纽港群。

北部集装箱主枢纽港群——以大连港、天津港和青岛港为主。大连港是东北地区出海门

户，随着振兴老工业基地的深入，拥有中央首批610亿元投资将使得东北地区经济和外贸得到发展，港口集装箱发展趋势较好。青岛港水深条件好、腹地货源足，越来越受到航运界青睐，中远、马士基和青岛港三国四方合资经营青岛港前湾二、三期集装箱码头及马士基欧洲线正式首航青岛港便是最好例证。天津港位于渤海湾最里端，由于地处京、津、唐经济区有利位置，货源较丰富。

东部集装箱主枢纽港群——以上海港、宁波港为主。上海港腹地优越，经济发展势头猛，随着长三角经济圈的发展和大小洋山2005年一期工程的完工，上海港外贸集装箱量将大幅增加，并将逐渐成为国际集装箱中转港之一。宁波港是中国地理位置最优良的港口之一，总长2 138米的集装箱泊位可停靠第5代集装箱船，将与上海和江苏港口共同形成东部集装箱主枢纽港群。

南部集装箱主枢纽港群——以香港港、深圳港和广州港为主。香港集装箱吞吐量目前已经稳坐世界第一的宝座。与香港比邻的深圳港，集装箱吞吐量连年攀高，深圳港大铲湾码头的建设将使目前较为紧张的集装箱通过能力得到有效改善。随着香港、澳门两地与大陆经贸更密切联系的加强，制造业不断向中山、广州等地延伸，加之广州港龙穴岛集装箱码头的投产，广州港将和香港港、深圳港一起实现“共同构成亚太地区超一流国际航运中心”的目标。

2. 中国集装箱运输发展的外部因素

(1) 政府倡导的推动因素。作为与国际接轨的重要环节，外贸集装箱运输显得尤为重要，中国政府和主管部门重视并积极规划基础设施，参加各种促进集装箱发展的公约，制定、完善相关政策和法规，为集装箱运输企业参与国际竞争创造条件。

3. 物流发展的催化因素

物流的兴起推动了中国集装箱运输的发展。目前中国集装箱港口附近大多设有以港口为依托的物流中心，以港兴流、以流促港的现象越来越多。随着物流理念的深入人心与物流实践的延伸，客户要求更加无缝、高效、便捷特点的完善的物流服务。物流的发展与完善是我国未来集装箱运输发展的催化剂。

4. 国际竞争的激励因素

中国集装箱运输发展前景较好，众多国际大型航运企业和码头投资公司纷纷涌入或打算进入，使得中国水运市场的竞争国际化，这是中国未来集装箱运输发展的主导形式。国外的先进管理理念和经营方式，为中国集装箱运输的快速、健康发展带来了活力和激励因素。在上述有利因素的作用下，未来中国集装箱运输的发展可望百尺竿头，更进一步。

思考题：中国集装箱运输发展有哪些影响因素？

第2章

集装箱标准及箱务管理

本章要点

- 掌握集装箱的基本概念；
- 理解集装箱标准化的必要性；
- 理解集装箱的分类，集装箱的方位术语；
- 掌握集装箱的标识；
- 掌握集装箱箱务管理。

开篇案例

国际集装箱标准　中国将有话语权

2008年4月在德国汉堡举办的ISO集装箱标准会议上，上海国际港务（集团）股份有限公司副总裁包起帆将提交相关标准草案，推动国际标准的制定，使中国在国际集装箱运输中拥有更多的自主知识产权和制定国际集装箱标准的话语权。这是记者在集装箱电子标签中美航线开航仪式上得到的消息，该航线是世界首条全程实时监控的国际航线。中国交通部副部长徐祖远、上海市副市长沈骏、上海市科委副主任陈克宏等出席了开航仪式。

包起帆表示，国际上第一次正式开通全部安装智能电子标签的“上海—萨瓦纳”中美集装箱运输示范航线，对该航线上运输的集装箱实现全程实时在线监控，所有关心此计划的人均可在系统网站查询相关物流和安全信息，并争取在2~3个月内实现完成1万标准箱（TEU）工业性实验。有关专家表示，“集装箱物流全程实时在线监控系统”的成功实现，对于提高集装箱运输的安全性和可靠性来说意义重大，使集装箱物流链上的所有结点都能进入该系统，强化港口作为第三方物流服务企业的服务智能化。

从2005年12月中国第一条装有电子标签的集装箱航线正式启用，到世界首条集装箱电子标签国际航线正式开通；从当初大如课本的单一电子标签到如今可插入式电子标签的多样表现形式，包起帆和他的团队只用了短短3年时间实现了这些“惊人”的改变。据包起帆

介绍，此次用到集装箱物流全程实时在线监控系统的电子标签，中国掌握了大部分自主知识产权，每个成本在50元左右，可以重复使用，寿命可达10年，下一步目标是把电子标签运用到中欧航线中。

据统计，近十年来中国沿海港口集装箱吞吐量增长率一直保持在30%左右，2007年11月27日集装箱运输总量已突破1亿TEU。2007年上海港集装箱吞吐量达到2 615万TEU，跃居世界第二位。上海港早就从2001年起，在国家“863”高科技项目和上海市科技创新计划项目的支持下，在交通部、科技部、海关总署的领导下开展了集装箱电子标签系统的研究。该项目2006年被列入中国科技部“国家科技支撑计划项目”，项目的成功实施将为上海国际航运中心建设从“量”的增长到“质”的提升中发挥作用。

随着世界上第一条集装箱电子标签国际航线的正式开通，中国集装箱电子标签系统网站也正式运行。该网站是一个基于电子标签的集装箱信息查询的公共平台，具有中英文界面，能够实时反映安全信息、集装箱信息等，具备进行基于电子标签的集装箱运输信息的实时交换和网上查询服务等功能，所有人和相关单位都能从该网站实时获取相关信息。

思考题：中国在集装箱标准方面的话语权，说明了什么？

2.1　集装箱及其标准化的必要性

2.1.1　集装箱的定义

集装箱（Container）是指具有一定规格和强度的专为周转使用的大型货箱，在中国台湾和香港地区等地称为“货柜”。集装箱的英文原意是“容器”，但并不是所有的容器都可以称为集装箱，它有一些特别的要求。

1. 国际标准化组织关于集装箱的定义

1968年，国际标准化组织（ISO）第104技术委员会起草的国际标准（ISO/R830—1968）《集装箱术语》中，对集装箱已下了定义。该标准后来又作了多次修改。国际标准ISO－830－1981《集装箱名词术语》中，对集装箱定义如下。

“集装箱是一种运输设备：

（1）具有足够的强度，可长期反复使用；

（2）适于一种或多种运输方式的运送，途中转运时箱内货物不需换装；

（3）具有快速装卸和搬运的装置，特别便于从一种运输方式转移到另一种运输方式；

（4）便于货物装满和卸空；

（5）具有1 m^3 及1 m^3 以上的容积。

集装箱这一术语，不包括车辆和一般包装。”

目前，许多国家制定标准（如日本工业标准JISZ 1613－72《国际大型集装箱术语说明》、法国国家标准NFH90－001－70《集装箱的术语》和中国国家标准GB 1992—85《集装箱名词术语》）都引用了这一定义。

2. 集装箱海关公约关于集装箱的定义

1972年制定的《集装箱海关公约》（CCC）中，对集装箱作了如下定义。

"集装箱一词是指一种运输装备（货箱、可移动货罐或其他类似结构物）：

（1）全部或部分封闭而构成装载货物的空间；

（2）具有耐久性，因而其坚固程度能适合于重复使用；

（3）经专门设计，便于以一种或多种运输方式运输货物，无须中途换装；

（4）其设计便于操作，特别是在改变运输方式时便于操作；

（5）其设计便于装满和卸空；

（6）内部容积在 1 m^3 或 1 m^3 以上。

集装箱一词包括有关型号集装箱所适用的附件和设备，如果集装箱带有这种附件和设备。

集装箱一词不包括车辆、车辆附件和备件或包装。"

该定义与国际标准化组织的定义有如下几点不同：

（1）指出了集装箱是货箱、可移动货罐及其他类似结构物；

（2）增加了一条"全部或部分封闭而构成装载货物的空间"作为主要条件之一；

（3）把国际标准化组织定义中"集装箱这一术语含义不包括车辆和一般包装"一句改为"集装箱应包括有关型号集装箱所适用的附件和设备，而不包括车辆、车辆附件和备件，或包装"。

3. 国际集装箱安全公约关于集装箱的定义

国际集装箱安全公约（CSC）第 2 条，对集装箱下了如下定义。

"集装箱是指一种运输装备：

（1）具有耐久性，因而其坚固程度足能适合重复使用；

（2）经专门设计，便于以一种或多种运输方式运输货物而无须中途换装；

（3）为了坚固和（或）便于装卸，设有角件；

（4）四个外底角所围闭的面积应为下列两者之一：至少为 14 m^2（150 ft^2）；如顶部装有角件，则至少为 7 m^2（75 ft^2）。

集装箱一词不包括车辆及包装，但集装箱在底盘车上运送时，则底盘车包括在内。"

该定义与国际标准化组织的定义又有如下不同。

（1）把国际标准化组织定义中的"具有快速装卸和搬运的装置，特别便于从一种运输方式转移到另一种运输方式"一句，改为"为了紧固和（或）便于装卸，设有角件"，从而明确了该"装置"是指角件。

（2）省略了国际标准化组织定义中"便于货物装满和卸空"一句。

（3）把"具有 1 m^3 及 1 m^3 以上的容积"改为"四个外底角所围闭的面积应为下列两者之一：至少为 14 m^2；如顶部装有角件，则至少为 7 m^2"。这就把原来规定的集装箱应具有一定的内容积，改为具有一定尺寸的底面积了，无形中就打破了集装箱是一种"容器"的概念，从而奠定了后来把平台集装箱也包括在集装箱中的基础。这一变化可以说是一个重大的突破。

2.1.2 集装箱国际标准化的必要性

在本书第 1 章中，已经讨论了集装箱运输方式的特点，包括"门—门"运输、国际多式联运、高效率和消除了所运货物理化特性区别等。这些特点本身就对"集装箱"这一特定运输设备提出了一系列的基本要求。

1. 集装箱运输方式对集装箱设备提出的基本要求

这一基本要求可分为需求性的要求和制约性的要求两部分。

1）需求性的要求

从便于使用的角度，对集装箱必须有以下要求：

（1）有便于存装货物的较大的内部容积和几何形状；

（2）有便于在场地堆存和充分利用船舶等运输工具内部容积的外在几何形状；

（3）能方便地使用各种装卸机械进行高效装卸；

（4）能方便地与各种运输工具（船舶、卡车、火车等）相配合，容易进行紧固和绑扎；

（5）具有一定的强度，适应一定程度的堆高、摇晃、冲击；

（6）有易于区别的外部标记，以弥补其外部几何形状千篇一律所造成的识别上的困难，便于运输、装卸与堆存的管理；

（7）能适应运输不同的货物，如需保温、冷藏、液体、活体或异形货物。

2）制约性的要求

集装箱运输本身必然受到各种技术、经济、社会条件的限制，这就对集装箱设备本身提出了一系列制约性的要求。

（1）不能太重，避免造成运输卡车对公路等路面“轴压”过大，而使一般的公路、桥梁路面或桥梁的负荷无法承受。因为一般公路能承受的“轴压”，铁路都能承受，所以这一制约主要限于集装箱的公路运输。

（2）不能太高，避免造成无法通过桥梁、隧道、高压架空线与用户企业的大门等路段。

（3）不能太宽，避免与铁路两侧有关设施相擦或公路运输出现会车困难。

很明显，集装箱的外形、重量、结构、标记必须满足以上诸方面的要求。同时，由于它是一种国际通用的运输方式，因此还必须适合世界各国的国情、运输条件、运输政策甚至要考虑民族感情问题。近年来，随着科学技术的飞速发展和世界经济水平的提升，集装箱设备本身有渐趋大型化的趋势。但这种发展，事实上也是相当谨慎与缓慢的，受到各方面的条件和各种利益冲突的制约。

2. 集装箱国际标准化的必要性

由以上集装箱运输方式对集装箱设备所提出的各种要求，很容易得出集装箱国际标准化的以下必要性。

1）国际运输的必然要求

集装箱运输是一种国际运输方式，同一种运输设备要在全球各个国家间运输、交接与周转，那么其外形、结构、标志等就必须标准化，以保证所经过的各个国家、地区都能通过，使各个国家的装卸设备、运输工具均能适应。

2）多式联运方式的必然要求

集装箱运输本质上是一种“多式联运”，即在多数情况下，一个集装箱要经过两种或两种以上运输工具，完成它的“门—门”运输。所以集装箱的外形和结构必须标准化，以便能方便地在船舶、火车、卡车、飞机之间实施快速地换装，并且便于紧固和绑扎。

3）集装箱运输自身特点的必然要求

集装箱运输是一种消除了具体运输货物的物理、化学特性区别的运输方式。在这种运输方式中，外形、特征各异的具体货物，都演变成了千篇一律的金属箱子，原来可凭借人们的视觉、嗅觉等感官直接加以区别的特征都没有了。这就要求集装箱有一些标准化的标记，便于相互识别，便于记录与传递信息。同时，集装箱本身是一种昂贵的运输设备，货主不可能为了少数几次运输而自行购置集装箱，一般都通过租用。因此，货主、箱主、接卸的物流结点、运输的船舶、卡车、火车之间，就构成了很复杂的运输链及交接关系。这也要求集装箱必须拥有标准、鲜明的外部标记，形成一个信息的多维空间，便于识别、记录与及时传输。

4）集装箱运输过程安全的必然要求

集装箱是用来运输货物的，本身必须承载较大的负荷。集装箱经常需要在较为恶劣的环境下运营，如必须能承受远洋运输途中船舶的剧烈摇晃，火车、卡车启动与刹车的冲击，装卸过程中的冲击等。所以集装箱在强度上也必须有相应的标准规定，并有必要的检验与准用程序和规定。

2.2 集装箱标准化

集装箱国际标准化的发展过程，大致可划分成“地区标准化时期”和“国际标准化时期”两大阶段。

2.2.1 地区标准化时期

这一时期大致又可划分成早期欧洲地区标准化时期和20世纪50年代美国标准化时期。

1. 早期欧洲标准化时期

早期的集装箱标准由欧洲铁路联盟（UIC）制定。为了在欧洲各国早期的铁路集装箱运输中达到换装方便，提高运输效率，UIC于1933年制定了三种集装箱标准。

（1）小型集装箱（A类）容积为1 m^3（35 ft^3），总重为1.5 t以下。

（2）小型集装箱（B类）容积为1~3 m^3（35~106 ft^3），总重为1.5~5.2 t。

（3）小型集装箱（C类）容积为3 m^3（106 ft^3）以上，总重为5.2~7 t。

2. 美国标准化时期

1958年6月30日，美国标准协会（American Standard Association，ASA）在美国机械工程师协会（American Society of Mechanical Engineers，ASME）和美国搬运协会（American Material Handling Society，AMHS）的要求下，组成了美国标准协会集装箱委员会（ASAM-HS）。同年7月，该集装箱委员会制定了研究计划，要求发展一组在各种不同运输方式间具有普遍互换性的理想的集装箱标准。

美国标准协会集装箱委员会成立后，制定了美国标准协会的第一个集装箱标准。该标准中包括以下三种集装箱。

（1）托盘集装箱（Pallet Container）。

（2）货物集装箱（Cargo Container）。

（3）货箱集装箱（Van Container）。

托盘集装箱的尺寸，相当于工业上一般成组运输用的托盘，是尺寸最小的一种集装箱，其内容积为0.5~3.0 m^3。托盘集装箱的尺寸，是根据铁路货车和公路卡车车厢能有效装载来考虑的。

货物集装箱的尺寸比托盘集装箱大，其内容积为6.0～15.0 m^3。由于它具有水密结构，能在室外进行保管，所以适合于敞车、卡车和船舶（包括驳船）运输。这种集装箱结构坚固，可以用起重机进行装卸，还特别考虑了适合卡车、火车、船舶之间的互换。

货箱集装箱实际上是一种可以摘下的拖车车体，其尺寸范围从小型的卡车车体一直到最大的拖车不等，是最大的一种集装箱，其内容积为12.0～50.0 m^3。标准尺寸的货箱集装箱可以装在85 ft长的铁路集装箱专用货车上，也能装在40 ft、30 ft和20 ft的集装箱卡车和专用集装箱船及大型货机上。

美国标准的货箱集装箱后来成为第1系列国际标准集装箱的基本原型。

2.2.2 国际标准化时期

国际标准化组织（ISO）成立于1947年，它是世界最大的非政府标准化专门机构，与联合国教科文组织保持密切联系，是联合国甲级咨询机构。它的主要活动是制定ISO国际标准和协调各国的标准化工作。国际标准化组织以组成技术委员会的方法开展和主持各类标准的制定和标准化的推动工作。技术委员会的成员由正式成员和观察员组成。正式成员（Participating member）又称P成员，是表示愿意积极参加技术委员会工作的成员团体。观察员（Observer member），又称O成员，是指希望了解其工作进度的成员团体。其他成员均为非正式成员（Non－ participating member），又称N成员。其中根据美国提议设置的第104技术委员会（TC—104），专门负责讨论与制定集装箱的国际标准。该技术委员会于1961年6月成立，当年9月召开第一次全体大会，标志着集装箱国际标准化时期的开始。中国于1978年9月1日起成为ISO组织的正式成员，并成为TC—104的P成员。

集装箱国际标准化时期大约可划分为以下四个阶段。

1. 确立基本标准阶段

这指1961年9月ISO TC－104的第一次全体大会至1964年7月ISO TC－104的第三次全体大会期间。这一时期对集装箱国际标准化的主要贡献有：

（1）确定了内容积为1 m^3以上的最小集装箱体积标准；

（2）确定了8 ft×8 ft的集装箱断面标准；

（3）建立了系列1（1A－1F）和系列2（2A－2C）共9种集装箱标准。

在这一时期，发达国家各国的集装箱运输基本上都在各自原来的水平上运行，大规模的基础设施投资尚未开始。美国要求以大型的第1系列（实际就是美国国家标准中的货箱型集装箱）为标准，而欧洲则要求以中型的第2系列集装箱（即欧洲国际铁路联盟的标准集装箱）为标准，双方矛盾激烈；而日本则由于与美国意见对立，而从TC－104的正式成员（P级成员）降格为观察员（O级成员），开始闭关自搞集装箱。所以这段时期集装箱的国际标准化虽形成了雏形，但仍是各行其是，离真正的实施还有一定距离。

2. 实用阶段

这指1965年ISO TC－104的第四次全体大会至1967年ISO TC－104的第五次全体大会期间。这一时期对集装箱国际标准化最大的贡献是对集装箱角件（Corner fitting）的结构逐渐形成了统一的意见。

经过几年的争议和让步，各发达国家对集装箱的国际标准逐渐在各基本点上趋于一致，国际标准集装箱逐渐推向实用。

3. 多样化阶段

这指 1967 年 ISO TC－104 的第六次全体大会至 1978 年 ISO TC－104 的第十次全体大会期间。这一时期，由于参与 ISO TC－104 的各国间利益冲突，各个国家和地区都希望提出更靠拢本国（本地区）原有集装箱标准的国际标准，以便降低本国在“集装箱化”过程中的初始投资。因此，国际集装箱的标准系列一度多到三个，其中“系列 1”基本相当于原美国的“货箱式集装箱”，“系列 2”相当于原欧洲铁路联盟的中型标准集装箱，而“系列 3”则属于前苏联的尺寸系列。各大利益集团相互对峙，实际上大大提高了集装箱国际标准化的“成本”。

在各国集装箱化实际执行的过程中，系列 1 集装箱由于其通用性好，逐渐被广泛接受。与此同时，系列 2、系列 3 集装箱的地位自然下降，先后由“国际标准”降格为“技术报告”。

4. 稳定阶段

这指 1978 年 ISO TC－104 第十次代表大会以后。

集装箱运输是初始投资非常大的运输方式。其初始投资，既包括昂贵的集装箱本身，还包括集装箱专用船舶、集装箱装卸机械、集装箱码头、堆场、集装箱卡车、火车等。如果国际标准频繁变化，这些相应设施都要频繁报废和重新投资，集装箱运输的优越性也要被全部抵消。这是参与集装箱国际标准制定的所有国家和与集装箱运输有关的所有企业都不愿看到的。所以，经历了最初十年左右“北北对立”（发达国家之间的矛盾，如美国、欧洲与日本；美、欧与前苏联）、“南北冲突”（发达国家与发展中国家）之后，各国都认识到集装箱国际标准的稳定，远远好过集装箱国际标准的频繁变化。因此，1978 年ISO TC－104 第十次全体大会通过了集装箱基本标准五年不变的提案。从此，以系列 1 集装箱为主的标准集装箱，虽然在结构和装卸工艺配套方面不断完善，但其主要尺寸等标准不再有大的变化。

2.2.3 集装箱标准

因为使用的范围不同，集装箱标准有国际标准、国家标准、地区标准和公司标准。

1. 国际标准集装箱

国际标准集装箱是指根据标准化组织 104 技术委员会制定的国际标准来建造使用的国际通用的标准集装箱。

国际标准化经历了一个发展过程，自 1961 年标准化组织 104 技术委员会成立以来，对集装箱国际标准作过多次补充、增减和修改，现行的国际标准为第 1 系列 13 种，其宽度均为一样（2 438 mm），长度有四种（12 192 mm、9 125 mm、6 058 mm、2 991 mm），高度有四种（2 896 mm、2 591 mm、2 438 mm、2 438 mm）。如表 2-1 所示。

表 2-1 第 1 系列集装箱尺寸和总重量

<table>
<tr><th rowspan="2">规格/ft</th><th rowspan="2">箱型</th><th colspan="2">长</th><th colspan="2">宽</th><th colspan="2">高</th><th colspan="2">最大总重</th></tr>
<tr><th>公制/mm</th><th>英制/ft in</th><th>公制/mm</th><th>英制/ft in</th><th>公制/mm</th><th>英制/ft in</th><th>kg</th><th>lb</th></tr>
<tr><td rowspan="4">40</td><td>1AAA</td><td rowspan="4">12 192</td><td rowspan="4">40′</td><td rowspan="4">2 438</td><td rowspan="4">8′</td><td>2 896</td><td>9′6″</td><td rowspan="4">30 480</td><td rowspan="4">68 200</td></tr>
<tr><td>1AA</td><td>2 591</td><td>8′6″</td></tr>
<tr><td>1A</td><td>2 438</td><td>8′</td></tr>
<tr><td>1AX</td><td><2 438</td><td><8′</td></tr>
</table>

续表

规格/ft	箱型	长		宽		高		最大总重	
		公制/mm	英制/ft in	公制/mm	英制/ft in	公制/mm	英制/ft in	kg	lb
30	1BBB	9 125	29′11.25″	2 438	8′	2 896	9′6″	25 400	56 000
	1BB					2 591	8′6″		
	1B					2 438	8′		
	1BX					<2 438	<8′		
20	1CC	6 058	19′10.5″	2 438	8′	2 591	8′6″	24 000	52 900
	1C					2 438	8		
	1CX					<2 438	<8′		
10	1D	2 991	9′9.75″	2 438	8′	2 438	8′	10 160	22 400
	1DX					<2 438	<8′		

为了便于计算集装箱的数量，可以将20 ft的集装箱作为换算标准箱（TEU）。即20 ft集装箱 = 1TEU国际标准集装箱。国际标准集装箱第1系列长度之间的关系见图2-1。

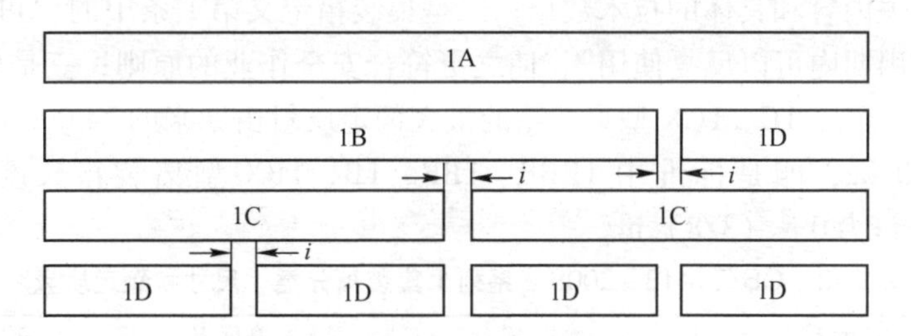

图2-1　国际标准集装箱第1系列长度之间的关系

1A型：40 ft（12 192 mm）；1B型：30 ft（9 125 mm）；

1C型：20 ft（6 058 mm）；1D型：10 ft（2 991 mm）；i（间距） = 3 in（76 mm）。

各种集装箱箱型之间的尺寸关系：

1A = 1B + 1D + i = 9 125 mm + 2 991 mm + 76 mm = 12 192 mm；

1B = 3D + 2i = 3 × 2 991 mm + 2 × 76 mm = 8 973 mm + 152 mm = 9 125 mm；

1C = 2D + i = 2 × 2 991 mm + 76 mm = 6 058 mm。

上述A、B、C、D四类集装箱中，以A类与C类（长度分别为40 ft和20 ft）集装箱最为通用，其总数量也较多。从统计的角度，将一个C类集装箱（长度为20 ft），称为1个标准箱（TEU）；一个40 ft的集装箱计为2个标准箱；一个30 ft的集装箱计为1.5个标准箱；一个10 ft的集装箱计为0.5个标准箱。

为了使国际标准集装箱的内部能合适地装载托盘和一定数量货物，对于国际标准集装箱（主要为干货箱）也规定了内部尺寸标准。见表2-2。

表 2-2　第一系列集装箱的最小内部尺寸和箱门开口尺寸　　mm

<table>
<tr><th rowspan="2">箱型</th><th colspan="3">最小内部尺寸</th><th colspan="2">最小箱门开口尺寸</th></tr>
<tr><th>H</th><th>W</th><th>L</th><th>H</th><th>W</th></tr>
<tr><td>1AAA</td><td rowspan="9">外部尺寸减 241</td><td rowspan="9">2 330</td><td>11 998</td><td>2 566</td><td rowspan="9">2 286</td></tr>
<tr><td>1AA</td><td>11 998</td><td>2 261</td></tr>
<tr><td>1A</td><td>11 998</td><td>2 134</td></tr>
<tr><td>1BBB</td><td>8 931</td><td>2 566</td></tr>
<tr><td>1BB</td><td>8 931</td><td>2 261</td></tr>
<tr><td>1B</td><td>8 931</td><td>2 134</td></tr>
<tr><td>1CC</td><td>5 867</td><td>2 261</td></tr>
<tr><td>1C</td><td>5 867</td><td>2 134</td></tr>
<tr><td>1D</td><td>2 802</td><td>2 134</td></tr>
</table>

2. 国家标准集装箱

除了国际标准集装箱外，各国还有一些国内和地区标准集装箱。

各国政府参照国际标准并考虑本国的具体情况，来制定本国的集装箱标准。我国系统 1 集装箱国家标准为 GB/T 1413—2008《系列 1 集装箱分类、尺寸和额定质量》，见表 2-3。该标准与已作废的 GB/T 1413—1998 相比，其主要技术差异如下：一是增加了公称长度为 45 ft 集装箱的相关内容和具体的技术数据；二是集装箱定义第 1 条中的“可长期反复使用”改为“在有效使用期内可以反复使用”，使之更符合安全作业的原则；三是标准中的 1BBB、1BB、1B、1BX、1CC、1C、1CX 型集装箱的最大额定质量由原来的 24 000 kg、25 400 kg 统一修订为 30 480 kg；四是标准中 1BBB、1BB、1B、1BX 型集装箱长度公差由原来的 0 ~ （3/16）in修订为 0 ~ （3/8）in。

表 2-3　GB/T1413 -2008《系列 1 集装箱分类、尺寸和额定质量》

<table>
<tr><th rowspan="2">集装箱型号</th><th colspan="2">长度 L</th><th colspan="2">宽度 W</th><th colspan="2">高度 H</th><th colspan="2">额定质量（总质量）</th></tr>
<tr><th>mm</th><th>ft　in</th><th>mm</th><th>ft　in</th><th>mm</th><th>ft　in</th><th>kg</th><th>lb</th></tr>
<tr><td>1EEE</td><td rowspan="2">13 716</td><td rowspan="2">45′</td><td rowspan="2">2 438</td><td rowspan="2">8′</td><td>2 896</td><td>9′6″</td><td rowspan="2">30 480</td><td rowspan="2">67 200</td></tr>
<tr><td>1EE</td><td>2 591</td><td>8′6″</td></tr>
<tr><td>1AAA</td><td rowspan="4">12 192</td><td rowspan="4">40′</td><td rowspan="4">2 438</td><td rowspan="4">8′</td><td>2 896</td><td>9′6″</td><td rowspan="4">30 480</td><td rowspan="4">67 200</td></tr>
<tr><td>1AA</td><td>2 591</td><td>8′6″</td></tr>
<tr><td>1A</td><td>2 438</td><td>8′</td></tr>
<tr><td>1AX</td><td><2 438</td><td><8′</td></tr>
<tr><td>1BBB</td><td rowspan="4">9 125</td><td rowspan="4">29′11. 25″</td><td rowspan="4">2 438</td><td rowspan="4">8′</td><td>2 896</td><td>9′6″</td><td rowspan="4">30 480</td><td rowspan="4">67 200</td></tr>
<tr><td>1BB</td><td>2 591</td><td>8′6″</td></tr>
<tr><td>1B</td><td>2 438</td><td>8′</td></tr>
<tr><td>1BX</td><td><2 438</td><td><8′</td></tr>
<tr><td>1CC</td><td rowspan="3">6 058</td><td rowspan="3">19′10. 5″</td><td rowspan="3">2 438</td><td rowspan="3">8′</td><td>2 591</td><td>8′6″</td><td rowspan="3">30 480</td><td rowspan="3">67 200</td></tr>
<tr><td>1C</td><td>2 438</td><td>8′</td></tr>
<tr><td>1CX</td><td><2 438</td><td><8′</td></tr>
<tr><td>1D</td><td rowspan="2">2 991</td><td rowspan="2">9′9. 75″</td><td rowspan="2">2 438</td><td rowspan="2">8′</td><td>2 438</td><td>8′</td><td rowspan="2">30 480</td><td rowspan="2">67 200</td></tr>
<tr><td>1DX</td><td><2 438</td><td><8′</td></tr>
</table>

3. 地区标准集装箱

地区标准集装箱是由地区组织根据该地区的特殊情况制定的，此类集装箱仅适用于地区。如根据欧洲国际铁路联盟所制定的集装箱标准而建造的集装箱。

4. 公司标准集装箱

公司标准集装箱是指某些大型集装箱船公司，根据本公司的具体情况和条件而制定的集装箱船公司标准。这类集装箱在该公司运输范围内使用。如美国海陆公司的 35 ft 集装箱。

此外，目前世界上还有不少非标准集装箱。如非标准长度，有美国海陆公司的 35 ft 集装箱、总统轮船公司的 45 ft 和 48 ft 的集装箱；非标准高度集装箱，主要由 9 ft 和 9. 5 ft 两种高度集装箱；非标准宽度集装箱，有 8. 2 ft 宽度集装箱等。由于经济效益的驱动，目前世界上 20 ft 集装箱总重量达到 24 t 的越来越多，而且普遍受到欢迎。

为了便于计算集装箱数量，以 20 ft 的集装箱作为换算标准箱，并以此作为集装箱船舶载箱量，港口集装箱吞吐量的计算单位。故存在下列换算关系：40 ft = 2 TEU，30 ft = 1. 5 TEU，20 ft = 1 TEU，10 ft = 0. 5 TEU。

2. 2. 4 集装箱的分类

运输货物用的集装箱种类繁多，从运输家用物品的小型折叠式集装箱直到 40 ft 标准集装箱及航空集装箱等，不一而论。这里仅介绍在海上运输中常见的国际货运集装箱类型。

1. 按用途分类

集装箱按箱内所装货物一般分为以下几种。

（1）通用干货集装箱（Dry Cargo Container）。这种集装箱也称为杂货集装箱，用来运输无需控制温度的件杂货，其使用范围极广。这种集装箱通常为封闭式，在一端或侧面设有箱门。这种集装箱通常用来装运文化用品、化工用品、电子机械、工艺品、医药、日用品、纺织品及仪器零件等。这是平时最常用的集装箱。不受温度变化影响的各类固体散货、颗粒状或粉末状的货物都可以由这种集装箱装运。如图 2-2 所示。

图 2-2 杂货集装箱

（2）保温集装箱（Insulated Container）。它是为了运输需要冷藏或保温的货物，该类集装箱所有箱壁都是采用热导率低的材料隔热制成的，如图 2-3 所示。集装箱内部装有温度控制设备，箱体也采用隔热保温材料或隔热保温结构，适宜装运对温湿度敏感的货物。为了运输和暂时保存需要，保温集装箱又可分为以下三种。

图 2-3　保温集装箱

① 冷藏集装箱。它是以运输冷冻食品为主，能保持所定温度的冷藏集装箱。

② 隔热集装箱。这种集装箱能保持一定低温，能保证箱内物品在低温下保质、保鲜而不使其冻结，一般在箱壁采用隔热材料，用于防止温度上升过高，以保持货物的鲜度。通常用干冰作制冷剂，保温时间为 72 小时左右。

③ 通风集装箱。这种集装箱在集装箱内设有通风装置（如排风扇、通风孔、通风栅栏等），适用于装运水果、蔬菜等不需要冷冻而具有呼吸功能的货物。

（3）罐式集装箱（Tank Container）。它是专门用以装运酒类、油类（如动、植物油）、液体食品及化学品等液体货物的集装箱。它还可以装运其他液体的危险货物。这种集装箱有单罐和多罐数种，罐体四角由支柱、撑杆构成整体框架。如图 2-4 所示。

图 2-4　罐式集装箱

（4）散货集装箱（Bulk Container）。散货集装箱主要用于装运麦芽、谷物和粒状化学品等。它的外形与杂货集装箱相近，在一端有箱门，同时在顶部有 2～3 个装货口。装货口有圆形和长方形的两种。在箱门的下方还设有两个长方形的卸货口。散货集装箱除端门有水密性以外，箱顶的装货口与端门的卸货口也有很好的水密性，可以有效防止雨水浸入。它是一种密闭式集装箱，有玻璃钢制和钢制的两种。前者由于侧壁强度较大，故一般装载麦芽和化学品等相对密度较大的散货，后者则用于装载相对密度较小的谷物。散货集装箱顶部的装货口应设水密性良好的盖，以防雨水侵入箱内。如图 2-5 所示。

（5）台架式集装箱（Platform Based Container）。这是没有箱顶和侧壁，甚至连端壁也去掉而只有底板和四个角柱的集装箱。这种集装箱可以从前后、左右及上方进行装卸作业，适合装载长大件和重货件，如重型机械、钢材、钢管、木材、钢锭等。台架式的集装箱没有水密性，怕水湿的货物不能装运，或用帆布遮盖装运。如图 2-6 所示。

图 2-5 散货集装箱

图 2-6 台架式集装箱

（6）平台集装箱（Platform Container）。这种集装箱是在台架式集装箱上再简化而只保留底板的一种特殊结构集装箱。平台的长度与宽度与国际标准集装箱的箱底尺寸相同，可使用与其他集装箱相同的紧固件和起吊装置。这一集装箱的采用打破了过去一直认为集装箱必须具有一定容积的概念。如图 2-7 所示。

（7）敞顶集装箱（Open Top Container）。这是一种没有刚性箱顶的集装箱，但有由可折叠式或可折式顶梁支撑的帆布、塑料布或涂塑布制成的顶篷，其他构件与通用集装箱类似。这种集装箱适于装载大型货物和重货，如钢铁、木材，特别是像玻璃板等易碎的重货，利用吊车从顶部吊入箱内不易损坏，而且便于在箱内固定。如图 2-8 所示。

图 2-7 平台集装箱

图 2-8 敞顶集装箱

（8）汽车集装箱（Car Container）。这是一种运输小型轿车用的专用集装箱，其特点是在简易箱底上装一个钢制框架，通常没有箱壁（包括端壁和侧壁）。这种集装箱分为单层的和双层的两种。因为小轿车的高度为 1.35～1.45 m，如装在 8 ft（2 438 mm）的标准集装箱内，其容积要浪费 2/5 以上，因而出现了双层集装箱。这种双层集装箱的高度有两种：一种为 10.5 ft（3.2 m），另一种为 8.5 ft（2.6 m）高的 2 倍。因此汽车集装箱一般不是国际标准集装箱。如图 2-9 所示。

（9）动物集装箱（Pen Container or Live Stock Container）。这是一种装运鸡、鸭、鹅等活家禽和牛、马、羊、猪等活家畜用的集装箱。为了遮蔽太阳，箱顶采用胶合板露盖，侧面和端面都有用铝丝网制成的窗，以求有良好的通风。侧壁下方设有清扫口和排水口，并配有上下移动的拉门，可把垃圾清扫出去。还装有喂食口。动物集装箱在船上一般应装在甲板上，因为甲板上空气流通，便于清扫和照顾。如图 2-10 所示。

（10）服装集装箱（Garment Container）。这种集装箱的特点是，在箱内上侧梁上装有许多根横杆，每根横杆上垂下若干条皮带扣、尼龙带扣或绳索，成衣利用衣架上的钩，直接挂在带扣或绳索上。这种服装装载法属于无包装运输，它不仅节约了包装材料和包装费用，而且减少了人工劳动，提高了服装的运输质量。如图 2-11 所示。

图 2-9　汽车集装箱

图 2-10　动物集装箱

（11）其他用途集装箱。集装箱现在的应用范围越来越广，不但用于装运货物，还广泛用于其他用途。如“流动电站集装箱”，可在一个 20 ft 集装箱内装置一套完整的发电机组，装满燃油后可连续发电 96 h，供应 36 只 20 ft 或 40 ft 冷藏集装箱的耗电。还有“流动舱室集装箱”、“流动办公室集装箱”，可在一个 20 ft 的集装箱内装备舒适的居室和办公室。美国已研制成了由若干只 20 ft 集装箱组成的“战地医院”，有几十个床位，配有药房、化验室、手术室、护理室等，可用 C130 运输机运输，在战地迅速布置。如图 2-12 所示。

图 2-11　服装集装箱

图 2-12　流动电站集装箱

2. 按箱体材料分类

集装箱按其主体材料构成可分为以下四类。

（1）钢集装箱。钢集装箱的外板用钢板，结构部件也均采用钢材。这种集装箱的最大优点是强度大、结构牢，焊接性和水密性好，而且价格低廉，但其重量大，易腐蚀生锈。由于自重大，降低了装货量，而且每年一般需要进行两次除锈涂漆，使用期限较短，一般为 11 ~ 12 年。

（2）铝集装箱。通常说的铝集装箱，并不是纯铝制成的，而是各主要部件使用最适量的各种轻铝合金，故又称铝合金集装箱。一般都采用铝镁合金，这种铝合金集装箱的最大优点是重量轻，铝合金的相对密度约为钢的 1/3，20 ft 的铝集装箱的自重为 1 700 kg，比钢集装

箱轻20%～25%，故同一尺寸的铝集装箱可以比钢集装箱装更多的货物。铝集装箱不生锈，外表美观。铝镁合金在大气中自然形成氧化膜，可以防止腐蚀，但遇海水则易受腐蚀，如采用纯铝包层，就能对海水起很好的防蚀作用，最适合于海上运输。铝合金集装箱的弹性好，加外力后容易变形，外力除去后一般就能复原。因此最适合于在有箱格结构的全集装箱船上使用。此外，铝集装箱加工方便，加工费低，一般外表不需要涂其他涂料，维修费用低，使用年限长，一般为15～16年。

（3）玻璃钢集装箱。它是用玻璃纤维和合成树脂混合在一起制成薄薄的加强塑料，黏合剂贴在胶合板的表面上形成玻璃钢板而制成的集装箱。玻璃钢集装箱的特点是强度大、刚性好。玻璃钢的隔热性、防腐性、耐化学性都比较好，能防止箱内产生结露现象，有利于保护箱内货物不遭受湿损。玻璃钢板可以整块制造，防水性好，还容易清洗。此外，这种集装箱还有不生锈、容易着色的优点，故外表美观。由于维修简单，维修费用也低。玻璃钢集装箱的主要缺点是重量较大，与一般钢集装箱相差无几，价格也较高。

（4）不锈钢集装箱。不锈钢是一种新的集装箱材料，它有如下优点：强度大，不生锈，外表美观；在整个使用期内无需进行维修保养，故使用率高，耐蚀性能好。其缺点是：价格高，初始投资大；材料少，大量制造有困难，目前一般都用作罐式集装箱。

3. 按结构分类

（1）内柱式和外柱式集装箱。这里的“柱”指的是集装箱的端柱和侧柱。内柱式集装箱即侧柱和端柱位于侧壁和端壁之内，反之则是外柱式集装箱。一般玻璃钢集装箱和钢集装箱均没有侧柱和端柱，故内柱式和外柱式集装箱均指铝集装箱而言。内柱式集装箱的优点是外表平滑，美观，受斜向外力不易损坏，印刷标记时比较方便。外板和内衬板之间隔有一定空隙，防热效果较好，能减少货物的湿损。外柱式集装箱的优点是受外力作用时，外力由侧柱或端柱承受，起到了保护外板的作用，使外板不易损坏。由于集装箱内壁面平整，有时也不需要有内衬板。

（2）折叠式和固定式集装箱。折叠式集装箱是指侧壁、端壁和箱门等主要部件能很方便地折叠起来，反复使用时可再次撑开的一种集装箱。反之，各部件永久固定地组合在一起的称固定式集装箱。折叠式集装箱主要用在货源不平衡的航线上，为了减少回空时的舱容损失而设计的。目前，使用最多的还是固定式集装箱。

（3）预制骨架式集装箱和薄壳式集装箱。这种骨架由许多预制件组合起来，并由它承受主要载荷，外板和骨架用铆接或焊接的方式连为一体，称之为预制骨架式集装箱。通常是铝质和钢质的预制骨架式集装箱，外板采用铆接或焊接的方式与骨架连接在一起，而玻璃钢的预制骨架式集装箱，其外板用螺栓与骨架连接。薄壳式集装箱则把所有构件结合成一个刚体，优点是重量轻，受扭力作用时不会引起永久变形，此类集装箱的结构一般或多或少都采用薄壳理论进行设计。

4. 按外部尺寸分类

目前国际标准集装箱的宽度均为8 ft，高度有8 ft 6 in和小于8 ft三种；长度有40 ft、30 ft、20 ft和10 ft四种。

此外，还有一些国家颁布的各自标准下所使用的集装箱及一些集装箱运输的先驱者，主要是美国的海陆公司和麦逊公司，根据本公司的具体条件，制定了本公司使用的集装箱标准。

集装箱运输的货物品种较多，货物形态各异，因此，按货物种类选择集装箱可以充分利用集装箱容积、重量，减少货损。按货物的种类、性质、体积、重量、形状来选择合适的集装箱是十分必要的。

难以从箱门进行装卸而需要由箱顶上进行装卸作业的货物、超高货物、玻璃板、胶合板、一般机械和长尺度货物等适用开顶式集装箱。

麦芽、大米等谷物类货物，干草块、原麦片等饲料，树脂、硼砂等化工原料，适用散货集装箱。

肉类、蛋类、奶制品、冷冻鱼肉类、药品、水果、蔬菜适用冷藏集装箱和通风集装箱。

超重、超高、超长、超宽货物适用开顶集装箱、台架式集装箱和平台集装箱。

兽皮、食品类容易引起潮湿的货物适用通风集装箱。

酱油、葡萄糖、食油、啤酒类、化学液体和危险液体适用罐式集装箱。

猪、羊、鸡、鸭、牛、马等家禽家畜等适用动物集装箱。

摩托车、小轿车、小型卡车、各种叉式装卸车、小型拖拉机等适用车辆集装箱。

铝、铜等较为贵重的货物适用贵重金属专用集装箱。

散件货物适用台架式集装箱、平台集装箱。

弹药、武器、仪器、仪表适用抽屉式集装箱。

2.2.5 集装箱的方位性术语

这里的方位性术语主要是指区分集装箱的前、后、左、右及纵、横的方向和位置的定义。

占集装箱总数85%以上的通用集装箱，均一端设门，另一端是盲端。这类集装箱的方位性术语如下。

前端（Front）：指没有箱门的一端。

后端（Rear）：指有箱门的一端。

如集装箱两端结构相同，则应避免使用前端和后端这两个术语，若必须使用时，应依据标记、铭牌等特征加以区别。

左侧（Left）：从集装箱后端向前看，左边的一侧。

右侧（Right）：从集装箱后端向前看，右边的一侧。

由于集装箱在公路上行驶时，有箱门的后端都必须装在拖车的后方，因此有的标准把左侧称为公路侧，右侧称为路缘侧。

路缘侧（Gurbside）：当集装箱底盘车在公路上沿右侧向前行驶时，靠近路缘的一侧。

公路侧（Roadside）：当集装箱底盘车在公路上沿右侧向前行驶时，靠近马路中央的一侧。

纵向（Longitudinal）：指集装箱的前后方向。

横向（transverse）：指集装箱的左右、与纵向垂直的方向。

2.2.6 通用集装箱上主要部件名称和说明

通用集装箱上各主要部件的位置如图2-13所示。

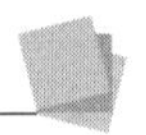

1. **角件**

集装箱箱体的8个角上都设有角件（Corner Fitting）。角件用于支承、堆码、装卸和栓固集装箱。集装箱上部的角件称顶角件，下部的角件称底角件。在我国国家标准《集装箱角件的技术条件》（GB 1835—1995）中规定，角件分甲、乙两种，甲种角件适用于1AA和1CC型集装箱，乙种角件适用于10D和5D型集装箱。对于小型集装箱，如5D型集装箱，也可以不设角件而采用吊环或其他形状的吊栓方案。但如采用角件方案，则必须符合《集装箱角件的技术条件》标准的要求。

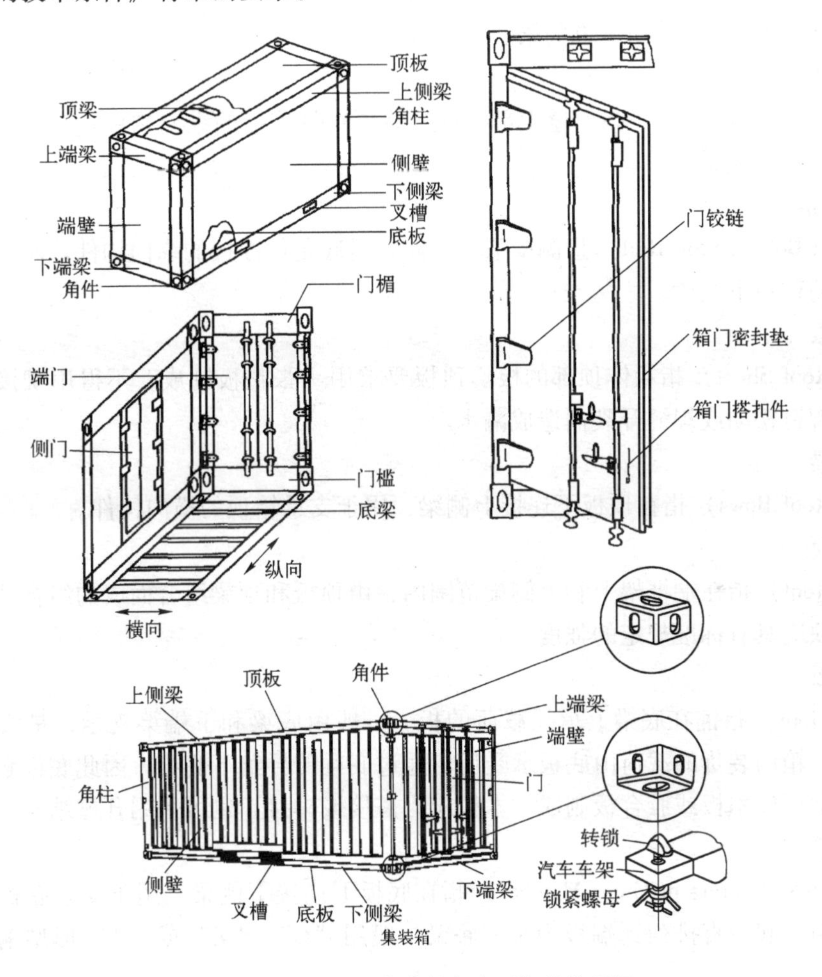

图2-13 通用集装箱各主要部件位置图

2. **角柱**

角柱（Corner Post）指连接顶角件与底角件的立柱，是集装箱的主要承重部件。

3. **角结构**

角结构（Corner Structures）指由顶角件、角柱和底角件组成的构件，是承受集装箱堆码载荷的强力构件。角件和角柱均为铸钢件，用焊接方法连接在一起。铸钢件应按国家标准进行热处理。集装箱的重量通过角结构传递。所以，在集装箱堆码时上下层集装箱的角件应对准，不能偏码。最底层的集装箱必须堆置在堆场画线规定的范围，否则会压坏场地。

4. 上端梁

上端梁（Top End Transverse Member）指箱体端部与左、右顶角件连接的横向构件。

5. 下端梁

下端梁（Bottom End Transverse Member）指箱体端部与左、右底角件连接的横向构件。

6. 门楣

门楣（Door Header）指箱门上方的梁。

7. 门槛

门槛（Door Sill）指箱门下方的梁。

8. 上侧梁

上侧梁（Top Side Rail）指侧壁上部与前、后顶角件连接的纵向构件。左面的称左上侧梁，右面的称右上侧梁。

9. 下侧梁

下侧梁（Bottom Side Rail）指侧壁下部与前、后底角件连接的纵向构件。左面的称左下侧梁，右面的称右下侧梁。

10. 顶板

顶板（Roof Sheet）指箱体顶部的板。顶板要求用一张整板制成，不得用铆接或焊接成的板，以防铆钉松动或焊缝开裂而造成漏水。

11. 顶梁

顶梁（Roof Bows）指在顶板下连接上侧梁，用于支承箱顶的横向构件。

12. 箱顶

箱顶（Roof）指在端框架上和上侧梁范围内，由顶板和顶梁组合而成的组合件，使集装箱封顶。箱顶应具有标准规定的强度。

13. 底板

底板（Floor）指铺在底梁上承托载荷的板。一般由底梁和下端梁支承，是集装箱的主要承载构件。箱内装货的载荷由底板承受后，通过底梁传导给下侧梁，因此底板必须有足够的强度，通常用硬木板或胶合板制成。木板应为搭接或榫接，也可采用开槽结构。

14. 底梁

底梁（Floor Bearers or Cross Member）指在底板下连接下侧梁，用于支承底板的横向构件。底梁从箱门起一直排列到端板为止。底梁一般用“C”、“Z”或“T”形型钢或其他断面的型钢制作。

15. 底结构和底框架

底结构和底框架（Base Structures and Base Frame）由集装箱底部的四个角件、左右两根下侧梁、下端梁、门槛、底板和底梁组成。在1C和1CC型集装箱的底结构上还设有叉槽，1A和1AA型集装箱的底结构上，有的设有鹅颈槽。而底框架是由下侧梁和底梁组成的框架。

16. 叉槽

叉槽（Fork/Lift Pockets）指横向贯穿箱底结构、供叉车的叉齿插人的槽。20 ft型集装箱上一般设一对叉槽，必要时也可以设两对叉槽。40 ft型集装箱上一般不设叉槽。通过叉槽一般不能叉实箱，只能叉空箱。

17. 鹅颈槽

鹅颈槽（Gooseneck Tunnel）指设在集装箱箱底前部，用以配合鹅颈式底盘车上的凹槽。

18. 端框架

端框架（End Frame）指集装箱前端的框架，由前面的两组角结构、上端梁和下端梁组成。后端的框架实际为门框架，它由后面的两组角结构、门楣和门槛组成。

19. 端壁

端壁（End Wall）指在端框架平面内与端框架相连接形成封闭的板壁（不包括端框架在内）。在端壁的里面一般设有端柱，以加强端壁的强度。

20. 侧壁

侧壁（Side Wall）指与上侧梁、下侧梁和角结构相连接，形成封闭的板壁（不包括上侧梁、下侧梁和角结构在内）。在侧壁的里面一般有侧柱，以加强侧壁的强度。

21. 端板

端板（End Panel）指覆盖在集装箱端部外表面的板。

22. 侧板

侧板（Side Panel）指覆盖在集装箱侧部外表面的板。

23. 箱门

箱门（Door）通常指两扇后端开启的门，用铰链安装在角柱上，并用门锁装置进行关闭。

24. 端门

端门（End Door）指设在箱端的门，一般通用集装箱前端设端壁，后端设箱门。

25. 门铰链

门铰链（Door Hinge）指靠短插销（一般用不锈钢制）使箱门与角柱连接起来，保证箱门能自由转动的零件。

26. 箱门密封垫

箱门密封垫（Door Seal Gasket）指箱门周边为保证密封而设的零件。密封垫的材料一般采用氯丁橡胶。

27. 箱门搭扣件

箱门搭扣件（Door Holder）指进行装、卸货物作业时，保证箱门开启状态的零件。它设在箱门下方和相对应的侧壁上，有采用钩环的，也有采用钩链或绳索的。

28. 箱门锁杆

箱门锁杆（Door Locking Bar or Door Locking Rod）指设在箱门上垂直的轴或杆。锁杆两端有凸轮，锁杆转动后凸轮即嵌入锁杆凸轮座内，把箱门锁住。锁杆还起着加强箱门承托力的作用。

29. 锁杆托架

锁杆托架（Door Lock Rod Bracket）指把锁杆固定在箱门上并使之能转动的承托件。

30. 锁杆凸轮

锁杆凸轮（Locking Bar Cams）指设于锁杆端部的门锁件，通过锁件的转动，把凸轮嵌入凸轮座内，将门锁住。

31. 锁杆凸轮座

锁杆凸轮座（Locking Bar Cam Retainer or Keeper）指保持凸轮成闭锁状态的内撑装置，又称卡铁。

32. 门锁把手

门锁把手（Door Locking Handle）指装在箱门锁杆上，在开关箱门时用来转动锁杆的零件。

33. 把手锁件

把手锁件（Door Locking Handle Retainer or Handle Lock）指用来保持箱门把手使它处于关闭状态的零件。

34. 海关铅封件

海关铅封件（Customs Seal Retainer）指通常设在箱门的把手锁件上，海关用于施加铅封的设置，一般都采用孔的形式。

35. 海关铅封保护罩

海关铅封保护罩（Customs Seal Protection Cover）指设在把手锁件上方，用于保护海关铅封而加装的防雨罩，一般用帆布制作。

2.3 国际标准集装箱的标记

在国际流通的集装箱必须有相应的标记，以便于相关部门对集装箱进行识别和管理，便于单据编制和信息传输。实际中，每一个集装箱都在适当和明显的部位作了相应的标记。国际标准化组织也对集装箱标记作了标准规定，即《集装箱的代号、识别和标记》。该标准规定了集装箱标记的内容、标记的字体尺寸和位置等。

国际标准化组织规定的标记有必备标记和自选标记两类，每一类标记中均包括识别标记和作业标记。如图 2-14 所示。

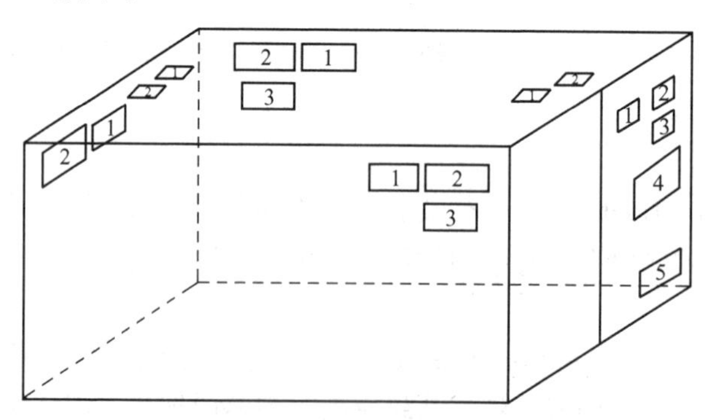

图 2-14 集装箱标记代号的位置

1—箱主代号；2—箱号或顺序号、核对数字；3—集装箱尺寸及类型代号；
4—集装箱总量、自重和容积；5—集装箱制造厂名及出厂日期

2.3.1　必备标记

1. 识别标记

识别标记包括箱主代号、顺序号和核对数字。

(1) 箱主代号，即集装箱所有人代号。国际标准化组织规定，箱主代号由四个大写的拉丁字母表示，前三位由箱主自行规定，第四个字母一律用U表示，是海运集装箱的代号。如中国远洋运输公司的箱主代号COSU。

为避免出现重复的箱主代号，在使用前箱主应向国际集装箱局（BIC）登记注册，国际集装箱局每半年公布一次已注册的箱主代号一览表，表2-4列出部分船公司的箱主代号。

表2-4　部分船公司箱主代号

国家和地区	公司名称	箱主代号
美国	海陆联运公司	SEAU
美国	总统轮船公司	APLU
美国	麦逊航运公司	MATU
日本	大阪商船三井航运公司	MOLU
意大利	劳埃德航运公司	LILU
韩国	韩国海运公司	KSCU
中国	中国远洋运输公司	COSU
波兰	波兰海运公司	POLU

(2) 顺序号，又称箱号，用6位阿拉伯数字表示。若有效数字不足6位，则在前面加“0”，补足6位。如有效数字为1234，则集装箱号应为001234。

(3) 核对数字，由一位阿拉伯数字表示，列于6位箱号之后，置于方框之中。

设置核对数字的目的，是为了防止箱号在记录时发生差错。运营中的集装箱频繁地在各种运输方式之间转换，如从火车到卡车再到船舶等，不断地从这个国家到那个国家，进出车站、码头、堆场、集装箱货运站。每进行一次转换和交接，就要记录一次箱号。在多次记录中，如果偶然发生差错，记错一个字符，就会使该集装箱从此“不知下落”。为不致出现此类“丢失”集装箱及所装货物的事故，在箱号记录中设置了一个“自检测系统”，即设置一位“核对数字”。该“自检测系统”的原理如下：在集装箱运行中，每次交接记录箱号时，在将“箱主代号”与“箱号”录入电脑时，电脑就会自动按下述原理计算“核对数字”；当记录人员键入最后一位“核对数字”与电脑计算得出的数字不符时，电脑就会提醒箱号记录“出错”。这样，就能有效避免箱号记录出错的事故。

具体计算方法和步骤如下。

① 将箱主代号4个拉丁字母与箱号6位阿拉伯数字视做一组，共10个字符。前四位拉丁字母字符一一与等效数值对应，参见表2-5。

表 2-5　等效数值表

字　母	等效数值	字　母	等效数值
A	10	N	25
B	12	O	26
C	13	P	27
D	14	Q	28
E	15	R	29
F	16	S	30
G	17	T	31
H	18	U	32
I	19	V	34
J	20	W	35
K	21	X	36
L	23	Y	37
M	24	Z	38

② 将每一个有效数值分别按次序乘以 $2^0 \sim 2^9$。

③ 将所有的乘积相加，将总和除以模数 11，所得余数即为核对数字，余数为 10 的核对数为 0。

【例 2-1】 集装箱的箱主代号和顺序号为 ABZU 123456，求其核对数字。

其等效数值、加权系数和乘积之和可列表求得，见表 2-6。

表 2-6　求核对数的计算表

名　称	代　号	等效数值	加权系数	乘　积
箱主代号	A	10	2^0	10
	B	12	2^1	24
	Z	38	2^2	152
	U	32	2^3	256
顺序号	1	1	2^4	16
	2	2	2^5	64
	3	3	2^6	192
	4	4	2^7	512
	5	5	2^8	1 280
	6	6	2^9	3 072
合计				5 578

从表 2-6 中得乘积之和为 5 578，除以模数 11，即 5 578/11 = 507 余数 1，查表 2-6，当余数为 1 时，核对数字为 1。

2. 作业标记

作业标记包括以下三个内容。

（1）额定重量和自重标记。额定重量即集装箱总重，自重即集装箱空箱质量，ISO668 规定应以千克和磅同时表示。

（2）空陆水联运集装箱标记。由于空陆水联运集装箱的强度仅能堆码两层，因而国际标准化组织对该集装箱规定了特殊的标记。

（3）箱顶触电警告标记。该标记为黄色底上作黑色三角形。一般设在罐式集装箱上和位于邻近登箱顶的扶梯处，以警告登梯者有触电危险。

2.3.2　自选标记

1. 识别标记

1）国家和地区代号

国家和地区代号表明集装箱的登记国或地区。按 ISO 3166 规定应以两个字母代号表示，而以前用三个字母代号，目前仍暂可同时使用。部分国家或地区代号（ISO 3166）见表 2-7。

表 2-7　部分国家或地区代号

国家或地区	代　号	国家或地区	代　号
阿富汗	AF	意大利	IT
阿尔巴尼亚	AL	日本	JP
阿根廷	AR	波兰	PL
澳大利亚	AU	新加坡	SG
比利时	BE	智利	CL
巴西	BR	瑞典	SE
保加利亚	BG	芬兰	FI
丹麦	DK	瑞士	CH
挪威	NO	新西兰	NZ
荷兰	NL	葡萄牙	PT
德国	DE	泰国	TH
加拿大	PT	中国	CN

2）尺寸代号以两个字符表示

第一个字符表示箱长，其中 10ft 箱长代号为“1”；20 ft 箱长代号为“2”；30 ft 箱长代号为“3”；40 ft 箱长代号为“4”。5 ~ 9 为“未定号”。另外，英文字母 A ~ P 为特殊箱长的集装箱代号。第二个字符表示箱宽与箱高。其中 8 ft 高代号为“0”；8 ft 6in 高代号为“2”；9 ft 高代号为“4”；9 ft 6 in 高代号为“5”；高于 9 ft 6 in 高代号为“6”；半高箱（箱高 4 ft 3 in）代号为“8”；低于 4 ft，代号为“9”。另外，用英文字母反映箱宽不是 8 ft 的特殊宽度集装箱。

3）类型代号可反映集装箱的用途和特征

类型代号原用 2 个阿拉伯数字表示，1995 年改为用 2 个字符表示。其中第一个字符为拉丁字母，表示集装箱的类型。例如，G（General）表示通用集装箱；V（Ventilated）表示通风集装箱；B（Bulk）表示散货集装箱；R（Reefer）表示保温集装箱中的冷藏集装箱；H（Heated）表示集装箱中的隔热集装箱；U（Up）表示敞顶集装箱；P（Platform）表示平台集装箱；T（Tank）表示罐式集装箱；A（Air）表示空陆水联运集装箱；S（Sample）表示以货物命名的集装箱。第二个字符为阿拉伯数字，表示某类型集装箱的特征。如通用集装箱，一端或两端有箱门，类型代表为 G0。

2. 作业标记

1）登箱顶触电警告标记

凡装有登箱顶梯子的集装箱，应设登箱顶触电警告标记。该标记一般设在罐式集装箱上，位于邻近登箱顶的扶梯上。如图 2-15 所示。

2）超高标记

凡高度超过 2.6 m 的集装箱应贴在超高标记。该标记为在黄色底上标出黑色数字和边框，此标记贴在每侧的左下角，距箱底约 0.6 m 处，同时应贴在集装箱主要标记下方。如图 2-16 所示。

图 2-15　登箱顶触电警告标记

图 2-16　超高标记

3）国际铁路联盟标记

该标志是在欧洲铁路上运输集装箱的必要通行标志。凡符合《国际铁路联盟条例》规定的技术条件的集装箱，均可以获得此标记。标记方框上半部分是字母 ic，表示国际铁路联盟，标记方框下半部分的数字表示各铁路运输公司的代号（见图 2-17）。此外，集装箱在运输过程中要能顺利通过他国国境，箱上必须贴有按规定要求的各种通行标志，否则，必须办理烦琐的证明手续，导致集装箱的周转时间延长。集装箱上的主要通行标记有安全合格牌照、集装箱批准牌照、检验合格徽等（图 2-18 是集装箱相关标记图）。

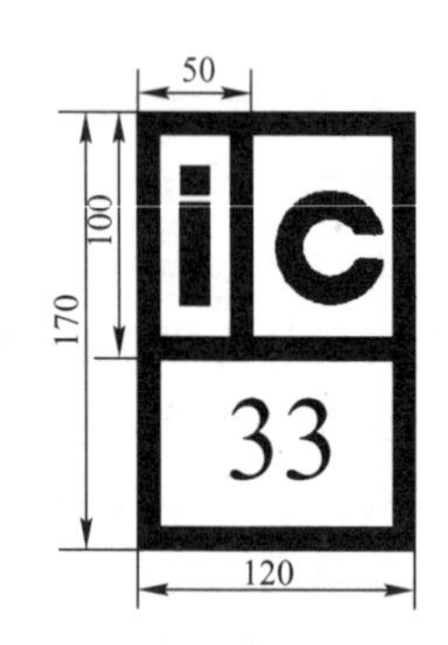

图 2-17　国际铁路联盟标记

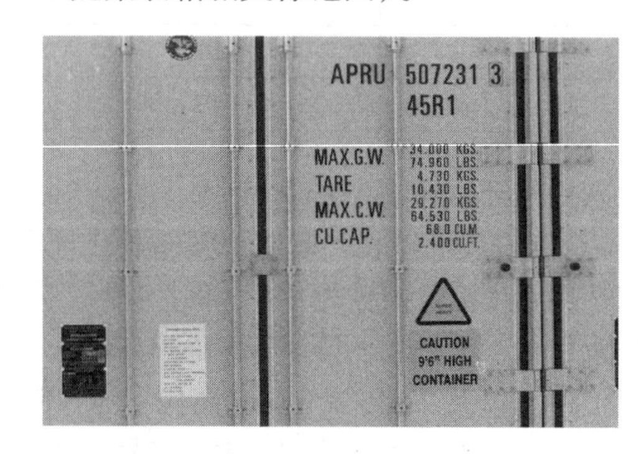

图 2-18　集装箱相关标记图

2.4　集装箱箱务管理

集装箱箱务管理是国际集装箱运输系统中十分重要的环节，也是一项十分重要的业务工作。箱务管理的业务内容包括集装箱的配备、租赁、调运、保管、交接、发放、检验及修理等工作。做好集装箱箱务管理工作，对加快集装箱的周转，提高集装箱货物的装载和货运质量，降低营运成本，减少购箱投资，提高企业经济效益，加强在国际航运市场的竞争能力均具有重要意义。

2.4.1　集装箱租赁业务

集装箱租赁，出租方和承租方均有利可图。所以在近十几年来，发展迅速。目前全世界运营中的集装箱总数，有50%左右属租赁。集装箱租赁业务的发展，对集装箱运输的总体发展起着促进的作用。

1. 集装箱租赁的优点

集装箱租赁的优点，可从出租方和承租方两方面加以分析。

1）集装箱租赁的出租方

(1) 投资风险相对小。将资金投于集装箱船舶，开展航线运营，与将资金投于集装箱，从事集装箱租赁，后者的风险明显小于前者。因为水路运输市场对租箱量的需求相对稳定，而航线的需求相对波动大。而且投资于船舶，单位资金需求量比投资于集装箱要大得多。

(2) 加强了集装箱运输的专业化分工专业集装箱租赁公司的出现与发展，实际上意味着集装箱运输本身专业分工的进一步划细，将箱务管理这一块业务独立了出来，有利于箱务管理合理程度的提高，有利于集装箱更有效地调配、提高利用率、加强维修，从而降低费用，提高整装箱运输的经济效益，使集装箱运输方式的优越性更充分发挥。

(3) 提高了集装箱的利用率班轮公司自备的集装箱，一般只供某一特定班轮公司船舶与航线使用，其利用率总是受到一定的限制，调度得再好，也必定存在空箱调运的情况。对于规模较小的班轮公司，利用率不高、空箱调运占用大量运力的现象更是难以避免。而租箱公司则不然，其箱子可供各个班轮公司租用，所以箱子的利用率高，空箱调运次数通常明显低于班轮公司自备集装箱。

2）集装箱租赁的承租方

(1) 可有效降低初始投资，避免资金被过多占用。班轮公司贷款购箱，初始投资巨大，背负沉重的利息负担；出资租箱，则只用少量资金就可取得集装箱的使用权，投资风险大为下降。

(2) 节省空箱调用费用，提高箱子利用率。班轮公司自置集装箱，由于航线运量不平衡是客观存在，必定要花费大量的空箱调运费，而且箱子的利用率会下降；而采用租箱，可避免这些费用。如班轮公司合理利用单程租赁、短期租赁与灵活租赁等方式，则更能既满足对集装箱的需求，又节省租金，使公司经济效益得以提高。

(3) 避免置箱结构的风险。班轮公司自备箱，其尺寸、型号必须形成一定的比例，这就带来了置箱结构上的风险。因为航线所运货物的结构一变，虽然班轮公司总箱量没有减少，但由于对特定箱型需求的变化，仍会面临无法满足所需箱量的情况。采用租箱，就可对所需特殊箱型随时予以调整，可规避由此带来的风险。有时由于国际标准的修订，有些箱型被淘汰，班轮公司会由此带来损失。

2. 集装箱租赁的方式

集装箱租赁方式，大致可分成期租、程租、灵活租赁三种方式。

1）期租

期租是指定期租赁的方式。按其租期的长短，可分为长期租赁和短期租赁两类。

(1) 长期租赁一般指租期达3～10年的租赁。根据租期届满后对集装箱的处理方式，又可分为融资租赁和实际使用期租赁两种。

① 融资租赁（金融租赁）。指租期届满后，承租人支付预先约定的转让费（通常为一个象征性的较低的金额），将箱子所有权买下的租赁方式。这种租赁方式的实质是通过“融物”而进行融资。承租人表面上是租用集装箱，而实际上是向出租人借钱，购入集装箱。所以融资租赁租入集装箱，实际上和班轮公司自备箱没有太大的区别。

② 实际使用期租赁。这是一种最为实质的长期租赁，承租人在租赁合同期满后，即将箱子退回给出租人，是一种纯粹的“融物”，不带任何融资的因素。

长期租赁的特点是承租人只需按时支付租金，即可如同自备箱一样使用；租金较低，租期越长，租金越低。因此，对于货源稳定的班轮航线，采用这种方式租用一定数量的集装箱，既可保证航线集装箱需备量的要求，又可减少置箱费、利息及折旧费的负担，是一种比较经济的方式，目前采用长期租赁方式较多。这种方式在租期未满前，承租人不得提前退租，但可在合同中附有提前归还集装箱的选择条款。对租箱公司而言，采用这种方式可在较长的租期内获得稳定的租金收入，减少租箱市场的风险，也可减少大量的提、还箱等管理工作。

（2）短期租赁一般指租期在 3 年以下的租赁。这种租赁对班轮公司风险较小，较为灵活，而对租箱公司而言则风险较大。所以对于“期租”来说，一般租期越短，单位租金越高。

2）程租

程租是指根据一定的班轮航次进行租箱的租赁方式。这种方式对班轮公司灵活度大，对租箱公司相对不利。所以根据不同的实际情况，集装箱的单位租金会有很大的区别。程租又可分为单程租赁和来回程租赁两种。

（1）单程租赁其特点是从发货地租箱，到目的地还箱。采取从起运港至目的港的单程租用，一般适用于货源往返不平衡的航线。它可满足承租人单程租箱的需要。如果从缺箱地区单程租赁到集装箱积压地区，承租人需要支付较高的租金，因为此时租箱公司需要从集装箱积压地区往短缺地区调运空箱，租金中一般要包含空箱调运费，有时还需支付提箱费及还箱费。如果从积压地区租赁到短缺地区，因为租箱公司集装箱积压，产生很多费用，所以承租人可享受租金优惠，可较少支付，甚至免除提箱费和还箱费，有时还可能在一定时间内免费租箱。

（2）来回程租赁通常是指提、还箱同在一个地区的租赁方式，一般适用于往返货源较平衡的航线，原则上在租箱点还箱（或同一地区还箱）。租期可以是一个往返航次，也可以是连续几个往返航次。由于不存在空箱回运的问题，因而租金通常低于单程租赁。

3）灵活租赁

这是一种在租箱合同有效期内，承租人可在租箱公司指定地点灵活地进行提、还箱的租赁方式。它兼有“期租”和“程租”的特点。一般租期为一年。在大量租箱情况下，承租人可享受租金的优惠，租金甚至接近于长期租赁。在集装箱货源较多，且班轮公司经营航线较多，往返航次货源又不平衡的情况下，多采用这种租赁方式。

在灵活租赁的情况下，由于提、还箱灵活，因而给租赁公司带来一定的风险，所以在合同中规定有一些附加约束条件。如规定最短租期、基本日租金率等。一般最短租期不得少于 30 d，承租人须按租期支付租金。有时还可能规定起租额，如规定承租人在合同租期内必须

保持一定租箱量，并按超期租额支付租金（即当实际租箱量少于起租箱量时采用）；规定全球范围内月最大还箱限额；规定最小月提箱量；规定各还箱地区的月最大还箱量等。

集装箱班轮公司应根据自身航线特点、货物特点、投资能力等，确定自备箱量与租赁箱量的合理比例及通过什么方式租赁集装箱，以使自身取得最好的经济效益。

3. 集装箱租箱合同主要条款

1）租箱合同的主要内容

租箱合同是指规定承租人与租箱公司之间权利、义务、费用的法律文件。各租箱公司在开展租箱业务时，均制定具有一定固定格式的租箱合同文本，就双方承担责任、义务、费用等方面的问题作出条款规定，其内容通常涉及以下方面：

（1）租金；

（2）租箱方式；

（3）租箱数量与箱型；

（4）交箱期与还箱期；

（5）租、退箱费用；

（6）交、还箱地点；

（7）损坏修理责任；

（8）保险。

2）交箱条款

通常规定租箱公司应在合同规定的时间、地点，将符合合同条款的集装箱交给承租人。这一条款一般有三个内容。

（1）交箱期指租箱公司必须在多少天时间界限内交箱，从目前租箱合同中对交箱期的规定看，这一期间通常为 7 ~ 30 d。

（2）交箱量租箱合同中对交箱量有两种规定办法，一种是最低交箱量，也就是租箱合同中规定的交箱量；另一种是实际交箱量，也就是超出或不足租箱合同规定的交箱量。一般来说，采用哪一种交箱量，与集装箱租赁市场上箱、货供求关系十分密切。通常，租赁公司都愿意承租人超量租箱。

（3）交箱时箱子状况。交箱时箱子的实际状况，通常用设备交接单来体现。每一个集装箱在交接时，承租人与租箱公司都共同签署设备交接单，以表明交接时的箱子状况。在实际租箱业务中，租箱公司为简化手续，规定承租人所雇用的司机在提箱时签署的设备交接单，可视为本人签署，具有同等效力。而箱子堆场的交箱员或大门门卫，则可视为租箱公司的代表。

3）还箱条款

还箱条款指承租人在租期届满后，按租箱合同规定的时间、地点，将状况良好的箱子退回租箱公司。这一条款主要内容也有三个。

（1）还箱时间。租箱合同中规定有还箱时间，但在实际操作中经常会发生承租人提前还箱或延期还箱的情况，这类情况在租箱业务中称为“不适当还箱”。当发生提前还箱时，如租箱合同中订有“提前终止条款”，则可相应少付租金；否则，则应补付追加租金。

（2）还箱地点。承租人应按租箱合同中规定的地点，或经租箱公司书面确认的地点，将箱子退还给租箱公司。还箱地点与最终用箱地点的距离有较密切的关系，作为承租人来说，最终用箱地点应是还箱地点，这样，发生的费用较少；反之，则费用多。

（3）还箱状况。所谓还箱状况，是指承租人应在箱子外表状况良好的情况下，将箱子退还给租箱公司。如还箱时箱子外表有损坏，租箱公司或其代理人即应通知承租人，并作出修理估价单。如租箱合同中已订立损害赔偿修理条款，则其费用由租箱公司承担。如到租箱合同规定的还箱期 30 d 后，承租人仍没有还箱，租箱公司可自动认为箱子“全损”，承租人应按合同规定的赔偿办法支付赔偿金。而且，在租箱公司收到赔偿金之前，承租人应仍按天支付租金。

4）损害修理责任条款

损害修理责任条款（Damage Protection Plan），简称 DPP 条款，指在承租人支付 DPP 费用的前提下，在归还箱子时，可不对租赁期间箱子的损坏负责，损坏的箱子由租箱公司负责修理。租赁合同中订有 DPP 条款，对承租人来说，可避免一旦发生箱子损坏后所引起的有关修理安排、查核、检验、支付修理费用等繁杂事务，并可节约将受损的箱子运至修理厂的额外费用。承租人在订立 DPP 条款时应注意以下问题：DPP 费用只保箱子的部分损坏，不保箱子的全损。如系全损，则属保险责任中的全损险，由保险公司负责赔偿。另外，DPP 条款也不包括共同海损分摊对第三者的民事损害责任及对箱子内有关货物的责任。习惯上，DPP 只负责到比箱子本身价值低一点的一个固定限额。例如，20 ft 箱的价值为 3 000 美元，而合同中的 DPP 条款负责的最高费用可能只有 2 500 美元。如箱子在租赁期间发生损坏，其修理费用和其他费用在 2 700 美元，租赁公司则根据合同条款规定只负责 2 500 美元，超出部分则由承租人负责。

5）承租人的责任、义务

租赁合同中关于承租人的主要责任、义务有以下几个方面：

（1）按合同规定的时间、方式支付租金；

（2）租赁期内，承租人与租箱公司共同承担国际集装箱安全公约规定的检验和修理责任；

（3）承租人在租赁期内，应承担本国或他国的一切有关集装箱的法律、法规规定的罚款、费用损失；

（4）承租人应承担租箱期内，箱子的全损或灭失；

（5）承租人可在租赁的箱子外表贴上自己的标记，但不得任意更动原有的标记；

（6）租赁期内，承租人应按有关规定使用箱子，不得超负荷装载，或长期堆存有损箱体的货物；

（7）租箱期内，承租人应对箱子进行良好的保养、维修，包括箱子的清洗、防污、油漆及更换必要的部件；

（8）租赁期内，承租人应对第三者造成的箱子损坏责任负责，对其代理人或雇用人员对箱子造成的损坏负责。

6）租金

租金支付条款主要内容如下。

（1）租期。一般租箱合同均规定以提箱日为起租日，退租日则根据租箱合同规定的租期或实际用箱时间确定。长期租赁的退箱时间，根据合同确定。灵活租赁的退租日，则为将箱子退至租箱公司指定堆场的日子。承租人在终止租箱时，应按合同规定的时间事先通知租箱

公司，无权任意延长租期或扣留使用箱子。

(2) 租金。一般按每箱天计收，即从交箱当日起算至租箱公司接受还箱的次日时止。长期租赁或无 DPP 条款的租箱，原则上在修复箱子后退租。有的租箱公司为简化还箱手续，在合同中订立提前终止条款，承租人在支付提前终止费用后，集装箱进入租箱堆场，租期即告终止。此项费用一般相当于 5～7 d 的租金。对于超期还箱，其超期天数的租金通常为正常租金的一倍。

(3) 租金支付方式。租金支付方式有两种，一种是按月支付，另一种是按季预付。承租人在收到租箱公司的租金支付通知单后的 30 d 之内必须支付，如延迟支付租金，则按合同规定的费率支付利息。

(4) 交、还手续费。承租人应按合同规定的费率支付交、还箱手续费，此项费用主要用以抵偿租箱公司支付租箱堆场的有关费用（如装卸车费、单证费等），其支付方式主要有两种，一种按当地租箱堆场的费用规定支付，另一种是按租箱合同的规定支付。

7) 保险条款

集装箱的保险是租箱业务的主要内容之一，在集装箱租赁期内，箱子的保险可由承租人自行投保，也可以与租箱公司订立协议的方式投保。

(1) 保险条件。

① 以每一只标有唛头标志的集装箱为一个单独的投保单位。

② 被保险人对投保的集装箱应做好维修、保养工作。

③ 保险期可视具体情况修改。如有的租箱公司规定，在租期内的箱子修理损坏率超过一定的比例，租箱公司有权修订保险条款。

(2) 保险方式。

① 有限额保险。有限额保险是指保险公司有限度地承担集装箱的损坏修理费，如损坏修理费超过投保的限度，其超过部分由承租人支付。

② 全值保险。全值保险是指保险公司按保单或协议规定的使用价值支付修理费用，其使用价值根据对箱子规定的金额决定。

(3) 除外责任。保险公司对以下原因造成的箱子损坏，修理不承担责任和费用：

① 战争、敌对行为、武装冲突；

② 集装箱所在国政府对箱子的征用、没收、封锁；

③ 由于集装箱内在的缺陷造成的损坏；

④ 集装箱的自然耗损、正常磨损；

⑤ 超负荷装载导致的集装箱损坏；

⑥ 装载高度易燃品、爆炸品、腐蚀品及其他烈性危险品造成的损坏；

⑦ 集装箱对第三者造成的损害赔偿；

⑧ 间接损失；

⑨ 共同海损分摊；

⑩ 救助费用分摊。

(4) 损坏修理程序。

① 提出损坏报告。集装箱在发生损坏后，投保人应提出有关箱子的损坏报告，并得到有关方面的确认（租箱公司或保险公司）。

② 对箱子进行检验。在箱子发生损坏后，投保人和保险公司都可安排自己的专业检验人员对箱子的损坏进行检验。

③ 修理。根据专业检验人员的检查报告，对箱子的损坏部分进行修理，但这种修理不包括箱子的自然耗损部分。

（5）保险期。退租集装箱的保险期限从租箱协议订立、集装箱交箱起生效，至集装箱退还租箱公司指定的租箱堆场时终止。如由承租人投保，应在对箱子修复、符合条件后才能退租。如发生集装箱全损，退租的日期为租箱公司收到有效证明文件的当日。

（6）保险金。

① 保险金与租金同时支付给租箱公司。

② 保险金与租金一样按箱天计算，即使有免费期，保险金也不能减免。

③ 保险金可根据承租人使用箱子的情况来定，租箱公司可定期进行测试和调整。

2.4.2 集装箱空箱调运及管理

集装箱空箱调运及管理是集装箱箱务管理的一项重要的工作，它关系到周转效率和利用程度，关系到巨额空箱调运成本，也关系到货物的及时发送，直接影响到企业的经济效益。据报道，美国每年仅因空箱调运而产生的各种费用高达 35 亿美元，如按每个标准箱 2 400 美元购置费计算，可以购买 145 万个标准箱，是一笔相当可观的金额。

1. 产生空箱调运的原因

产生空箱调运的原因有很多，主要有以下几个方面。

1）运作不规范，管理失误

由于相关的集装箱运输单证的交接不规范、流转不及时，影响集装箱的调配和周转，产生空箱调运；有些集装箱发生损失或灭失，但却因为运输责任不明确而无法追回，或不能及时追回，只能调运空箱补充；此外，货主提箱超期，重箱积压在码头堆场，导致集装箱在内陆的周转不畅、缺乏空箱，为保证船期而只得从附近港口调运空箱。

2）进、出口货源不平衡

由于贸易的顺差或逆差，导致集装箱航线货流不均衡，从而造成进口与出口集装箱比例失调，大量空箱积压在航线的某一端，产生空箱调运。

3）进、出口货物结构的差异

由于货物的种类和性质往往存在很大的差异，在航线的不同流向上需要使用不同的集装箱，从而导致某规格或某类集装箱出现短缺现象，不得不从其他地区调运同一规格的空箱，以满足不同货物的需要。

由此可见，空箱调运是必然的、不可避免的。但是通过科学的箱务管理，实现箱务管理现代化，减少空箱调运量是可以实现的。

2. 减少空箱调运的主要措施

1）组建联营体，实现船公司之间集装箱共享

通过互相调用空箱，可减少空箱调运量和航线集装箱需备量，节省相关费用。

2）强化集装箱集疏运系统，缩短集装箱周转时间

通过做好集装箱内陆运输各环节工作，保证集装箱运输各环节紧密配合，缩短集装箱内陆周转时间和在港时间，以提供足够箱源。

3）强化集装箱跟踪管理系统，实现箱务管理现代化

通过优化集装箱跟踪管理计算机系统，如采用EDI系统，以最快、准确的方式掌握集装箱动态信息，科学而合理地进行空箱调运，最大限度地减少空箱调运量及调运距离。

总之，空箱调运应综合论证空箱调运费与租箱费用，根据两者费用的高低，再考虑航线集装箱配备量因素，决定采取空箱调运或租箱策略。

2.4.3　集装箱的堆存和保管

1. 空箱的堆存和保管

集装箱所有人或箱管部门所管理的空箱一般在码头堆场、货运站堆场等地堆存和保管，通常委托箱管代理或各堆场经营人作为代理人进行实际管理，并需支付堆存、管理费用。这些费用也是集装箱运输成本的重要组成部分，因而加强集装箱空箱的堆存、保管的管理具有重要意义。

集装箱箱管代理人在安排空箱堆存过程中，应将各航运公司的集装箱分别堆放，同公司的集装箱也应按照箱型分别堆放，便于提箱。在搬运过程中，应规范操作，避免集装箱出现残损。在收箱时，应做好集装箱的核查工作，一旦出现集装箱损坏的现象，要及时通知箱主安排修理等事宜。

集装箱所有人在掌握各堆场的空箱类型、数量的基础上，应充分利用各堆场入场初期的免费条款，将堆存期较长的集装箱调运出该堆场。在我国，有些货运站采用集装箱堆存费包干的形式，集装箱所有人可以充分利用这一条件，将空箱存放在该货运站中。

2. 重箱的堆存和保管

集装箱码头为了避免堆场内集装箱的大量积压，往往规定了出口重箱应在限定的入港开始时间和截止时间内将重箱运至指定的堆场存放；同时，对于进口重箱，也规定了免费堆存期，促使收货人及时提取货物，一旦超期，就要收取集装箱的堆存费用。

2.4.4　集装箱分配及使用

集装箱分配及使用一般应遵循以下原则：当港口集装箱充裕时，按船舶开离时间顺序配用箱；当港口集装箱不足时，应首先保证本月调进空箱量的航线经营人所属船舶用箱，再考虑运距长的货物用箱；对去往集装箱严重积压的港口的货要控制放箱；要保证高质、有重要运输协议、有特殊运输时限要求的货物的用箱；要保证特种货物堆场特种用箱的需求。

一般来讲，集装箱归航运公司所有，由箱管部经营调度，各航线经营人享有同等的集装箱使用权，集装箱未经箱管部许可不得用于航运公司以外的航线。箱管部在所有开放港口均按合理保有量的要求备足集装箱，以保证航线船舶的用箱要求。

1. 关于提箱、还箱及用箱

提箱是指航线经营人在开放港口的指定堆场提用空箱；还箱是指航线经营人将拆空后的箱交给在开放港口的指定堆场；用箱是指航线经营人在开放港口的指定堆场提空箱起至空箱还至开放港口的指定堆场上的使用时间。在此期间内，航线经营人向箱管部支付按箱天计算的使用费并负有集装箱保管责任。

2. 关于免费用箱

由箱主公司提供给本航运公司免费使用的集装箱由箱管分部统一与箱主公司签署用箱协

议，各航线经营人无权自己接受此类空箱纳入航线营运。经签协议进入本航运公司范围的免费用箱，视同本航运公司租箱管理和使用。

3. 关于集装箱灭失

集装箱在航线经营人使用期间发生灭失，由航线经营人向箱管部宣布灭失，并将灭失动态输入电子管理系统，箱天费用自宣布次日起自动停止；在开放港口，集装箱发生灭失由代理向所在箱管分部和箱管部公布灭失，并将动态输入电子管理信息系统；箱管部根据集装箱灭失、丢失赔偿标准向责任方提赔。

2.4.5 集装箱跟踪管理

随着国际集装箱运输的快速发展，集装箱化的比重不断提高，集装箱的流动范围十分广泛，致使对集装箱进行有效控制存在很大的难度。目前，在集装箱运输过程中，由于集装箱的损坏、灭失而造成的经济损失平均每年都高达数十亿美元。为了减少这些损失，世界各国都在研究集装箱跟踪管理系统，实现集装箱箱务管理的现代化。目前主要采用的是高效率的计算机跟踪管理方式。

计算机跟踪管理方式是运用电子计算机技术建立起来的信息传递和数据处理的管理系统，具体操作如下。

首先应将集装箱所有必要的特征，如箱号、箱型、尺寸、购箱及其地点、日期等预先存储在计算机内，然后将集装箱日常动态信息利用某种特定的代码形式，及时输入计算机，并根据事先编号的程序，通过计算机进行有效的数据处理，随时可直观地显示或打印出集装箱管理部门所需的各种类型的报表、资料和文件。

集装箱计算机跟踪管理方式按其信息和传递系统可分为联机和脱机两大类。

联机系统是船公司的计算机与其在各港代理处所设置的终端机联成网络，有关的集装箱动态信息直接由代理人随时通过终端输入到船公司计算机内存储或处理，并能将所需处理结果返回至终端的显示或打印设备上。

脱机传递系统指信息的传递是由各港代理处采用普通的通信或磁带卫星交换方式，传递给船公司，然后再由船公司计算机输入设备输入至计算机内存储或处理。这种方式实时性较差，但比较适用于远距离的信息传递。

目前，利用计算机对集装箱进行管理，已逐步由初级阶段向高级阶段发展。船公司不仅能够掌握及跟踪分布在外的集装箱码头堆场、货运站、货主仓库及运输途中的集装箱所处位置和使用状态变化的动态信息，而且可以对各个运输环节的集装箱需求情况作出预测。

复习思考题

1. 为什么必须进行集装箱标准化？
2. 集装箱的必备标记有哪些？
3. 简述集装箱的定义。
4. 简述产生空箱调运的原因。
5. 简述集装箱箱务管理的基本内容。

案例分析

货运代理合同纠纷

案情介绍

原告：环球贸易有限责任公司

被告：国泰公司

被告：鸿翔公司

2001年8月，原告为出口小五金委托国泰公司作为其在上海港的货运代理人，负责装箱、租船订舱、报关等事宜。国泰公司将该批货物装入一个20 ft集装箱和一个40 ft集装箱，并装上实际承运的船舶“玉河”轮；上海联合国际船舶代理有限公司代案外人新兴海运公司（UNIGLORY MARINE CORPORATION）签发了记名提单，该提单记载的抬头人和承运人均为新兴海运公司。

8月27日，该两个集装箱在香港转船时，其中40 ft集装箱内部突然起火，内装1190箱货物中的795箱受到不同程度的损坏，尚有395箱完好。8月28日，国泰公司将此情况通知了原告。次日，原告和国泰公司向鸿翔公司出具“保函”，要求把已签发的提单改换为两份，并要求将20 ft集装箱尽快出运。

8月30日，原告持原提单到鸿翔公司天津代表处换签了两份新提单，该两份新提单由天津中远集装箱船务代理有限公司代承运人新兴海运公司签发。9月5日和13日，原告两次向鸿翔公司上海代表处发函要求将失火的40 ft集装箱货物运回上海处理。

直到本案诉讼中，原告就该批货物的处理与鸿翔公司上海代表处进行协商未果。2002年2月1日，上海海关对该批货物实施了变卖处理。

原告和被告鸿翔公司提供的检验报告均证实，失火的集装箱内装的小五金和砂纸等货物本身属不易燃物品，火源或来自集装箱内部某种易燃物质。

“玉河”轮的船舶所有人和经营人均为中远集装箱运输有限公司。

鸿翔公司（UNIGLORY HONG KONG LIMITED）于1995年12月7日在香港登记注册，系独立法人。

法院裁决

上海海事法院经审理认为，被告鸿翔公司既未与原告订立海上货物运输合同，亦非实际承运人，要求其承担责任依据不足。

被告国泰公司虽为原告在装货港的代理，但原告也不能证明其在代理装箱过程中未能适当履行义务或存在故意或过失从而导致了火灾的发生，遂判决驳回原告对被告国泰公司和被告鸿翔公司的诉讼请求。

原告不服一审判决，向上海市高级人民法院提起上诉。二审法院认为原审认定事实清楚，适用法律正确，依法驳回上诉，维持原判。

分析借鉴

1. 货运代理合同纠纷适用过错责任原则

《中华人民共和国合同法》（以下简称《合同法》）第一百零七条规定：“当事人一方不

履行合同义务或者履行合同义务不符合约定的，应当承担继续履行、采取补救措施或者赔偿损失等违约责任。”这个条文中并没有规定“当事人能够证明自己没有过错的除外”，一般认为合同法采用了严格责任原则作为违约责任的一般归责原则，因此，在诉讼中主张追究对方违约责任的当事人仅须证明对方有违反合同义务之行为即可。但委托合同却是特例，因为《合同法》第四百零六条明确规定：“有偿的委托合同，因受托人的过错给委托人造成损失的，委托人可以要求赔偿损失。无偿的委托合同，因受托人的故意或者重大过失给委托人造成损失的，委托人可以要求赔偿损失。受托人超越权限给委托人造成损失的，应当赔偿损失。”可见，委托合同的归责原则实行的是过错责任原则。货运代理合同从性质上讲属于委托合同，当然也应当适用过错责任。

2. 委托人对货运代理人的过错应负举证责任

最高人民法院《关于民事诉讼证据的若干规定》第二条规定：“当事人对自己提出的诉讼请求所依据的事实或者反驳对方诉讼请求所依据的事实有责任提供证据加以证明。”因此原告作为委托人，试图让国泰公司承担违约责任时，就应当证明国泰公司在履行合同时存有过错。然而，本案原告提供的证据无法证明集装箱起火的原因为国泰公司过错所致。在案证据只能证明引起货物燃烧的火源来自集装箱内部，集装箱内装的货物不易自燃，所以，究竟是国泰公司装集装箱时混入了火种，还是原告自己装小纸箱时混入，或是有其他导致失火的原因，都并无可靠的证据予以证明。原告提供的证据亦无法排除自己在将货物装入纸箱内时确实没有混入易燃物。因此，本案举证责任就不发生转移，国泰公司无须举证证明自己无过错。原告提供的证据不能使法官形成不利于被告的心证，当然不能让被告承担不利后果。

3. 货运代理合同和货物运输合同纠纷的不同点

为正确处理有关案件，在此需要将货代纠纷和货运纠纷在归责原则和举证责任方面作个比较。根据《中华人民共和国海商法》（以下简称《海商法》）第五十一条的规定，海上货物运输合同违约责任的归责原则亦为过错原则，但在举证责任上属于过错推定，即一般来说，证明货物损坏非系承运人过错所致之责应由承运人自己承担，货方仅需证明在承运人责任期间发生了货损事实即可，对承运人有无过错无须举证。而承运人需证明自己没有过错方可免责，否则推定其有过错。这与本案中原告要求国泰公司赔偿损失时的情形正好相反。但进一步研究，本案货损原因为集装箱起火，这种情况比较特殊，属于承运人可享受的 12 种免责事项之一。按照《海商法》第五十一条第二款的规定，在火灾引起货损的情况下，只有当权利人证明该火灾系承运人本人过失所致时，承运人才承担责任。即在火灾导致货损的情况下，《海商法》又规定此时举证责任归于货方，这又构成了海上货物运输合同过错推定原则的例外。对此，要区别不同案情，在同一过错原则之下，正确适用不同的举证责任。本案原告还诉请主张鸿翔公司承担货损责任，由于鸿翔公司并非涉案运输的承运人，与原告之间也不存在其他法律关系，故原告的此项请求也未能得到支持。

第3章

集装箱水路运输实务

本章要点

➢ 掌握集装箱水路运输的组织；
➢ 理解集装箱船舶的基础知识；
➢ 掌握集装箱船舶的积配载；
➢ 掌握集装箱海运提单的主要内容与条款。

开篇案例

走进万箱船时代

——《航运交易公报》www. jctrans. com
2007－8－30 9:53:00

巨大的前景，使万箱船就像股市中的“潜力股”，招致了全球航运业界的追捧。可以毫不夸张地说，“万箱船，将改变未来！”

8月9日上午，可装载10 050 TEU的大型集装箱船“中远亚洲”轮由天津港首航，投入中国至欧洲航线运营。“中远亚洲”轮是目前我国拥有的箱位最大、智能化程度最高的集装箱船，该轮不仅是中远第一艘万箱级集装箱船，也是目前亚洲拥有的最大集装箱船。

而就在前一天，8月8日晚，中海集运与韩国三星重工在上海签署了8艘13 300 TEU超大型集装箱船舶建造合同。

中国首艘万箱船的投用，中海8艘超级“巨无霸”的打造，使得中国漂亮地开启了一个万箱船时代，对港、航、贸的影响极为深远，引起广泛关注。

思考题：集装箱船舶大型化发展趋势会给船公司带来哪些优势，又会给集装箱水路运输组织造成哪些困难？

3.1 集装箱水路运输概论

3.1.1 集装箱水路运输的分类

集装箱水路运输可根据不同的角度对其进行分类。

1. 按水路运输的经营方式分类

1）定期船运输

定期船运输（Liner Shipping）又称为班轮运输，是指班轮公司将船舶按事先制定的船期表，在特定航线的各挂靠港口之间，为非特定的众多货主提供规则的、反复的货物运输服务，并按运价本或协议运价的规定计收运费的一种营运方式。它具有固定航线、固定挂靠港、固定船期和相对固定的运价等“四固定”的特点。定期船运输具有以下特点。

（1）开展定期船运输的船公司具有公共承运人的性质，面向全社会提供运输服务，以运送零星的小批量货物为主，并由船公司负责货物的装卸。

（2）定期船运输所选用的船舶一般技术性能较好，速度快，设备齐全，并在同一航线上配备多艘同型船舶，方便调配，能保证船期。

（3）船公司将船期表分送船公司代理和货主，货主可以在预知船舶抵、离港时间的基础上组织、安排货源。

（4）运费按照运价表的规定收取，在一定时期内固定不变。

（5）船公司与托运人之间的权利、义务和豁免，以提单为依据。

2）不定期船运输

不定期船运输（Tramp Shipping）亦称租船运输（Transport by Chartering），是一种既没有事先制定的船期表，也没有固定的航线和挂靠港，而是追随货源，按照货主对运输的要求安排船舶就航的航线，组织货物运输，并根据租船市场行情确定运价或租金水平的一种经营方式。不定期船运输具有以下特点。

（1）船舶多以租船方式经营，承托双方权利、义务和豁免以租船合同为准。

（2）船公司可根据托运人需要结合航线实际情况和法律规定，航行任何航线和港口。

（3）船公司承运的货物主要是大宗低值散装货物。

（4）船公司与托运人之间的联系多通过那些既精通业务，又通晓法律与双方关系密切的经纪人来进行。

（5）运价受航运市场供求关系的影响而时常波动，属于竞争性运价。

2. 按集装箱航线的地位分类

1）干线运输

干线运输是指相对固定的世界主要集装箱航线的运输。干线运输一般货源稳定，运量大，班轮公司实力强大，挂靠港口少，挂靠港装卸效率高，经济腹地经济总量庞大，对货物的消化能力强或者中转能力强。目前世界主要的集装箱航线有三条，即远东—北美航线，远东—欧洲、地中海航线和北美—欧洲、地中海航线。

2）支线运输

支线运输又称补给线运输，是指在某些区域内的集装箱运输。如亚洲区域内的集装箱支

线运输。这些支线运输，一方面负责对干线运输货物的集散，另一方面满足区域贸易的要求，将区域内各国家与地区间的货物交叉运输。

3. 按集装箱运输的地域分类

1）集装箱海运

集装箱海运包括集装箱远洋运输、集装箱近洋运输和集装箱沿海运输。集装箱远洋运输指船舶航行跨越大洋的运输，如远东各港至欧洲、美洲和大洋洲。集装箱近洋运输指本国港口到邻近国家港口间的运输，如中国至日本海、马六甲海峡、印度尼西亚沿海。集装箱沿海运输指本国沿海各港口间货物的运输，如上海至青岛、大连等。

2）集装箱内河运输

集装箱内河运输常称为内支线运输。我国内河水系发达，适宜中、小型集装箱船舶航行。运用集装箱内河运输，可降低运输成本，并且能耗少，污染小，可弥补集装箱铁路运输、公路运输的不足。如长江黄金航道，终年无封冻，并且江宽、浪小、水深，给经济相对落后的内地提供了一种绿色经济的运输方式。

3.1.2　集装箱水路运输的相关单位

集装箱水路运输是各种运输方式中组织程序最复杂、运量最大的一种，也是参与者最多的一种。除了托运人与收货人外，集装箱水路运输还有以下参与方。

1. 集装箱班轮公司

集装箱班轮公司拥有规模或大或小的船队，开展海上与内河的航运业务，是集装箱水路运输的主要参与方。

2. 集装箱租箱公司

购置集装箱需要支付高昂的成本，一般而言，大多数货主不会自己购置集装箱。集装箱班轮公司为营运需要会投资购置集装箱，但通常置箱量必须达到船舶载箱量的三倍，才足以应付周转需要，同时集装箱的箱务管理也很复杂，包括集装箱在运营过程中的回空、堆放、保管、维修、更新等问题，都需要非常专业的管理，因此集装箱班轮公司为解决经济压力，提高集装箱的使用效率，或摆脱集装箱的跟踪管理负担，会选择从专业的集装箱租箱公司租用部分集装箱。这些集装箱租箱公司购置一定数量的集装箱，专业从事租箱业务，同时还进行箱务管理，一般还经营堆箱场，制定多种的租赁方式以满足货主与船公司的不同需求。

3. 集装箱船舶租赁公司

由于集装箱运输市场供求关系变化频繁，为了减少资金占用，减少风险，或者暂时缓解集装箱运输市场上需求高涨，或者调整航线上货源不平衡状况，集装箱班轮公司或者一些规模较小的船公司甚至货主，需要从专门的集装箱船舶租赁公司租用集装箱船舶开展运输业务。

4. 集装箱码头公司

集装箱码头公司主要完成集装箱水路运输起点和终点的装卸任务。作为集装箱水路运输的起点，它主要承担货物的拼装、集货、装卸任务；作为集装箱水路运输的终点，它承担集装箱货物的装卸、拆箱、疏运交接等任务。

5. 国际货运代理人

国际货运代理人公司，是指专门为货主代理各类货运业务。其主要业务包括：

(1) 订舱，即代理货主向集装箱班轮公司订舱；

(2) 报关，代理货主将进、出口集装箱向海关报送、结关；

(3) 拆装箱，代理货主安排集装箱货运站进行空箱装箱与重箱拆箱；

(4) 理货，代理货主对集装箱装、拆箱进行理货或委托理货公司进行理货；

(5) 租箱，代理货主向船公司或租箱公司租用集装箱，并按合同归还空箱；

(6) 办理集装箱装卸业务，代理货主安排货物在启运港码头的装船与卸货港码头的卸货；

(7) 货物保险，即代理货主办理各种运输保险业务。

6. 无船承运人公司

无船承运人，是指在集装箱运输中，经营集装箱货运，但不经营船舶的承运人。无船承运人的主要特征表现在以下几个方面：

(1) 是国际贸易合同的当事人；

(2) 在法律上有权订立运输合同；

(3) 本人不拥有运输工具；

(4) 有权签发提单，并受提单条款的约束；

(5) 由于与托运人订立运输合同，所以对货物全程运输负责；

(6) 具有双重身份：对货物托运人来说，是承运人或运输经营人；而对实际运输货物的承运人而言，又是货物托运人。

3.1.3 集装箱水路运输的组织

1. 集装箱水路运输的对象——适箱货源及货流的影响因素

集装箱水路货物运输的对象就是适箱货。哪些货物属于适箱货？这些货物从何而来？又有哪些具体的影响因素呢？

1) 集装箱运输的货物

集装箱运输的货物品种较多，形态各异。一般按照货物的性质将其分为普通货物与特殊货物。普通货物又可进一步分为清洁货和污货；特殊货物可分为冷藏货、动（植）物、重货、高价货、危险货、液体货、易腐货和散货等。

(1) 普通货物（General Cargo）。普通货可称为杂货或百杂货，是指不需要用特殊方法进行装卸和保管、可按件计数的货物。其特点是批量不大，单价较高，对运费的承受能力较强，经常使用班轮运输。普通货按有无污染又可分为清洁货和污货两类。

① 清洁货（Clean Cargo）。清洁而干燥，在积载和保管时本身无特殊要求，和其他货物混载时不会损坏或污染其他货物的货物。如纺织品、棉、麻、玩具、橡胶制品等。

② 污货（Dirty Cargo）。货物本身的性质和状态容易发潮、发热、发臭等，容易对其他货物造成严重湿损、污损或熏染臭气的货物。如水泥、石墨、油脂、沥青、樟脑等。

(2) 特殊货物（Special Cargo）。指在性质、重量、价值、形态上具有特殊性，运输时需要用特殊集装箱装载的货物。主要包括以下几类。

① 冷藏货（Refrigerated Cargo）。指需要保持在常温以下的货物，如肉类食品、鸡蛋、水果、蔬菜等。

② 活动（植）物（Livestock and Plants）。指活的家禽、家畜、动物、树苗等。

③ 重货（Heavy Cargo）。指单件重量特别大的货物，如动力电缆、重型机械等。

④ 高价货（Valuable Cargo）。指按容积或重量来计算，其价格都比较昂贵的货物，如生丝、绸缎、家用电器、手工艺品、珠宝首饰、精密仪器等。

⑤ 危险货（Dangerous Cargo）。指本身具有易燃、易爆、易腐蚀、有毒、有放射性等危险特性的货物。

⑥ 液体货（Liquid Cargo）。指需要装在罐、桶、瓶等容器内进行运输的液体和半液体货物，这些货物容易泄漏和挥发，可能会污染其他货物并有一定危险性。如酒精、酱油、石油等。

⑦ 易腐货（Perishable Cargo）。指在运输中因通风不良或高温、潮湿等原因容易腐败变质的货物。

⑧ 散货（Bulk Cargo）。指无需特殊包装直接运输的货物，如粮食、盐、糖等。

2）集装箱水路运输货源调查

熟悉了集装箱运输适箱货的种类，就可以进行集装箱水路运输货源调查，集装箱水路运输货源与货流的形成，与一般件杂货水路运输货源货流的形成不同，主要有以下特点。

（1）与人口稠密程度和经济发达程度密切相关。人口稠密地区，一般会有大量商品的产出，同时又有对原材料和消费品的需求，运输货源比较多，货流也比较大。可以说，各类货物、各种运输方式与地区人口稠密程度都成正比。集装箱货物的货源和货流固然与人口稠密程度有关，但更与经济发达程度有关。因为集装箱的适箱货大多为价格较高，与人类较高的生活水平相联系的百货、食品等，而不是原材料、初级消费品。世界上的有些地区，虽然人口稠密度高，但其经济发展程度较低，经济形态较接近自然经济，消费水平较低，这些地区就很难形成集装箱货流。即使存在少量的适箱货，但由于难以形成适箱的货流，从规模经济角度考虑，一般也不装箱，改用件杂货方式运输。所以，集装箱运输要形成货流，不但要具备一定量的货物运量，还要确保其中适箱货的运量。货运量大，不一定能形成集装箱货流。目前世界上形成巨大集装箱货流的，主要是三个人口稠密、经济发达程度较高的地区，即北美、欧洲和远东。从相对较小的区域考虑，不管是水路还是陆路，集装箱运输的货流一般都发生在同时具备人口稠密和经济发达的国家、城市和地区之间。

（2）货流比件杂货运输更趋于集中。由于现代集装箱多式联运的发展，使集装箱水路运输的货流比件杂货运输显得更为集中。原因如下。

① 集装箱运输是一种资金密集型的运输方式，集装箱码头和集装箱船队投资的起点比件杂货码头与船队高得多。这类企业的进入成本较高，如果没有足够的货流，难以确保收益与投资的回收。所以集装箱水路运输的规模效益特点比较明显，其集中程度也通常高于一般件杂货运输。

② 集装箱运输是一种高效率的运输方式，由于其标准化程度高，便于在各种运输工具之间倒载，所以更适宜通过多式联运，将分散的货源集中到少数中心港口，通过庞大的船队，进行集中的长途水运，以降低运输成本。件杂货一般会通过最直接的陆运路线，将货物送往最近的港口，进行水路运输，这样可避免在陆上频繁倒载而花费大量劳动，由此可降低总体运输成本。集装箱化的货物，即使在陆上辗转运输，倒载费用也较少；而集中到更大的码头，用更大的船进行长途水上运输，却能有效降低占主要份额的水运部分成本。所以集装箱水路运输与一般件杂货的水路运输相比，表现出货流更为集中的特点。

考虑到集装箱水路运输货源与货流的以上特点，集装箱水路运输货源调查主要考虑以下因素。

第一，腹地经济发达程度和人口稠密程度。经济发达程度与人口稠密程度必须同时予以考虑。人口稠密地区进出口商品流量相对会比较大，但其中的适箱货比例不一定很高。只有经济发展到一定的程度，适箱货比例才会相应提高，集装箱化程度也会比较高。从我国的情况来看，许多城市和地区人口稠密，但目前经济发达程度相对较低，庞大的货物运量中，适箱货比例不高，因此集装箱化程度低，集装箱运输不发达，或尚未开展起来。但由于我国长期政治稳定，经济健康发展，这些地区的经济发达程度会较快上升。预计不久集装箱生成量就会相应提高，集装箱货源会较快地增加，集装箱货流也会逐渐形成。

第二，周边地区集装箱多式联运发展的程度。在沿海、沿河地区，应充分考虑世界主要集装箱班轮航线和国内沿海支线、内河支线的走向，以便确定本地区在整个集装箱水路运输网络中的地位和发展方向，由此确定集装箱货源的发展趋势、货流形成的可能性和规模，确定集装箱货源揽集的主要方向。如果是在内陆地区，则应调查周边集装箱铁路办理站、公路中转站和内陆集装箱货运站的设置、规模、主要流向，这样就可了解开展集装箱运输的可能性，揽货的方向，形成货流以后最经济的处理方法和流向。

第三，政府运输政策和布局特定地区。集装箱运输开展的可能性、发展趋势、发展方向，通常与政府的运输政策和宏观物流布局存在密切关系。因此特定地区集装箱货源的调查，一定要先搜集政府相关宏观政策与布局的资料，要与政府的宏观控制同步规划和发展。

集装箱水路运输货源调查的定量处理要做以下一些工作：调查本地区与相应腹地经济总量、货物总出口量与进口量；货物进出口总量中，适箱货的总量；适箱货的主要流向；适箱货总量中，会通过本地码头（河港、海港）进行水运的数量，或通过一定的多式联运路线从邻近港口进行水运的数量。

2. 集装箱水路运输的方式

集装箱水路运输涉及航线设计、航线配船及挂靠港的选择等。

1）集装箱水路运输航线设计的类型

集装箱水路运输航线的设计大致可分为多港挂靠的直达运输航线和干线支线两种类型。

（1）多港挂靠的直达运输航线是传统班轮营运中采用最普遍的一种航线结构。船舶每个往返航次通常要挂靠 5 ~ 10 个港口。这种航线结构的优点是能够将货物直接运送到目的港，可减少运输环节，具有较高的送达速度和货运质量。但如果货源并不充足，为了有限数量的货物，挂靠过多港口，无论在船期上还是在费用上都会产生浪费。限于港口自然条件和货源条件，这种航线设计往往不能采用大型集装箱船舶，载箱量一般在 1000 ~ 2000TEU 之间，无法更好地发挥集装箱运输的优势。因此，近年来这种具有传统特征的班轮航线结构已逐步被干线支线中转运输航线所取代。

（2）干线支线中转运输航线通过支线集装箱运输，将货物集中到少数中转港，再通过干线运输将货物运往目的港。采用这种航线结构，选择的中转港一般都具有各方面的优越条件。在干线上可配大型的集装箱船，支线运输则采用小型灵活的喂给船来承担。这种航线结构可以充分发挥集装箱运输的规模经济效益，克服传统多港挂靠航线的缺点。但是，由于采用了中转运输的方法，实际的货物装卸费用将增加，并且还要支付二程船的费用。同时由于环节增多，货物实际运达时间可能延长。

采用什么样的集装箱水路运输航线设计类型，通常要考虑以下一些因素：大港干线集装箱船的箱位数；支线船的箱位数；大港与中、小港的距离；中途港集装箱装卸箱数。

一般来说，干线上的集装箱船越大，支线运输的运距越长，中途港的装卸量越小，则用支线运输更有利。

2）集装箱水路运输航线配船

航线配船就是在集装箱运输航线上如何最合理地配置船型、船舶规模及数量，使其不仅能满足每条航线的技术、营运要求，而且能使船公司获得良好的经济效益。因此，所配船舶的技术性能和营运性能，应与航线上的货物种类、流向及船舶挂靠港口的状况相适应。在航线配船问题上，通常应考虑以下因素。

（1）在考虑航线配船时，应注意船舶的航行性能要适应航线的营运条件，船舶的尺度性能要适应航道水深、泊位水深，船舶的结构性能、装卸性能及船舶设备等应满足航线货源及港口装卸条件的要求。

（2）必须遵循“大线配大船”的原则。在适箱货源充足、港口现代化水平高的集装箱航线上，应配置大吨位集装箱船；而在集装箱化程度不高，集装箱货源较少，或处于集装箱运输发展初期的航线上，则应使用中、小型半集装箱船或多用途船。

（3）在航行条件允许的情况下，船舶规模的大小与适箱货源的多少及航行班次有关。在货运量一定的情况下，发船间隔越长，航行班次越少，船舶数越少，船舶规模则越大。在发船间隔或航行班次一定的情况下，船舶规模与货运量成正比，即货运量越大，船舶规模也越大。在货运量和发船间隔一定的情况下，船舶规模与往返航次的时间和船舶数有关，即船舶规模与往返航次时间成正比，与船舶数成反比。当船舶数和挂靠港数目不变时，航线上船舶航速越快，往返航次时间就越短，船舶规模可缩小。

（4）在我国广阔的内河水系进行内支线集装箱运输时，应考虑河道航运条件、沿河港口装卸条件，配用集装箱拖驳船队等。可采用带独杆吊的集装箱驳船，这样即使在岸边没有集装箱起重机的港口，也可进行集装箱装卸。

3）航线挂靠港的确定

集装箱水路运输航线挂靠港的确定，关系着该航线营运的成败。

（1）地理位置。挂靠港位置应在集装箱航线之上，或离航线不远。挂靠港应与铁路集装箱办理站与公路集装箱中转站靠近，便于开展集装箱多式联运。挂靠港应具备相对有利的开辟沿海支线运输与内支线运输的条件。

（2）货源与腹地经济条件。这是选择挂靠港最重要的因素。挂靠港所在地区经济应较发达，本地进出的适箱货源较多，其经济腹地消化的适箱货源量较大。要达到以上条件，挂靠港（尤其是集装箱干线航线的挂靠港）通常应依托经济发达、人口稠密的大城市，应优先考虑以沿海的大城市为挂靠港。

（3）港口自身条件。是指港口的水深、航道水深、港口泊位数量、泊位长度、装卸机械配备情况、装卸机械数量、港口管理的效率、现代化程度等。国际集装箱干线航线所使用的船舶一般都较大，吃水深，所以航道与码头前沿的水位都应比较深。由于有些船很宽，像超巴拿马型船，船体宽度超过 32 m，所以码头应拥有相应跨度的集装箱桥吊。同时港口还应有足够大的堆场，有良好的集疏运条件，这样能确保港口不堵塞，不会出现船舶等泊的情况。另外，干线航线的挂靠港应尽可能设施齐备，如拥有堆放冷藏箱的相应电源、设备等。

(4) 其他相应条件。作为一个条件良好的挂靠港，还应有发达的金融、保险及各类中介服务企业和设施，便于集装箱运输各类相关业务的开展。

4) 集装箱班轮船期表的编制

制定班轮船期表，是集装箱班轮运营组织工作的一项重要内容。班轮公司制定和公布船期表，一是为了招揽航线途经港口的货载；二是有利于船舶、港口和货物及时衔接，使船舶在挂靠港口短暂停泊中达到尽可能高的工作效率；三是有利于提高船公司航线经营的计划质量。

班轮船期表的内容通常包括航线、船名、航次编号，始发港、中途港、终点港港名，到达和驶离各港的时间及其他相关事项等。集装箱班轮运输具有速度快、装卸效率高、码头作业基本不受天气影响等优点，所以相对于其他班轮的船期表，集装箱班轮的船期表可以编制得十分精确。

编制船期表通常有以下基本要求。

(1) 船舶的往返航次时间（班期）应是发船间隔的整数倍。船舶往返航次时间与发船间隔时间之比，应等于航线配船数。很明显，航线上投入的船舶数必须是整数，所以船舶往返航次时间应是发船间隔的整数倍。实际操作中，按航线参数及船舶技术参数计算得到的往返航次时间，往往不能达到这一要求，多数情况下是采取延长实际往返航次时间的办法，人为地使其成为倍数关系。

(2) 船舶到达和驶离港口的时间要恰当。船舶应尽可能避免在双休日、节假日、夜间到达港口，最好在早晨6：00到达港口，这样可减少船舶在港口的非工作停泊，到达后就可开工，加速船舶周转。一般港口的白天作业，装卸费率也是最低的。当有几个班轮公司的船舶同时到达某一港口时，装卸公司一般会具体安排每艘船舶的停泊时间。在这种情况下，制定船期表时，还必须考虑这方面的时间限制。

(3) 船期表要有一定弹性。船期表在制定船舶运行的各项时间时，均应留有余地。因为海上航行影响因素多，条件变化复杂。在港口停泊中，因装卸效率变化，航道潮水影响等，对船期也会产生复杂的影响，对这些问题，都应根据统计资料和以往经验，留有一定的余地，保持足够的弹性。

3. 集装箱水路运输组织的一般程序

1) 订舱

订舱又称“暂定订舱”，是指发货人或托运人根据贸易合同或信用证的有关规定，向船公司或其代理人、经营人申请订舱，填制订舱单。如发货人已与货运代理签订运输合同，则由货运代理代替发货人向船公司或其代理人申请订舱。订舱单的内容主要有以下各项。

(1) 起运港和目的港；

(2) 每箱的总重量；

(3) 集装箱的种类、箱型和数量；

(4) 在备注中注明特种箱的特性和运输要求。

2) 接受托运申请

接受托运申请又称“确定订舱”。接受托运申请前，船公司或其代理人应考虑航线、港口、运输条件等能否满足托运人的具体要求；接受托运申请后，船公司或其代理人应着手编制订舱清单分送码头堆场和货运站，据以安排空箱调动和办理货运交接手续。订舱清单形式如表3-1所示。

表 3–1　订舱清单

M/V BINGHE VOY. 18BOOKING SUMMARY

POL/POD（装/卸港）	GROSS WEIGHT（TONS/PER UNIT）（吨/每箱）	QUANTITY 20’ 40’（数量）	REMARK（备注）
SHA/KOB（上海/神户）	22 21 19 17	2 6 26　5 27	D4. 1 20’x1（内含 4. 1 级 20 ft 危险品货箱 1 只）

3）发放空箱

发放空箱时，应区别整箱托运和拼箱托运两种情况。整箱货空箱由发货人或其货运代理人到码头堆场领取；拼箱货空箱由集装箱货运站负责领取。

4）拼箱货装箱

应由发货人将货物送到集装箱货运站，由集装箱货运站根据订舱清单核对场站收据后装箱。

5）整箱货交接

应由发货人或其货运代理人自检负责装箱，并加海关封志，然后将整箱货送至码头堆场。码头堆场根据订舱清单，核对场站收据及装箱单后，验收货物。

6）集装箱交接签证

码头堆场在验收货物和集装箱后应在场站收据上签字，并将已签署的场站收据交还给收货人或其货运代理人，据以换取提单。

7）换发提单

发货人或其货运代理人凭已签署的场站收据，向船公司或其代理人换取提单，作为向银行结汇的凭证。

8）装船

码头堆场根据待装船的货箱情况，制订装船计划，待船舶靠泊后，即安排装船。

9）海上运输

10）卸船

船舶抵达卸货港前，卸货港码头堆场根据装货港代理人寄送的有关货运单证，制订卸船计划，待船舶靠泊后，即安排卸船。

11）整箱货交付

如果内陆运输由收货人或其货运代理人自行安排，则由码头堆场根据收货人或其货运代理人出具的提货单，将整箱货交付。否则，将由承运人或其代理人安排内陆运输，将整箱货运至指定地点支付。

12）拼箱货交付

拼箱货一般先在指定的集装箱货运站掏箱，然后由集装箱货运站根据提货单将拼箱货交付给收货人或其代理人。

13）空箱回运

收货人或集装箱货运站在掏箱完毕后，应及时将空箱运回到指定的码头堆场。

3.1.4 主要集装箱水路运输航线

1. 世界三大主要集装箱航线

目前，世界上规模最大的三条集装箱航线是远东—北美航线，远东—欧洲、地中海航线和北美—欧洲、地中海航线。这两条航线将当今全世界人口最稠密、经济最发达的三个板块——北美、欧洲和远东联系起来，这三大航线的集装箱运量占了世界集装箱水路运量的大半壁江山。

1）远东—北美航线

远东—北美航线实际上又可分为两条航线，即远东—北美西海岸航线和远东—北美东海岸、海湾航线。

（1）远东—北美西海岸航线。这条航线主要由远东—加利福尼亚航线和远东—西雅图、温哥华航线组成。它涉及的港口主要包括远东的高雄、釜山、上海、香港、东京、神户、横滨等和北美西海岸的长滩、洛杉矶、西雅图、塔科马、奥克兰和温哥华等。涉及的国家和地区包括亚洲的中国、韩国、日本及北美的美国和加拿大西部地区。这两个区域经济总量巨大，人口特别稠密，相互贸易量很大。近年来，随着中国经济总量的稳定增长，在这条航线的集装箱运量越来越大。目前，仅上海港在这条航线上往来于美国西海岸的班轮航线就多达四十几条。

（2）远东—北美东海岸航线。这条航线主要由远东—纽约航线等组成，涉及北美东海岸地区的纽约—新泽西港、查尔斯顿港和新奥尔良港等。这条航线将海湾地区也串了起来。在这条航线上，有的船公司开展的是“钟摆式”航运，即不断往返于远东与北美东海岸之间；有的则是经营环球航线，即从东亚开始出发，东行线为：太平洋—巴拿马运河—大西洋—地中海—苏伊士运河—印度洋—太平洋；西行线则反向而行，航次时间为 80 d。

2）远东—欧洲、地中海航线

远东—欧洲、地中海航线也被称为欧洲航线，它又可分为远东—欧洲航线和远东—地中海航线两条。

（1）远东—欧洲航线。这条航线是世界上最古老的海运定期航线。这条航线在欧洲地区涉及的主要港口有荷兰的鹿特丹港，德国的汉堡港、不来梅港，比利时的安特卫普港，英国的费利克斯托港等。这条航线大量采用了大型高速集装箱船，组成了大型国际航运集团开展运输。这条航线将中国、日本、韩国和东南亚的许多国家与欧洲联系起来，贸易量与货运量十分庞大。与这条航线配合的，还有西伯利亚大陆桥、新欧亚大陆等欧亚之间的大陆桥集装箱多式联运。

（2）远东—地中海航线这条航线由远东，经过地中海，到达欧洲。与这条航线相关的欧洲港口主要有西班牙南部的阿尔赫西拉斯港、意大利的焦亚陶罗港和地中海中央马耳他南端的马尔萨什洛克港。

3）北美—欧洲、地中海航线

处于北美、欧洲、远东三大地域与经济板块另一极的，是北美—欧洲、地中海航线。北美—欧洲、地中海航线实际由三条航线组成，分别为北美东海岸、海湾—欧洲航线，北美东海岸、海湾—地中海航线和北美西海岸—欧洲、地中海航线。

这一航线将世界上最发达与富庶的两个区域联结起来，船公司之间在集装箱水路运输方

面的竞争最为激烈。

2. 其他集装箱航线与支线运输

除以上三大集装箱航线外，世界上还存在一些规模较小的其他航线和支线运输，如远东、北美、欧洲分别开辟的赴澳大利亚航线等。

中国所处的东亚地区是近年来集装箱运输发展最快的地区，居于世界集装箱港口吞吐量前几位的港口，如香港、新加坡、釜山、上海、高雄等，均集中于这一地区。这一地区主要集装箱航线又可分为四个航区。

（1）日本/韩国—中国台湾、中国香港—新加坡航区。

（2）东亚—东南亚航区。主要从青岛、上海南下经香港、槟榔屿、巴生、新加坡到泰国曼谷。

（3）中国内地—中国香港—中国台湾—菲律宾航区。这一航区多为短程航线，均从我国大陆沿海港口出发，向南到达香港、马尼拉等，进行钟摆式运输。主要有上海—香港航线、天津—香港航线、天津新港—香港—马尼拉航线、黄埔—赤湾—马尼拉—高雄—香港航线等。

（4）东亚—东北亚航区。这一航区从我国沿海港口出发，到达日本、韩国、中国台湾等。主要有福州—厦门—横滨—神户—香港航线、上海—青岛—釜山—香港—基隆航线等。

3. 干、支线交叉与中转港

由于集装箱船舶造价昂贵，投资巨大，其经营又以班轮运输为主，所以其水路运输的特征，必定是形成一些运量集中的干线，又形成一些主要的中转港。通过支线向中转港集聚货物，再由干线运往北美、欧洲；或由干线将货物运到中转港，再通过支线运往南亚、澳洲、新西兰等。由此以一些主要中转港为结点，形成支线与干线的集装箱水路运输网络。东亚地区集装箱吞吐量居前几位的港口，如香港、新加坡、高雄、神户和釜山，均是重要的集装箱中转港。中国香港依靠大陆大量集装箱的中转，多年来一直雄踞世界集装箱港口吞吐量的首位；新加坡则通过干线中转，将集装箱转运到马来西亚、印度尼西亚、泰国和菲律宾等东南亚国家，多年来居世界集装箱港口吞吐量的第二位，其中转箱量占总吞吐量的 70% 以上；中东、南亚的集装箱则先集结到高雄，再转运北美航线；而釜山则中转中国出口到美国的大量中转箱，使其吞吐量稳定上升；神户历来是日本著名的中转港，除中转日本其他港口和韩国的货物外，还中转中国出口到北美、澳大利亚、新西兰的货物。

4. 我国的集装箱内支线运输

我国内河水系发达，有优良的航道条件，在长江沿岸，已形成了颇具规模的南京、南通、张家港等集装箱港口，发展集装箱内支线运输前程广阔。我国的一些船公司和上海等大的集装箱港口已把视线聚焦于我国的内支线运输，长江由于其优良的水道和航运条件，成为我国集装箱内河支线运输的主要水系。

目前由上海港向长江上游，一直到宜昌港，具有装卸国际集装箱能力的港口有上海港、南通港、张家港、江阴港、高港、扬州港、镇江港、南京港、芜湖港、安庆港、九江港、南昌港、黄石港、武汉港、沙市港、宜昌港等。这些港口中的一部分将成为长江内支线的中心港口，其余的作为支线港站。

中心港口的主要功能是提供国际集装箱进出口的装卸、中转、堆存、拆装箱等业务，以及与集装箱或货物的相关物流服务，如修理、清洗、储存及其他增值服务等。中心港码头及其拆装箱设施应按照公平、公开的原则对所有用户提供服务，充分利用现有设施，形成一定的经济规模。中心港口一般应位于区域综合运输网络的重要结点，有多种交通干线交汇，是长江干线的重要港口，具有开展集装箱多式联运的水路中转业务的条件；有中心城市作为依托，位于区域工业与经济中心，所在城市的经济实力和社会发展水平在周边地区处于领先地位，可提供一定规模的集装箱货源和信息、金融、贸易和口岸管理服务；具有较大的腹地辐射范围，集装箱运输有一定规模，现有集装箱港口具有一定规模，码头设施较好，并具有进一步扩展的条件。

支线港站是指为本地区集装箱运输服务的各种交通运输中转港站，主要为中心港口提供喂给服务。支线港站的主要功能是提供进出口国际集装箱的装卸、堆存、拆装箱及其他相应的物流服务，在保证中心港口发展的同时，围绕中心港口适当发展其腹地范围内的内陆港站。充分发挥铁路、公路和水路联运的优势，形成完善的多式联运网络系统，覆盖并扩大长江多式联运的影响范围。支线港站及其拆装箱设施应按照公开、公平的原则对所有用户提供服务，并应达到一定的经济规模。

从比选的角度看，上海港作为长江流域对外贸易的主要门户，腹地广阔，历史悠久，现有码头条件好，2001 年集装箱在吞吐量已居世界第五位，现有大量远洋、近洋集装箱班轮航线挂靠，将成为长江内支线运输中心港口的枢纽港，上海港现已建立且还准备建立一些内支线专用集装箱码头，配备专用于集装箱驳船装卸的集装箱装卸桥吊，为长江内支线运输的发展已准备了一定的条件。

江苏省的南京港、张家港、南通港，港口自然条件都比较好，有良好的自然航道条件，腹地经济发展较快，集装箱生成最大，有专用的集装箱码头。除有长江内支线集装箱航线，还不同程度地开辟了多条近洋集装箱航线。长江中、上游的近洋集装箱货物可在南京等港口中转，通过近洋集装箱航线的中、小型集装箱船，在南京港过驳到集装箱长江驳船，再转运中游与上游的支线港站。所以南京港、张家港、南通港等有条件成为江苏省的长江内支线中心港口。

安徽省的芜湖港具有良好的交通运输条件，经济腹地范围辐射到皖南地区和长江以北安徽省的部分地区，有条件成为安徽省的长江内支线中心港口。

江西省的九江港是我国主要交通枢纽之一，具有良好的运输条件。九江及其附近的南昌和景德镇均为江西省经济贸易发达地区。九江还有条件吸引鄂东地区的部分集装箱货物，有条件成为江西省的长江内支线中心港口。

湖北省的武汉是省会城市，经济贸易发达，地理位置适中，交通条件优越，港口的腹地范围及发展潜力较大，而且港口已形成较大规模，有条件成为湖北省的长江内支线中心港口。

长江内支线以上海为出海口，可联运东亚、美国西部、地中海—欧洲各远洋集装箱干线航线和沿海各近洋航线。以长江沿线的南京、张家港、南通、芜湖、九江、武汉为中心港口，以江阴、高港、扬州、镇江、安庆、黄石、沙市、宜昌等为支线港站，上游可直溯重庆，将是非常有前途的长江集装箱内支线运输网络。

3.2 集装箱船舶

3.2.1 集装箱船舶的类型

集装箱船可分为全集装箱船、部分集装箱船、可变换集装箱船、滚装船和载驳船。

1. 全集装箱船

全集装箱船指船舶的甲板和舱内结构都是专门为装运集装箱而设计的这一类船舶。它与一般的杂货船不同，其货舱内有格栅式货架，装有垂直导轨，便于集装箱沿导轨放下，四脚有格栅制约，可防倾倒。全集装箱船一般船型瘦削，采用单层连续甲板，尾机型，功率大，航速快，稳性要求高；货舱开口大（可占船宽的 70% ~80%），尺寸规格化，平均吨位大。如图 3-1 所示为中国远洋集团的全集装箱船。

（a）

（b）

图 3-1　中国远洋集团的全集装箱船

2. 部分集装箱船

部分集装箱船指仅以船的中央部位作为集装箱的专用舱位，其他舱位仍装普通杂货。

3. 可变集装箱船

可变集装箱船指其货舱内装载集装箱的结构为可拆卸式的，因此，既可以装运集装箱，必要时也可以装运普通杂货。

4. 滚装船

把装有集装箱及其他件杂货的半挂车或装有货物的带轮的托盘作为货运单元，由牵引车或叉车直接通过船侧、船首或船尾的开口处跳板进出货船装卸的船舶称为滚装船。滚装船一改传统的垂直装卸工艺为水平装卸工艺，通过“滚上”或“滚下”来提升装卸速度，降低船舶在港停留时间。其主要结构特点是型深较高，上甲板纵通全船，平整，无脊弧和梁拱，无货舱口，内设多层甲板及甲板间坡道或升降装置，外设装卸跳板。上层建筑和机舱设在船尾，烟囱设在两舷。主甲板以下为双层壳体，对稳性、抗沉性、消防通风、耐波性和操纵性也给予专门考虑。滚装船的外观及装卸过程如图 3-2 所示。

（a）

（b）

图 3-2　滚装船的外观及装卸过程

5. 载驳船

载驳船是专门用于载运货驳的一种运输船舶，又称子母船。其本身为母船，所载的驳船为子船，它的装卸过程是将货物或集装箱装载在统一规格的子船上，再把子船装上母船，到达目的港后，卸下子船由推船或拖轮把它们分送内河各地，母船再装上等候在锚地的满载货物的其他子船驶向新的目的港。其最大的优点是船舶停港时间短，装卸速度快且不受港口水深限制和码头拥挤影响，有利于江海联运。

3.2.2 集装箱船舶的技术性能

1. 船舶的航行性能

船舶的航行性能主要包括浮性、稳性、抗沉性、快速性、适航性和操纵性。

1）浮性与干舷

船舶在各种装载情况下保持一定浮态的性能，称为船舶的浮性。船舶具有浮性是由于船舶具有浮力，浮力的大小等于船舶所排开同体积水的重量。

船舶在水上航行时，受到风浪等外界条件的影响，重力与浮力的平衡状态常被破坏，致使船舶始终处在不停的浮沉升降运动之中。为了确保航行安全，船舶除了在设计水线以下具有足够的排水体积以提供浮力外，还必须在设计水线以上保留相当大的水密体积，以保证船舶在继续下沉时提供更大的浮力，使船舶不致沉没。该水密体积所拥有的浮力称为储备浮力，一般都以干舷（由干舷甲板至设计水线的垂直距离 F）来表示储备浮力的大小。船舶干舷(F)近似等于型深（H）与夏季满载吃水（d）的差值。

储备浮力的大小与船的用途、结构、航行季节和区域等因素有关。为了保证船舶具有一定的储备浮力，其吃水绝不允许超过相应的装载水线。

（1）船舶吃水。船舶吃水是指船底、龙骨外缘到实际水线间的垂直距离。船舶吃水是一个变数，在不同的载重量情况下有不同的吃水，同时也反映了船舶一定的载重量。船舶吃水大小的量值称为水尺。

船舶首部吃水量值称为艏吃水，船舶尾部吃水量值称为艉吃水，船中部吃水量值称为船中吃水或平均吃水。船舶的平均吃水也可以用六面水尺求得。

同一条船，在相同排水量的情况下，由于水的密度的缘故，在海水和淡水中吃水是不同的。因海水与淡水密度不同而产生的吃水差量，在船舶航行途中必须加以修正。

（2）船舶吃水差。船体平浮时，船舶首尾部分吃水相等。当船体由于装载或其他原因产生船舶纵倾时，其首尾吃水就会不相等，产生的首尾吃水差额称为吃水差。

船舶艏吃水大时叫做船舶首纵倾，俗称拱头，这时船舶吃水差为正值。船舶艉吃水大时叫做船舶尾纵倾，俗称尾沉，这时船舶吃水差为负值。当船舶吃水差为零时，称为船舶平吃水。

2）稳性

船舶受外力作用离开平衡位置而倾斜，当外力消除后能自行回复至原平衡位置的能力，称为船舶的稳性。

船舶在未受外力前一般是平浮在水面上的，此时，作用于船舶的重力（G）和浮力（F）大小作用相等但方向相反，且在同一条垂线上，船舶即处于平衡状态。当船舶横向受外力作用后，失去平衡，发生横向倾斜，此时船的重量并没有改变，重心仍在原来位置，但是由于船舶横倾后水下排水体积的形状发生了变化，所以浮心位置就从原来的位置移到了新的

位置。重力通过重心作用点垂直向下，而浮力则经过新的作用点垂直向上，重力和浮力不在同一垂线上，因而形成了一个力偶矩。它的方向同船的横倾方向相反，促使船舶回到初始状态位置，此力偶矩称为复原力矩。当外力消除后船就能依靠这个复原力矩回复到原来的平衡位置。

船舶横向倾斜后，通过新浮心点的浮力作用线与通过原平衡状态时浮力成的浮力作用线相交于 M 点，此谓横稳心。在横倾角度较小时可以把 M 看成是一个固定点。横稳心 M 与重心 G 之间的距离称为初稳性高度，也叫横稳心高度，用 G_M 表示。

船舶失稳时，船的重心位置 G 点在稳心位置 M 点之上，当船受到外力横倾后，此时重力和浮力不在同一垂线上，所形成的力偶矩的方向与外力矩的方向相同，即船的复原力矩为负值，这个力矩就不再能使船舶回复到原来位置，而是加剧了船舶继续横倾。船的重心 G 点与稳心 M 点的相对位置对船的稳性影响极大。若要判断船舶是否具有复原能力，首先看船的重心位置 G 点是否在稳心位置 M 点之下，也就是要求 G_M 为正值。

船的复原能力有多大，是根据重力和浮力形成的力偶矩即复原力矩的大小决定的。复原力矩的大小是与船舶的初稳性高度 G_M 值成正比的，因而通常可以用初稳性高度 G_M 值的大小来衡量船舶稳性的好坏。集装箱船舶的适度稳性范围（G_M 值）在 1～1.3 m。

3）抗沉性

船舶破损浸水后仍保持一定浮态和稳性的能力，称为船舶的抗沉性。

对于运输船舶，抗沉性的基本要求在于船舶进水后仍然具有一定的储备浮力和剩余稳性，保证船舶安全浮在水面，不致因进水而沉没或倾覆。

船舶的抗沉性主要是依靠它留有足够的储备浮力和水密分舱来保证的。干舷高度大，则表示储备浮力大，干舷大还意味着船可以倾斜的角度大，船舶的抗沉性就好。

为了保障海上航行安全，世界各主要海运国家对于海船的抗沉性都订有规范，提出具体要求。此外，航行于国际航线的船舶，对抗沉性的要求必须符合《国际海上人命安全公约》的规定。对于船舶抗沉性的衡量标准在规范中规定：船舶在任何一舱破损进水后，仍能满足抗沉性要求的称为一舱制；相邻两舱破损进水后，仍能满足抗沉性要求的称为两舱制；相邻三舱破损进水后，仍能满足抗沉性要求的称为三舱制。根据船舶的用途不同对各类船的抗沉性要求也作了相应规定，一般货船通常达到一舱制的要求，大型海上客船应达到两舱制或三舱制的要求。

4）快速性

船舶的快速性，就是指船舶主权以较小的功率消耗而得到较高航速的性能。

5）适航性

船舶在多变的海况中的运动性能和营运条件，称为船舶的适航性。

6）操纵性

船舶操纵性是指船舶能保持或改变航行方向的性能。

2. 船舶的重量性能

运输船舶的重量性能包括船舶的排水量和载重量，以 t（吨）为计量单位。

1）排水量

排水量（Displacement）指船舶浮于水面时所排开水的重量，亦等于船的总重量。排水量又可根据不同装载状态分为以下几类。

（1）空船排水量（Light Displacement）。指船舶空载时的排水量，也就是空船重量。它包括船体、船机及设备、管系中的液体、锅炉及冷凝器中的水等重量的总和。

（2）满载排水量（Full Load Displacement）。指船舶满载时的排水量，即船舶在满载水线下所排开水的重量，它是空船、货物或旅客、燃料、淡水、食物、船员和行李及船舶常数等重量的总和。

（3）装载排水量（Loaded Displacement）。指船舶载一定货物时的排水量。其大小可根据船舶的装载状态确定。

2）载重量

载重量指船舶所允许装载的重量。载重量分为总载重量、净载重量和船舶常数。

（1）总载重量（Dead Weight）。指在任一水线下，船舶所允许装载的最大重量。它是货物或旅客、燃料、淡水、粮食和供应品、船用备品、船员和行李及船舶常数等重量的总和。船舶总载重量等于相应该吃水时的船舶排水量减去空船重量。

（2）净载重量（Net Dead Weight）。船舶净载重量等于船舶总载重量减去燃料、淡水、粮食和供应品、船用备品、船员和行李及船舶常数后的重量。

（3）船舶常数。指实际空船重量与新船出厂资料上空船重量之间的差值，通常该值由船方提供。

3）船舶载重线标志

为了保证运输船舶能够在各种航行条件下安全行驶，同时又能最大限度地利用船舶的载重量，国家验船机构或其他国家勘定干舷的主管机关，根据船舶航行于不同航区和季节，分别规定了船舶的最小干舷及允许使用的载重水线，称为船舶的载重线。它用载重线标志的形式，勘绘在船的中部两舷外侧，以限制船舶的最大吃水。

在海上，风浪是影响船舶安全航行的重要因素。根据海洋风浪大小和频率，将世界范围内具有相似风浪条件的海域分成若干区带或区域，在同一区带或区域内又按风浪变化的不同划分为不同季节期。

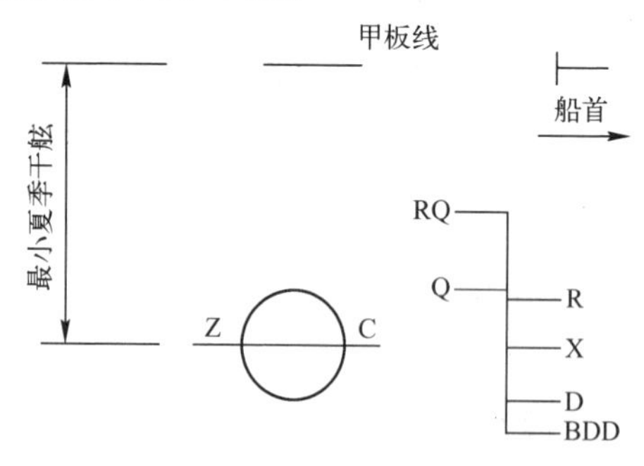

图 3-3　海船载重线标志

图 3-3 为我国海船的载重线标志。ZC 表示勘定于船的主管机关是中华人民共和国船舶检验局；RQ 表示热带淡水载重线，Q 表示夏季淡水载重线，R 表示热带载重线，X 表示夏季载重线，D 表示冬季载重线，BDD 表示北大西洋冬季载重线。上述各载重线是表示适用于各种区带、区域和季节期的最大吃水，均以载重线的上边缘线为准。载重线标志中的圆圈称为载重线圈，图上的水平线与夏季载重线平齐，水平线的上缘通过载重线圈中心，中心位于船中。船舶在热带淡水中航行时干舷最小，夏季干舷比冬季干舷小，冬季在北大西洋航行时，干舷最大。这是因为夏季季节期一般风浪比较小，而冬季季节期风浪比较大，尤其是北大西洋冬季的气候险恶，风浪很大，所以干舷要求更大。

国外船舶载重线符号多数采用英语字母表示：TF 表示热带淡水，F 表示淡水，IT 表示热带，S 表示夏季，W 表示冬季，WNA 表示北大西洋冬季。

在内河，航区根据航道条件不同分为A、B、C三级。A级航区指大河流的下游，B级航区指较大湖泊、大河流的中游及中等河流的下游，C级航区指大河流的上游及其支流及其他小河流和小型湖泊。内河货船（或货驳）的载重线标志除了载重线圈外，还标有“A”、“B”、“C”的载重线。此外，标“J”的线段表示船舶在枯、洪水季节航行在急流航段应使用的载重线。

3. 船舶的容积性能

船舶容积性能包括货舱容积和船舶登记吨位，货舱容积的计量单位以 m^3（立方米）或 ft^3（立方英尺）表示，登记吨位的计量单位是以立方米或立方英尺折算的“登记吨”表示。

1）*集装箱船舶货舱容积*

集装箱船因其货舱和甲板均装载集装箱，故以船舶标准箱容量来表示，分为20 ft集装箱最大容量和40 ft集装箱最大容量。

2）*船舶登记吨位*

登记吨位是指按吨位丈量规范所核定的吨位。它是为船舶注册登记而规定的一种以容积折算的专门吨位。船舶投入营运以前，根据国家规定须对船舶进行丈量以确定其登记吨位。

每艘船舶经过丈量核算后，均将结果记入“吨位证书”内。船舶登记吨位分为总吨位、净吨位和运河吨位。

总吨位是对船舶所有封闭处经过丈量计算后确定的吨位。主要用于表示船舶大小，国家统计船舶数量的单位，计算造船、买卖船舶和租船费用，计算海损事故赔偿的基准及计算净吨位的依据等。

净吨位是对船舶能够实际营运的载货（客）处进行丈量计算后得出的吨位。净吨位主要作为计算船舶向港口交纳各种费用和税收（如停泊费、引航费、拖带费及海关税）的依据。

运河吨位主要作为船舶通过苏伊士、巴拿马等运河时，管理当局据以征收运河费的基准。

3.2.3 集装箱船舶的结构特点

与杂货船相比，全集装箱船的结构有以下特点。

1. 集装箱船均为“统舱口船”

“统舱口船”即船舱的尺度与舱口的尺度相同，并且在船体强度允许的条件下舱口尽可能开大，其主要目的是为了便于装卸。

2. 舱内无中间甲板，但设置为箱格结构

为了满足集装箱装卸需要，舱内无中间甲板，但为了使集装箱固定而不左右移动又设置了箱格结构，这种箱格结构一般由导柱、导口、横向系材和内底板局部加强垫板组成，由于不需要在舱内进行系紧作业，所以可以提高集装箱的装卸效率。

3. 双层舱壁，双层船底

由于集装箱船是统舱口船，舱口缘材垂直向下直到舱底，从而形成双层侧壁。双层侧壁的长度占船长的一半以上，横舱壁和舱底也为双层，如图3-4所示。

4. 设置横向舱壁、纵向舱壁，增加船体的结构强度

由于船体采用箱格结构，故舷侧设有边舱，可供装载燃料或作压载用。沿船长方向一般布置有若干横向舱壁，以抵抗船舶“U”形截面致使的船舶承受的横向水压力和波浪的冲击载荷（如图3-5所示），大型的集装箱船还设有纵向舱壁，以保证船体的结构强度，提高抗沉性。

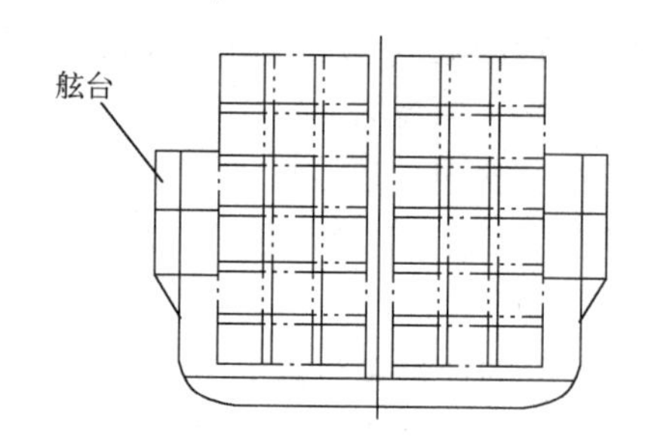

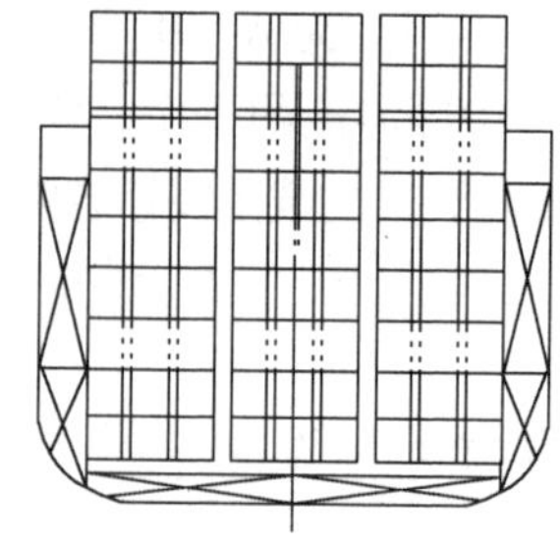
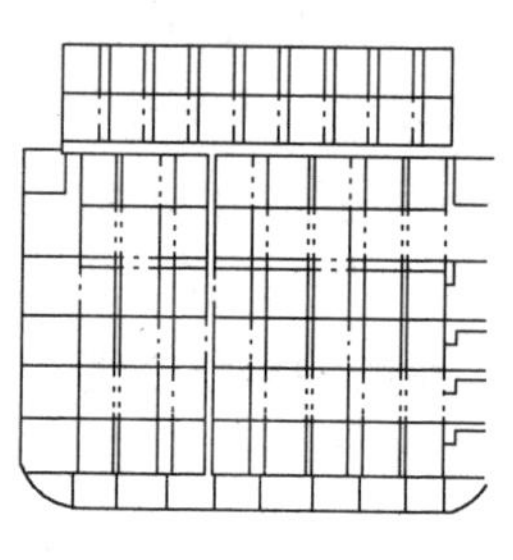

图 3-4　集装箱船中部截面图

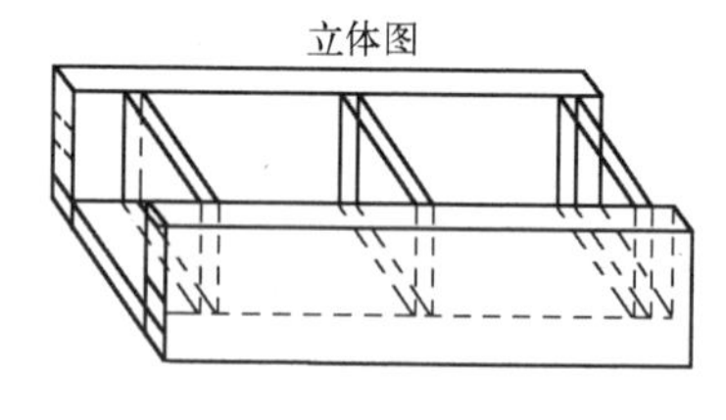

图 3-5　集装箱船的横舱壁图

5. 舱盖板为多块，且有良好的水密性

集装箱船属布置型船型，舱容利用率较低，故集装箱船的主尺度比同吨位的普通货船大，为提高船舶载重量的利用率，甲板上也要装载相当数量的集装箱，所以要求舱盖板有足够的强度，舱盖板通常采用箱形结构，大型的集装箱船为减轻舱盖板重量，一般设置为多块，布置成多列，并且舱盖板具有良好的水密性。

6. 船舶带有系紧设备并设置大量压载

对于装载在甲板上的集装箱，为防止船舶摇摆时发生移动，必须加以绑扎系紧，并且甲板装载集装箱也会造成船舶重心升高，稳性恶化，因此必须设置大量的压载，以提高船舶在各种吃水状况下的稳性。

滚装船的特点主要体现在型深较深，设置多层甲板，主甲板以上各层甲板间均为无横向舱壁的纵通结构形式，且为平甲板型，无拱梁，便于滚装作业。各层甲板之间的交通可采用升降机或斜坡道，通过狭长的甲板开口进行联系。其设备主要有跳板、斜坡道、升降机、水密门、汽车甲板等。

载驳船的结构特点主要体现在装卸系统和舱型上，一般可据此将其分为门机起重式载驳船、升降式载驳船、浮船坞式载驳船、下潜型载驳船或者干舱型载驳船、湿舱型载驳船、干湿舱型载驳船。

3.3　集装箱船舶配积载

3.3.1　集装箱船舶配积载的含义与作用

1. 集装箱船舶配积载的含义

为了保证航行安全，避免中途翻箱倒箱，缩短船舶在港停泊时间，保证船期提高经济效益，船公司需要对集装箱船舶进行配积载。

集装箱船舶配载，是指把预定装载出口的集装箱，按船舶的运输要求和码头的作业要求来制订的具体装载计划，通常将此计划称为配载计划或者预配图。然而码头上实际装箱情况与预配图会有出入，根据实际装箱情况而编制的船图称为积载图，或者主积载图、最终积载图。

2. 装箱船舶配载的作用

（1）满足船舶稳性、吃水差、负荷强度、剪切强度等技术规范，保证船舶的安全航行。

（2）满足不同货物的装运要求，保证货物运输的安全质量。

（3）充分利用船舶的运输能力，提高船舶的箱位利用率。

（4）合理安排堆场进箱计划，减少翻箱倒箱，提高堆场的利用率。

（5）有效组织码头装船作业，提高生产作业效率。

（6）码头装船作业签证的原始依据和吞吐量的统计资料。

3.3.2 船图的表示方法

船图通常有三种表现形式，即由船公司或船代制作的预配图、由码头制作的配载图和由外理制作的积载图。在船图中，每只集装箱在全集装箱船上都有一个由6位阿拉伯数字表示的箱位号，以“行”、“列”、“层”三维空间来表示集装箱在船上的位置。第1、2位数字表示集装箱的行号；第3、4位数字表示集装箱的列号；第5、6位数字表示集装箱的层号。

1. 行位

前两位数字表示行位（BAY），即集装箱在船舶上的前后位置。行位又分为20 ft和40 ft两种，从船首至船尾，20 ft箱位依次用01，03，05，07，09，11，13，15…表示，40 ft箱位依次用02，04，06，08，10，12，14…表示。如图3-6所示。

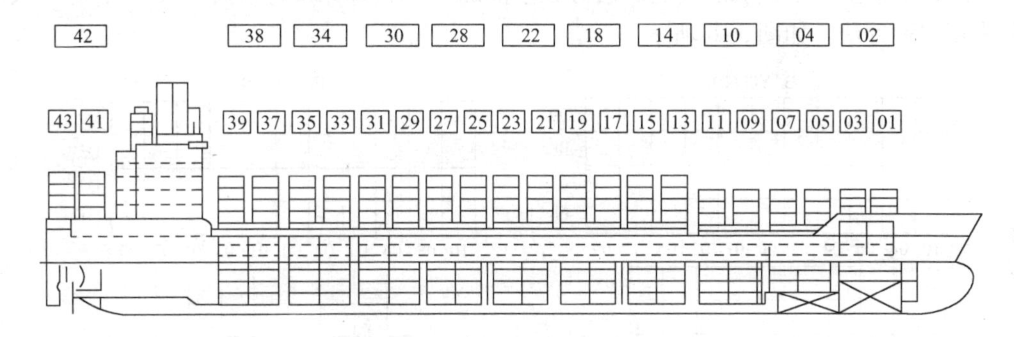

图3-6 集装箱BAY位的表示方法

2. 列位

中间两位数字表示列位（ROW），即集装箱在船舶上的左右位置。列位的编号方法有以下两种。

（1）从右舷向左舷依次编号，01，02，03，04，05，06…以此类推。

（2）以船舶纵向中轴为基准，分别向两舷编号，“左偶右奇”，从船中向左舷依次用02，04，06，08，10…表示，从船中向右舷依次用01、03，05，09，11…表示，当列数为奇数时，中间一列用00表示，这种表示方法比较常用。如图3-7所示。

3. 层位（TIER）

最后两位数字表示层位，即集装箱在船舶上的上下位置。

层位的表示方法有以下三种。

（1）从舱内底层算起，一直往上推到甲板顶层，如舱底第1层为01，往上为02，03，04，05，…

（2）舱内和甲板分开编号，舱内层号数字前加“H”字头，代表Hold，从舱底算起为H1，H2，H3，H4，H5，…甲板上层号数字前加“D”字头，代表Deck，从甲板底层算起为 D1，D2，D3，D4，D5……

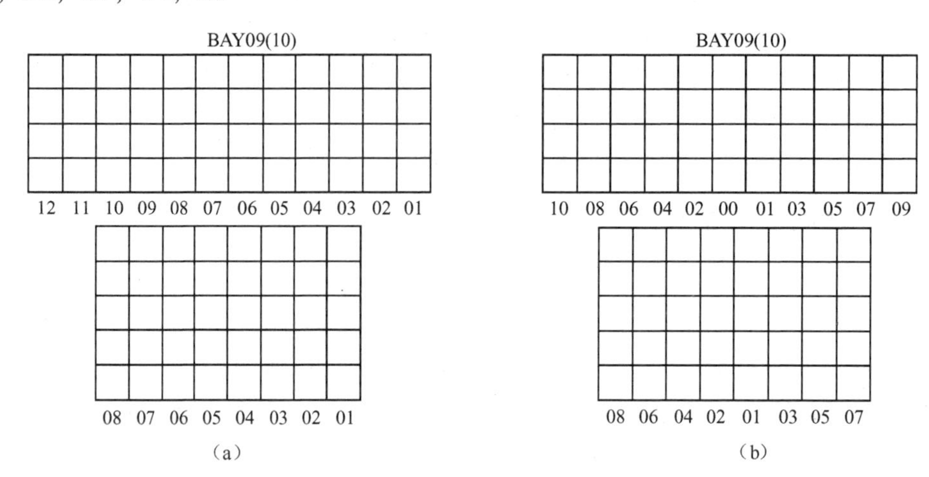

图 3-7　集装箱 ROW 位的表示方法

（3）舱内和甲板分开编号，从舱内起算用双数，即从下往上用 02，04，06，08，10，12…表示，甲板上从甲板底层算起，层号数字前加“8”，即用 82、84、86、88、90…表示，目前常用这种办法。如图 3-8 所示。

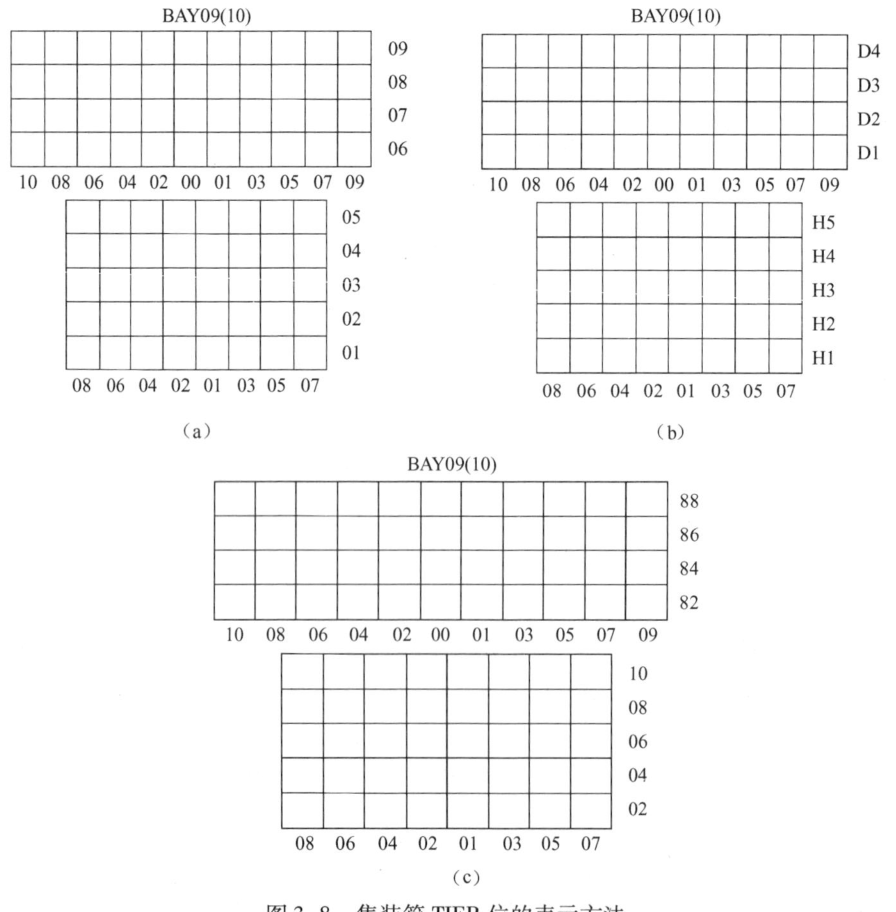

图 3-8　集装箱 TIER 位的表示方法

3.3.3　集装箱配积载图的编制

1. 预配图

集装箱船舶的预配图（Prestowage Bay Plan）是船公司或者船代根据订舱资料并综合考虑航线挂港情况而编制的船图，一般由三幅图组成。

（1）字母图（Letter Plan）。船图上每个箱位用1个英文字母表示该箱的卸箱港，如“K”代表KOBE（神户港）、“L”代表LONGBEACH（长滩港）、“C”代表CHARLESTON（查尔斯顿港）、“N”代表NEWYORK（纽约港）、“H”代表HOUSTON（休斯敦港）等，一般在图中有标明。图3-9为冰河轮18航次的字母图，其中第17行舱内装有去纽约的48个箱位。第27行甲板上装有去神户的27个箱位，舱内去神户的有24个箱位。

（2）重量图（Weight Plan）。在图上每个箱位内用阿拉伯数字表示以吨为单位计算的集装箱总重。如图3-10所示第9行舱内总共装有46只集装箱，其中每箱总重17 t的集装箱有16只，每箱总重为19 t的集装箱有30只。第21行舱内总共装有16只集装箱，其中每箱总重20 t的集装箱有15只，另有19 t的集装箱1只。

（3）冷藏箱和危险货物箱图（Reffer/Dangerous Plan），该图上所标明的均为冷藏箱和危险货物箱。冷藏箱在图上对应的箱位用字母“R”表示，危险货物箱在其对应的箱位用阿拉伯数字表示按国际危规规定的危险等级。如图3-11所示，第33行甲板上的最底层装有6个冷藏箱，从图3-9中可以看出其卸货港是纽约港，从图3-10中可以看出其重量为每箱21 t。第05行舱内05列的10、12层；07列的08、10、12层装有5个1.4级危险货箱，从图3-9得知其卸货港均为休斯敦港，从图3-10得知每箱重量均为19 t。

2. 实配图

实配图（Container Terminal Bay Plan）是港口装卸公司收到预配图后由码头船长或者集装箱配载员，根据预配图和码头实际进箱情况编制的，也称之为配载图。它通常由封面图和BAY位图组成。

1）封面图

封面图只有一幅，封面图的上方标明了船名、航次、装船港和日期，在封面图每一个BAY的小方格内，通常只标明所配集装箱的卸箱港和特种箱、危险箱的代码。

卸箱港的表示方法有两种：只填写卸船港三个大写字母代码的第一个字母，或者用不同颜色表示不同的卸箱港（当然，第二种方法更加直观明了），并在封面图的空白处加以示意。

特种箱和危险货箱在装运保管的过程中有特殊要求，为保证船、货安全，也应该在封面图上作出标注，以便在装船、运输、保管、卸船时引起特别注意。其表示方法可以用图标表示，也可以用大写字母表示，例如，冷藏箱用“R”表示，危险货箱由于在箱格内表示了卸箱港，可另用图标表示，如该箱格上加“O”，并在旁边表明危险等级，如“D4.1”，“D6.1”等。如图3-12所示为冰河轮18航次的实配封面图，从中可以看出，在第07行的甲板上增加了2只到长滩的危险货箱，其危险等级为4.1级，第05行船舱内有5只等级为4.1级的危险货箱，图3-11中第33行甲板底层的6只冷藏货箱转移到了第35行，数量增加为7只。

2）BAY位图

封面图只有一页，而BAY位图是每一个BAY单独设为一页，BAY位图上可标注更多的集装箱信息。

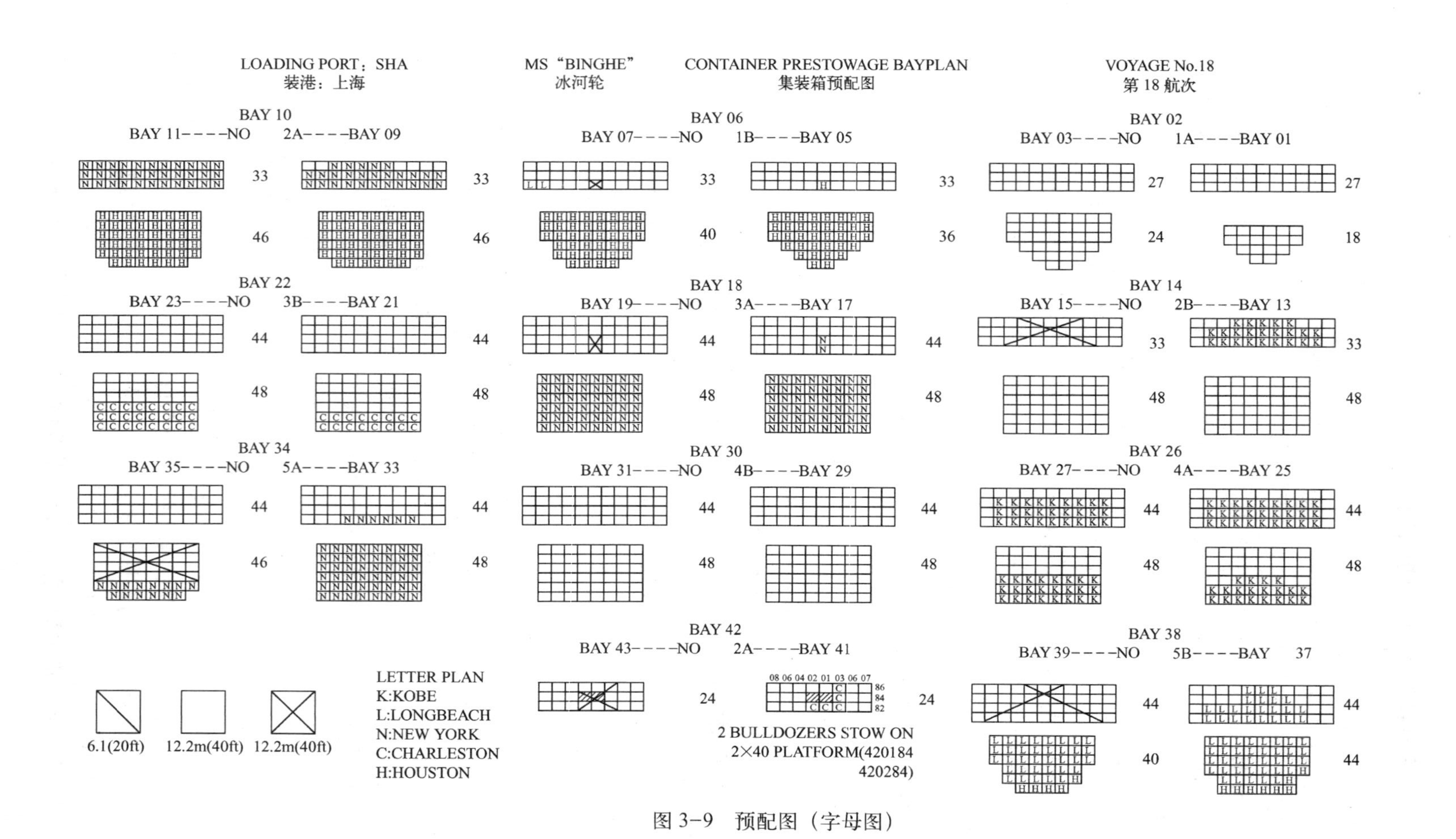
LOADING PORT：SHA
装港：上海
MS "BINGHE"
冰河轮
CONTAINER PRESTOWAGE BAYPLAN
集装箱预配图
VOYAGE No.18
第 18 航次
BAY 10
BAY 11----NO 2A----BAY 09
BAY 06
BAY 07----NO 1B----BAY 05
BAY 02
BAY 03----NO 1A----BAY 01
BAY 22
BAY 23----NO 3B----BAY 21
BAY 18
BAY 19----NO 3A----BAY 17
BAY 14
BAY 15----NO 2B----BAY 13
BAY 34
BAY 35----NO 5A----BAY 33
BAY 30
BAY 31----NO 4B----BAY 29
BAY 26
BAY 27----NO 4A----BAY 25
BAY 42
BAY 43----NO 2A----BAY 41
BAY 38
BAY 39----NO 5B----BAY 37
6.1(20ft)
12.2m(40ft)
12.2m(40ft)
LETTER PLAN
K:KOBE
L:LONGBEACH
N:NEW YORK
C:CHARLESTON
H:HOUSTON
2 BULLDOZERS STOW ON
2×40 PLATFORM(420184
420284)

图 3-9　预配图（字母图）

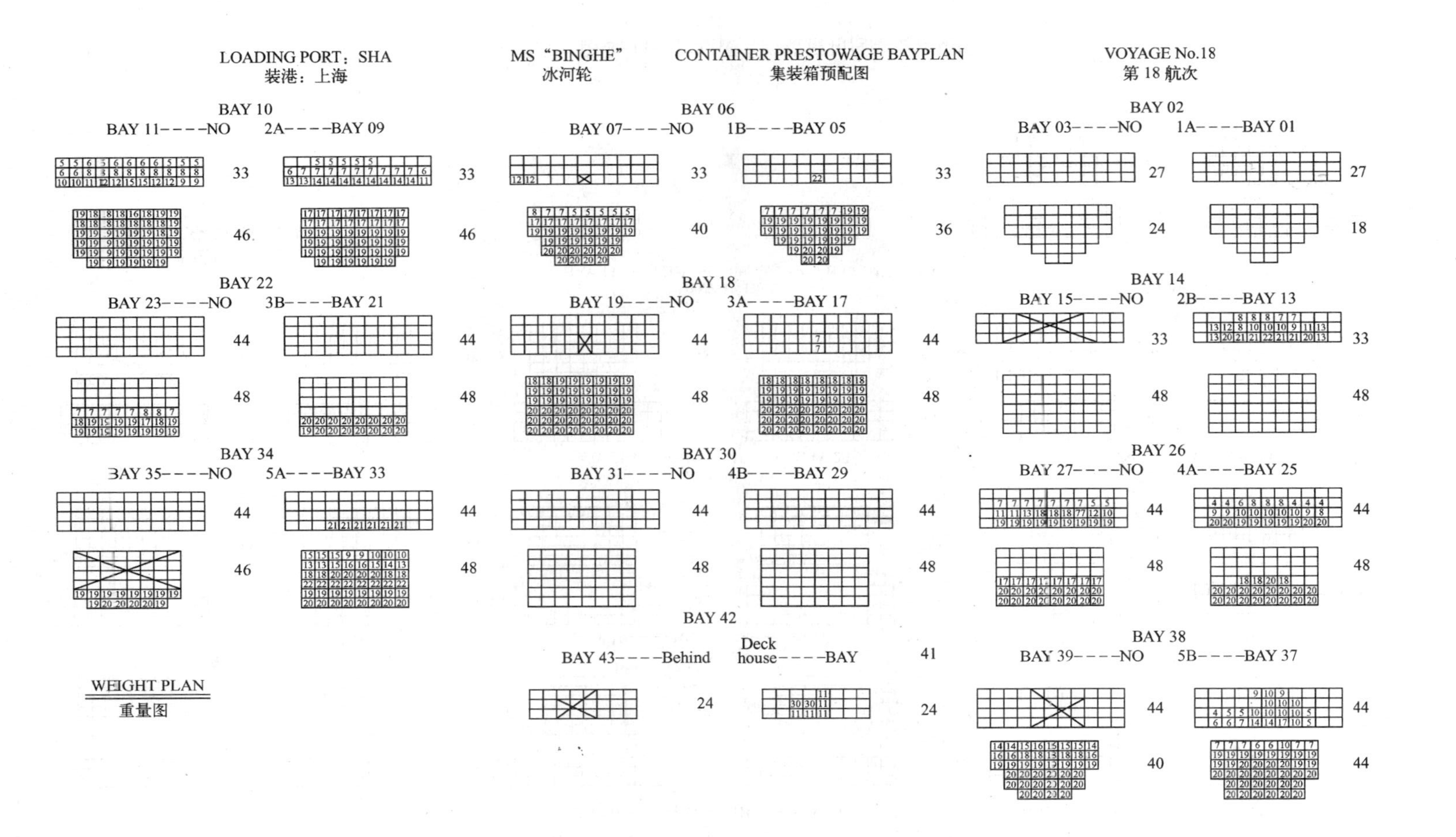
LOADING PORT：SHA
装港：上海
MS "BINGHE"
冰河轮
CONTAINER PRESTOWAGE BAYPLAN
集装箱预配图
VOYAGE No.18
第 18 航次
BAY 11----NO BAY 10 2A----BAY 09
BAY 07----NO BAY 06 1B----BAY 05
BAY 03----NO BAY 02 1A----BAY 01
BAY 23----NO BAY 22 3B----BAY 21
BAY 19----NO BAY 18 3A----BAY 17
BAY 15----NO BAY 14 2B----BAY 13
BAY 35----NO BAY 34 5A----BAY 33
BAY 31----NO BAY 30 4B----BAY 29
BAY 27----NO BAY 26 4A----BAY 25
BAY 43----Behind BAY 42 Deck house----BAY
BAY 39----NO BAY 38 5B----BAY 37
WEIGHT PLAN
重量图

图 3-10　预配图（重量图）

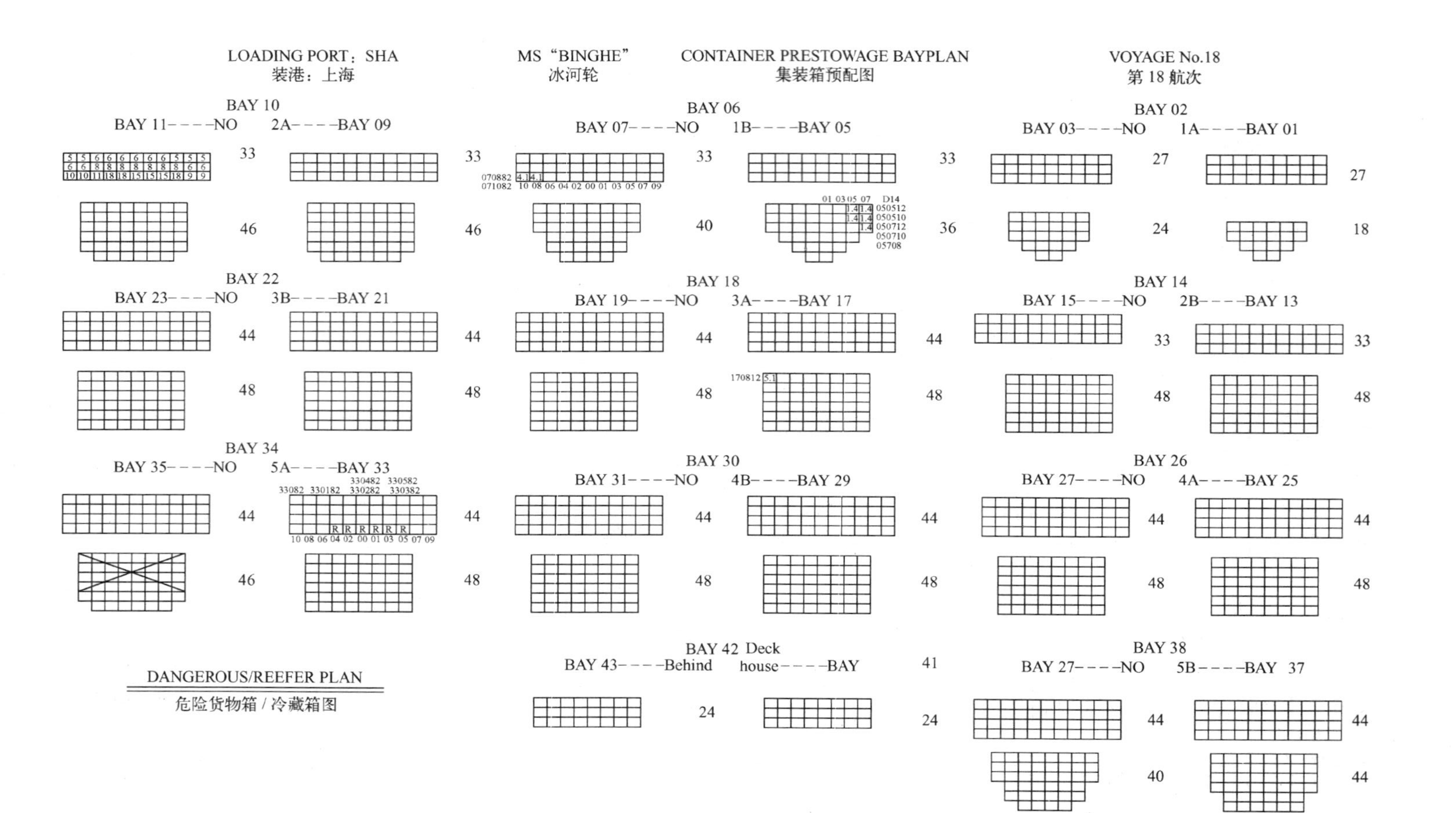

图 3-11 预配图（冷藏箱和危险货物箱图）

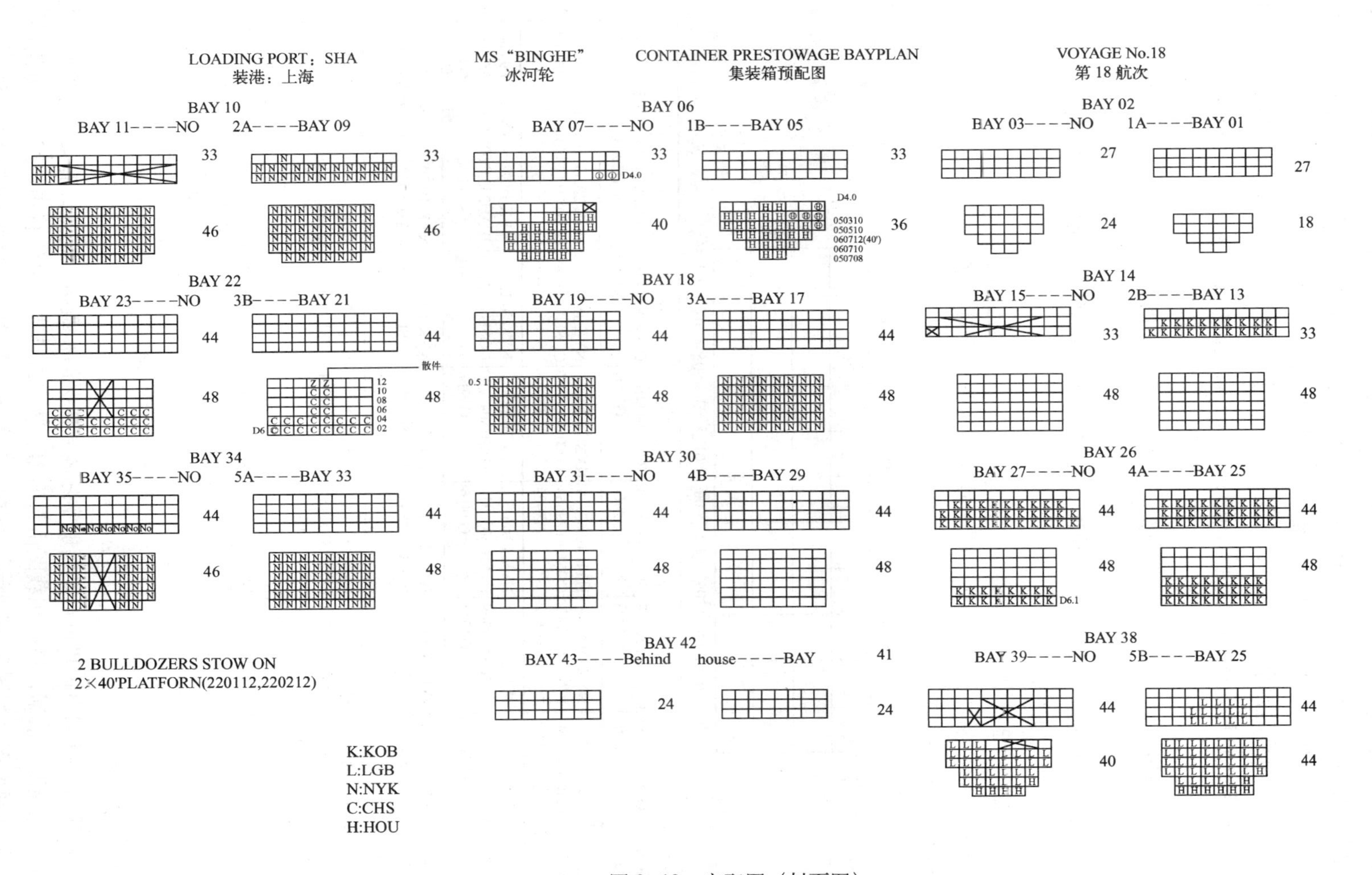
LOADING PORT：SHA
装港：上海
MS "BINGHE"
冰河轮
CONTAINER PRESTOWAGE BAYPLAN
集装箱预配图
VOYAGE No.18
第18航次
BAY 10
BAY 11----NO 2A----BAY 09
BAY 06
BAY 07----NO 1B----BAY 05
BAY 02
BAY 03----NO 1A----BAY 01
BAY 22
BAY 23----NO 3B----BAY 21
BAY 18
BAY 19----NO 3A----BAY 17
BAY 14
BAY 15----NO 2B----BAY 13
BAY 34
BAY 35----NO 5A----BAY 33
BAY 30
BAY 31----NO 4B----BAY 29
BAY 26
BAY 27----NO 4A----BAY 25
BAY 42
BAY 43----Behind house----BAY
BAY 38
BAY 39----NO 5B----BAY 25
散件
2 BULLDOZERS STOW ON
2×40'PLATFORN(220112,220212)
K:KOB
L:LGB
N:NYK
C:CHS
H:HOU

图 3-12 实配图（封面图）

（1）装箱港和卸箱港代码。装船港和卸箱港均用三个大写字母表示，一般卸箱港在前、装箱港在后，中间用“/”分隔，也有的只标注卸箱港，不标注装箱港。港口名称用三个英文字母表示，此代码借用国际航空港标准代码，不另订标准。如 SHA/NYK。

（2）箱号。箱号用四个大写字母、六位阿拉伯数字和一个核对数字表示，共 11 个字符。

（3）集装箱总重量。集装箱总重量用阿拉伯数字表示，并保留 1 至 2 位小数，单位“t”（吨）通常省略。

（4）堆场上的箱位号。堆场上的箱位号主要给码头堆场的管理员提供该集装箱在堆场上堆放的位置。

如图 3-13 所示为第 19 行的 BAY 位图，其中“190302”箱位注明了以下信息：

NYK：卸箱港为纽约；

19. 43：集装箱总重为 19. 43 t；

COSU8219906：箱主代号 COSU，顺序号为 821990，核对数字为 6；

T2520：堆场上的箱位号。

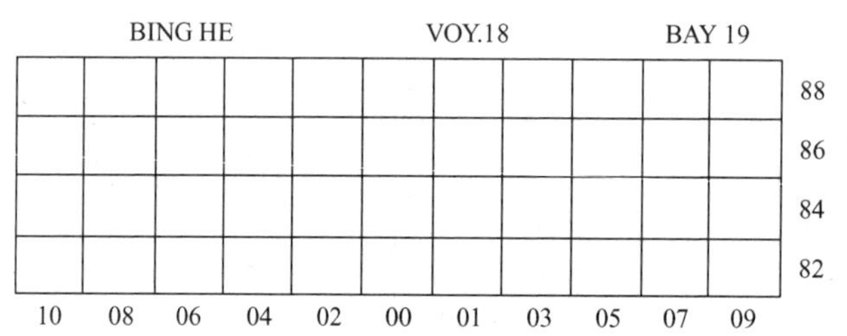

NYK 19.50 COSU5000154 G2901	NYK 19.35 COSU8131754 G2902	NYK 19.35 COSU8129037 G2903	NYK 19.69 ICSU3355394 G2904	NYK 20.42 COSU5000160 G3801	NYK 20.27 COSU8154385 G3802	NYK 19.87 COSU8231615 G3903	NYK 20.06 COSU8201254 G3904	12
NYK 20.27 COSU8156958 G3905	NYK 19.21 ICSU3787649 G3906	NYK 19.43 ICSU4157217 G3907	NYK 19.67 COSU8178664 G3908	NYK 18.69 HTMU8039953 G3909	NYK 19.72 COSU8013469 G3910	NYK 20.33 COSU0117550 G3911	NYK 20.06 COSU8075650 G3912	10
NYK 20.19 COSU8023169 G3913	NYK 20.05 COSU8035973 G3914	NYK 20.24 COSU8175069 G3915	NYK 19.96 HTMU8038319 G3916	NYK 20.13 HTMU8047780 G3917	NYK 20.15 COSU8183932 G3918	NYK 19.92 IEAU2353700 G3919	NYK 19.95 GSTU4557788 G3920	08
NYK 19.48 HTMU8058207 T2501	NYK 17.60 COSU8210621 T2502	NYK 19.53 TOLU2722771 T2503	NYK 19.91 COSU8028833 T2504	NYK 17.18 COSU8011419 T2505	NYK 19.32 COSU8157511 T2506	NYK 19.30 COSU5022908 T2507	NYK 19.73 CTIU3404773 T2508	06
NYK 19.62 COSU3116770 T2509	NYK 19.51 COSU8092869 T2510	NYK 17.12 COSU8233191 T2511	NYK 18.51 COSU8101739 T2512	NYK 19.18 COSU8190504 T2513	NYK 19.12 COSU8199883 T2514	NYK 18.09 COSU5037641 T2515	NYK 19.35 COSU8139164 T2516	04
NYK 19.70 ICSU4395750 T2517	NYK 19.34 COSU5034025 T2518	NYK 19.43 COSU5021199 T2519	NYK 1886 COSU8219906 T2520	NYK 18.90 COSU8143483 T2521	NYK 19.61 COSU8208922 T2522	NYK 19.51 COSU8095683 T2523	NYK 19.52 COSU8230757 T2524	02
08	06	04	02	01	03	05	07	

图 3-13　实配图（BAY 位图）

3. 最终积载图

最终积载图（Final Bay Plan）是船舶实际装载情况的积载图，它是计算集装箱船舶的稳性、吃水差与强度的依据，最终积载图由封面图、装船统计表及最终行箱位图三部分组成。

（1）最终封面图。如图 3-14 所示，实际上是把预配图中的字母图和特种箱位图合并在一起，按照是集装箱情况来表示，关于各个箱的重量在最终行箱位图中可以找出。

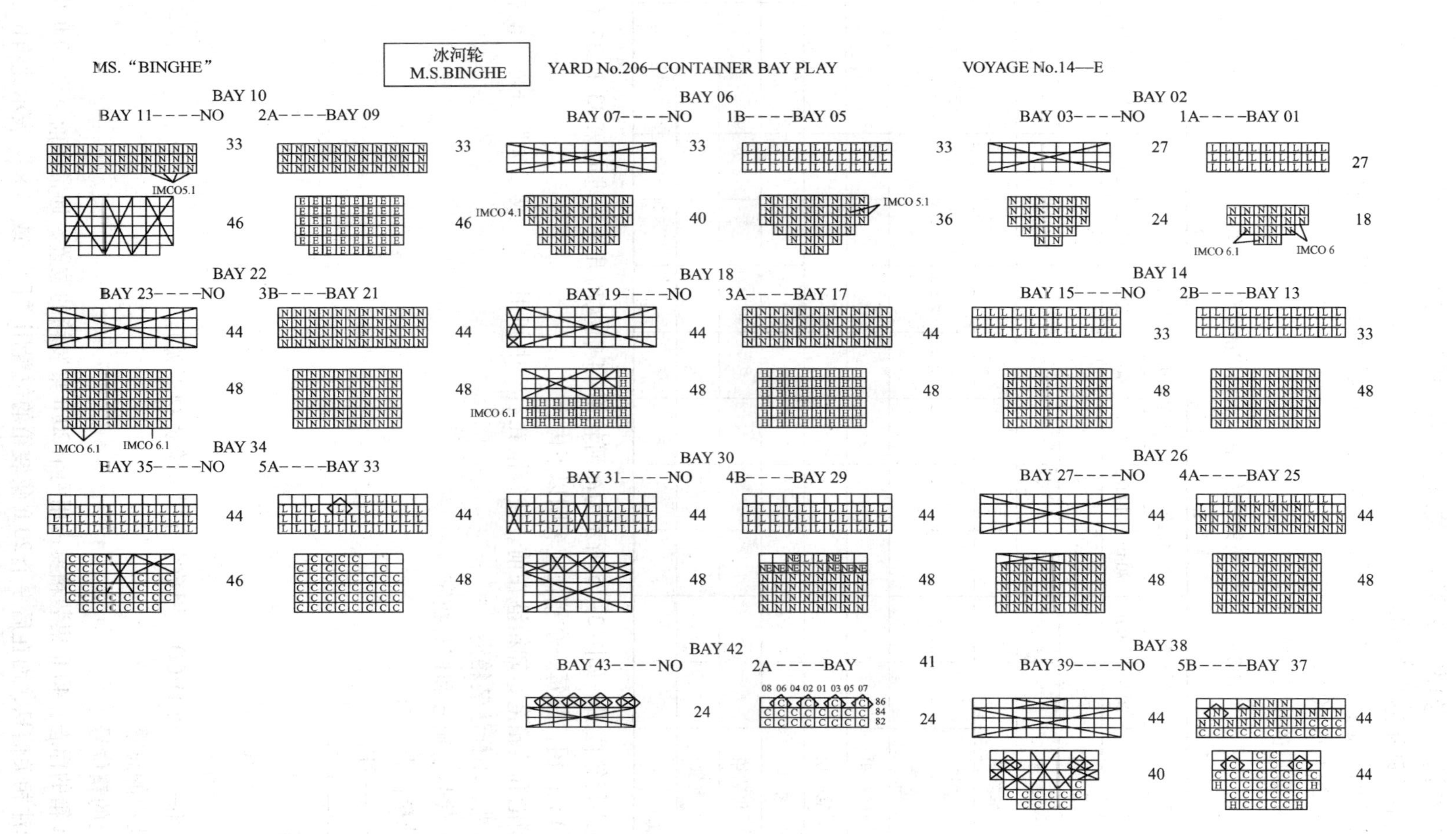
MS. "BINGHE"
冰河轮
M.S.BINGHE
YARD No.206–CONTAINER BAY PLAY
VOYAGE No.14—E
BAY 10
BAY 11----NO 2A----BAY 09
BAY 06
BAY 07----NO 1B----BAY 05
BAY 02
BAY 03----NO 1A----BAY 01
BAY 22
BAY 23----NO 3B----BAY 21
BAY 18
BAY 19----NO 3A----BAY 17
BAY 14
BAY 15----NO 2B----BAY 13
BAY 34
EAY 35----NO 5A----BAY 33
BAY 30
BAY 31----NO 4B----BAY 29
BAY 26
BAY 27----NO 4A----BAY 25
BAY 42
BAY 43----NO 2A----BAY
BAY 38
BAY 39----NO 5B----BAY 37
IMCO5.1
IMCO 4.1
IMCO 5.1
IMCO 6.1
IMCO 6

图 3-14　最终封面图

（2）装船统计表。如表 3-2 所示，装船统计表中所包含的内容如下。

① 装箱港、卸箱港和选箱港。

② 集装箱的状态：分重箱、空箱、冷藏箱、危险货物箱及其他特种箱。

③ 箱型：20 ft 或 40 ft。

④ 数量和重量的小计和总计。

表 3-2　××轮第×航次在××港口的装船统计表

船名：　　　　　　　　　　　　航次：　　　　　　　　　　　　日期：

装箱港		长滩		纽约		查尔斯顿		休斯敦		总计		选港	
		20 ft	40 ft	20 ft	40 ft	20 ft	40 ft	20 ft	40 ft	20 ft	40 ft	20 ft	40 ft
上海	重箱												
	冷藏箱												
	危险箱												
	空箱												
神户	重箱												
	冷藏箱												
	危险箱												
	空箱												
总计	集装箱												
	重量												
总重													

（3）最终行箱位图。如图 3-15 所示为冰河轮第 14 航次离开神户港时第 33 和 35（34）行的最终 BAY 位图，其每一个箱位应表明以下内容。

① 卸箱港和装箱港，卸箱港在前、装箱港在后，中间用“/”或“×”分隔，也有的只标注卸箱港，不标注装箱港。

② 箱主代号、箱号和核对数字。

③ 特种箱标志，如：

冷藏箱——RF；

开顶箱——OT；

框架箱——FR；

平台箱——PR；

罐状箱——TK；

危险货箱——D 或 IMCO（用数字标出危险货物等级）。

④ 集装箱的总重。

⑤ 船上的箱位号。

⑥ 40 ft 箱的标志：40 ft 集装箱要占用两个 20 ft 集装箱的位置，通常在前一个 20 ft 集装箱的位置标注相关信息，而在后一个 20 ft 集装箱的位置用“□”或“×”表示此箱位已被 40 ft 箱占用。

MS. "BINGHE"　　VOYAGE No.14　　BAY No.35

Tier	351088	350888	350688	350488	350288	350088	350188	350388	350588	350788	350988	Tier / Tons
88												88
86	351086	350886	COSU 8134157 19.7 350686	COSU 8231500 19.1 350486 LCB	COSU 8226870 12.4 350286	COSU 8237638 12.7 350086	TOLU 2886287 10.4 350186	ICSU 3063290 14.5 350386 KOB	HTMU 8057089 9.5 350586	CTIU 0341780 12.7 350786	UFCU 3962201 25 350986	86　134.4
84	ICSU 4223047 19.5 351084	ICSU 4020857 19.2 350884	COSU 8236930 20.0 350684	HTMU 5006278 19.6 350484	COSU 8212049 20.0 350284	CTIU 2291923 16.9 350084	ICSU 3725204 20.0 350184	IEAU 2166680 19.2 350384	TOLU 2623275 19.2 350584	ICSU 3336250 20.9 350784	TOLU 2786272 17.4 350984	84　211.5
82	COSU 8225431 17.3 350182	CTIU 1518777 19.6 350882	IETU 2016838 19.1 350682	COSU 8232359 18.9 350482	COSU 8195548 19.4 350282	TOLU 2662292 20.0 350082	COSU 8237155 15.8 350182	COSU 8226280 17.0 350382	ICSU 4009919 19.4 350582	COSU 8089124 19.6 350782	COSU 8239158 15.8 350982	82　262.0

Tier	08	06	04	02	01	03	05	07	Tier / Tons
12	COSU 8151621 19.4 350812	CHS/KOB HTMU 8055960 19.1 350612	COSL 8149835 9.4 350412	350212	350112	350312	350512	350712	12　57.9
10	COSU 8097541 19.2 350810	CHS/KOB TOTLU 2642348 17.9 350610	ICSU 3843260 20.2 350410	350210	350110	350310	350510	350710	10　57.2
08	ICSU 3170111 19.4 350808	CHS/KOB COSU 8089802 196.3 350608	UFCU 3757275 19.3 350408	350208	350108	COSU 5028280 19.3 350308	CHS/KOB UFCU 3770317 19.3 350508	COSU 8236879 19.3 350708	08　115.9
06	COSU 8072667 18.4 350806	CHS/KOB COSU 8018882 18.5 350606	COSU 8028345 18.5 350406	350206	350106	ICSU 4013924 18.6 350306	CHS/KOB UFCU 3990836 19.6 350506	TOLU 2830510 17.2 350706	06　110.8
04	COSU 8173678 6.5 350804	CHS/SHA COSU 8215916 6.3 350604	COSU 5023102 15.7 350404	ICSU 3897097 18.2 350204	CFCU 3620997 15.6 350104	CHS/SHA COSU 8195511 11.9 350304	TOLU 8430450 10.6 350504	TOLU 8451160 16.7 350704	04　101.5
02		COSU 8229550 12.1 350602	CHS/SHA ICSU 9053992 19.9 350402	HTMU 8048739 2.04 350202	COSU 8236415 19.2 350101	CHS/SHA TOLU 2818750 19.9 350302	COSU 8087034 13.9 350502		02　105.8

1097.0
TOTAL TONS

DEST	No.OF CONT
TOTAL	

ON DECK	UNDER DECK

图 3-15　最终 BAY 位置图 (1)

⑦ 超高和超宽标志：超高箱（O/H）应在箱位上方用“∧”符号表示，并标出其超高的高度超宽箱（O/W）要在箱位左向或右向用“〈”或“〉”符号表示，并标出其超宽宽度。

图 3-15 中“331082”箱位注明了以下信息。

CHS × KOB：卸箱港为查尔斯顿港，装箱港为神户港。

COSU8218031：箱主代号、箱号及核对数字。

IMCO5. 1：等级为 5. 1 的危险货物。

20. 1：总重量为 20. 1 t。

331082：本箱在船上的箱位。

图 3-15 中“350106”、“350108”、“350110”、“350112”、“350206”、“350208”、“350210”、“350212”箱位被 40 ft 集装箱所占用，其中“350106”、“350108”被 SCXU4311160 和 COSU122775 这两只 40 ft 集装箱所占用。

图 3-16 中，“330510”箱位是一个既超长又超宽的板架集装箱（F/R），其超高 100 cm（O/H100CM），左超宽 35 cm（O/W35 cm），右超宽 37 cm（O/W37 cm）。

3. 3. 4 集装箱船舶配积载实务

1. 集装箱船舶配积载图的编制过程

集装箱船的配积载有 3 种图，即预配图、实配图和最终积载图。实配图和最终积载图都是以预配图为基础的。其编制过程如下。

（1）由船公司的集装箱配载中心或船舶大副，根据分类整理的订舱单，编制航次集装箱预配图。

（2）航次集装箱须配图由船公司直接寄送给港口的集装箱装卸公司，或通过船舶代理用电报、电传或传真形式转给港口集装箱装卸公司。

（3）港口装卸公司收到预配图后，由码头船长或集装箱配载员，根据预配图和码头实际进箱情况，编制集装箱实配图。

（4）待集装箱船靠泊后，码头配载员持实配图上船，交由大副审查，经船方同意后应签字认可。

（5）码头按大副签字认可的实配图装船。

（6）集装箱装船完毕后，由理货公司的理货员接船舶实际装箱情况，编制最终积载图。

2. 集装箱船舶预配图的编制方法

集装箱的预配图是编制好集装箱船积载图的关键。一般来讲编制预配图分三步进行。

（1）由船舶代理将该航次的订舱单进行计类整理，分类时按不同卸箱港、不同重量、不同箱型来分，特种箱应另计归类。

（2）船舶代理或船舶调度用传真（或电传）把资料传送给船公司的集装箱配载中心，或由船舶调度把资料直接送交船舶大副。

（3）集装箱配载中心或大副根据分类整理后的订舱单进行预配。订舱单是编制配载图的最重要的原始资料，是配载的主要依据。订舱单上主要包括如下内容。

MS BINGHE　　VOYAGI No.14　　BAY No.33(34)

331088	330888	330688	330488	O/H 10cm 330288	330088	330188	COSU 8082285 330388 4.6	LGB/KOB UFCU 6391338 330588 5.7	COSU 8013345 330788 17.5	330988	88	
UFCU 3672563 7.2 331086	COSU 8132365 9.1 330886	LGB COSU 8029085 11.0 330686	O/W 9cm 330486	SCXU 8117873 15.9 330286	O/W 9cm 330086	HTMU 840358 42.0 330186	KOB TCLU 4402499 17.0 330386	UFCU 6415975 5.0 330586	COSU 8128914 4.1 3307786	WCLU 0638163 11.1 330986	86	86.6
TOLU 2813976 4.9 331084	HTMU 8062207 12.1 330884	LGB HCLU 3060373 12.8 330684	COSU 8219887 19.7 330484	COSU 8008924 19.8 330284	IKSU 7151840 5.9 330084	COSU 8022496 19.8 330184	KOB COSU 8073072 19.1 330384	COSU 8149603 19.9 330584	COSU 8020555 19.9 330784	COSU 8072369 19.7 330984	84	74.2
CHSxKOB COSU 8218031 IMCO3 1 20.1 331082	UFCU 3606155 20.0 330882	LGB COSU 8085561 19.7 330682	COSU 8074037 19.7 330482	COSU 5023648 19.7 330282	COSU 8086296 19.7 330082	COSU 8238146 20.2 330182	KOB COSU 3467537 19.7 330382	IEAU 2408184 19.8 330582	HTMU 5006909 19.1 330782	TOLU 2614910 19.9 330982	82	217.4

330812	COSU 8010515 5.2 330810	CHS/KOB COSU 8002160 20.2 330412	IEAU 4409990 16.2 330212	CHS/KOB ICSU 1388613 13.3 330102	330312	O/H 100cm 330512	330712	12	57.4
COSU 8010515 5.2 330810	HTMU 8042793 17.5 330610	CHS/KOB COSU 2203690 19.8 330410	HTMU 4107284 13.8 330210	CHS/SHA COSU 4157236 12.4 330100	O/W 35cm 330310	CHSxKOB scxu 4384296 F/R 24.5 330510	O/W 35cm 330710	10	91.4
CSTU 4035510 22.7 330808	CHS/KOB COSU 5029179 19.8 330608	COSU 5025770 19.8 330408	CHS/SHA ICSU 2329744 23.7 330208	COSU 4122775 11.5 330108	TOLU 4611191 18.0 330308	CHS/KOB COSU 8184604 6.5 330508	FMU 2302165 14.7 330708	08	136.8
COSU 8029465 19.2 330806	CHS/KOB COSU 8130850 20.0 330606	COSU 8218130 20.4 330406	CHS/SHA COSU 4169500 23.5 330206	scxu 4311160 21.3 330106	COSU 8005289 20.2 330306	CHS/KOB HTMU 8065130 20.0 330506	CCSU 8132844 20.0 330705	06	164.7
UFCU 615312 6.5 330804	HTMU 8049437 9.8 330604	CHS/SHA SXCU 6069032 15.9 330404	HTMU 3039965 15.6 330204	TOLU 2769099 15.3 330104	COSU 8224076 15.8 330304	CHS/SHA COSU 8167037 9.9 330504	NULU 3003372 6.4 330704	04	95.2
COSU 8013052 19.3 330802	COSU 8117484 19.4 330602	CHS/SHA COSU 8191136 19.6 330402	HTMU 8037586 19.7 330202	COSU 8193890 19.4 330102	HTMU 806821 19.4 330302	CHS/SHA COSU 8117680 20.0 330502	COSU 8132452 16.2 330702	02	153.0

1176.8 TOTAL TONS

DEST	No.OF CONT
TOTAL	

ON DECK	UNDER DECK

图 3-16　最终 BAY 位置图 (2)

① 装箱港和卸箱港；

② 每箱的总重量；

③ 集装箱的种类、箱型和数量；

④ 备注中应注明特种箱的特性和运输要求。

3. 编制预配图的要求

（1）保证船舶的稳性。稳性对船舶航行安全是至关重要的。由于集装箱船的甲板上还有大量货载，受风面积大，使得船舶的重心较高，要保证船舶的稳性，必须根据每艘船舶的结构、大小以及稳性要求，合理安排集装箱上下的轻重。

（2）满足船舶适当的吃水差。船舶是不允许有首倾的，因为这会造成螺旋桨产生空泡，但也不宜有过大的尾倾，因为这会增加船舶的吃水，减少装载量，而且还会影响航速。因此集装箱船应具有适当的吃水差，以保证具有良好的操纵性并且充分发挥主机的功率、节省燃油。由于装箱船一般采用尾机型，尾部较重，故在重量分布上，一般将一些重箱配于船首箱位上，同时应尽量避免一港货箱集中地配在一起，以免造成过大的吃水差。

（3）充分利用船舶的箱位。集装箱船一般首部箱位较少，放在配载时极易产生过大的尾吃水。尾吃水过大就需要用压载水来调整，就会增压载重量，减少集装箱的装载量。所以在配载时有时要求达到平吃水以减少压载而使箱位得到充分的利用。

（4）保持船舶的纵向强度。集装箱船大多数为尾机型船，而油舱、淡水舱一般也集中在尾部，所以船舶在开航时如首部箱量满载，容易产生中拱，而且集装箱船都是大舱口，船舶纵向强度本来就弱，如果配载不当，在风浪中容易断裂，为使它具有良好的纵向强度，抵消船舶的中拱变形，配载时要适当地在船中多配重箱。

（5）尽量避免中途港倒箱。集装箱船一般在途中均需要停靠多个中途港，因此配载时必须注意港序，避免中途港倒箱，对一些箱位少而挂靠港又多的航线，港口一般在规定数量内的倒箱不收费，但是超出部分要收取相应的费用，这不仅会造成船方的经济损失，还会贻误船期，故应尽量减少。

（6）避免形成重点舱。对于箱量特别多的港口的集装箱，应分舱装载，不要集中装在一个舱内，以免造成重点舱，延长船舶在港装卸时间。由于集装箱装卸桥的特点，一般两台装卸桥应相隔 4 个 BAY 位才能同时作业，所以在分舱时应该至少相隔 4 个 BAY 位配载。

（7）避免一边倒配箱。全集装箱船都采用箱格结构，故在装卸中不能产生过大的横倾，一般如横倾大于 3 度，集装箱进出箱格时就会产生困难。因此，在配载时要注意不要把同一港口的集装箱集中配于一侧，应左右对称；以免在装卸过程中使船舶出现过大的横倾，影响船舶作业。

（8）要注意特种箱的配载。各种特种箱都有特殊的配载要求，这些要求必须满足，例如危险货物集装箱必须满足船舶的限制规定和分隔要求，要按国际危规的要求配载，冷藏箱必须配置于冷藏箱区，框架箱、平台箱、超高箱必须配置在舱面的最上层等。

3.4 集装箱海运提单

3.4.1 海运提单的定义与作用

提单（Bill of Lading，B/L）是承运人（或其代理）应托运人要求，在收到货物归其掌

管后，签发给托运人的一种单据。《海牙规则》和《维斯比规则》都没有给提单下定义，而《汉堡规则》根据提单在国际贸易和运输中所起的作用概括出提单的定义，我国《海商法》借鉴了这个定义，在《海商法》第七十一条中对提单作出以下定义："提单是指用以证明海上货物运输合同和货物已经由承运人接收或者装船，以及承运人保证据以交付货物的单证。提单中载明的向记名人交付货物，或者按照指示人的指示交付货物，或者向提单持有人交付货物的条款，构成承运人据以交付货物的保证。"

提单表明了承托双方在运输中的权利和义务，还可以作为收取运费的证明，并且在运输中起到办理货物装卸、发运和交付等方面的作用，从法律意义上说，提单具有以下三个方面的作用。

1）提单是承运人或其代理人签发的货物收据（B/L As a Receipt for the Goods）

提单是承运人签发给托运人的收据，证明已经收到或接管提单所列货物。但是，提单作为货物收据的法律效力，在看法上存在分歧。《海牙规则》中认为，承运人签发的提单只是"推定证据"或"初步证据"（Prima Facie Evidence），推定承运人已按提单记载收到货物，但如果实际承运人确实没有收到或收到货物与提单不符，仍可否定提单的证据效力。可见其证据效力是相对的。

《维斯比规则》和《汉堡规则》则认为，在承、托双方之间，提单是收到货物的"推定证据"或"初步证据"，但对收货人为"最终证据"（Conclusive Evidence）。

我国《海商法》第七十七条规定："除依照本法第七十五条的规定作出保留外，承运人或者代其签发提单的人签发的提单，是承运人已经按照提单所载状况收到货物或者货物已经装船的初步证据；承运人向善意受让提单的包括收货人在内的第三人提出与提单所载状况不同的证据，不予承认。"因此，对托运人而言，提单只是承运人依据托运人所列提单内容收到货物的初步证据，只要承运人能充分举证证明没有收到货物，或者货物的数量或外表状况有异，仍可否定提单的证据效力，但是，对于包括收货人在内的第三方而言，提单具有最终证据效力，因为第三方正是在相信提单所载内容的前提下接受提单，所以即使记载有误，其争议也应由承托双方解决。

2）提单是一种货物所有权的凭证（B/L As a Documents of Title）

提单是一种物权凭证表现在提单的合法持有人凭提单可在目的港向船公司提取货物，也可以在载货船舶到达目的港之前，通过转让提单而转移货物的所有权，或凭以向银行办理抵押贷款。但是提单作为物权凭证的属性在时间上受到两种限制：一是提单的转让必须在交货前才有效。因提单的正面一般有这样的文字记载："本提单一式×份，其中一份生效（指已凭以提货）后，则其余文本失效"；二是提单持有人必须在货物抵港后一定时间内把货物提走，否则将被视为无主货物，承运人可同相关权威机构行使对货物的处置权。

3）提单是承、托双方订立运输契约的证明（B/L As an Evidence of Contract of Carrier）

班轮货物运输合同的成立，首先是由托运人持托运单或订舱委托书（单）到船公司或其代理人（船代）处办理订舱申请，称为"要约"，如果承运人可以满足托运人的要求，接受订舱，则确定船名、航次、提单号，并在装货单上签章，称为"承诺"，此时可认为海上货物运输合同已经成立。承、托双方据此约定安排货物运输，如果发生争议，也当以此约定作为解决争议的依据。而提单是在货物装船后取得的，此时合同已经开始履行，但是订舱委托书或托运单并没有明确规定承、托双方之间的权利、义务，而提单条款却作出规定，因

此，法律上承认提单可作为解决海上货物运输争议的依据。

但按照严格的法律概念，提单并不完全具备经济合同应该具备的基本条件，虽然托运人对提单条款并无异议，但是提单条款却是由承运人单方面制定的，托运人只能对这些条款默示接受，它不能作为双方意思完全一致的表现。因此，提单只能作为运输合同的证明，不能作为运输合同。如果承、托双方之间订立有运输合同，又另外签发提单，则在把提单转让给第三方之前，提单条款只是对原定合同的补充，二者有冲突应以原定运输合同为准，但是当提单转让给第三者后，提单就是承运人与第三方之间的运输合同。在我国《海商法》第七十八条里有这样的规定："承运人与收货人、提单持有人之间的权利、义务关系，依据提单规定确定。"

3.4.2 海运提单的种类

提单从不同的角度可以划分为以下几种。

1. 根据货物是否装船分类

1）已装船提单

已装船提单（On Board B/L，或 Shipping B/L）是指承运人已将货物装上指定的船舶后签发的提单。这种提单的特点是提单上面必须以文字表明载货船舶名称和装货日期。根据跟单信用证统一惯例的规定：如果信用证要求以海运提单作为运输单据，除非信用证另有规定，银行将只接受货物已装船或已经指明船舶的提单。

2）收货待运提单

收货待运提单（Received for Shipment B/L）是指承运人收到托运人的货物待装船期间，应托运人的要求而向其签发的提单。这种提单上没有装船日期，也没有载货的具体船名。集装箱运输中集装箱进入码头堆场或集装箱货运站后，承运人会签发备运提单。因为备运提单只说明承运人接管货物而无法说明货物何时可以装船，装哪一艘船，能不能安全装船，所以买方承担的风险很大，因此买方一般不愿意接受这种提单，银行结汇一般也不接受这种提单。当货物装船后，托运人可以凭备运提单换取已装船提单，或者由承运人在备运提单上加注船名和装船时间并签字盖章使之成为已装船提单。

2. 根据货物表面状况有无不良批注分类

1）清洁提单

清洁提单（Clean B/L）是指货物装船时，表面状况良好，承运人在签发提单时未加上任何货损、包装不良或其他有碍结汇批注的提单。这里需要说明的是，并不是所有经批注的提单均为不清洁提单，国际航运工会于 1951 年规定下列三种内容的批注不能视为不清洁：没有说明货物或包装不能令人满意，只是批注"旧包装"、"旧箱"、"旧桶"等；强调承运人对货物或包装性质所引起的风险不负责任；否认承运人知悉货物内容、重量、容积、质量或技术规格的，如集装箱海运提单中"托运人装箱、计数"条款。根据跟单信用证统一惯例的规定，除非信用证另有规定，银行只接受清洁提单。

2）不清洁提单

不清洁提单（Unclean B/L 或 Foul B/L）是指承运人收到货物之后，在提单上加注了货物外表状况不良或货物存在缺陷或包装破损的提单。由于承运人必须对货物的外表状况负责，因此在装船时，如果发现包装不牢固、破损、渗漏、玷污、标识不清等现象，大副将在

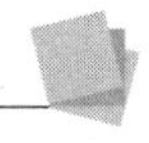

收货单上加以批注并转移到提单上，这种提单称为不清洁提单。不清洁提单会影响托运人办理正常结汇，因此，托运人应将这些存在问题的货物及时修补或者更换。

3. 根据收货人抬头分类

1）记名提单

记名提单（Straight B/L）是指在提单的收货人栏内，具体写明了收货人的名称。这种提单只能由提单内指定的收货人提货，不能转让。记名提单避免了提单转让过程中存在的风险，但也失去其代表货物转让流通的便利，银行一般也不愿意接受记名提单作为议付单据，因此，记名提单在国际贸易中使用很少，一般只在运送名贵货物或展览品、援外物资时使用。

2）不记名提单

不记名提单（Open B/L）是指在提单收货人栏内不填明具体的收货人或指示人的名称而留空的提单。不记名提单的转让无须经任何背书手续，提单持有人仅凭提单交付即可提货。不记名提单无须背书即可转让，流通性很强，但一旦丢失或被窃，风险极大，所以不记名提单很少使用。

3）指示提单

提示提单（Order B/L）是指在提单收货人栏中填“凭指示”（To order）字样的提单。有的信用证要求填“凭某某人的指示”或“凭发货人指示”字样。这种提单经过背书后即可转让，是最常用的提单。

4. 按运输过程中是否转船（或不同运输方式）分类

1）直达提单

货物从装运港装船后，中途不经换船而直接运抵目的港卸货，按照这种条件所签发的提单，称为直达提单（Direct B/L）或直运提单。直达提单仅列有装运港和目的港之名，而无“转船”、“在某港转船”等批语。在国际贸易中，信用证如果规定货物不准转船，卖方就必须取得承运人签发的直达提单，银行才接受办理议付货款。

2）转船提单

船舶从装运港装货后，不直接驶往目的港，而在中途的港口换船把货物转往目的港。凡按此条件签发的包括运输全程的提单，称为转船提单（Transshipment B/L）。转船提单上一般都注有“在某港转船”字样，转船提单往往由第一程船的承运人签发。货物中途转船，对进口方而言，增加费用和风险并影响到货时间，所以一般信用证内均规定不允许转运，但有些偏僻港口无直达船只或者在某些特殊情况下转船可使货物更早达到目的港，买卖双方也可能约定使用转船提单。

5. 按提单内容的繁简分类

1）全式提单或称繁式提单

全式提单（繁式提单）（Long Form B/L）是指最常用的、既有正面内容又在提单背面印有承运人和托运人的权利、义务等详细条款的提单。

2）简式提单或称略式提单

简式提单（略式提单）（Short Form B/L）是指仅保留全式提单正面的必要项目，如船名、航次、货名、标志、件数、重量或体积、装运港、目的港、托运人名称等记载，而略去提单背面全部条款的提单。

6. 其他分类

1）过期提单

过期提单（Stale B/L）是指卖方向当地银行交单结汇的日期与装船开航的日期相距太久，以致银行按照正常的邮程寄单预计收货人不能在船舶到达目的港前收到的提单。根据《跟单信用证统一惯例》规定，在提单签发日期后 21 天才向银行提交的提单属过期提单。

2）倒签提单

倒签提单（Anti-dated B/L）是指承运人应托运人的要求，签发提单的日期早于实际装船日期，以符合信用证对装船日期的规定，便于在该信用证下结汇。倒签提单是一种欺骗行为，是违法的，因此应尽量避免使用倒签提单。

3）预借提单

预借提单（Advanced B/L）是指因信用证规定装运日期和议付日期已到，货物因故而未能及时装船，但已被承运人接管，或已经开装而未装毕，由托运人出具保函，要求承运人签发的已装船提单。预借提单使买方承担了更大的风险，因为货物何时能装船，能不能安全装船，装上哪一艘船，都是未知数。预借提单和倒签提单一样都属于欺骗行为，应避免使用。

4）顺签提单

顺签提单（Post-Date B/L ）是指货物装船完毕后，承运人或其代理人应托运人的要求，以晚于该票货物实际装船完毕的日期作为提单签发日期的提单。

3.4.3 海运提单的正面内容及背面条款

1. 海运提单的正面内容

各船公司所制定的提单虽然格式不完全相同，但其内容大同小异。根据我国《海商法》第七十三条规定，提单正面内容，一般包括下列各项。

（1）货物的品名、标志、包数或者件数、重量或体积，以及运输危险货物时对危险性质的说明（Description of the goods, mark, number of packages or piece, weight or quantity, and a statement, if applicable, as to the dangerous nature of the goods）。

（2）承运人的名称和主营业所（Name and principal place of business of the carrier）。

（3）船舶的名称（Name of the ship）。

（4）托运人的名称（Name of the shipper）。

（5）收货人的名称（Name of the consignee）。

（6）装货港和在装货港接收货物的日期（Port of loading and the date on which the good were taken over by the carrier at the port of loading）。

（7）卸货港（Port of discharge）。

（8）多式联运提单增列接收货物地点和交付货物地点（Place where the goods were taken over and the place where the goods are to be delivered in case of a multimodal transport bill of lading）。

（9）提单的签发日期、地点和份数（Date and place of issue of the bill of loading and the number of originals issued）。

（10）运费的支付（Payment of freight）。

（11）承运人或者其代表的签字（Signature of the carrier or of a person acting on his behalf）。

2. 海运提单的背面条款

提单作为海上货物运输的重要单证之一，是确立承运人、托运人和收货人之间权利、义务和豁免的主要依据，这种依据主要由提单的背面条款所决定。海运提单背面有许多条款，其中主要条款如下。

1）定义条款

定义条款（Definition Clause）是指对提单中所印就的关键词语，如“承运人”、“托运人”的含义和范围作出明确定义的条款。

2）首要条款

首要条款（Paramount Clause）是承运人按照自己的意志，印刷于提单条款的上方，列为提单条款第一条，用以明确本提单受某一国际公约制约，或适用某国法律的条款。

3）管辖权条款

提单的管辖权条款（Jurisdiction Clause）是规定双方发生争议时，由何国行使管辖权，即由何国法院审理，有时还规定法院解决争议适用的法律。提单一般都有此种条款，并且通常规定对提单产生的争议由船东所在国法院行使管辖权。例如，我国中远公司提单就规定：本提单受中华人民共和国法院管辖。本提单项下或与本提单有关的所有争议应根据中华人民共和国的法律裁定；所有针对承运人的法律诉讼应提交有关公司所在地的海事法院——广州、上海、天津、青岛、大连海事法院受理。

4）舱面货条款（Deck Cargo Clause）

由于《海牙规则》将舱面货和活动物不视为海上运输的货物，因而提单上一般订明：关于这些货物的收受、装载、运输、保管和卸载，均由货方承担风险，承运人对货物灭失或损坏不负赔偿责任。

5）承运人责任条款

一些提单订有承运人责任条款（Carrier's Responsibility），规定承运人在货物运送中应负的责任和免责事项，一般概括地规定为按什么法律或什么公约为依据。如果提单已订有首要条款，就无需另订承运人的责任条款。在中远提单的第三条、中国外运提单第四条、华夏提单第三条均规定，其权利和责任的划分及豁免应依据或适用《海牙规则》。根据这一规定，并非《海牙规则》所有规定都适用于该提单，而只有关承运人的义务、权利及豁免的规定适用于该提单。《海牙规则》中承运人的责任可归纳为承运人保证船舶适航的责任（义务）和管理货物的责任，即承运人应“适当”与“谨慎”地管理货物。

6）承运人的责任期间条款

提单条款中都列有关于承运人对货物运输承担责任的起止时间条款。中远提单第四条规定：“承运人的责任期间（Period of Responsibility）应从货物装上船舶之时起到卸离船舶之时为止。承运人对于货物在装船之前和卸离船舶之后发生的灭失或损坏不负赔偿责任。”《海牙规则》第一条“定义条款”中对于“货物运输”（Carriage of Goods）的定义规定为“包括自货物装上船舶开始至卸离船舶为止的一段时间”。

7）包装和标志条款（Package and Marks Clause）

一般提单均规定，在装船前，托运人应将货物妥善包装，标志应正确、清晰，用5 cm

或不小于5 cm的字体标明货物的目的港，并必须保证字迹在交付货物时仍清晰可辨。否则因标志不清或包装不良所产生的一切责任和费用，均由货方承担。

8）留置权条款（Lien Clause）

一般提单规定承运人对应收未收的运费、空舱费、滞期费及其他费用，均可对货物或任何单证行使留置权，并有权出售或处理货物，以抵偿应收款项。如中外运提单条款第九条，中远提单第十条均有留置权条款的规定："承运人可以本提单下应付给他的所有款项和无论何人应付的共同海损分摊费用以及回收这些费用的开支而对货物以及任何单证行使留置权，并有权出售（拍卖）处置这些货物。如果出售货物所得款项不足抵偿应收款项和引起的费用，承运人有权向货方收回其欠额。"

9）共同海损条款

共同海损条款（General Average Clause）规定发生共同海损时，将在什么地点、按照什么规则理算共同海损。国际上通常采用的是《约克—安特卫普理算规则》（York-Antwerp Rule），我国航运公司一般规定按1975年北京理算规则。

10）装货、卸货和交货条款（Loading，Discharging and Delivery）

本条款是指对托运人在装货港提供货物，以及收货人在卸货港提取货物的义务所作的规定。该条款一般规定货方应以船舶所能装卸的最快速度昼夜无间断地提供或提取货物；否则，货方对违反这一规定所引起的一切费用，如装卸工人待时费、船舶的港口使用费及滞期费的损失承担赔偿责任。应当予以注意，这一条很难实施。因为，没有租船合同及装卸期限，要收取滞期费用比较困难。承运人签发了提单，如果航程很短，货物比单证先到，收货人无法凭单提货，货物卸载存岸仍将由承运人掌管，难以推卸继续履行合同之责。如果收货人不及时提取货物，承运人可以将货物卸入码头或存入仓库，货物卸离船舶之后的一切风险和费用，由收货人承担。而承运人应被视为已经履行其交付货物的义务。

承运人负担货物装卸费用，但货物在装船之前和卸船之后的费用由托运人、收货人负担。但是费用的承担往往与承运人的责任期间的规定有关。如果双方当事人另有约定时，则以约定为准。提单中通常不另订条款规定，当按照港口习惯或受港口条件限制，船舶到达港口时，不能或不准进港靠泊装卸货物，其责任又不在承运人，在港内或港外货物过驳费用由托运人或收货人承担。

11）运费和其他费用（Freight and Other Charges）条款

该条款通常规定，托运人或收货人应按提单正面记载的金额、货币名称、计算方法、支付方式和时间支付运费，以及货物装船后至交货期间发生的，并应由货方承担的其他费用，以及运费收取后不再退还等规定。中远提单第六条和中外运提单第八条规定：运费和费用应在装船前预付。到付运费则在货物抵达目的港时，交货前必须付清。无论是预付还是到付，船舶或货物其中之一遭受损坏或灭失都应毫不例外地全部付给承运人，不予退还和不得扣减。一切同货物有关的税捐或任何费用均应由货方支付。

另外，该条款还规定：装运的货物如系易腐货物、低值货物、活动物（活牲畜）、甲板货，以及卸货港承运人无代理人的货物，运费及有关费用应预付。该条款通常还规定，货方负有支付运费的绝对义务。即使船舶或货物在航行过程中灭失或损害，货方仍应向承运人支付全额运费。如货物灭失或损害的责任在于承运人，则货方可将其作为损害的一部分，向承运人索赔。

12）自由转船条款

转运、换船、联运和转船条款（Forwarding，Substitute of Vessel，Through Cargo and Transhipment）或简称自由转船条款（Transshipment Clause）。该条款规定，如有需要，承运人为了完成货物运输可以任意采取一切合理措施，任意改变航线，改变港口或将货物交由承运人自有的或属于他人的船舶，或经铁路或以其他运输工具直接或间接地运往目的港，或运到目的港以远、转船、收运、卸岸、在岸上或水面上储存以及重新装船运送，以上费用均由承运人负担，但风险则由货方承担。承运人责任限于其本身经营的船舶所完成的那部分运输，不得视为违反运输合同。

如中远提单第十三条、中外运提单第十四条都作了上述规定。这是保护承运人权益的自由转运条款。在船舶发生故障无法载运，或者目的港港口拥挤一时无法卸载，或者目的港发生罢工等，由承运人使用他船或者通过其他运输方式转运到目的港，或者改港卸货再转运往目的港，费用由承运人负担，但风险由货方负担则欠合理。我国《海商法》第九十一条规定：因不可抗力或者不能归责于承运人的原因，船舶不能在约定的目的港卸货时，船长有权将货物卸在邻近的安全港口，视为已经履行合同；否则，承运人有责任将货物运到目的港，将部分运输转交实际承运人的，承运人也应当对此负责。

13）选港条款

选港条款（Optional Port Clause）亦称选港交货（Optional Delivery）条款。该条款通常规定，只有当承运人与托运人在货物装船前有约定，并在提单上注明时，收货人方可选择卸货港。收货人应在船舶驶抵提单中注明的可选择的港口中第一个港口若干小时之前，将其所选的港口书面通知承运人在上述第一个港口的代理人。否则，承运人有权将货物卸于该港或其他供选择的任一港口，运输合同视为已经履行。也有的提单规定，如收货人未按上述要求选定卸货港，承运人有权将货物运过提单注明的港口选择范围，至船舶最后的目的港，而由托运人、收货人承担风险和费用。当船舶承运选港货物时，一般要求收货人在所选定的卸货港卸下全部货物。

14）赔偿责任限额条款（Limit of Liability Clause）

承运人的赔偿责任限额是指已明确承运人对货物的灭失和损失负有赔偿责任应支付赔偿金额，承运人对每件或每单位货物支付的最高赔偿金额。

提单应按适用的国内法或国际公约规定承运人对货物的灭失或损坏的赔偿责任限额。但承运人接受货物前托运人书面申报的货物价格高于限额并已填入提单又按规定收取运费时，应按申报价值计算。如果首要条款中规定适用某国际公约或国内法，则按该公约或国内法办理。如中远提单第十二条规定：当承运人对货物的灭失或损坏负赔偿责任时，赔偿金额参照货方的净货价加运费及已付的保险费计算；同时还规定，尽管有本提单第三条规定承运人对货物灭失或损坏的赔偿责任应限制在每件或每计费单位不超过700元人民币，但承运人接受货物前托运人以书面申报的货价高于此限额，而又已填入本提单并按规定支付了额外运费者除外。

15）危险货物条款（Dangerous Goods）

此条款规定托运人对危险品的性质必须正确申报并标明危险品标志和标签，托运人如事先未将危险货物性质以书面形式告知承运人，并未在货物包装外表按有关法规予以标明，则不得装运；否则，一经发现，承运人为船货安全，有权将其变为无害、抛弃或卸船，或以其他方式予以处置。托运人、收货人应对未按上述要求装运的危险品，使承运人遭受的任何灭失或损害负责，对托运人按要求装运的危险品，当其危及船舶或货物安全时，承运人仍有权将其变为无害、抛弃或卸船，或以其他方式予以处置。

如提单上订明适用《海牙规则》或《海牙—维斯比规则》或相应的国内法，便无须订立此条款。

3.4.4 集装箱运输提单

集装箱提单是集装箱货物运输下主要的货运单证，是负责集装箱运输的经营人或其代理人在收到集装箱货物后签发给托运人的货物凭证，因此，集装箱海运提单是收妥待运提单，它与普通海运提单的作用与法律效力基本相同，但也有其特点。

1. 在其填制与操作方面

（1）由于集装箱货物的交接地点不同，一般情况下，由集装箱堆场或货运站在收到集装箱货物后签发场站收据，托运人以此换取集装箱提单。

（2）集装箱提单的承运人责任有两种：一是在运输的全过程中，各区段承运仅对自己承担的运输期间所发生的货损负责；二是多式联运经营人对整个运输过程承担责任。由于集装箱运输涉及多种交接方式和不同的交接地点，所以在集装箱提单上增加了以下内容。

① 注明交接方式。如果信用证规定提单必须证明货物由集装箱堆场至集装箱堆场，必须指示承运人照办，在提单上注明“CY to CY”。

②“Pre-carriage by”指首程运输工具，可根据实际情况填写“火车”（Train）、“卡车”（Truck）等。

③“Place of Receipt”收货地点，可根据实际情况填写“北京”（Beijing）、“南京”（Nanjing）等地名。

④“Place of Delivery”交货地点，可根据实际情况填写“芝加哥”（Chicago）、“底特律”（Detroit）等内陆城市名称。

（3）集装箱内所装货物必须在条款中说明。由于有时由发货人装箱，承运人只凭集装箱外表状况良好与否办理货物交接，不知道箱内货物的实际状况，一般都有“Said to Contain”（据称内装……）条款或“Shipper's Load and Count”（货主装箱计数）条款，说明箱内货物数量、件数，铅封是由托运人来完成的，承运人对向内货物的灭失或损坏不予负责，以此来保护承运人的利益，同时，在发生承运人责任范围内的损失时，也起到保护货主利益的作用。如果只表明集装箱的数量，则在赔偿时，箱内所有货物按一件来进行赔偿。

（4）在提单上不出现“On Deck”字样。

（5）集装箱提单上没有“装船”字样，它们都是收讫待运提单，但是提单上没有“收讫待运”字样。如果信用证要求注明装船日期，或要求提供“已装船”提单，则须在提单上批注“On Board Notation”（已装上船的批注），并在此处加盖装船日期章，并由船方签字或简签。

（6）如果信用证有要求，集装箱提单上还要填写以下与集装箱相关的内容。

①“Container No.”（集装箱号），根据承运人或装箱人提供的号码填写。

②“Seal No.”（封号），根据实际资料填写。

2. 在其作用和法律效力方面

集装箱提单是集装箱货物运输下的主要货运单证，其作用和法律效力主要表现在以下几个方面。

（1）集装箱海运提单一经签发则表明负责集装箱运输的人收到外表状况良好、铅封完整的集装箱货物，其责任已经开始。

（2）集装箱海运提单是交货凭证。集装箱货物至目的港（地），提单持有人将提单交还给目的港的集装箱运输经营人的代理人，取得提货权利。

（3）集装箱海运提单是集装箱运输经营人与货物托运人之间运输合同订立的证明，也是收取运费的依据。

（4）集装箱海运提单是物权凭证，可自由转让买卖。

3. 在其主要条款方面

由于集装箱运输与传统的海上运输有许多不同之处，所以集装箱海运提单的背面条款与普通提单的背面条款也存在一定差异，主要表现在以下几个方面。

1）承运人责任期限

集装箱运输下，负责集装箱运输的承运人接货、交货地点经常是距离港口较远的内陆货运站或者货主仓库，因此，前款所述之普通提单中承运人的责任期限不再适用。集装箱提单将承运人的责任期限规定为“从收到货物时开始到交付货物时为止”，以“收到交原则”代替普通提单下的“钩至钩原则”。如英国OCL公司的集装箱提单对承运人的责任期限规定为：“承运人对自接货之时起至交货时止期间所发生的货损事故应承担责任。”中国远洋运输公司联运提单采用前后条款（Before After Clause），即承运人对收货前和交货后的货物损害不负责任。

2）甲板（舱面）货运输选择条款

现行的海上运输法规定，如果承运人将货物装载甲板运输，此种运输仅限于该种货物根据航海习惯可装载甲板运输，或者事先已征得货主同意，并在提单上记载“装载甲板运输”（On Deck）字样。反之，如果承运人擅自将货物装载甲板运输而导致货物损害，则构成根本违反运输合同行为，此时，运输合同中赋予承运人的一切抗辩理由、免责事项等均无效，由此产生的一切损失，承运人必须赔偿。

但由于集装箱船舶构造的特殊性和经济性，要求有相当数量的集装箱装载甲板运输，通常，一艘集装箱船载满载时有30%左右的货箱装载甲板运输，而在签发提单时就决定将哪些货箱装载甲板运输是不可能的，因此，集装箱提单中规定了一条甲板（舱面）货条款，规定装载舱面运输的集装箱与舱内集装箱享有同样的权益。如日本邮船、昭和海运和大阪三井等船公司所使用的集装箱提单有这样的规定：“本公司有权将集装箱货物装载甲板下运输，或甲板上运输，如货物装载于甲板上，对包括共同海损在内的一切用途来说应认为是甲板下装载”。中国远洋运输公司联运提单条款第十七条第一款规定：“集装箱（平板、托盘或其他类似装运工具除外）中所装的货物，不论是由承运人，或由货方装载，都可做舱面装运或舱内装运，而无需通知货方。此种货物（牲畜和植物除外），不论装载舱面或舱内，就本提单所载包括共同海损在内的所有情况，都视作舱内积载。”

3）承运人赔偿责任限制

各国的法律和船公司对承运人的赔偿责任限制都有明确的规定。在集装箱运输下，如货

物承运人或其代理人负责装箱，即拼箱货运输，承运人的责任与普通提单规定的责任一样，按件或单位数负责赔偿。但在整箱货运输下，承运人收到的仅仅是外表状况良好，铅封完整的集装箱，至于箱内装什么货、多少件、包装如何等，承运人只能从有关单证上获悉，为此，《维斯比规则》对《海牙规则》的相关规定作出修改，对集装箱、托盘，或类似的运输器具在集装时，"如在提单中已载明这种工具内的货物件数或单位数，则按所载明的件数或单位数赔偿，如集装箱、托盘，或类似的运输器具为货主所有，赔偿时也作为一件"。《汉堡规则》和我国的《海商法》也规定，集装箱等运输器具不属于承运人所有或非由其提供的，则该集装箱等装运器具应视为一件或一个货运单位。这些条款之所以对货主所有的集装箱、托盘或类似的装运工具也进行赔偿，是因为集装箱提单对货物所下的定义是："货物是指从货物托运人处接收的货物，包括不是由承运人或代表承运人提供的任何集装箱，集装箱包括任何种类的集装箱、拖车、平板、集装油罐、托盘或类似的装运工具。"

现行的海上运输法规对承运人规定的最高赔偿责任限额每一件或每一单位，《海牙规则》为100英镑，《维斯比规则》为10 000金法郎或毛重每千克30金法郎，并按其中高者计算，中国远洋运输总公司联运提单对集装箱运输下，承运人的赔偿责任规定为：

（1）当承运人应对货物的灭失或损害负责赔偿时，此种赔偿应根据该项货物的发票价值加运费、保险费（已支付）计算。

（2）如货物无发票价值，此项赔偿则应根据该项货物交付地点和缴付货方当时的价值，或应已如此交付时的价值计算。货物价值应根据商品交易价格计算，而无此项价格时，则按现时市场价格计算，如无商品交易价格或现时市场价格，则应根据相同品种及质量货物的正常价值计算。

（3）赔偿金额不得超过灭失或损害时货物的毛重每千克人民币3元。

（4）只有在承运人的同意之下，托运人所申报的超过本提单规定限制的货物价值已在提单上载明时，才能要求赔偿较高的金额，在此情况下，申报的价值金额便应代替上述赔偿限额。任何部分灭失或损害，都应在此申报价值的基础上按比例调整。

（5）如经证明，货物的灭失或损害乃发生在海上或内陆水道，承运人的责任应限定为每件或每一计费单位人民币700元。

4）托运人的责任条款

（1）发货人装箱、计数或不知条款。《海牙规则》规定，如承运人、船长或其代理人有适当依据怀疑货物的任何标志、号码、数量、重量不能确切代表其实际收到的货物，或无适当方法进行检验，便没有必要在提单上将其注明或标明。根据《海牙规则》这一规定，承运人可以在提单上拒绝载明箱内货物的详情。但是，如果提单上缺少这些记载，势必会影响提单的流通性，因此，在实际业务中又不得不根据货主通知的内容予以记载。但另一方面，如果承运人默认了货主提供的集装箱内的件数，则会给能否享受最高赔偿责任限制等方面带来不利。因此，承运人在根据货主提供的内容如实记载于提单的同时，又保留"发货人装箱、计数"（Shipper's Load and Count）或"不知条款"（Said to Contain），以最大限度达到免除责任的目的。如日本邮船公司集装箱提单规定："如货物的件数是由发货人或其代理人装箱并加封，则本提单所列内容（有关货物的重量、尺码、件数、标志、数量等），本公司均不知悉"。但是在提单中订有不知条款只能在一定限度内保护承运人的利益，如货主能举证说明承运人明知货物的详细情况，又订立不知条款，承运人仍不能免责。

（2）铅封完整交货条款。集装箱提单中这一条款的规定仅适用于整箱货交接，换言之，承运人在铅封完整下收货、交货，业已认为承运人完成货物运输，并解除所有责任。因此，从某种程度上说，集装箱运输下的整箱货交接是以铅封完整与否来确定承运人责任的，如货物受损，货主欲提出赔偿请求，不仅需要举证说明，还应根据集装箱提单中承运人的责任形式来决定。

（3）货物检查权条款。所谓货物检查权条款是指承运人有权，但没有义务在任何时候将集装箱开箱检查，核对其所装载的货物。经过查核，如发现所载货物的全部或一部分不适合运输，承运人有权对该部分货物放弃运输，或是由托运人支付合理的附加费用来完成这部分货物的运输，或存放在岸上或水上具有遮蔽或露天的场所，这种存放业已认为按提单交货，即承运人的责任已告终止。

集装箱提单上订有货物检查权条款，是为了承运人对箱内货物的实际状况产生怀疑，或积载不正常时启封检查。承运人在行使这一权力时，无须得到托运人的预先同意，当然一般来说，对由货主自己装载的集装箱启封检查时，原则上应征的货主同意，其费用由货主承担。

（4）海关启封检查条款。根据《国际集装箱海关公约》的规定，海关有权检查集装箱，因此，集装箱提单中都规定："如果集装箱的启封是由海关当局因为检查箱内货物内容打开而重新封印，由此而造成、引起的任何货物灭失、损害，以及其他后果，本公司概不负责。"在实际业务中，尽管提单条款作了这样的规定，承运人对这种情况还应做好记录，并保留证据，以免除责任。

（5）发货人对货物内容正确性负责条款。集装箱提单中所记载的内容，通常由发货人填写，或由负责集装箱运输的承运人或其代表根据发货人所提供的有关托运文件制成。在集装箱运输经营人接受货物时，发货人应视为他已向承运人保证，他在集装箱提单中所提供的货物种类、标志、件数、重量、数量等概为准确无误，如系危险货物，还应说明其危险特性。

如货物的损害是由于发货人所提供的内容不准确或不当所致，发货人应对承运人负责，即使发货人已将提单转让于他人也不例外。集装箱货物在货主自行负责装箱时，货主对承运人造成的损害负责赔偿。

5）*危险品运输条款*

运输集装箱危险品时，对货物托运人来说，必须在货物外表贴上清晰的、永久性的货物标志，并能提供任何使用的法律、规章，以及承运人所要求的文件或证明。集装箱提单条款一般都规定：

承运人在接受具有爆炸性、易燃性、放射性、腐蚀性、有害性、有毒性等危险货物时，只有在接受由货主为运输此种货物而提出的书面申请时方能进行。

承运人或其代理人对事先不知其性质而装载的具有易燃、易爆，以及其他危险性的货物，可在卸货前任何时候、任何地点将其卸上岸，或将其销毁，或消除其危害性而不予赔偿。该货物的所有人对于该项货物所引起的直接或间接的一切损害和费用负责。

即使承运人了解货物的性质，并同意装船，但在运输过程中对船舶和其他货物造成危害可能时，也同样可在任何地点将货物卸上岸，或将其销毁，消除危害性而不负任何责任。

因此，在托运集装箱危险品时，托运人应保证以下事项：

（1）提供危险品货物详细情况；

（2）提供运输注意事项、预防措施；

（3）满足危险货物有关运输、保管、装卸等要求；

（4）货物的包装外表应有清晰、永久性标志；

（5）在整箱货运输时，箱子外表（四面）应贴有危险品标志。

6）承运人的运价本条款

由于集装箱运输的特点，特别是涉及集装箱运输术语、具体交接办法、计费办法、货物禁运规定，以及交货方式等问题，均无法一一在提单上列举说明，这时需要运价本补充予以详述。在国际航运业务中，各船公司一般均将运价本的主要条款装订成册，必要时对外提供，以弥补提单条款规定之不足。集装箱提单中有关承运人的运价本是提单的组成部分，运价本与提单发生矛盾时，以提单为准。如中远集团联运提单条款第四条规定："在装运时使用的承运人运价本的条款与条件，已载入本提单。此种运价本的有关规定可向承运人索取，在本提单规定所使用的运价本之间发生矛盾时，应以本提单规定为准。"

7）索赔与诉讼条款

现行的海上货运公约规定，根据运输合同或提单有权提取货物的人，在收货时发现货物已发生灭失或损害，或损害不明显，最迟不超过从收货之日起 3 天内以书面形式通知承运人或其代理人，这种交接应作为承运人已按照提单规定交付货物的初步证据。如货物的状况在货物交接时已经双方联合检验或检查，则无须书面通知，除非从货物交付之日或应交付之日起 1 年内提出诉讼。

现行的集装箱提单对于拼箱货的货损事故处理，即索赔要求和诉讼时效基本上与普通船提单的规定相同，但在整箱货运输情况下，由于整箱货在卸船港交付后并不拆箱，因此，只能根据表面状况交货，如箱子外表状况良好，铅封完整，承运人责任即告终止。如箱子外表状况并不良好，考虑到集装箱运输的特点，有的提单条款规定收货人应在 3 天或 7 天内以书面通知承运人。对于诉讼的时效，有的规定为 1 年，有的为 9 个月，如果属于全损，有的提单规定仅为 2 个月，超出规定期限，承运人将解除一切责任。中远集团联运提单有关索赔、诉讼条款规定：

（1）货物损坏明显，收货人在收货当场提出；

（2）如收货人没有当场提出，则从提货之日起于 7 天内提出索赔；

（3）如承运人的责任期间是从装船港至卸船港，诉讼从收到货物 9 个月内提起，否则，承运人解除一切责任；

（4）如承运人的责任期间从装船港码头或紧邻码头至卸船港码头或紧邻码头，诉讼从收到货物起 1 年内提起，否则，承运人解除一切责任；

（5）在全部发生灭失时，自该货物发生灭失时起 2 个月内提起诉讼，否则，承运人将解除一切责任。

复习思考题

1. 世界上主要的集装箱航线有哪几条？
2. 简述集装箱水路运输组织。
3. 在集装箱的实配图中，如何表示集装箱的船箱位？举例说明其应用。

4. 在集装箱船舶配积载时，应达到哪些基本要求？
5. 船期表的主要内容是什么？
6. 海运提单的定义和性质是什么？
7. 集装箱海运提单的特点表现在哪些方面？

案例分析

货物湿损案

案情介绍

1998 年 10 月，中国土畜产进出口公司 × 畜产分公司委托 × × 对外贸易运输公司办理 333 只纸箱的男士羽绒滑雪衫出口手续。

外运公司将货装上 × × 远洋运输公司的货轮并向畜产进出口公司签发了北京中国对外贸易运输总公司的清洁联运提单，提单载明货物数量共为 333 箱，分装 3 只集装箱。同年 6 月 29 日，货轮抵达目的港日本神户，7 月 6 日，日方收货人在港口装卸公司开箱时发现其中一只集装箱 A 的 11 只纸箱中，有 5 箱严重湿损，6 箱轻微湿损。7 月 7 日，运至东京日方收货人仓库，同日由新日本商检协会检验，10 月 11 日出具的商检报告指出货损的原因是由于集装箱有裂痕，雨水进入造成箱内衣服损坏，实际货损约合 1 868 338 日元。

在东京进行货损检验时，商检会曾邀请 × × 远洋运输公司派人共同勘察，但该公司以“出港后检验无意义”为由拒绝。日方收货人从 AIU 保险公司取得赔偿后，AIU 公司取得代位求偿权，于 1999 年 9 月 25 日向上海海事法院提起诉讼，要求被告货运代理人和实际承运人赔偿日方损失，并承担律师费和诉讼费。两被告答辩相互指出应由另一被告承担全部责任，并要求原告进一步对减少货损的合理措施进行举证。

案件结果

上海海事法院认为，根据两被告 1982 年签订的集装箱运输协议及提单条款，两被告有相当的责任牵连，但日方收货人于 × × 远洋运输公司在开箱时交割不清，商检又在港口外进行，故原告对货物损害索赔及所受损害的确切数额的请求举证不力。

经法院调解，2000 年 3 月 28 日，原被告三方达成协议，两被告根据损害事实及提单条款规定，赔付原告人民币 8 000 元（其中 300 元为原告预知的诉讼费），赔款先由货运代理人先行给付，再由他与实际承运人自行协商解决，案件受理费由原告负担。

基本理论

集装箱运输是以集装箱作为运输单位进行货物运输的一种现代化的先进运输方式，目前它已成为国际海上货物运输主要航线上居于主导地位的运输方式。集装箱海运与传统海运相比有许多优点，它的迅速发展为国际多式联运的发展奠定了基础。目前关于集装箱运输的国际公约有两个，1977 年 9 月生效的《国际集装箱安全公约》和 1975 年 12 月生效的《1972 年集装箱关务公约》，我国分别于 1991 年和 1986 年加入了上述两个公约。我国目前关于集装箱运输的立法主要是 1990 年颁布实施的《海上国际集装箱运输管理规定》及其实施细则，其中规定了集装箱所有人、经营人应当做好集装箱的管理和维修工作，定期进行检验，以保证提供适宜于货物运输的集装箱，违反以上规定造成货物损失或短缺的，由责任人按照有关规定承担赔偿责任。

国际货物多式联运是以至少两种不同的运输方式将货物从一国接管货物的地方运至另一国境内指定交付货物的地方，通常表现为将海洋、铁路、航空等多种运输方式中的两种或多种联结起来进行运输。

1980 年 5 月在联合国贸易与发展会议主持下，制定并通过了《联合国国际货物多式联运公约》，我国已签字，但目前该公约尚未生效。公约在规责原则上采取的是推定过失原则，除非多式联运经营人能证明，他和他的受雇人或代理人为避免损失事故的发生及其后果已经采取了一切合理的防止措施，就推定其对损害后果负有过失责任。公约对多式联运索赔的期限规定得很严格。收货人向多式联运经营人提出索赔时，应在收到货物次日起提出；如果货物遭受天灾或损坏不明显的，则收货人应在收到货物 3 ~ 6 天内提出；对于迟延交货的索赔，收货人应在收货之后 60 天内提出。有关多式联运的任何诉讼，其诉讼时效为 2 年，自货物交付之日起或应当交付之日次日起开始计算。

案例分析

根据“拆箱报告”和商检报告，本案中货损的原因是集装箱有裂痕，雨水进入箱内所致，又因为承运人签发的是清洁联运提单，所以发生货损的责任应当归于承运人。根据中远提单条款的规定及××远洋运输公司与××对外贸易运输公司的协议约定，两被告均应对货损承担责任。

本案中日方收货人对货损也应承担一定的责任。依据商检管理，日方收货人在发现货物有湿损时，应及时在卸货港当地申请商检，并采取适当救济措施以避免湿损扩大。但日方在未采取措施情况下将货物运至东京再商检，显然应对货物损失承担部分责任。对于因日方过错导致货物扩大损失的部分，应由日方自身负责，无权向承运人追偿。

本案处理结果基本上符合各方当事人的责任状况，至于两被告哪一方应对货损承担责任，根据它们之间的协议，应在共同对外承担责任后，查明事实后合理分担。

第4章

集装箱码头及装卸机械

本章要点

- 掌握集装箱码头的功能、特点和布局；
- 了解集装箱交接的方式；
- 掌握集装箱码头的装卸工艺；
- 掌握集装箱码头的主要装卸机械；
- 掌握集装箱码头的堆场业务、检查口业务、货运站业务。

开篇案例

集装箱码头的多元化经营模式

多元化经营是近年来不少企业很热衷的话题。何谓多元化经营呢？多元化经营是与专业化经营相对应的经营战略，一般意义上的多元化经营，多是指产品生产、经营项目的多元化。据统计，仅去年就有几百家公司扩大或变更了经营范围，其数量之多、跨行业跨领域之广，为近年少有。那么作为一个集装箱码头，它的多元化出路又在哪里呢？多元化经营到底有没有好处呢？

现代高科技与全球经济一体化的高速发展，促使现代化港口之间的竞争日趋激烈，而集装箱运输又是主导这场竞争的主力军，如何使集装箱业务能力有一个较为明显的提升，这是未来港口发展的需要，也是未来港口发展的目标。为此众多港口企业都将集装箱码头的发展作为发展的重中之重，很多集装箱码头也都在积极地探索未来发展的模式。那么如何提升港口集装箱码头的业务水平呢？这样集装箱码头的多元化经营也就提了出来，集装箱码头多元化经营的模式主要体现在码头业务除去传统的装卸、堆存与疏运等主要服务，也开始向上下游延伸，提供增值服务。毕竟码头除了传统的货物装卸等能力外，其竞争力还体现在很多完善的配套功能方面。比如冷箱设施与PTI能力、港区周围的空箱管理与维修能力、危险品存放与运输能力、熏蒸与清洁能力、CFS拼箱与海铁联运能力等，这些配套功能很多都是可以由集装箱码头直接提供的。

在世界港口中其实不乏多元化经营较成功的例子，鹿特丹港和新加坡港便是其中最为典型的两家港口企业，它们成功的经验很值得我们借鉴。

鹿特丹港位于荷兰西南沿海，莱茵河和马斯河两大河流入海汇合处所形成的三角洲上，自20世纪60年代以来一直是世界货运第一大港，是莱茵河流域的进出门户。

鹿特丹港多元化经营的发展非常迅速，港区内就有一个很大的多种工业园区，主要包括炼油、造船、石油化工、钢铁、食品和机械制造等，其中最重要的是炼油和化工工业。这里有大型炼油厂，其炼油能力占荷兰总能力的一半以上，是世界三大炼油中心之一。鹿特丹港还能提供许多存储和疏运设施，其中最典型的就是保税区和配送园区。鹿特丹港保税区仓库早在1815年就开展了自由贸易，该保税仓库集中在港口内，公共保税仓库面积达4.3万m^2，再加上私营、商行、工厂的保税仓库，形成了一个很大的保税网。与此同时，鹿特丹港在货物码头和联运设施附近发展了个性化的配送园区，以满足日益增长的配送要求。实现由货运中心向国际物流中心的转变。

新加坡港位于新加坡岛南部沿海，西临马六甲海峡东南侧，南临新加坡海峡北侧，扼太平洋及印度洋之间的航运要道，战略地位十分重要。新加坡港目前已成为亚太地区最大的转口港和世界第二大集装箱港口，成为世界最重要的航运中心之一。新加坡港的管理非常现代化，采用计算机化的情报系统和电子数据交换系统，最大限度地谋求用户手续的简化和方便。除了展开全球性业务外，新加坡港也扩展其他仓储及物流核心业务，从出租分销园区到货柜码头、货柜储运站及传统货仓，新加坡港大量使用信息科技，将本身与所有的港口、物流及相关服务连接起来，这样客户就能充分利用港口的综合服务以满足客户对物流的需求。新加坡政府稳定的重商政策，高效率、高技能的人力资源，良好的交通基础设施、高科技全球通信网络及其作为国际重要的商业和金融中心的地位，为港口多元化经营各项业务的发展创造了极为优越的条件。

新加坡港为满足第三代物流发展和顾客的需要，已在裕廊码头建立了物流中心，同时充分发挥港口的综合区位优势，利用其作为物资集散中心各项生产要素非常集中的优越条件发展临港工业。目前新加坡港已成为全国的经济中心，在裕廊码头周围建成了新加坡最大的工业区——裕廊工业区，形成了以电子电器、炼油和船舶修造为三大支柱的工业产业。该港不仅是世界上电脑磁盘和集成电路的主要生产地，而且炼油业也很发达，是仅次于休斯敦、鹿特丹的世界第三大炼油中心。

鹿特丹港、新加坡港成功的例子告诉我们，集装箱码头的多元化经营对于企业的发展，有着较为重要的作用，同时这也是一个集装箱码头公司做大做强的必经之路。①利用现有资源，开展多元化经营，可以实现资源共享，产生“1+1>2”的效果，即两个事物有机地结合在一起，发挥出超过两个事物简单总和的联合效果；②集装箱码头的多元化是可以促使各码头经营公司在经营中避免过度竞争、分散风险，即多元化经营可通过把企业业务分散在不同行业和不同种类的产品中，形成类似于“证券组合”的业务组合，从而分散经营风险，提高经营安全性；③可以充分发挥集装箱码头的业务潜能，实现资源的效率配置。

当然正如任何事物都有正反两面一样，多元化经营对一个企业而言也存在负面影响，多元化经营是一把双刃剑。首先一个企业开展多元化经营它必然会造成人、财、物等资源分散，管理难度增加，效率下降。而且集装箱码头本身的多元化经营也存在着很多的问题和缺

陷，作为一个港口企业，其多元化经营较一般企业更受环境因素的影响。第一，集装箱码头的发展局限于我国港口的口岸环境、市场环境和信息环境及管理水平，在这个层次上我们与国外现代化的港口还存在较大差距；第二，在实施多元化经营时，可能会因为盲目多元化带来的花费过多精力、规模过大和创新减少等各种问题，这往往使企业变得过度复杂而难以管理，而高层领导又没有足够的业务知识对码头经营进行有效评价，这使企业绩效长期不能得到保证，这样一来，企业经营状况就可能达不到最初设想的情况，更有甚者可能还会不如多元化经营之前的状况，毕竟大而杂、杂而乱。

在我国不乏企业多元化经营失败的例证，原巨人集团总裁史玉柱反省其失败的四大失误之一，就是盲目追求多元化经营。巨人公司涉足的电脑业、房地产业、保健品业等行业跨度太大，新进入的领域并非优势所在，却急于铺摊子，有限资金被牢牢套死，巨人大厦导致财务危机，几乎拖垮了整个公司。其实多元化作为一种经营战略和方式而言，其本身并无优劣之分。企业运用这种战略，成败的关键在于企业所处外部环境及所具备的内部条件是否符合多元化经营的要求。两者相符，就能成功，否则，就会失败。其关键是企业要如何实行多元化经营战略才能走向成功，通过以上的分析我们大概可以从下面两点出发。第一，充分发挥政府职能部门的指导与协调作用。在我国，集装箱码头经营公司仍是以政府主导为主，现代化集装箱码头的发展需要政府与企业的互相配合与共同协作。政府是行业发展的规划者、政策法规的制定者、码头基础设施的重要投资者和港口企业发展各项配套服务的提供者，集装箱码头则是作为多元化策略的实施主体而存在的。综观国外典型港口多元化的发展，无一例外，都是以政府的规划投资和各项有利发展政策与措施为基础的。第二，高度重视并合理强化企业的核心竞争力。核心竞争力是现代企业长久立足的根本基石，不管企业实施何种形式的多元化，培养和壮大核心竞争力都至关重要。稳定而具有相当竞争优势的主营业务，是企业利润的主要源泉和企业生存的基础，集装箱码头的多元化经营理所当然应构筑于企业核心能力之上，即坚持以集装箱运输、装卸、堆存等传统业务为主，并积极扩大和加强这方面的业务水平，在此基础上再发展多元化经营。

思考题：如何正确认识集装箱码头多元化经营?

集装箱码头是专供停靠集装箱船舶、装卸集装箱的港口作业场所。它是水陆联运的枢纽，是各种运输方式衔接的换装点及集装箱的集散地。因此，集装箱码头是集装箱运输系统的重要组成部分，在整个集装箱运输中，具有重要的地位和作用。做好集装箱码头的各项工作，对于加速车、船和集装箱的周转，降低运输成本，提高运输效率和运输效益，均具有极其重要的作用。

4.1　集装箱码头概述

4.1.1　集装箱码头的功能

在现代集装箱运输链中，集装箱码头是一个极其重要的结点。随着现代物流的发展，集装箱码头又成为物资流、资金流、商品流和信息流的汇集地，成为现代物流的重要平台。在传统的运输链中，集装箱码头只是供集装箱船舶停靠和装卸作业的场所，在现代物流链中，集装箱码头被赋予了更多的功能。

（1）集装箱码头是海运与陆运的连接点，是海陆多式联运的枢纽。现代运输中，海运占有75%以上的份额，国际集装箱运输都是以海运为中心，通过码头这一连接点，将海运与两岸大陆的陆运连接起来，并通过内陆运输，实现货物从发货人直至收货人的运输过程。在集装箱多式联运中，绝大部分是海陆多式联运，集装箱码头不仅是海上运输和陆上运输的连接点，同时，与运输有关的货物、单证、信息及集拼、分拨、转运、存储等业务管理也在集装箱码头交叉、汇集，从而使集装箱码头成为多式联运的枢纽。

（2）集装箱码头是换装转运的中心。随着集装箱船舶的大型化，国际集装箱海运格局发生了根本的变化，从原来单一的港—港运输转变为干线与支线相结合、以枢纽港中转为中心的运输，形成了“中心—辐射”的新运输格局。在这一新运输格局中，集装箱码头，尤其是处于重要地位的大型国际集装箱码头成为不同区域的国际货物转运中心，通过集装箱码头的装卸转运，把干线与支线有机地结合起来，从而实现大型集装箱船舶的规模效益，实现货物从始发港到目的港的快速运输。

（3）集装箱码头是物流链中的重要环节。现代物流把运输和与运输相关的作业构成一个从生产起点到消费终点的物流链，在这个物流链中，力求在全球寻求最佳的结合点，使综合成本最低、流通时间最短、服务质量最高。由于集装箱码头不可替代的重要地位和作用，它已成为现代物流中重要的环节，并为物流的运作提供了一个良好的平台。现代国内外的大型港口均纷纷进军现代物流业，说明了现代物流已赋予了集装箱码头新的功能，也为现代集装箱码头提供了更大的发展空间。

4.1.2 集装箱码头的特点和基本要求

随着集装箱运输的迅速发展，世界“集装箱化”的比例不断提高，集装箱运量不断上升，集装箱船舶日趋大型化和高速化，要求集装箱码头实现装卸作业高效化、自动化，管理工作现代化、标准化和规范化，从而加速车、船、箱的周转，降低运输成本，提高整个集装箱运输系统的营运效益和综合社会效益。为满足集装箱运输对集装箱码头的要求，世界各国港口快速发展集装箱专用码头，设置了现代化的硬件及软件系统。一般来讲，集装箱码头应满足以下要求。

（1）具备设计船型所需的泊位、岸线及前沿水深和足够的水域，保证船舶安全靠、离。

（2）具备码头前沿所必需的宽度、码头纵深及堆场所必需的面积，具有可供目前及发展所需的广阔的陆域，保证集装箱堆存、堆场作业及车辆通道的需要。

（3）备有适应集装箱装卸船作业、水平运输作业及堆场作业所必需的各种装卸机械及设施，以实现各项作业的高效化。

（4）具有足够的集疏运能力及多渠道的集疏运系统，以保证集装箱及时集中和疏散，防止港口堵塞，满足快速装卸船舶的需要。

（5）具有维修保养的设施及相关人员，以保证正常的作业需要。

（6）由于集装箱码头高科技及现代化的装卸作业和管理工作，要求具有较高素质的管理人员和机械司机。

（7）为满足作业及管理的需要，应具有现代管理和作业的必需手段，采用电子计算机及数据交换系统。

4.1.3 集装箱码头的布局和基本组织

集装箱码头是以高度机械化和大规模生产方式作业的，要求有很高的生产作业效率，因此集装箱码头的布局与传统的件杂货码头有着根本的不同。集装箱码头要以船舶作业为核心进行布局，将码头与船舶连成一个有机整体，从而实现高效的、有条不紊的连续作业。

1. 泊位

泊位是供集装箱船舶停靠和作业的场所。泊位的建造因地质和水深的不同，通常有三种形式：顺岸式、突堤式和栈桥式。集装箱码头通常采用顺岸式泊位，其优点是建造成本相对较低，从岸线到堆场距离较近，装卸船作业也较方便，同时对多个泊位的码头来说，还可以因装卸量的不同便于装卸桥在泊位间移动。泊位除足够的水深和岸线长度外，还设系缆桩和碰垫，由于集装箱船型较大、甲板箱较多、横向受风面积大，因此系缆桩要求有更高的强度，碰垫也多采用性能良好的橡胶制成。

2. 码头前沿

码头前沿是指泊位岸线至堆场的这部分区域，主要用于布置集装箱装卸桥和集装箱牵引车通道。码头前沿的宽度通常由以下三个部分组成。

1）从岸线至第一条轨道

这部分的面积主要供船舶系解缆作业、放置舷梯及设置装卸桥供电系统、船舶供水系统之用，其宽度一般为 2 ~ 3 m。

2）装卸桥轨距

这部分面积主要用于安装集装箱装卸桥和布置集装箱牵引车的车道。轨距视装卸桥的大小而定，一般为 15 ~ 30 m。轨距内的车道宽度视装卸工艺而定，底盘车工艺和龙门吊工艺每车道宽 3.5 m（2.5 m 车宽 +1 m 余量），由于装卸桥在结构上有一部分空出在轨距之间，故 16 m 轨距可布置 3 条车道，30 m 轨距可布置 7 条车道。

3）第二根轨道至堆场的距离

这部分面积是供装卸时辅助作业和车辆进入堆场转 90°弯时之用，其宽度一般为 10 ~ 25 m。

3. 堆场

堆场是集装箱码头堆放集装箱的场地，为提高码头作业效率，堆场又可分为前方堆场和后方堆场两个部分。

1）前方堆场

前方堆场位于码头前沿与后方堆场之间，主要用于出口集装箱或进口集装箱的临时堆放，以加快船舶装卸作业的效率。从一个泊位看，其面积应能堆放该泊位停靠最大船舶载箱量的两倍。

2）后方堆场

后方堆场紧靠前方堆场，是码头堆放集装箱的主要部分，用于堆放和保管各种重箱和空箱。按箱务管理和堆场作业要求，后方堆场通常还进一步分为重箱箱区、空箱箱区、冷藏箱箱区、特种箱箱区及危险品箱箱区等。集装箱码头因陆域面积的大小不同，有的把堆场明确地划分为前方和后方，有的只对前后作一大致划分，并无明确的分界线。

4. 控制室

控制室又称中心控制室，简称“中控”，是集装箱码头各项生产作业的中枢，集组织指挥、监督、协调、控制于一身，是集装箱码头重要的业务部门。现代集装箱码头多用计算机生产作业系统进行管理，控制室计算机与各部门、各作业现场及各装卸搬运机械的计算机终端通过有线或无线连接，成为码头各项作业信息的汇集和处理中心。对于尚未实现计算机实时控制的集装箱码头，控制室可设在码头建筑的最高层，以便中控人员环视和监控整个码头的作业状况。

5. 检查口

检查口俗称“道口”，是公路集装箱进出码头的必经之处，也是划分交接双方对集装箱责任的分界点，同时检查口还是处理集装箱进出口有关业务的重要部门，如箱体检验与交接、单证的审核与签发签收、进箱和提箱的堆场位置确定、进出码头集装箱的信息记录等。检查口设在码头的后方靠大门处，按业务需要可分为进场检查口和出场检查口，其集装箱牵引车车道数视集装箱码头的规模而定。

6. 集装箱货运站

码头的集装箱货运站主要工作是装箱和拆箱，作为集装箱码头的辅助功能，集装箱货运站通常设于码头的后方，其侧面靠近码头外接公路或铁路的区域，以方便货主的散件接运，同时又不对整个码头的主要作业造成影响。

7. 维修车间

维修车间是集装箱码头对集装箱专用机械设备及集装箱进行检修和保养的部门。由于集装箱码头的特点，需要使集装箱专用机械设备经常保持良好的状态，以保证集装箱码头作业效率的充分发挥。

4.1.4 集装箱码头选址条件及因素分析

合理选择集装箱码头的地理位置，对充分发挥集装箱运输的优越性，降低运输成本及提高集装箱运输的综合效率和经济效益，具有重要的意义。因此，在进行集装箱码头选址时，应全面考虑以下因素，经综合分析后确定。

1. 经济条件

集装箱码头的地点，应有利于为集装箱运输提供大量而稳定的适箱货源。因而，在选择集装箱码头地址时，首先要考虑码头所在港口和腹地的进、出口外埠货物能否满足和适应集装箱船舶的需要。集装箱国际主干航线上的集装箱码头更应如此。这就要在决定码头地址之前，进行货源经济调查和货源预测，了解货源现状及远景运量的情况，使集装箱码头尽可能接近货物的产地及销地，以节约运输费用和降低运输成本。

2. 自然条件及气象条件

在进行集装箱码头选址时，必须考虑自然条件，应具有必要的水域和宽广的陆域，为集装箱码头提供适应大型集装箱船舶进、出港口所必需的水深、潮差及航道条件，特别是接纳第四、五、六代大型集装箱船要求更高。还应具有堆存大量集装箱而需要的宽广的码头面积，作为集装箱堆场及集装箱装卸机械通道等使用。此外，集装箱码头还应具有良好的气象条件，减少大风及强台风的风向和风力及浪潮对码头的影响，为集装箱装卸作业和堆存保管

提供安全保证。

3. 集疏运条件良好

在选择和确定集装箱码头地址时，应选择内陆运输线网发达城市，以保证大型集装箱船到港后能在短时间内集中和疏运大量的集装箱，缩短船、车、箱在港的停留时间，加速船、车、箱的周转，充分发挥集装箱运输高效率、高效益的优越性。

4. 职工素质条件

由于集装箱运输是技术密集型的行业，使用电子计算机及 EDI 等现代化管理对职工素质要求较高。否则，难于管理好现代化的集装箱码头。

4.2　集装箱码头检查口业务

4.2.1　检查口的含义和基本职责

1. 检查口的含义

集装箱码头都有检查口这一设施，在检查口布置集装箱卡车通道、地磅和检查口业务人员的工作室，并配置计算机、摄像探头、电话等设备。所有进出集装箱码头的集装箱一般只有两条途径，一是在岸边通过船舶装卸进出，二是在检查口通过集装箱公路运输进出。进出集装箱码头的集装箱必须进行交接，以划分和明确双方的交接责任。就集装箱卡车进出集装箱码头而言，检查口就是码头与集装箱卡车进行集装箱交接的场所，此外，无论是空箱还是重箱，无论是进场还是出场，在集装箱交接过程中还须进行必要的单证处理，并记录有关的作业信息，这些单证的处理和相关作业信息的记录也是由检查口承担。因此，所谓检查口是指集装箱卡车拖运集装箱进出集装箱码头的必经之处，是集装箱码头与拖箱人进行箱体交接、单证处理和信息记录的一个重要业务部门。

检查口一般设立在码头后方靠近大门处，为方便管理，还可分为进场检查口和出场检查口，每个检查口的集装箱卡车通道视码头规模而定，码头规模小的可设 4～5 条通道，规模大的有十几条通道。随着计算机信息技术和集装箱运输技术的发展，国外一些先进港口的检查口已实行无人化自动操作，我国沿海一些国际性大港的检查口也出现了无人化操作的趋势，尽管如此，检查口的功能和作用仍未有任何改变。

2. 检查口的基本职责

1）检验集装箱箱体，进行集装箱交接

集装箱卡车司机拖箱进入或驶出集装箱码头，必须在检查口与业务人员共同检验集装箱箱体，并通过集装箱设备交接单来完成集装箱交接手续。

2）审核有关集装箱单证，磅称出口箱实际重量

无论是提箱还是进箱，都由检查口负责装箱单、危准单、提箱凭证、进箱凭证等集装箱单证的审核处理。对于出口重箱还应在检查口磅称出口箱的实际重量，以提供配载准确的数据，同时，集装箱卡车司机向检查口递交出口集装箱装箱单，业务人员审核后作出相应信息记录。

3）配合堆场作业，指定收箱或提箱堆场箱位

在使用计算机管理的码头，收箱进场或发箱出场的堆场箱位由计算机自动处理，未使用

计算机管理的码头或尚未自动化处理的码头，应由检查口业务人员以手工操作指定堆场箱位。

4）进场、出场集装箱的信息汇总处理

在使用计算机管理的码头，每一只进场或出场的集装箱均由检查口业务人员在计算机上作出相应的记录，以供各部门实时查询和按需要打印汇总表和分类报表，对尚未实行计算机化的码头，应由检查口人员手工完成记录工作。

4.2.2 检查口业务及其流程

检查口业务按进出场可分为收箱和发箱两种，按贸易又分为出口和进口两种。下面以出口和进口业务分别介绍实行计算机化的检查口主要的作业和流程。

1. 检查口的出口业务

1）提运空箱

发货人根据贸易合同及其装运期，在订舱托运和完成备货后，通常委托集装箱卡车司机凭船公司或船代签发的集装箱空箱发箱凭证到码头办理提空箱手续。集装箱卡车进入检查口时，司机向业务人员递交提空箱凭证和集装箱设备交接单，检查口业务人员审核单证后将提运集装箱的箱号、箱型、尺寸及作业号、集装箱卡车车牌号等信息输入计算机，由计算机自动打印指定堆场箱位的发箱凭证交集装箱卡车司机，同时由计算机系统通知堆场机械司机所发空箱的箱号、堆场箱位和集装箱卡车车牌号。集装箱卡车司机根据发箱凭证指定的堆场位置装箱，集装箱卡车装载空箱后驶经出场检查口，司机递交发箱凭证并与业务人员共同检验箱体，如果无异常则双方无批注，在集装箱设备交接单上签字确认，集装箱卡车司机拖运空箱驶离码头。如果空箱有残损、不适合装货，由检查口业务人员取消该次作业，重新办理提空箱手续。

2）重箱进场

发货人完成装箱、施封、填制集装箱装箱单后，在装船前三天可委托集装箱卡车司机拖运重箱进场。集装箱卡车司机在检查口向业务人员递交集装箱装箱单和集装箱设备交接单，检查口应审核单证是否一致，包括船名、航次、箱号、箱型、尺寸、提单号等，并核对单证上的箱号与集装箱上的箱号是否一致，同时将集装箱的实际重量标注在集装箱装箱单上。检查口验箱员与集装箱卡车司机共同检验箱体和封志，如果无异常，双方在集装箱设备交接单上无批注签字确认。如果有异常，由检查口业务人员如实在集装箱设备交接单上批注，并由双方签字以明确责任。对冷藏箱还应检查箱子温度是否与装箱单注明的温度一致；对危险品箱还应审核危险货物集装箱装箱证明书，并检查箱体四面的危标是否完好无损；对框架箱、平台箱等装载重大件的集装箱，还应检查货物包装及其固定是否良好。上述工作完成后，业务人员收下单证，由计算机打印收箱凭证，并自动通知堆场机械司机据以收箱。集装箱卡车卸箱后经出场检查口，递交收箱凭证后再驶离码头。

3）中转箱进场和出场

集装箱码头的中转箱通常一程船在本码头卸船，二程船在本码头装船，此外也有一程船和二程船不是在同一码头卸船和装船的情况，这就产生了中转箱的进场和出场业务。

对于中转箱进场，检查口业务人员应先审核集装箱卡车司机递交的中转箱进场凭证和集装箱设备交接单，然后按重箱进场业务程序操作；对于中转箱出场，检查口业务人员

应先审核集装箱卡车司机提交的中转箱出场凭证和集装箱设备交接单，然后按重箱出场业务程序操作。

4）退关箱出场

退关箱是指由于货主的原因（例如变更贸易合同）或船方的原因（例如爆舱）造成不能正常装船出运而滞留在码头的集装箱。发货人如暂时不打算出口，在海关、船代、码头办妥退关等手续后，委托集装箱卡车司机凭提箱凭证到码头提运退关箱，检查口业务人员审核提箱凭证和设备交接单后，按提运重箱业务程序操作。

2. 检查口的进口业务

1）提运重箱

收货人办妥报关报验等进口手续后，通常委托集装箱卡车司机凭提货单到码头办理提运进口重箱手续，集装箱卡车司机在检查口向业务人员递交提箱凭证和集装箱设备交接单，检查口审核单证后，将箱号、箱型、尺寸、提单号及作业号、集装箱卡车车牌号等信息输入计算机，由计算机打印发箱凭证交集装箱卡车司机，集装箱卡车载箱后驶经出场检查口，司机递交发箱凭证，检查口业务人员核对所载运集装箱的箱号，并与司机检验箱体和封志，共同在集装箱设备交接单上签字确认后，集装箱卡车拖重箱驶离码头。

2）回空箱进场

收货人完成拆箱后，还应负责将空箱按时返回指定的还箱点，如果还箱点为码头，应由检查口办理回空箱进场手续，集装箱卡车司机在检查口向业务人员递交集装箱设备交接单，检查口将箱号、箱型、尺寸、持箱人及集装箱卡车车牌号等信息输入计算机，验箱员与集装箱卡车司机共同检验箱体，如果箱体良好，双方在集装箱设备交接单上无批注签字确认。如果箱体有损坏，由检查口人员在集装箱设备交接单上如实批注后双方签字确认。完成验箱及其单证手续后，由计算机打印收箱凭证交给司机，集装箱卡车驶到指定的堆场箱区卸箱后，经出场检查口递交收箱凭证，再驶离码头。

4.2.3　集装箱的检验交接

1. 集装箱检验交接的必要性

目前国际集装箱运输绝大部分使用船东箱，船公司为开辟航线，必须购置或租用大量集装箱，置箱成本很大。为了提高资金的使用效果，促进集装箱运输的顺利开展，作为箱主的船公司采用国际通行的集装箱设备交接单，通过交接双方的箱体检验和集装箱设备交接单的签字确认，划分供箱人与用箱人的责任，从而保护了船公司的正当利益。另一方面，在国际集装箱运输中大多采用 FCL－FCL 条款，承运人在接收托运人的货物时，集装箱是密封的，承运人对箱内货物情况并不知悉，因此承运人对货物运输的责任，仅限于箱体外表状况良好、封志完整状态下接收货物和交付货物，因此箱体是否良好，也涉及承运人的责任。在实际业务中，通常由集装箱码头代表承运人在检查口与货主或内陆承运人进行集装箱检验与交接。

2. 集装箱的检验交接标准

（1）箱体的四个角柱、六个面和八个角件等结构完好，要求无变形、无破洞、无裂痕、无割伤等箱损状况，对于箱体表面，一般要求凹损不超过 3 cm，凸损不超过角件。

（2）箱门及其门杆、手柄、铰链及门封条等附件齐全完好，要求箱门能开启 270°，关闭后无漏水、无漏光。

（3）箱号清晰，CSC 等铭牌完好无损，箱体表面无涂写、无污物，对装运过危险货物的集装箱，箱体内四周的危标必须清除。

（4）重箱的封志完好无损。

（5）空箱的内部清洁、干燥、无异味。

（6）危险品箱箱体四周的危标完整、一致。

4.2.4　集装箱运输的交接方式

集装箱运输的交货类型有两种：整箱货和拼箱货。

所谓整箱货（Full Container Load，FCL），是指箱内货物只有一个提单号，也即一票货物。整箱货应在箱体外表状况良好、封志完整状态下完成交接；拼箱货是指箱内货物有两个或两个以上提单号，也即有两票或两票以上货物。拼箱货以散件的形式，按件完成交接。目前我国集装箱进出口绝大部分为整箱货。随着集装箱运输的发展，特别是多式联运的发展，集装箱运输已突破了海运区段的范围而向两岸大陆延伸，因而出现了集装箱运输特有的交接方式。

1. CY-CY

这是 FCL-FCL 的交货类型。承运人从出口国集装箱码头整箱接货，运至进口国集装箱码头整箱交货的一种交接方式。

2. CY-CYS

这是 FEL-LCL 的交货类型。承运人从出口国集装箱码头整箱接货，运至进口国指定的集装箱货运站，拆箱后散件交收货人。

3. CY-DOOR

这是 FCL-FCL 的交货类型。承运人从出口国集装箱码头整箱接货，运至进口国收货人的工厂或仓库整箱交货。

4. CFS-CY

这是 LCL-FCL 的交货类型。承运人从出口国指定的集装箱货运站散件接货，拼箱后运至进口国集装箱码头整箱交货。

5. CFS-CFS

这是 LCL-LCL 的交货类型。承运人从出口国指定的集装箱货运站散件接货，拼箱后运至进口国指定的集装箱货运站，拆箱后散件交收货人。

6. CFS-DOOR

这是 LCL-FCL 的交货类型。承运人从出口国指定的集装箱货运站散件接货，拼箱后运至进口国收货人的工厂或仓库整箱交货。

7. DOOR-CY

这是 FCL-FCL 的交货类型。承运人从出口国发货人的工厂或仓库整箱接货，运至进口国集装箱码头整箱交货。

8. DOOR-CFS

这是 FCL-LCL 的交货类型。承运人从出口国发货人的工厂或仓库整箱接货，运至进口

国指定的集装箱货运站，拆箱后散件交收货人。

9. DOOR-DOOR

这是 FCL-FCL 的交货类型。承运人从出口国发货人的工厂或仓库整箱接货，运至进口国收货人的工厂或仓库整箱交货。

上述九种交接方式是集装箱运输产生后在实践中总结出来的，并为世界上绝大多数国家的集装箱运输所采用。其中我国应用最多的交接方式是 CY-CY，最方便货主并体现集装箱综合运输优越性的是 DOOR-DOOR。

4.3　集装箱码头堆场业务

4.3.1　集装箱在码头堆场上的位置表示

1. 码头堆场区、段的划分

集装箱码头堆场总面积较大，根据码头堆场的位置，往往将整个港区划分为若干个分堆场，如 1 号堆场、2 号堆场、3 号堆场等。将每一个堆场可再划分若干个区，如 1 区、2 区、3 区等。然后再将每一个区划分为若干个段，并用代号表示，如 A 段、B 段、C 段等。每个段的形状为矩形，其宽度为 6 个标准箱的宽度（应留有一定的空隙），因而每个段的宽度可表示为 6 行，用 01、02、03、04、05、06 表示。每段的长度通常为 30 个 6.1 m（20ft）标准箱的长度。因而每行有 30 个 6.1 m 箱长度方向的堆放位置，每个位置称为一间，用 01、03、05、…、57、59 表示，共 30 个间位。另外，集装箱在码头堆场的堆放高度通常为 4 ~ 6 层集装箱，具体从地面往上表示 1 层、2 层、3 层、4 层、5 层、6 层等。由于层数不多，在实际操作中，同一个平面箱位上，从 6 层中找出一个集装箱并不困难，因而在码头箱位表示中，并不使用层这个位置，只用区段行间 4 个位置就已经足够了。

2. 集装箱在码头堆场箱位的表示

集装箱在堆场的箱位，首先表明区，然后表明段，再表明集装箱在某个段中的行位，最后表明集装箱在该行的间位。这样可以清楚表示出集装箱在码头堆场堆放的位置，极易查找。

每个集装箱运到码头时，大门口的业务操作员会给出一个箱位供该集装箱堆放，并输入电脑存档。下次要查找这个集装箱时，只要在电脑中输入该箱的箱号，就会显示出该箱的位置。如图 4-1 所示，2B0403 表示该集装箱在 2 区 B 段第 4 行第 3 间。

01	03	05	07	……	59	
						01
						02
						03
						04
						05
						06

图 4-1　码头堆场平面行、间示意图

上述为重箱位置表示方法。而对于空箱的位置，通常只规定区位和段位，而没有行位和间位。主要原因是空箱的使用很少指定箱号，即如果船公司或代理人或客户要去堆场取空箱装货，只要是该船公司的空箱就可以，不必一定要领取某一个号码的空箱。所以在码头堆场上划出若干个专门存放空箱的空箱区，每个区再分为若干段，将段分给集装箱箱主。在空箱堆场上，集装箱按箱主不同而分段摆放，由于不需要领取指定号码箱，因而取箱时不会有查找困难的问题。也有的规模较大的集装箱堆场，其空箱的摆放也像重箱一样规定，在这样的堆场，龙门起重机也较多。

4.3.2 堆场堆存能力的确定

集装箱堆场堆存能力不仅与总堆存面积有关，还与允许堆放高度的层数有关。而允许堆高的层数在场地强度足够的情况下取决于集装箱堆码的机械，如叉车一般堆4层，龙门起重机可堆5层。

另外，不能将一行所有间位都堆高4层或5层（最高层），必须在每一行靠边的1~2间位留出足够的空位，作为装卸作业时翻箱使用。如图4-2所示，如果想取3行底的箱子，就必须先将压在该箱子上面的所有在同一个间位的箱子移开，才能取出。而上面的箱子就移到翻箱位，堆4层高时，应留有3个翻箱位；堆5层高时要留4个翻箱位。所以6行4层共24个箱位的间位，实际只能堆放21个箱子，留有3个翻箱位，6行5层共30个箱位的间位，实际只能堆放26个箱子，要留出4个翻箱位。

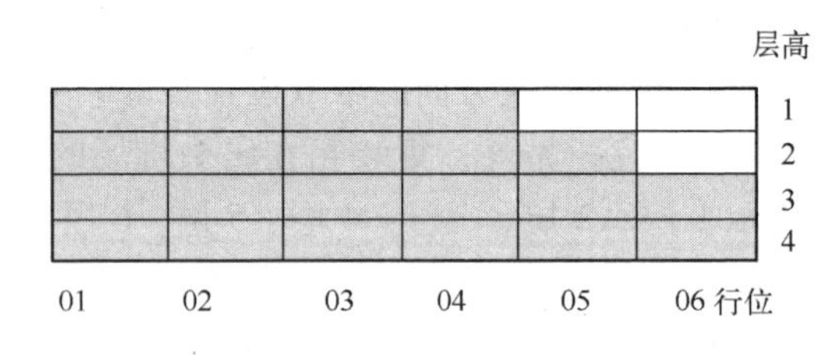

图4-2 翻箱位示意图（空白为翻箱位）

如前所述，在已知码头分堆场数、每个分堆场区数、每个区的段数及各个段行位数、每行间位数，可计算出整个港区理论堆存能力，理论堆存能力减去各个段的翻箱位之和就得出整个港区的实际堆存能力。

4.3.3 堆场指位

堆场指位是指堆场业务人员给客户通过集装箱拖挂车送到码头的集装箱或从船上卸下来的集装箱安排在堆场堆放位置的行为。

1. 根据已规划的货位图指位

根据已规划的货位图指位步骤如下。

（1）绘制堆场空白平面图，要求堆场业务人员在前一天就绘制好计划作业天的堆场空白平面图。

（2）掌握计划作业天到港船停靠的泊位、装卸时间、卸箱量。

（3）掌握计划作业天出口箱进场的交箱量及交箱时间。

（4）掌握计划作业天出口箱装船时间、装箱量、船舶靠泊情况。

(5) 掌握计划作业天客户提箱量、提箱时间。

(6) 编制计划作业天到港集装箱堆存计划，规划集装箱堆存货位图。

(7) 对实际到港的集装箱根据已规划的货位图指定集装箱堆放位置。

2. 出口箱指位注意事项

对准备出口装船的集装箱指位应注意下列事项。

(1) 对计划作业天靠泊的船舶，分析装上该船的集装箱在堆场上的位置是否合理，集装箱在堆场的堆放位置与到达船舶舱位的距离是否最短等。如果不合理就需要作出移位。

(2) 根据客观实际，随时更改集装箱货位。如船期变动、船舶舱位不够、转船、转港等原因，都需要对已规划的出口集装箱位置作相应的变动。

3. 对进口集装箱的指位注意事项

对准备卸船的进口箱的指位应注意下列问题。

(1) 计划作业天靠泊，从船上卸下来的集装箱，看从卸箱舱位到预先规划的货位的距离是否最短，如果不是，则需要对已规划的货位进行调整。

(2) 对计划作业天靠泊的卸箱船舶，如果到港时间有变动，那么卸箱时间肯定有变动，同样需要对已规划的货位进行调整。

4.4　集装箱货运站业务

4.4.1　集装箱货运站种类

集装箱货运站（Container Freight Station，CFS）是集装箱运输及多式联运中极其重要的环节，通过设置集装箱货运站，进行整箱货物和拼箱货物的保管和交接，可形成一个有机的深入内陆的运输网络，有效地进行集装箱货物的集运和疏运。它的主要任务是进行集装箱货物的拆装箱作业，负责集装箱货物的集中、分散、堆存保管等作业。集装箱货运站就是以装箱、拆箱和集拼、分拨为主要业务的运输服务机构，同时提供集装箱公路运输、箱务管理、报关报验、洗箱修箱等其他集装箱运输的相关服务。

集装箱货运站按其地理位置可分为内陆货运站和港口货运站两类。

1. 内陆货运站

内陆货运站通常设在内陆交通发达、货源充足的地点，配备必要的装拆箱机械、场所和堆存保管货物的仓库，成为集装箱公路运箱的集散地。内陆集装箱货运站将货物预先集中，进行装箱，装箱完毕后，再通过内陆运输将集装箱运送至码头堆场，有集装箱货运站和集装箱码头堆场的双重功能。它既受理托运人交付托运的整箱货，也负责办理空箱的发放和回收。如果托运人以整箱货托运出口，则可向内陆货运站提取空箱；如果整箱进口，收货人也可以在自己的工厂或仓库卸空集装箱后，随即将空箱返回内陆集装箱货运站，它还办理集装箱拆装箱业务及代办有关海关手续业务。

2. 港口货运站

港口货运站一般设在港口地区，作为港口多元化服务的一个组成部分。港口货运站又可分为港内和港外货运站两种，港内货运站也称码头货运站，其业务范围受码头面积的制约，对陆域面积不足的码头，主要提供CY交接条款为货主或内陆承运人提供装箱、拆箱服务。

本节所介绍的，即为码头货运站的装、拆箱业务。

4.4.2 集装箱货运站的作用

1. 内陆货运站是联系经济腹地的纽带和桥梁

货运站作为集装箱货物的集散地，起到了与内陆联系的纽带和桥梁作用。同时，随着改革开放的不断深入，我国内陆地区由于开展中外合资、合作，引进外资，引进先进技术和设备，可以迅速集中和运输进出口货源，加强进出口货物在内陆地区的流转，并可为集装箱运输提供稳定可靠的货源。

2. 集装箱货运站可加强箱务管理，加快集装箱的周转

由于种种原因，造成集装箱在内陆地区积压甚至流失，重箱卸完后空箱无人管，或有的地方有空箱而无货，只有将空箱运回港口，而有货源的地方又无空箱，影响外贸出口。通过内陆集装箱货运站，则可对发往内陆地区的集装箱进行跟踪、查询，实行有效管理和调节使用，不仅可解决空箱在内陆地区长期积压，延长集装箱在内陆的周转时间，而且还可提高空箱利用率和运输经济效益，促进集装箱运输的发展，为集装箱多式联运创造条件。

4.4.3 集装箱货运站的主要工作

(1) 集装箱货物的承运、验收、保管和交付。
(2) 拼箱货物的装箱和拆箱作业。
(3) 整箱货的中转。
(4) 重箱和空箱的堆存和保管。
(5) 货运单证的处理，运费、堆存费的结算。
(6) 集装箱及集装箱车辆的维修、保养。
(7) 其他。

4.4.4 集装箱码头货运站业务

1. 拆箱提货业务

集装箱码头货运站的拆箱提货业务包括CFS交接条款的拆箱提货和CY交接条款的拆箱提货业务，其作业内容基本相同，主要有拆箱、库存、受理和提货等作业环节。所不同的是CFS交接条款是码头受承运人委托，代表承运人拆箱；CY交接条款是受货主或内陆承运人委托，代表货主拆箱。

1）拆箱

CFS交接条款由码头拆箱的，或CY条款由于收货人无整箱提运能力或其他原因要求码头拆箱的，由码头控制室根据拆箱计划，安排机械将要拆箱的进口重箱移入码头CFS拆箱区。拆箱前，码头CFS人员和外理人员应先共同核对箱号、检验箱体和封志，再由码头人员拆箱、外理人员理货。双方对拆箱的货物进行清点检验，如有货损、货差或短缺，由外理出具货物残损记录，以区分拆箱前后的责任。拆箱完成后，由外理编制理货清单，作为供收货人提货的依据。拆箱结束后，应及时将空箱清扫后移入码头指定的空箱箱区。

2）库存

拆箱的货物应及时入库，根据货物的票数、重量、尺寸、包装等特性，选定合适的仓库货位，进行合理堆码。为便于保管和发货，通常还按票制作桩脚牌，用于该票货物正面明显之处。桩脚牌上注明船名航次、提单号、货名、件数、包装、重量、唛头和进库日期等信息，以便识别。货物入库后，应即时将货物信息输入计算机，保证每一票货物账货相符。对于危险货物、贵重货物应有专门的管理制度，保证货物安全无损。为了加强库存管理，一般CFS仓库还实行定期盘点制度，对超期堆存的无主货，按规定及时处理，以保证CFS仓库的有效周转。

3）受理

收货人或内陆承运人办妥进口报关报验手续后，凭提货单到码头受理台办理提货手续。受理台人员审核提货单无误、收取码头有关费用后，开具提货凭证交收货人或内陆承运人，并将提货作业计划按票输入计算机，由计算机通知码头CFS仓库做好发货准备。

4）提货

收货人或内陆承运人提货的方式主要为公路运输，此外还包括内河水运和铁路运输，因此集装箱码头受理提货申请后，根据提运方式的不同，分别编制车提、落驳和装火车的作业计划，以按不同出库去向操作。对于车提作业的，码头CFS仓库应先审核收货人的提货凭证，并核对桩脚牌上的船名航次、提单号、货名、件数等内容是否一致，然后按件与收货人当面清点、验货交接。提货作业完成后，由仓库人员根据实际发货制作出门证交收货人，收货人凭出门证提运货物驶离码头。对于落驳作业的，仓库人员也应先核对落驳计划与桩脚牌注明的信息，然后按落驳计划发货出库，在船边由码头人员与驳船船员当面清点、验货、装船。对于通过港内铁路运输的，仓库人员则根据装火车计划对号依次发货出库，由码头人员与铁路人员在车皮边当面清点、验货、装车。码头CFS提货作业结束后，仓库人员应及时将货物出库信息输入计算机，以保证货物与记录的一致性。

2. 装箱出口业务

集装箱码头货运站的装箱出口业务，也包括CFS条款和CY条款两种情况，其作业内容主要有受理、入库、装箱和出运等内容。

1）受理

发货人根据所托运的船名航次的船期，完成备货和出口清关后，向码头受理台申请货物进库，受理台人员审核装货单并收取有关费用后，开具入库凭证交发货人，并将作业计划输入计算机，由计算机通知CFS仓库做好入库准备。

2）入库

码头CFS仓库人员根据入库作业计划，做好货位安排准备。发货人将货物散件送仓库，仓库人员核对入库计划与入库凭证，双方当面清点、检验、交接货物，交接完成后由仓库人员按实际情况出具仓库收据交发货人。仓库人员根据货物的提单号、货名、种类、包装、件数、尺寸、重量等不同特性对货物进行合理堆码并做好桩脚牌。入库工作结束后，仓库人员应及时将货物信息输入计算机，做到账货一致。

3）装箱

码头集装箱货运站人员根据装箱计划核对桩脚牌，并根据货物的不同特性，选定合适的集装箱箱型和尺寸，按照装箱的技术规范合理装箱。装箱时由外理负责理货，双方对装入箱子的货物进行清点、检验，如有异常应由外理做好记录，以区分装箱前后的责任。装箱完成后，由码头人员如实填制集装箱装箱单，并在海关监管下施封。需要注意的是，对于 CFS 条款装箱的，应注意避免各票货物之间不会因物理化学性能造成货损，同时各票货物不仅为同一船名航次，而且应为同一目的港。出库装箱完成后，仓库人员应及时将作业信息输入计算机，以保持仓库的货物与记录一致。

4）出运

装箱完成后，码头安排将重箱及时移入出口箱区，配载人员完成船舶配载后，按船名、航次和船期组织装船出运。

4.5 集装箱的吊具和索具

集装箱吊具是指集装箱装卸机械和集装箱之间衔接的专用机具。按集装箱的吊运方式，集装箱吊具可分为四吊点吊具和单吊点吊具两大类。四吊点吊具的特点是将集装箱用四根绳索吊起；单吊点吊具的特点是将吊具的着力点集中在吊钩的一点上。

4.5.1 集装箱吊具的结构、工作原理和分类

1. 装箱吊具的结构

集装箱吊具结构一般由机架、旋锁、导向板、前后倾斜部分、机架伸缩（伸缩式）部分等组成。

2. 集装箱吊具基本工作原理

集装箱吊具基本工作原理如下。

（1）吊具四角设有旋锁和导向装置，使吊具能对准集装箱的角件。

（2）吊具对准集装箱的角件后，通过液压系统驱动旋锁与集装箱的角件结合，使集装箱和吊具能相互锁住。

（3）旋锁闭合后，吊具起吊，进行集装箱的装卸。

（4）集装箱吊到目的地后，旋锁打开，吊具脱离集装箱的角件。

3. 集装箱吊具分类

1）固定式集装箱专用吊具

这类吊具属予直接吊装式吊具。常用的有 20 ft 吊具和 40 ft 吊具，分别用于起吊 20 ft 箱型和 40 ft 箱型的集装箱，它们之间不能互用。这类吊具具有结构简单、重量轻等优点。简易式集装箱专用吊架也属这类吊具。由于这类吊具不能同时适用于各种箱型，操作过程中更换吊具所花费的时间较长，使用不够方便，所以，在专业化集装箱装卸作业中使用较少。

2）组合式集装箱专用吊具

组合式集装箱专用吊具是通过几种不同尺寸的固定式集装箱专用吊具组合来实现吊运集装箱的。组合式集装箱专用吊具主要有以下几种。

（1）吊梁式组合吊具，即通过一个吊梁与 20 ft 和 40 ft 的吊具连接，变换集装箱尺寸时，吊梁变换不同的吊具。这样操作，比使用固定式吊具更换时间稍快，但吊具自重大。

（2）主从式组合吊具，即以 20 ft 固定吊具为基本吊具，需起吊 40 ft 集装箱时，再连接

40 ft 的吊具。这样操作，更换时间更短，但自重仍然较大。

3）伸缩式吊具

伸缩式吊具是一种具有伸缩吊架，能同时适用于不同箱型的吊具，是目前集装箱装卸机械采用最为广泛的一种吊具。这种吊具，其最大自重为 8 ~ 10 t。

4）旋转式吊具

这类吊具是为旋转类的门座起重作业或船舶吊机作业而设计的一种专用吊具。采用岸边集装箱装卸桥吊运集装箱时，由于集装箱运行轨迹与岸上起重机轨道平行，因此吊运集装箱的过程吊具不需要旋转。而使用门座起重机或船舶吊机作业时，集装箱由船到岸或岸到船的吊运过程中，集装箱会发生旋转，如果这时吊具不作相应的旋转，则集装箱不能停放在与岸边集装箱装卸桥轨道相平行的作业线内，从而影响集装箱吊运作业的正常进行。

为了能够使集装箱卸到与岸边集装箱装卸桥轨道平行的作业线位置内，在使用门座起重机或船舶吊机吊运集装箱时，吊具也要作相应的旋转，其旋转角度与起重机旋转角度相同，但方向相反。

5）顶吊和底吊两用式集装箱吊具

这种吊具既能顶吊装卸，又能兜底起吊集装箱，这种吊运方式是一种比较安全的装卸方式。顶吊方式是用四个旋锁与集装箱的四个顶部角件连接；底吊方式是用抓臂将集装箱从底部吊起。采用抓臂时，集装箱应为设有抓臂吊槽的集装箱。顶吊和底吊两用式集装箱吊具能够吊运 20 ~ 40ft 的集装箱。

4.5.2　集装箱吊具的对位和减摇

1. 集装箱吊具的对位

为了方便吊运作业，缩短吊具与集装箱的对位时间，集装箱专用吊具一般都配有导向板装置。当集装箱吊具中心线和集装箱中心线的偏差小于 200 mm 时，可通过放下吊具导向板迅速与集装箱对位，使集装箱吊具的旋锁快速插入集装箱的顶角件的孔中。吊具完成与集装箱连接后，吊具导向板全部翻转向上，这时，集装箱吊具的外廓尺寸和集装箱外形尺寸一致，因此可以在集装箱船舶舱内集装箱箱格和堆场箱堆之间畅通地出入。

在装卸过程中，如果集装箱出现横倾或纵倾等水平面上的误差时，就要求集装箱吊具具有横倾或纵倾的功能来适应这种误差。集装箱吊具的横倾或纵倾是由集装箱吊具的倾斜装置来实现的，其倾斜角度通常按 ±5°来考虑。

2. 集装箱吊具的减摇

对岸边集装箱装卸桥和堆场集装箱龙门起重机，当集装箱装卸机械的行走小车在一定的移动速度下制动停车时，集装箱吊具与其所吊运的集装箱将会产生摇摆。随着高速型吊装机械的出现，集装箱装卸机械运行小车的行走速度大幅度提高，由此而产生的吊具与集装箱的摇摆也随之增大，这种摇摆会使集装箱吊具对位花费更长的时间，从而严重影响装卸效率。

根据当前的机型及作业条件，当集装箱装卸机械运行小车的运行速度在 130 m/min 以上时，应在集装箱吊具上加装减摇装置。集装箱吊具减摇装置的性能指标是：当集装箱起吊离地 10 m，运行小车以额定速度行驶一段距离并制动停车后 10 s 内，集装箱吊具的摇摆幅度应控制在 ±10 cm 以内。应当指出，集装箱吊具与集装箱的摇摆量和操作人员的操作水平有很大的关系。

4.5.3 集装箱吊运索具

在一些非专业化的集装箱装卸作业场合，由于存在设备配套等原因而采用索具吊运集装箱。通常可采用吊钩、钢丝绳、卸扣、吊索或带手动式旋锁装置的简易吊架起吊集装箱。

当采用这类吊具吊运集装箱时，应注意其稳定性和吊钩、钢丝绳及卸扣的承载能力，并遵循有关国际标准和国家标准进行操作。

对集装箱的空箱，可用叉车进行垂直装卸，或水平短途运输。叉车的货叉插入集装箱叉槽应达 2/3 以上，并在集装箱的中间，以防止倾覆。

4.6 集装箱码头机械设备

为了有效地提高集装箱码头的装卸效率，加速船、车、箱的周转，缩短其在港停留时间，集装箱码头采用高效的专用机械设备，实现装卸机械化。整个集装箱码头机械化系统包括前沿机械、水平运输机械、堆场作业机械及拆装箱机械等。

4.6.1 码头前沿机械

1. 岸壁集装箱起重机

岸壁集装箱起重机又称集装箱装卸桥，是集装箱码头前沿机械，承担集装箱装、卸船作业。该机是大吞吐量集装箱码头高效专业化机械，其装卸效率一般为 20～35TEU/h，起重量为 30～35t，外伸距为 35～38 m，内伸距一般为 8～16 m，轨距一般为 16 m。图 4-3 所示即为岸壁集装箱起重机。

图 4-3 岸壁集装箱起重机

2. 多用途桥式起重机

多用途桥式起重机指多用途装卸桥。既可装卸集装箱，又可装卸重件、成组货物及其他货物，一般在多用途码头采用，装卸效率为 20TEU/h 左右。主要缺点是自重大，轮压大，移机不便，造价也较高。如图 4-4 所示。

图 4-4　多用途桥式起重机

3. 高架轮胎式起重机

高架轮胎式起重机类似普通轮胎式起重机，机动性较大，通用性好，可任意行走。配备专用装卸吊具，可装卸集装箱，件杂货等，使用于多用途泊位。主要缺点：自重大，对码头承载能力要求较高，增加了码头建设投资，而且造价也较高。如图 4-5 所示。

图 4-5　高架轮胎式起重机

4. 其他机械

如果适用于吞吐量较小的港口，应采用内河港口的浮式起重机、多用途桥式起重机。

4.6.2　水平运输机械

1. 跨运车

跨运车是一种专用于集装箱短途搬运和堆码的机械。跨运车作业时，以门形车架跨在集装箱上，并由装有集装箱吊具的液压升降系统吊起进行搬运和堆码。该机最大的特点是机动性好，可一机多用，既可作码头前沿至堆场的水平运输，又可作堆场的堆码、搬运和装卸作业。主要缺点是价格昂贵，维修费用较高，驾驶员的视野有待改善。此机型在我国少用，但在欧洲集装箱码头采用较多。如图 4-6 所示。

图 4-6　跨运车

2. 集装箱牵引车——底盘车

底盘车是专门用于牵引集装箱底盘车的运输车辆。其本身没有装卸平台，不能装载集装箱，通过连接器与底盘车连接，牵引底盘车运转，从而实现搬运作业。

底盘车是一种骨架式拖车，是装有轮胎的车架，前面有支架，后面有单轴一组轮胎或双轴两组轮胎两种，车上装有扭锁插头，能与集装箱角件相互锁紧。

其特点是运行速度快，拖运量大，设备价格较低，营运成本较低，我国大多数集装箱码头采用这种底盘车。如图 4-7 所示。

图 4-7　底盘车

4.6.3　堆场作业机械

1. 轨道式龙门起重机

轨道式龙门起重机是集装箱码头堆场进行装卸、搬运和堆码集装箱的专用机械。它由两片双悬臂的门架组成，两侧门腿用下梁连接，支撑在行走轮胎上，可在轨道上行走。该机可堆 4 ~5 层集装箱，可跨多列集装箱及跨一个车道，因而，堆存能力高，堆场面积利用率高。由于结构简单，因此操作容易，便于维修保养，易于实现自动化。主要缺点是因为要在轨道

上运行，故灵活性差，由于跨距大，对底层箱提取困难，常用于陆地不足且吞吐量大的集装箱码头。如图 4-8 所示。

图 4-8　轨道式龙门起重机

2. 轮胎式龙门起重机

轮船式龙门起重机是最常见的集装箱堆场作业机械。它主要用于集装箱堆场的装卸、搬运及堆场作业。

它由前后两片门框和底梁组成的门架，支撑在充气轮胎上，可在堆场上行走，并通过装有集装箱吊具的行走小车沿着门框横梁上的轨道行走，可从底盘车上装卸集装箱并进行堆码作业。

该机的主要特点是机动灵活，可以从一个堆场到另一个堆场作业，可堆 3 ~ 4 层集装箱，从而可提高堆场面积利用率，并易于实现自动化作业。主要缺点是自重大、轮压大、轮胎易磨损、造价也高，适用于吞吐量较大的集装箱码头。如图 4-9 所示。

图 4-9　轮胎式龙门起重机

3. 集装箱叉车

集装箱叉车是集装箱码头常用的专门机械。可用于集装箱堆场装卸、堆码及搬运作业，也可用于装卸船及拆、装箱作业。

根据叉车设置的位置不同，可分为正面集装箱叉车和侧面集装箱叉车两种。正面集装箱叉车是指货叉设置在车体的正前方的叉车，而侧面集装箱叉车是指货叉和门架设置在车体侧面的叉车。为了方便装卸集装箱，配有标准叉及顶部起吊和侧面起吊的专用属具。

集装箱叉车的主要优点是机动灵活，可一机多用，既可作水平运输机械，又可作堆场堆码、搬运及装卸作业；造价较低，使用方便，性能可靠。缺点是轮压较大，要求场地承载能力高，因而场地土建投资较多。该机特别适用于空箱作业，一般在集装箱吞吐量较少的多用途泊位上使用。如图 4-10 所示。

图 4-10　集装箱叉车

4. 集装箱正面吊运机

集装箱正面吊运机的结构特点表现在设置有可伸缩和左右共旋转 120°的吊具，便于在堆场作吊装和搬运；设置有可带变幅的伸缩式臂架及多种保护装置，能保证安全操作；可加装吊钩，吊装其他重大件货物。

该机主要优点是：机动性强，可一机多用，既可作吊装作业，又可作短距离搬运，一般可吊装 4 层箱高，并且稳定性好，轮压也不高，因此是一种理想的堆场装卸搬运机械，适用于集装箱吞吐量不大的集装箱码头，也适用于空箱作业。如图 4-11 所示。

图 4-11　集装箱正面吊运机

4.7　集装箱码头装卸工艺方案

综观世界各集装箱码头装卸工艺系统，采用跨运车系统的码头泊位较多，其次是龙门起重机系统。在我国各集装箱码头，大多采用轮胎龙门起重机系统。

在集装箱码头上由集装箱装卸桥和跨运车、轮胎式龙门起重机、轨道式龙门起重机、底盘车和叉车等水平搬运机械可组成不同的装卸工艺方案。

所谓装卸工艺，是指港口装卸和搬运货物的方法和程序，按一定的操作过程，根据港口的条件，针对不同的货物、运输工具和装卸设备，以合理和经济的原则来完成装卸和搬运任务。作业的高效性是集装箱码头最突出的优点，而装卸工艺是码头作业高效率的保证。合理地选择码头的装卸工艺类型，是顺利开展码头生产的前提。

集装箱装卸工艺是实现运输企业生产过程中集装箱位移的方法或程序，这种方法或程序是集装箱在整个搬运过程中所采用的工艺流程，是各种集装箱装卸机械之间相互配合作业的过程，也是运输企业集装箱装卸作业的基础。根据集装箱装卸作业的标准与集装箱装卸机械设备的组合形式，可产生不同的作业方式，这些方式就称为集装箱装卸工艺方案。因此，集装箱装卸工艺方案也是各种集装箱装卸机械、各种装卸作业方式的组合体。选择合理的工艺方案，可以提高集装箱运输企业的装卸作业效率，获得最佳的经济效益。

4.7.1　选择集装箱装卸工艺方案的原则

选择集装箱装卸工艺方案是集装箱运输企业经营者的一项重要决策，它直接影响到集装箱装卸效率的高低、投资的大小、集装箱集疏运的快慢及集装箱运输的成本。选择集装箱装卸工艺方案应遵守以下基本原则：

（1）有效地利用区域；

（2）加快集装箱船舶的周转；

（3）堆场和通道的合理布置；

（4）装卸机械机型的合理选择与配套；

（5）合理、有效的堆场作业方式；

（6）快速的信息处理能力；

（7）工艺方案的有效性（应以减少作业环节、减少倒载次数、减少人力操作、降低劳动强度为前提）。

事实上要同时满足上述要求是相当困难的，有时甚至是相互抵触的。集装箱运输企业的经营者应研究集装箱运输过程中各项原则的主次，最终选择一个符合实际要求的集装箱装卸工艺方案。

4.7.2　装卸桥—跨运车工艺方案

这种工艺方案是码头前沿采用装卸桥，水平搬运及堆场作业时采用跨运车。在集装箱码头前沿，利用集装箱装卸桥进行集装箱船舶的装卸作业，从码头前沿到集装箱编排场、集装箱堆、货运站及对底盘车进行换装等作业均由跨运车来完成。集装箱场地采用跨运车，在世界集装箱码头场地工艺方案中约占40%。

1. 主要优点

（1）机动性好，一机多用。

（2）运行灵活，对位快，装卸桥只需将集装箱卸在码头前沿，无须准确对位，跨运车自行抓取运走，充分发挥岸边集装箱装卸桥的效率。

（3）集装箱可堆2~3层，所需的场地面积较小，堆场的利用率较高。

2. 主要缺点

（1）跨运车造价昂贵，投资大。一台集装箱装卸桥需配备4台以上的跨运车来承担集装箱的转载和堆码作业；另需一台承担进出场车辆的装卸作业；通常还需一台备用，所以一台装卸桥要配6台以上的跨运车。

（2）跨运车机械结构复杂，液压部件多，故障率高，维修保养困难。

（3）司机的操作水平要求较高，否则容易造成集装箱损坏。

（4）场地翻箱倒垛比较高，难度也较大。

该系统主要适用于进口重箱量大，出口重箱量小的集装箱码头。

4.7.3 装卸桥—轮胎式龙门起重机方案

该方案是码头前沿采用装卸桥进行集装箱船的装卸，水平搬运采用底盘车，堆场采用轮胎式龙门起重机。这种工艺方案是把装卸桥对集装箱船进行集装箱的装卸作业，码头前沿到集装箱编排场、集装箱堆场通过底盘车连接。集装箱运到堆场后，再用轮胎式龙门起重机进行场地作业。轮胎式龙门起重机也可进行内陆车辆的换装作业。装卸效率高，灵活性比较大，能适应铁路、公路车辆的运输；轮胎式龙门起重机可以说是一种增大了自由弯曲度和宽度的跨运车，它可跨1～7排集装箱和一条底盘车通道，能堆码3～4层集装箱高；操作简便，便于实现自动化和电子计算机管理。如图4-12所示。

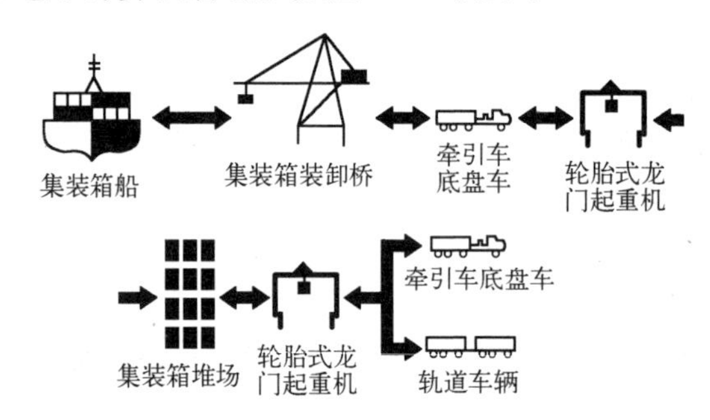

图4-12　装卸桥—轮胎式龙门起重机工艺方案

1. 主要优点

（1）场地面积利用率高。其跨度和起升高度较大，可堆放3～4层集装箱，且箱与箱之间的间隙小，使得堆场面积得到有效的利用；此外，轮胎式龙门起重机采用90°转向和定轴转向，占用通道面积小。

（2）堆场场地建造费用较少。在堆场中，除轮胎式龙门起重机的专用通行道路需特殊加强外，其余场地只需满足集装箱牵引车轮压要求即可，相对于跨运车系统，减少了场地铺面建造成本。

（3）相对于跨运车系统，设备操作比较简单，故障率比较少。

（4）可方便从一个箱区转至另一个箱区。

2. 主要缺点

（1）跨距大，堆垛高，故提取集装箱较困难，倒垛率较高，从而装卸效率相对较低。

（2）相对于跨运车系统，该系统的灵活性不够。

(3) 需配备集装箱托运车承担水平运输，增加了作业环节。

(4) 初始投资较高。

它比较适合于年通过量 8 ~ 10 万 TEU 的集装箱码头使用。我国大部分集装箱码头采用这种工艺系统。

4.7.4　装卸桥—轨道式龙门起重机方案

这种工艺方案是通过装卸桥把集装箱从船卸到码头前沿的底盘车上，通过底盘车把集装箱运到堆场，堆场作业采用轨道式龙门起重机。与轮胎式龙门起重机相比，堆场堆箱的自由空间和宽度更大，在所有集装箱堆场机械中场地面积利用率最高，单位面积堆箱数最多，它可跨 14 排或更多排集装箱，堆码高度可达 4 ~ 5 层集装箱。如图 4-13 所示。

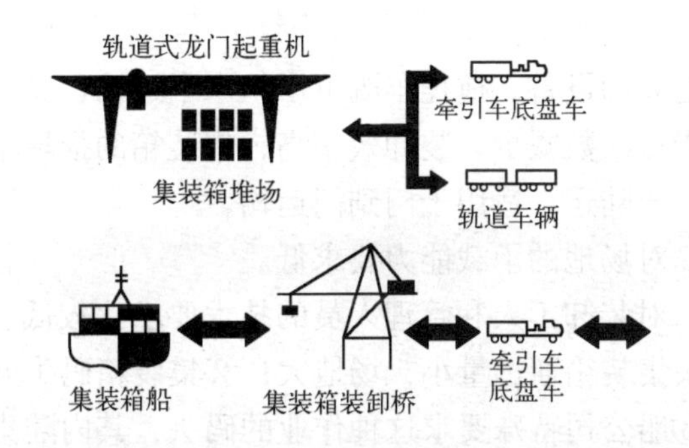

图 4-13　装卸桥—轨道式龙门起重机工艺方案

1. 主要优点

(1) 堆场面积利用率最高。轨道式龙门起重机跨距更大，堆放集装箱层数更多，堆场堆存能力更大。

(2) 机械机构简单，操作比较可靠。

(3) 机械设备的维修管理费用较低，从而营运费用相应降低。

(4) 轨道式龙门起重机沿轨道运行，有利于实施计算机控制，易于实现集装箱装卸自动化。

2. 主要缺点

(1) 轨道式龙门起重机只能沿轨道运行，作业范围受到限制，机动性差。

(2) 跨距大，堆码层数高，因而提箱、倒箱困难，翻箱率比较高。

(3) 轨道式龙门起重机造价昂贵，初始投资大。

该方案适合吞吐量 10 万 TEU 以上或两个以上连续泊位的集装箱码头使用。

4.7.5　装卸桥—底盘车方案

这种工艺方案是码头前沿采用装卸桥，水平搬运及堆场作业均采用底盘车。底盘车按其使用场所不同，分为一般公路用和货场用两种。一般公路上用的底盘车长、宽、高外廓尺寸及轮压和轴负荷均应符合国家标准规定；货场运输用的底盘车外廓尺寸一般可不受国家对于车辆限界的规定限制，但挂车的全长和轴负荷要考虑码头货场道路的技术条件。采用该方案，从船上卸下来的集装箱直接安放在底盘车上，集装箱放在底盘车上后，用牵引车把它拖挂到场地，在场地，集装箱存放在挂车上，当需要进行内陆运输时，很方便地用牵引车将其拖走。这一方案与前几种方案比较，集装箱不落地，特别适合于公路四通八达的“门—门”运输方式。

1. 主要缺点

（1）占地面积大（一般一个泊位需要22万~25万 m^2 的陆域）；投资大（一般一个泊位需配备2000~3000辆挂车）；由于不能重叠堆放，故场地面积利用率很低。

（2）底盘车在码头堆场内外都要使用，故需频繁的修理和保养。

（3）每个集装箱需配备一台底盘车，底盘车的需求量大，投资大，在运量高峰时期可能会出现因底盘车不足而中断作业的现象。

2. 主要优点

（1）场地不需要其他装卸设备，拖挂车既可承担水平运输，又可承担堆场作业。

（2）集装箱在港的操作次数减少，装卸效率高，集装箱的损坏率低。

（3）底盘车可直接用于陆运，适用于门到门运输。

（4）底盘车轮压小，对场地的承载能力要求低。

（5）工作组织简单，对装卸工人和管理人员的技术要求比较低。

主要适用于：①码头集装箱通过量小，场地大；②集装箱码头处于起步阶段，特别是整箱货比例较大的码头；③船公司特殊要求这种作业的码头，其内陆集疏运运输完全依赖于高效率的公路运输。

4.7.6 装卸桥—集装箱叉车方案

该方案是码头前沿采用装卸桥，水平搬运及场地采用叉车。集装箱叉车是集装箱码头上常用的一种装卸机械。一般码头前沿利用船载起重机或岸壁起重机进行装卸，码头前沿和堆场上的作业都用叉车。叉车除了进行场地码垛作业和短距离的搬运作业外，还可用来进行装卸车辆作业。当水平运输距离比较远时，可采用拖挂车配合作业。

1. 主要优点

（1）叉车的通用性强，机动灵活，可适用于多种作业，机械在其寿命周期内可以得到充分的利用。

（2）叉车造价低，投资较少。

（3）由于叉车使用较普遍，存在的技术问题少，司机和维修人员易于操作。

2. 主要缺点

（1）单车效率低，不适合大吞吐量码头。

（2）叉车轮压大，作业回转半径大，对路面磨损严重，增加了场地修建成本。

（3）叉车作业要求比较宽敞的通道和场地，因此场地面积利用率比较低。

（4）装卸作业时，集装箱对位困难。

这种工艺方案较适合年吞吐量3万TEU以下沿海散件杂货泊位兼作集装箱泊位使用，或兼做修理箱场地和空箱场地作业。

国外有关使用部门曾对集装箱码头的几种主要装卸工艺方式的装卸成本进行过比较，装卸成本的计算包括土地、机械设备、堆场维护、机械设备维修和人工费等。年装卸集装箱数少于5万箱时，轮胎式龙门起重机系统成本最低，年装卸集装箱达10万箱时，轨道式龙门起重机成本最低。

复习思考题

1. 集装箱码头需要具备哪些条件?
2. 集装箱码头检查口业务有哪些?
3. 集装箱码头堆场的区、段、行位、间位是如何表示的?
4. 码头堆场的每个段为什么要留有翻箱位? 如何确定翻箱位?
5. 集装箱码头装卸工艺有哪些? 其特点如何?
6. 集装箱码头装卸机械主要有哪些?

案 例 分 析

集装箱码头运作存在哪些问题

集装箱码头的作业效率问题不仅涉及港口航道和码头前沿水深、码头前沿机械设备的数量和性能及装卸工艺等因素，还关系到港口集疏运条件、多式联运组织管理和相关政策等诸多问题。

1. 作业效率影响因素

集装箱码头的作业效率与船型、船舶积载质量、码头海侧轨道与护舷外侧面距离、岸边集装箱起重机和配合作业的水平运输车辆及堆场作业机械的性能与数量、司机操作水平、堆场堆存能力与管理水平、作业线安排与管理水平等因素密切相关，并且体现码头的综合能力和管理水平，为此，一些码头同时采取多项措施，提高作业效率。

2. 水平作业效率的提高

国内采用岸边桥式起重机和场地轮胎式起重机的集装箱码头，一般采用集装箱卡车（集卡）在码头与堆场间水平运输集装箱，并按照一定的比例（通常为1∶4）为岸边桥式起重机配备集卡。一台岸边桥式起重机和对应的集卡组成一条作业路。

通常情况下，集卡配备给岸边桥式起重机后，其行车路线就相对固定下来。一般地，集卡作业循环中，半圈为重载，半圈为空载。空载造成能耗和时间的浪费，影响集卡效率的发挥。在码头的习惯做法中，一旦岸边桥式起重机与集卡按比例完成配备，除非调度人员在作业过程中发现两者比例严重失调，否则不作进一步调整。显然，这种操作方式可能在实际装卸过程中产生影响船舶装卸效率的一系列问题。

（1）如果集卡拖运距离比较长或者堆场作业比较繁忙，那么集卡完成“船边—堆场—船边”的作业循环时间就比较长，岸边起重机在作业过程中只能等待集卡，其生产效率必然受到影响；如果集卡拖运距离比较短或者堆场作业不忙，集卡作业循环时间就大大缩短，甚至可能导致集卡在船边排队等候岸边起重机装卸的情况。

（2）若需要装卸的是甲板上的集装箱，则由于岸边起重机起升高度小、驾驶员视野良好等原因，岸边起重机的作业效率一般较高，可能发生岸边起重机等待集卡的情况，使生产效率受到影响；若需要装卸的集装箱位于深舱，则由于岸边起重机起升高度大、驾驶员视线受阻等原因，岸边起重机的作业效率有所下降，可能发生集卡在船边排队等候岸边起重机装卸的情况。

（3）由于岸边起重机驾驶员的操作水平不一及船上作业环境变化等原因，岸边起重机作业效率可能随机变化；而集卡司机的操作水平不一和集卡行驶路程不同等因素，可能造成集卡作业循环时间的随机变化。岸边起重机作业效率和集卡作业循环时间的随机变化也影响两者之间的协调作业。

针对上述影响码头水平作业效率的问题，国内港口通过改进集卡车辆智能通信调度系统、优化港区集卡运输路径、优化配置集卡数量等多项措施，已在一定程度上提高码头水平作业效率。国外一些新型码头在水平运输方面采用集装箱自动导引车（AGV）。继鹿特丹港的 Delta Sealand 码头、泰晤士港集装箱码头等使用 AGV 后，汉堡港向 Gottwald 公司购置 35 台 AGV，AGV 的应用逐渐增多。

3. 突破作业效率“瓶颈”

随着集装箱海运量的不断增长和船舶大型化的发展，单船在港装卸量也不断增加。船舶航速的提升和航次时间的缩短更凸显码头装卸作业各子系统的薄弱环节，并且单个码头作业子系统作业效率的提高并不一定能使整个系统的作业效率得到提高。码头作业效率的“瓶颈”可能存在于码头前沿，也有可能存在于堆场，具体可表现为机械数量不足或机械配置比例不合理；“瓶颈”也可能存在于管理环节，例如，通信系统与计算机软件的不协调，或管理机构层次与岗位职能设置不合理等。

（1）在集装箱海运发展初期，由于船舶到港密度不大，码头堆场容量富余，采用集卡作为水平运输机械比较经济，也不影响作业效率。在当时的情况下，码头前沿装卸机械的作业效率在很大程度上决定码头作业效率。在这一阶段，对提高作业效率的研究主要集中在对岸桥和其他装卸机械性能的改良上。

（2）在集装箱海运发展的第 2 阶段，由于船舶到港密度不断增加，各环节装卸机械的性能也得到改良，码头信息化管理成为影响码头作业效率的关键，设备的合理配比问题也成为影响码头作业效率的主要因素。

（3）在集装箱海运发展的第 3 阶段，各环节的机械性能和码头信息化管理系统均达到一定水平。在这一阶段，影响码头作业效率的主要因素是对码头现有资源的分配与调度方式，影响效率的主要问题集中在生产流程的运作模式上。水平运输是码头作业效率的“瓶颈”所在，随着码头前沿作业效率的不断提高，这一问题将更加突出。

思考题：集装箱码头运作要考虑哪些问题？

第5章

集装箱公路运输管理

本章要点

- 了解集装箱公路运输车辆；
- 熟悉集装箱公路运输特点；
- 熟悉集装箱公路中转站的组成及作业功能；
- 掌握集装箱公路运输组织形式及车辆运行管理。

开篇案例

“软肋”带来0.4%的份额

当今，集装箱公路运输在发达国家十分普及，已成为世界货物运输的主要方式之一。在美国、加拿大等国家，集装箱公路运量占多式联运量的60%以上，占社会总运量的50%以上，高速公路上行驶的货运车辆几乎全是集装箱卡车、厢式半挂车，平均运距长达200 km，平均行驶速度达100 km/h，无篷敞式货车、单车体厢式货车则难觅踪迹。

而我国集装箱运输车辆在整个公路运输中所占的比重偏低，仅占营业性载货车辆总量的0.4%左右，主要集中在沿海省市，平均运距只有63 km，平均行驶速度只有60 km/h。

思考题：我国集装箱公路运输的“软肋”在哪里？

5.1 集装箱公路运输概述

集装箱最初是从卡车车厢脱胎而来的，集装箱运输的雏形是早年偶然发生的将卡车车厢整个脱离底盘的运输实践。现代国际标准集装箱的外形和尺寸，基本与卡车车厢类似；甚至现代物流过程中使用的ISO标准托盘尺寸，也是脱胎于对卡车车厢内尺寸的“整数分割”。所以集装箱运输与卡车公路运输有着悠久的历史渊源。

5.1.1 集装箱公路运输的特点

现代集装箱运输发展到目前，集装箱公路运输一般表现出以下特点。

1. 集装箱公路运输是一种“末端运输”的手段，是“门—门”运输的开端

集装箱运输是一种“门—门”运输，这是集装箱运输突出的特征，也是其优越性所在。而集装箱运输最终要实现“门—门”运输，绝对离不开集装箱卡车运输这种“末端运输”方式。

所谓“末端运输”，是指运输活动开始与结束部分的运输过程，即从发货人那里取货的最初一段运输，和将货送到收货人门上的最末一段运输。在综合运输的五种方式中（即水路运输、铁路运输、公路运输、航空运输、管道运输），只有公路运输能承担末端运输的任务。综观各种集装箱运输过程，水路运输、铁路运输、航空运输，其开始和结束，都不可能离开集装箱卡车的运输。离开集装箱卡车，集装箱运输“门—门”的优势就荡然无存。

2. 集装箱公路运输是一种辅助性的、衔接性的运输方式

在大多数情况下，集装箱卡车运输，在集装箱的各种运输方式之间起衔接作用，是通过陆上“短驳”，将各种运输方式衔接起来，最终完成一次运输过程。多数情况下，集装箱公路运输扮演“主力”角色，从头至尾完成一次完整的运输过程。

集装箱公路运输是辅助性的、衔接性的货运形式，可以表现为以下几种。

（1）重箱：从码头（目的港）、铁路办理站（终点站）、集装箱堆场到收货人门的运输。

（2）重箱：从码头（目的港）到铁路办理站（始发站）、集装箱堆场的运输。

（3）重箱：从发货人门，到集装箱货运站、码头（始发港）的运输。

（4）重箱：从发货人门，到铁路办理站（始发站）、集装箱堆场的运输。

（5）空箱：从集装箱货运站或铁路办理站到发货人门的运输。

（6）空箱：从铁路办理站到集装箱货运站、堆场，或堆场到站的运输。

（7）空箱：从集装箱货运站到集装箱堆场和铁路办理站之间的运输。

（8）空箱：从收货人门到集装箱堆场、铁路办理站、集装箱货运站之间的运输。

3. 集装箱公路运输表现出公路运输共有的缺点

集装箱公路运输具有公路运输的一些共同弱点，如其运力与速度低于铁路运输，而能耗与成本却高于铁路、水路运输；其安全性能，对环境保护的程度，都比不上铁路运输与水路运输。

4. 一些国家和地区对集装箱公路长途运输的限制

在有些国家和地区（如欧洲的许多国家），都以立法和税收优惠等方式，鼓励内河运输与铁路运输，限制集装箱的长途公路运输。如在欧洲、荷兰等国家规定，货物的长途运输采用水路运输方式税收最低，采用铁路运输方式其次，采用公路运输方式则最高。集装箱公路运输合适的距离，各个国家与地区由于经济发展程度不同、地理环境不同，有些区别。如美国，由于内陆幅员辽阔，高速公路网发达，一般认为600 km为集装箱公路运输的合适距离；日本四周环海、沿海驳运很方便，所以认为集装箱公路运输在200 km之内比较合理；我国虽然内陆也幅员辽阔，但公路网络迄今为止还不发达，铁路网络相对较发达，所以一般认为公路运输应控制在300 km左右。

5.1.2 集装箱公路运输车辆

1. 集装箱牵引车

集装箱牵引车（Tractor）本身不具备装货平台，必须与挂车连在一起使用。牵引车按其

司机室的形式可分为“平头式”和“长头式”两种（见图5-1）。

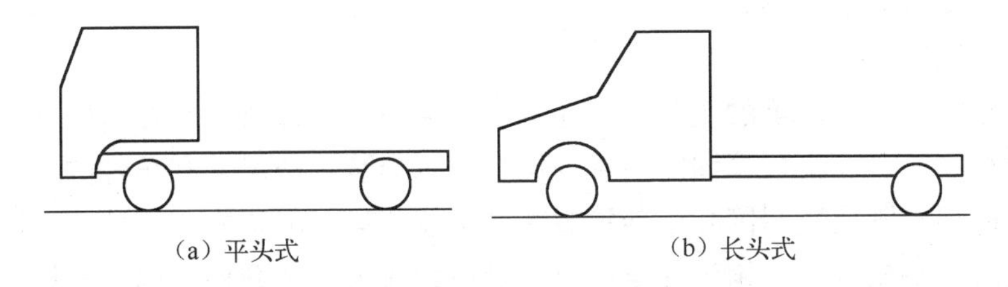

(a) 平头式　　(b) 长头式

图5-1　集装箱牵引车

(1) 平头式牵引车。这种牵引车的优点是司机室短，视野好；轴距和车身短，转弯半径小。缺点是发动机直接布置在司机座位下面，司机受到机器振动影响，舒适感较差。

(2) 长头式（又叫凸头式）牵引车。这种牵引车的发动机和前轮布置在司机室的前面，司机舒适感较好；撞车时，司机较为安全；开启发动机罩修理发动机较为方便。主要缺点是司机室较长，因而整个车身长，回转半径较大。

由于各国对公路、桥梁和涵洞的尺寸有严格的规定，车身短的平头式牵引车的应用日益增加。

集装箱牵引车按其拖带挂车的方式可分为下列几种。

(1) 半拖挂方式。这是指用牵引车来拖带装载了集装箱的挂车。这类车型集装箱的重量由牵引车和挂车的车轴共同分担，故轴压力小；另外，由于后车轴承受了部分集装箱的重量，故能得到较大的驱动力；这种拖挂车的全长较短，便于倒车和转向，安全可靠；挂车前端的底部装有支腿，便于甩挂运输。

(2) 全拖挂方式。这是指通过牵引杆架与挂车连接，牵引车本身可作为普通载重货车使用。挂车也可用支腿单独支承，全挂车是仅次于半拖挂车的一种常用的拖带方式，操作比半拖挂车困难。

(3) 双联拖挂方式。这是指半拖挂方式后面再加上一个全挂车，实际上是牵引车拖带两节底盘车。这种拖挂方式在高速行进中，后面一节挂车会摆动前进，后退时操作性能不好，故目前应用不广（见图5-2）。

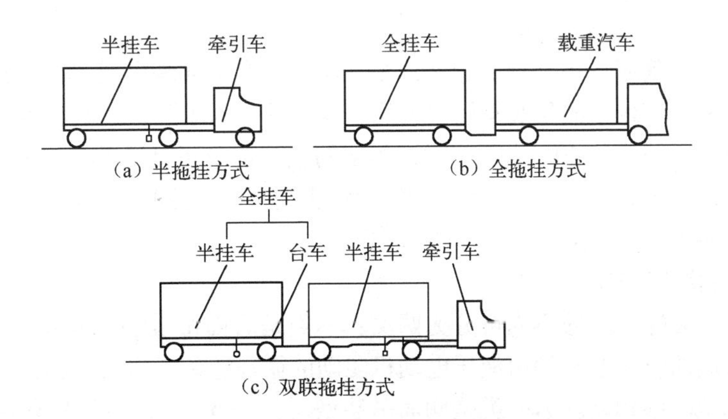

(a) 半拖挂方式　　(b) 全拖挂方式

(c) 双联拖挂方式

图5-2　集装箱牵引车拖带挂车的方式

2. 集装箱半挂车

集装箱半挂车有以下几种。

1）平板式集装箱半挂车

这种半挂车除有两条承重的主梁外，还有若干横向的支撑梁，并在这些支梁上全部铺上花纹钢板或木板，同时在集装箱固定装置的位置，按集装箱的尺寸和角件的规格要求，全部安装旋锁件。因而它既能装运国际标准集装箱，又能装运一般货物。在装运一般货物时，整个平台承受载荷。平板式集装箱半挂车由于自身质量较大，承载面较高，所以只有在需要兼顾装运集装箱和一般长大件货物的场合才采用它（见图5-3）。

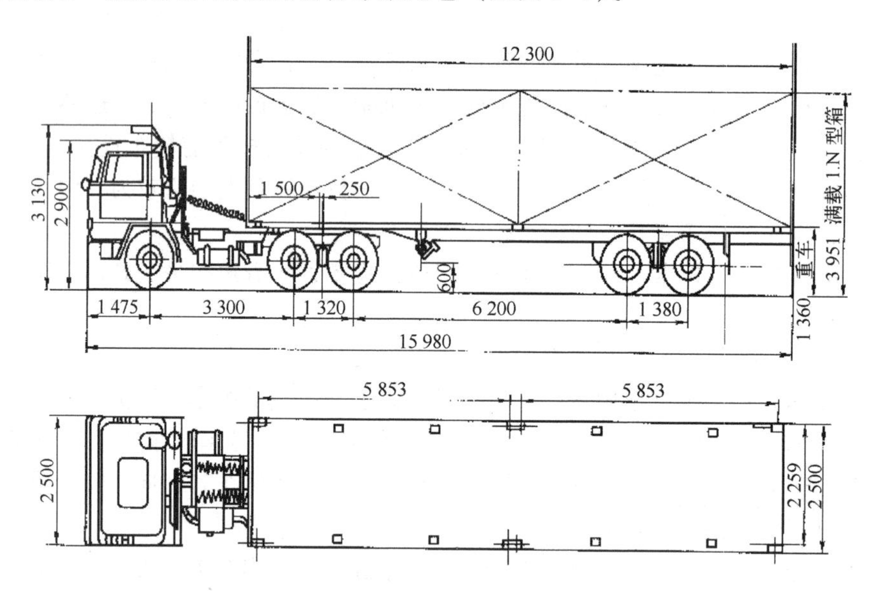

图5-3　用太脱拉 T8156H6. 2 型作牵引车的40ft 集装箱半挂车

2）骨架式集装箱半挂车

这种半挂车专门用于运输集装箱。它仅由底盘骨架构成，而且集装箱也作为强度构件加入到半挂车的结构中予以考虑。因此，其自身质量较轻、结构简单、维修方便，在专业集装箱运输企业中普遍采用这类车。

3）鹅颈式集装箱半挂车

这是一种专门运载40ft 集装箱的骨架式半挂车。其车架前端拱起的部分称作鹅颈。鹅颈式半挂车专用于和有鹅颈槽的集装箱配套使用，其目的是为了降低集装箱整车的高度。当鹅颈式半挂车装载带鹅颈槽的40ft 集装箱时，车架的鹅颈部分可插入集装箱底部的鹅颈槽内。从而降低了车辆的装载高度，同时，鹅颈槽在吊装时还可以起到导向作用。鹅颈式半挂车的集装箱固定转锁装置，与骨架式半桂车稍有不同。

3. 集装箱自装自卸车

这种车辆按其装卸形式的不同可分为两类：一类是后面吊装型（见图5-4）。它是从车辆的后面通过特制的滚装框架和由液压电动机驱动的循环链条，将集装箱拽拉到车辆上完成吊装作业的，卸下时则相反。另一类是侧面吊装型（见图5-5），它是从车辆的侧面通过可在车上作横向移动的变幅式吊具将集装箱吊上吊下。

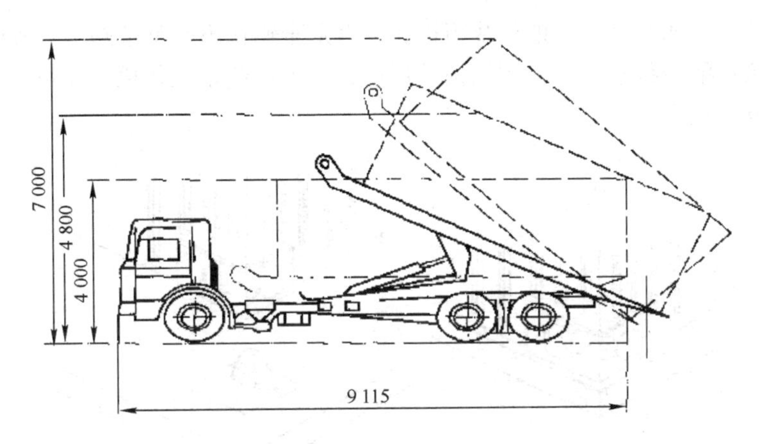

图 5-4　后面吊装型集装箱自装自卸车组

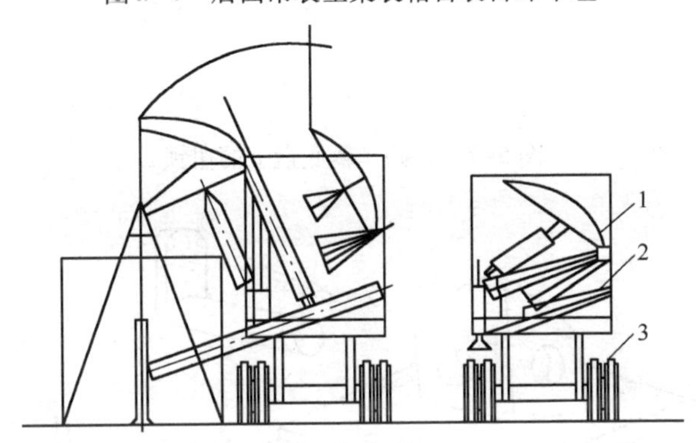

图 5-5　侧面吊装型集装箱自装自卸车组

1—吊具　2—支腿　3—半挂车

由于集装箱自装自卸车具有运输、装卸两种功能，在开展由港口至货主间的门到门运输时，无须其他装卸工具的帮助，而又使用方便，装卸平稳可靠，又能与各种牵引车配套使用，除了装卸和运输集装箱外，还可以运输大件货物和进行装卸作业，因此受到欢迎，应用范围也日益广泛。

4. 集装箱在公路运输车辆上的固定

为了保证公路集装箱运输的安全，集装箱必须用四个底角件牢牢地固定在运输车辆上，如图 5-6 所示。

集装箱在集卡上通常使用的固定方法是扭锁。这种扭锁的顶端锥体状的蘑菇头（Cone）可以用手动操作，摆动手柄就能使它旋转 90°（见图 5-7）。图 5-7（a）为锁后状态，图 5-7（b）为锁前状态。

除了扭锁之外，公路车辆上还有其他固定件固定集装箱，如锥体固定件（见图 5-8）和导位板固定件（见图 5-9）。锥体和导位板固定件一般是在港站内低速和短距离行驶的条件下使用，使

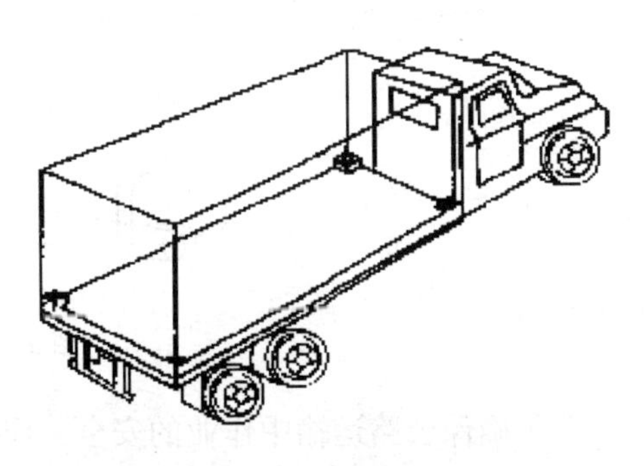

图 5-6　在公路车辆上固定集装箱

用时必须用锁销（Locking Pin）把集装箱锁住，否则车辆在不平整道路上行驶时，由于车辆的颠簸，集装箱可能会跌落下来，用锁销锁住后，既可以起定位作用，又可以承受水平方向和垂直方向的反作用力。

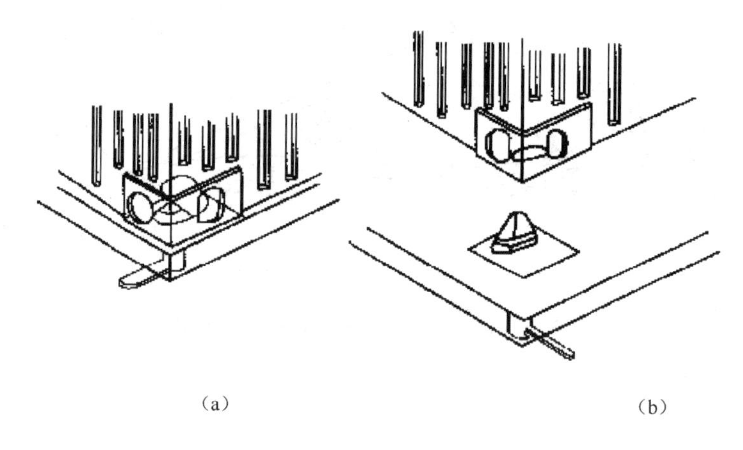

图 5-7　公路车辆底盘上的扭锁

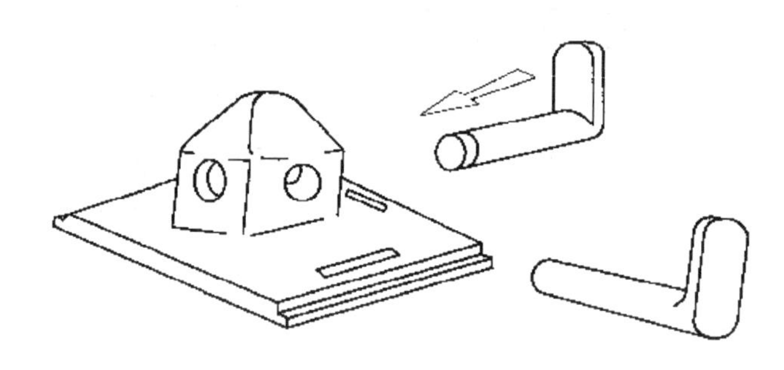

图 5-8　锥体固定件

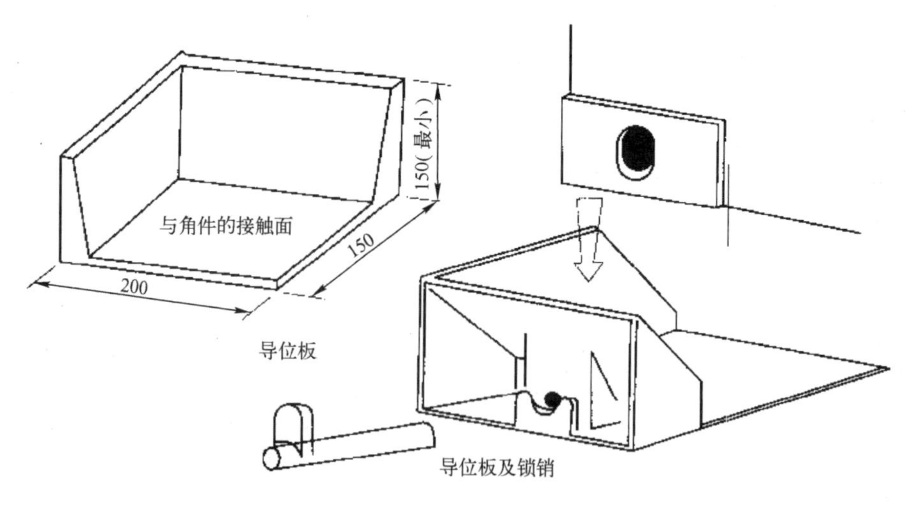

图 5-9　导位板固定件

为了确保公路运输中作业的安全，应做到：集装箱栓固装置的位置必须明显易见；所有的中介装置应能拆除或移开；在启动车辆之前，必须检查集装箱的栓固情况；在起吊集装箱

之前，应松掉栓固件。

5.1.3　集装箱运输对公路的要求

1. 我国公路的等级划分与设计车速

我国的公路划分为高速公路、一级公路、二级公路、三级公路、四级公路五个等级（见表5-1）。

表5-1　公路等级划分

公路等级	在交通网中的意义	年平均昼夜交通量
高速公路	具有特别重要的政治、经济意义，专供汽车分道行驶，全部控制出入	25 000 辆以上
一级公路	连接重要经济、政治中心，通往重点工矿区，可供汽车行驶，部分控制出入	5 000 以上～25 000 辆
二级公路	连接经济、政治中心或大矿区的干线公路，或运输任务繁忙的城郊公路	2 000 以上～5 000 辆
三级公路	沟通县以上城市的一般干线公路	200 以上～2 000 辆
四级公路	沟通县、乡、村等的支线公路	200 辆以下

各级公路设计车速见表5-2。

表5-2　各级公路设计车速　　（单位：km/h）

公路等级	一		二		三		四	
地形	平原微丘	山岭重丘	平原微丘	山岭重丘	平原微丘	山岭重丘	平原微丘	山岭重丘
设计车速	100	60	80	40	60	30	40	20

2. 集装箱运输对公路技术规格的要求

运输20ft、30 ft、40ft 的集装箱，公路必须满足下列要求：

（1）车道宽度 3 m；

（2）路面最小宽度 30 m；

（3）最大坡度 10%；

（4）停车视野最短距离 25 m；

（5）最低通行高度 4 m。

3. 集装箱卡车的载重和配载

根据我国国家标准《货运挂车系列型谱》的规定，要求集装箱卡车的最大载重量不超过45t，单轴最大载重量不超过12t，双联轴最大载重量不超过20t。按照国际标准，40ft 集装箱最大额定重量为30.48 t，则装载40ft 集装箱的卡车，其最大总重在43～45 t，基本上可以适合在我国二级公路上行驶。但如果一辆集装箱卡车装载两只20ft 集装箱，则必须限制每箱净载重在15 t 以下，或一只空箱、一只重箱配载。

5.1.4　集装箱公路运输的类型

1. 公路整箱货运输

公路整箱货运输以“箱”为单位，其装、拆箱作业一般由箱主或货运代理来完成，整箱货物重量由托运人确认，货运装载重量应以不超过规定的最大允许重量和所通过的道路、桥梁所允许的负荷为限。货物在装载时应注意箱内均衡，做到重不压轻、先进后出，且不能妨碍箱门的开关。箱内货物装载完毕后，一般由货主或货运代理施封，并做好货物标记。在公路集装箱运输过程中，凭铅封进行交接，且必须编制装箱货物清单附于车内。

2. 公路拼箱货运输

公路拼箱货运输的作业仍以普通货物形态完成，作业方式与整车集装箱运输相仿，但拼箱货物运输的装、拆箱作业一般在集装箱货运站内完成。

5.2 集装箱公路运输中转站

5.2.1 集装箱公路运输中转站在联运中的作用

在国际集装箱由海上向内陆延伸的运输系统中，公路运输中转站的作业是一个重要环节。公路中转站既是内陆的一个口岸，又是国际集装箱承、托、运等各方进行交易和提供服务的中介场所，为海上国际集装箱向内陆延伸的运输提供后勤保障作业。同时公路运输中转站的设立可在一定程度上改善内陆地区的投资环境，从而促进内陆地区经济的发展，随之又可带动国际集装箱运输在内陆的推广和应用。

（1）公路运输中转站是国际集装箱运输在内陆集散和交换的重要场所。随着外向型经济和国际贸易的发展，内陆地区外贸商品的进出口频率和数量显著增多。内陆公路运输中转站的建立，可对腹地集中出口的货物，按流向进行合理分配积载并拼装成箱，再根据运输要求及时向港口发运。具备“一关三检”的中转站，货物还可就地通关。这样的运输组织形式可以显著提高进出口货物的集装化程度，有效地减少货损货差、缩短集装箱周转时间、提高集装箱的利用率。

（2）公路运输中转站是港口向内陆腹地延伸的后方库场。通过公路运输中转站堆存、仓储和中转等功能的发挥，可使进口国际集装箱货物快速有效地从港口运往内地及时交付收货人。出口国际集装箱货物可根据货物的流量、流向、品类及船期安排，有计划、有准备地按期起运，进港上船。内陆公路运输中转站的设立，等于将港口的后方库场延伸到了内陆腹地，大大缩短了船、箱、货的在港停留时间。

（3）公路运输中转站是海上国际集装箱向内陆延伸运输系统的后勤保障作业基地。内陆公路运输中转站的设立起到海上国际集装箱向内陆延伸运输系统的后勤保障作业基地的作用。因为集装箱在使用寿命期间，为了保证不危及人身安全并及时消除其存在的缺陷，集装箱经营人都要通过合同方式委托集装箱堆场经营人按照《国际集装箱安全公约》对集装箱定期进行检验和修理。而公路运输中转站一般均具备上述作业所需的软、硬件条件。

（4）公路运输中转站既是内陆的一个口岸，又是国际集装箱承、托、运等各方进行交易和提供服务的中介场所。

公路运输中转站的设立是国际集装箱由港口向内陆腹地延伸运输系统中的一个重要窗口。它既是内地办理国际集装箱进出口业务的一个口岸，又是国际集装箱货主、货代、船公司、集装箱管理部门、公路运输企业及与之有关的“一关三检”等各方面进行交易和为之监管服务的中介场所。由于公路运输中转站完善的设施和规范有效的运作，从而能保证国际

集装箱在内陆延伸系统中的顺利进行。

(5) 公路运输中转站的设立可改善内陆地区的投资环境，从而能促进外向型经济的快速发展，随之又带动国际集装箱运输在内陆的推广和应用。

随着内陆外向型经济的快速发展，对国际集装箱运输的需求将更加迫切。这既是中国经济发展的需要，也是与国际贸易接轨的要求。而内陆公路运输中转站的建立将促进内陆公路集装箱运输的发展。由于国际集装箱运输的发展将进一步优化内陆招商引资环境、提高国际贸易管理水平、增强出口产品的竞争力，从而大大推动了内陆外向型经济的快速发展。

5.2.2 集装箱公路运输中转站的分类

按我国国家标准 GB/T 12419—90《集装箱公路中转站站级划分及设备的规定》，集装箱公路运输中转站有两种分类方法。

1. 按集装箱公路运输中转站年箱运量、年堆存量及其所在地地理位置分类

按该标准可划分为四级，即一级站、二级站、三级站和四级站。其划分标准如表 5-3 所示。

表 5-3 集装箱公路运输中转站分级

站级	类型	地 理 位 置	年箱运量/TEU	年堆存量/TEU
一级站	国际	位于大型海港附近	30 000 以上	9 000 以上
	国内	位于大河港或主要陆运交通枢纽附近	20 000 以上	6 000 以上
二级站	国际	位于中型海港或主要陆运交通枢纽附近	16 000 ~ 30 000	6 500 以上 ~ 9 000
	国内	位于中型河港或主要陆运交通枢纽附近	10 000 ~ 20 000	4 000 以上 ~ 6 500
三级站	国际	位于中型海港或陆运交通枢纽附近	8 000 ~ 16 000	4 000 以上 ~ 6 500
	国内	位于中型海港或陆运交通枢纽附近	5 000 ~ 10 000	2 500 以上 ~ 4 000
四级站	国际	位于小型海港或陆运交通枢纽附近	4 000 ~ 8 000	2 500 以上 ~ 4 000
	国内	位于小型河港或陆运交通枢纽附近	2 500 ~ 5 000	1 000 ~ 2 500

2. 按所运箱子的类型分类

按该标准可划分为国际箱中转站和国内箱中转站。对同时经营国际箱和国内箱的中转站，如果其国际集装箱年箱运量达到年总箱运量的 70% 以上，视为国际集装箱中转站。

5.2.3 集装箱公路运输中转站的一般平面布置

集装箱公路运输中转站一般由以下部分组成。

1. 主作业区

通常主作业区分成两大部分。

1) 集装箱堆场

在这一区域完成集装箱卡车进场卸箱作业与出场装箱作业的全过程，同时在这一区域进行集装箱日常堆存。集装箱堆场可按空箱、重箱分别划分区域，如以代理船公司、租箱公司作为内陆收箱点的，还可按箱主分别划分堆箱区域。在堆箱区域中，国内箱（小型箱）与国际标准箱要分开。通常国内箱应放在较靠外的位置，国际标准箱放在较靠里的位置。集装

箱堆场的地面必须作负重特殊处理，以满足相关的负荷要求。堆场地面必须符合规格，避免场地被破坏。

2）集装箱拆装箱作业仓库

在这一区域主要完成集装箱拆箱、装箱，集装箱拼箱货集货、集装箱拆箱货分拣、暂时储存及某些中转货物的中转储存等工作。仓库的规模应能满足拼、拆箱量的需求，在仓库一侧一般设置“月台”，以备集装箱卡车进行不卸车的拼、拆箱。应有适当开阔面积的拼、拆箱作业区，便于货物集中、分拣与叉车作业。按需要，可设置进行货物分拣的皮带输送机系统。同时，应有适当规模的货物储存区域。从现代物流各种运输与物流环节“整合”的角度考虑，集装箱公路运输中转站在其集装箱拆、装箱作业仓库，还可以根据需要与可能，发展一些流通加工业务与配送业务，在某种程度上，行使“第三方物流”的职能，使自身的业务面进一步拓展。

2. 辅助作业区

（1）大门检查站主要负责进站集装箱的设备检查与交接，以便分清责任。

（2）综合办公楼主要进行各种单证、票据的处理，信息交换，作业调度等。

（3）加油站满足进出站集装箱卡车的油料补给。

（4）停车场、洗车场。

（5）修理车间主要满足集装箱卡车、装卸机械的修理任务。如果有条件和必要，可配备集装箱修理的力量。

同时按照站内外运输道路及站内车辆的流向，合理确定各区域的进出口通道和中转站大门的位置，尽量避免站内外车辆的交叉流动。站内一般采用单向环形道路，路面宽 4 m，如果采用双行道，路面宽取 7 ~ 8 m，以便于汽车在站内安全运行，主要通道的转弯直径以36 m 为宜。

5.2.4 集装箱公路运输中转站应具备的主要作业功能

1. 内陆集装箱堆场和集装箱货运站业务功能

根据货主在国际贸易中所签订的运输条款和箱货交接方式，在多式联运过程中需要停留、中转和交付的进出口国际集装箱重箱、空箱或拼箱货物，都可在中转站进行整箱或拼箱货物的交接，并划分其风险责任。中转站根据集装箱运输的不同目的地，可按船、按票集中在堆场堆存，或在仓库存储，也可按照货主的要求，直接进行门到门的运输服务。

2. 集装箱货物的集散、仓储、换装和拆装箱作业功能

对出口的货物，可提供集货、理货、装箱、拼箱，并向港区码头转运装船等；对进口的集装箱，可提供拆箱、卸货、理货、分拨及上门送货等服务，对拆箱后、装箱前及需要换装的各种进出口货物，包括需要长期保存周转的免税或保税商品、海关暂扣物资、进出口国际集装箱等，都可以进入中转站的专门仓库进行储存和保管。

3. 内陆口岸功能

根据区域经济和对外贸易发展的需要，在内地建立的某些中转站，经政府主管部门批准，设置海关、进出口检验检疫（“一关三检”）等口岸监管服务机构及其专业设施，以供各类集装箱货物及其他交通工具办理出入境手续，使出入境口岸业务由沿海延伸到内陆中转站，为内陆客户就地办理进出口手续提供方便快捷和经济的服务条件。

4. 集装箱箱管站功能

公路国际集装箱中转站经船公司集装箱管理中心认可并签订协议后，即可作为船公司及

其代理人调度、交接、集中、保管和堆存空集装箱的场所，并且由 EDI 系统负责集装箱的动态跟踪，还可按规定的标准、工艺对集装箱进行定期的检验、修理或整新及清洁、维护等作业。

5. 信息处理和传输功能

按照船方、货方、港口、中转站及“一关三检”等协作单位对集装箱和集装箱运输进行管理的需要，中转站需建立起管理信息系统，包括：

（1）对集装箱进行动态跟踪和管理，适时反映集装箱所在的地理位置和所处的状况；

（2）对集装箱货的承揽、仓储、运输、堆存、装载和车辆的运输作业、调度计划及单证的流转、票务结算等进行统计制表，以供分析和决策；

（3）处理在集装箱运输中涉及的单证信息；

（4）在本中转站与其他单位联结的管理信息系统网络上，传递交流各类信息。

6. 国际货运代理功能

1）进口货运代理业务

受国内外货主或船公司的委托，代办接货、发运业务，如代办进港提箱、进行各类箱货交接、申请“一关三检”、拆箱理货、冷藏箱制冷等手续；办理进口货物经由公路、铁路、水路、航空的转运业务，并负责将货物安全及时地交给收货人；办理进口国际集装箱国内段运输的投保，支付运费、装卸费，缴纳各种税费等业务。

2）出口货运代理业务

受船公司的委托，为班轮组织出口集装箱货源；受货主的委托，办理出口货物门到门多式联运全过程所需的订舱、订机、订车、租船、订集装箱吊装机械等业务；办理出口货物的上门接货、包装理货、申报“一关三检”、仓储保管、货物配载、装卸平舱、装箱拼箱、集港装船等工作；缮制各种运输单证、催证，签发提单，代办运输全过程的投保、结汇，支付运费，缴纳各种税费等业务。

7. 配套服务功能

为国际集装箱运输生产业务配套的服务，包括对车辆机械的技术检测与维修，车辆的清洗、加油和停放，对各类货物进行装卸、包装、分拣及物流增值服务等，引入与“一关三检”监管机构相协作的银行、保险公司、税务等部门，以便为客户提供一条龙服务。

5.2.5　集装箱公路运输中转站装卸工艺方案选择

集装箱公路运输中转站装卸工艺方案可有六种选择。

1. 轮胎式龙门起重机装卸工艺方案

在集装箱堆场上，配置轮胎式龙门起重机。由集装箱卡车送达或启运的集装箱，均通过轮胎式龙门起重机装卸。

2. 跨运车装卸工艺方案

集装箱卡车进场送达与启运出场的集装箱，均通过跨运车装卸。

3. 正面吊装卸工艺方案

集装箱卡车进场送达与启运出场的集装箱，均通过正面吊装卸。

4. 集装箱叉车装卸工艺方案

集装箱卡车进场送达与启运出场的集装箱，均通过集装箱叉车装卸。

5. 汽车起重机或轮胎式起重机装卸工艺方案

以汽车起重机或轮胎式起重机代替正面吊，进行进出场箱装卸。

6. 底盘车工艺方案

进出场的集装箱均不予装卸，进场时集装箱与车头拆开，底盘车直接停在场地上；出场时与车头挂上，直接开出。

上述工艺方案中，轮胎式龙门吊工艺与跨运车工艺方案初始投资较大，只适用规模大、运量稳定的公路中转站采用。正面吊工艺方案由于其初始投资较小，使用灵活，正在被越来越广泛地采用；规模一般或较小的中转站，可考虑采用叉车工艺。中转站规模与装卸工艺方案的选择，可按下列配比考虑。

（1）年堆存量为 9 000 TEU 以上的一级站，以轮胎式龙门起重机为主，集装箱叉车为辅。

（2）年堆存量为 4 000 ~ 9 000 TEU 的二级、三级中转站，宜以正面吊为主，集装箱叉车为辅。

（3）年堆存量为 4 000 TEU 以下的四级站，宜以叉车为主，汽车起重机为辅。

（4）处于起步阶段的中转站，采用汽车起重机或底盘车工艺。

5.3 集装箱公路运输业务

5.3.1 集装箱公路运输的货源组织

1. 集装箱公路运输的特点

集装箱公路运输由于其货物的包装形态发生了质的变化，因此其货物的装卸、运输过程（流程）也将发生变化。

1）集装箱公路运输流转程序的特点

（1）出口集装箱货物必须是先将分散的小批量货物预先汇集在内陆地区有限的几个仓库或货运站内，然后组成大批货物以集装箱形式运到码头堆场，或者由工厂、仓库再将货物整箱拖运到码头堆场。

（2）进口集装箱货物如果是以整箱运输的，将直接送到工厂或仓库掏箱；如果是以拼箱货物运输的，将箱子送到堆场或货运站拆箱后再分送。

（3）集装箱公路运输的运送路线简单、方便，一般都在固定的几个仓库或货运站堆场，这对集装箱运输规模化、标准化创造了有利条件。

（4）集装箱公路运输的作业方式将更容易实现机械化和程序化，为开展集装箱码头堆场、货运站直至仓库之间的拖挂车运输打下了良好的基础，这对提高集装箱公路运输效率具有重要意义。

2）集装箱公路运输装卸流程的特点

（1）从装卸业务上来看，明确规定了整箱货由货主自行装箱，拼箱货由集装箱货运站负责装箱，这就从根本上解决了以往由公路运输单位装卸而造成质量差的问题。

（2）从管理上来看，由货主或货运站装箱、拆箱也便于实现专业化、熟练化。集装箱货

物装卸流程的变化也使得各环节中的责任划分更加明确。

2. 集装箱公路运输货源组织的特点

从事集装箱公路运输的主要是各类集装箱卡车运输公司。集装箱卡车运输公司车辆配备数与运力是固定的，但运输市场对集装箱卡车的需求在数量、流向、时间、地域上是不均衡的，这是集装箱公路运输货源组织最突出的特点，也是面临的最大矛盾。总的来说，在集装箱运输大系统中，都存在运力与需求之间的不平衡，但相对于集装箱水路运输子系统、铁路运输子系统来说，集装箱公路运输需求的波动与供需的矛盾更为突出。

3. 集装箱公路运输货源组织的客观性与主观性

1）客观性

集装箱公路运输货源组织的客观性是指集装箱货源受国家政策的影响很大，牵扯到国家对外贸易的发展和集装箱化的比例，同时还受到货主、货运代理及船舶公司等各种因素的影响，因此从集装箱运输货源来说，其平衡性和稳定性只是相对的、暂时的。由于货源的不平衡性，对运输的需求也是经常处于不稳定状态，因此集装箱运输在时间上和方向上存在着一定的不均衡性。表现在货物的流量上，月度、季度或各旬有很大差异，上行和下行也存在很大差异。所以说，集装箱运输的客观因素在一定程度上左右了公路集装箱运输的发展。

2）主观性

集装箱公路运输货源组织的主观性是指在市场经济运行机制下竞争规律的作用，使得参与企业由于自身状况的不同，能获取的市场份额也就不同，体现在参与企业的公路集装箱货源组织的业务量也不同，所以每个参与企业的物质条件、员工敬业精神、市场的开拓能力、企业的管理水平等综合素质的高低势必影响到集装箱的货源组织。每个参与企业的综合素质就是公路集装箱运输组织的主观性表现。

4. 集装箱公路运输货源组织的形式

1）统一受理、计划调拨

这是集装箱公路运输货源组织的最基本形式。公路运输代理公司或配载中心统一受理由口岸进出口、需用集装箱卡车运输的货源，然后根据各集装箱卡车公司的车型、运力、营运特点，统一调拨运力。这种方式对公路集装箱运输的运力调拨和结构调整起着指导作用，能较好地克服能力与需求的不平衡，也能较好地保证集装箱卡车公司的收益。

2）合同运输

这是计划调拨运输的一种补充形式。船公司、货运代理公司和货主在某些情况下与集装箱卡车公司直接签订合同，确定某段时间、某一地区的运输任务。

3）临时托运

集装箱卡车公司也接受短期、临时客户小批量托运的集装箱。这是对计划调拨运输和合同运输必不可少的补充。

5. 集装箱卡车运输公司货源组织的手段

1）委托公路运输代理公司或配载中心组货

这是集装箱卡车公司主要的组货渠道。因为公路运输代理公司或配载中心与各类口岸企业有密切的联系，熟悉业务，便于进行商务处理。由公路运输代理公司集中地向众多货主揽货，然后分配给各集装箱卡车公司，也便于提高效率、降低交易成本。

2）各集卡公司（车队）在主要货主、码头、货运站设立营业受理点

集装箱卡车公司也可以在主要货主、码头、集装箱货运站或公路集装箱中转站设立营业受理点，自行组织货源。这样做，能及时解决客户的急需或特殊需求，也便于集装箱卡车公司更快地掌握运输市场动态，以便为其运输经营的改革提供依据。

3）参加集装箱联办会议和访问货主

集装箱卡车公司可通过参加集装箱联办会议，与港区、货运代理公司、货主企业进行沟通，了解货源市场情况，争取组织货源。也可以定期访问货主，一方面听取货主意见，改进工作；另一方面掌握市场动向，积极争取货源，与货主建立稳定的业务联系。

5.3.2 集装箱公路运输流程

1. 集装箱公路运输程序

按照集装箱公路运输服务的对象区分，其业务内容及生产作业流程主要有以下三种。

1）港口进出口国际集装箱集疏运业务及其作业流程

（1）出口集装箱进港发送作业流程如下。

① 接受托运人或其代理提出的集装箱出口托运申请。

② 汇总托运申请，编制运输计划，并据此向货运代理和船舶公司联系提供空箱。

③ 将集装箱出口运输通知单和放箱单交给集装箱码头，换取集装箱设备交接单、集装箱装箱单和封具，并提取空箱。

④ 将空箱连同装箱单和封具一起自集装箱码头堆场运往托运人工厂、仓库或中转站。

⑤ 自托运人工厂或仓库将拼箱货接运至中转站拆、装箱库。

⑥ 在货运代理、海关、商检等部门的监督下，把货物装箱加封后，将集装箱连同已填写、签署的装箱单送往集装箱码头或中转站，待船舶到港后准备装船。

⑦ 将装箱单和集装箱设备交接单提交集装箱码头，经核查后取得签发的集装箱交付收据。

（2）进口集装箱出港送达作业流程如下。

① 接受货主或其代理提出的集装箱进口托运申请。

② 汇总托运申请，编制运输计划，并据此向船公司和货运代理联系提箱。

③ 将集装箱进口运输通知单和提货单交集装箱码头，换取集装箱设备交接单，并在集装箱堆场提取重箱装车。

④ 整箱货集装箱运送至收货人工厂或仓库，拼箱货集装箱运回中转站集装箱作业区。

⑤ 拆箱后将空箱和集装箱设备交接单送回集装箱码头堆场或中转站集装箱堆场。

⑥ 将集装箱设备交接单提交集装箱码头堆场，送回集装箱并经检查后取得签署的集装箱退回收据。

⑦ 将属于不同收货人的拼箱货在有关部门监督下，理货后分送有关收货人。

2）国内集装箱公铁联运上、下站接取送达业务及其作业流程

（1）集装箱公铁联运上站发送作业流程。

① 接受托运人或其代理提出的货物托运申请。

② 向铁路货运站提出联运申请和空箱要箱计划。

③ 待联运申请被答复后，领回铁路进货证和集装箱交接单，凭单提取空箱运至托运人

工厂或仓库，或运回中转站堆场。

④ 将拼箱货自托运人工厂或仓库运至中转站，按铁路货运站配箱计划和积载要求装箱，并填写集装箱装箱单。

⑤ 按计划将重箱运送至铁路货运站，并按铁路有关规定办理集装箱交接。

⑥ 托运人按铁路运价交付运费，领回托运人报销联及铁路运单副本。

（2）集装箱公铁联运下站送达作业流程。

① 接受收货人或其代理人提交的货物托运单、到货通知和领货凭证。

② 将到货通知、领货凭证提交铁路货运站办理提箱手续，领取出门证及集装箱交接单。

③ 按计划到铁路货运站提取重箱，将重箱运至收货人仓库或中转站并办理交接手续。

④ 将拼箱货在中转站拆箱后通知货主提货，或送至收货人。

⑤ 将用毕的空箱送回铁路货运站，并办理集装箱交接手续。

⑥ 按规定向收货人收取运费和附加费。

3）集装箱公路干线直达运输业务及其作业流程

（1）接受托运人或其代理提出的货物运输申请。

（2）审核托运单填写内容与货物实际情况是否相符，检查包装，过秤量方，粘贴标签、标志。

（3）按有关规定向托运人核收运杂费、附加费。

（4）按照零担运输作业程序核对装箱，当场进行铅封并编制装箱单。

（5）按班期将集装箱货物运送到对方站，凭铅封进行交接，明确相互责任。

（6）到达站将货物从集装箱内掏出，并以最快速度通知收货人在最短时间内将货物提走，以加速物资和仓库的周转。

5.3.3　集装箱公路运输货运单证

为规范集装箱公路运输业务，便于划分集装箱公路运输的责任，交通部于1997年发布了《道路货物运单使用和管理办法》（以下简称《办法》），自1997年10月1日起施行。凡从事营业性道路货物运输和货运代理的经营者，均须遵守该《办法》。

1）道路货物运单的性质和种类

道路货物运单是道路货物运输合同的凭证，是运输经营者接受货物并在运输期间负责保管和据以交付的凭证，也是记录车辆运行和行业统计的原始凭证。道路货物运单分为甲、乙、丙三种，其中乙种运单适用于集装箱汽车运输。

2）道路货物运单的使用

（1）承、托运人要按运单内容逐项如实填写，不得简化和涂改。

（2）乙种道路货物运单第一联为存根，作为领购新运单和行业统计的凭据；第二联为托运人存查联，交托运人存查并作为运输合同当事人一方保存；第三联为承运人存查联，交承运人存查并作为运输合同当事人另一方保存；第四联为随货同行联，作为载货通行和核算运杂费的凭证，货物运达经收货人签收后，作为交付货物的依据。

（3）已签订年、季、月度或批量运输合同的，必须在运单“托运人签章或运输合同编号”栏中注明合同编号，由托运人签章。批次运输任务完成或运输合同履行后，凭运单核算运杂费，或将随货同行联汇总后转填到合同中，由托运人审核签字后核算运杂费。

（4）道路货物运输和货运代理经营者凭运单开具运杂费收据。

3）道路货物运单的印制、发放和管理

道路货物运单由省级道路运政管理机关统一印制，由地（市）级以上道路运政管理机关负责发放和管理。道路货物运输和货运代理经营者必须到注册所在地指定的道路运政管理机关领取运单，非营业性运输经营者从事一次性营业运输，由当地道路运政管理机关核发运单。运单必须缴旧领新，经营者凭“道路货物运单领购证”按要求交回已汇总统计数的旧运单存根，批量领用新运单，旧运单存根经审核签章后退还经营者。每年度运单须全部回缴，回缴时间为次年1月的1～20日。

4）监督检查与处罚

各级交通主管部门对使用运单的经营者的违章行为实施监督、检查、纠正和处理。运单的使用情况已被列为经营者年度审验的项目。凡违反《办法》规定的将受到如下的处罚。

（1）经营者超出范围使用运单的，每次处以人民币100～200元罚款。

（2）营业性或一次性营业运输不使用运单的，每次处以人民币500元罚款。

（3）经营者三个月以上不使用运单的，处以人民币10 000元以下罚款。

（4）私自印制、伪造、转让、倒卖运单的，收缴全部运单并处以非法所得3倍以下罚款，但最高不超过人民币30 000元。

（5）当事人对处罚决定不服的，可在接到处罚通知书之日起15日内，向作出处罚决定机关的上一级行政机关申请行政复议或向法院起诉；期满未提出复议又不起诉且拒不履行处罚决定的，作出处罚决定的机关可申请法院强制执行。

5.3.4 集装箱公路运输运行管理

集装箱公路运输的业务形式多变，不像水路运输与铁路运输那么规范，所处理的货物数量也变化悬殊，所以很难规范地描述其业务程序。这里仅就以口岸或大型公路集装箱中转站为背景的集装箱卡车运输公司的典型业务为对象，讨论其业务程序和运行管理。

1. 进口货运业务

这里的“进口”，是指班轮运输的集装箱到达目的港卸下以后，通过集装箱卡车运往收货人的货运业务。这类业务的一般处理程序如下。

1）编制进口箱运量计划

集装箱卡车运输公司根据港口企业或公路运输代理公司提供的集装箱班轮船期动态，或者船公司、货运代理公司提供的进口船期、载箱量，需要通过公路运输、送达的箱量等，结合本公司的运力情况，编制月、旬、周或日的运量计划。

2）接受托运

集装箱卡车运输公司通过各种方式接受公路运输代理公司、货运代理公司或货主等提出的进口集装箱陆上运输申请，根据自身条件许可情况接受托运。

3）申请整箱放行计划

在接受托运以后，集装箱卡车运输公司向联合运输营业所申请整箱放行计划；如果为拆箱货，则向陆上运输管理处申请批准。

4）安排运输作业

集装箱卡车运输公司根据各种托运箱，合理派车，安排运输。对各种超重、超高等超标

准箱，应向有关管理部门申请超限证；如果属跨省运输，则应开具路单。

5）申请机械、理货和卫检等

如果待运的集装箱在码头、公路中转站，应提前向码头与公路中转站申请装车机械和相应人力。如需拆箱，还应代替收货人向有关部门提出理货、卫检和其他一些特殊需要的申请。

6）提取重箱

完成以上程序后，集装箱卡车运输公司派出集卡，持集装箱放行单和设备交接单，到指定箱区提取重箱，并在大门检查站办理出场集装箱设备交接。

7）交箱

集卡将重箱送往收货人处。如果是在收货人处拆箱，同时运回空箱的，须由理货公司派人理货。货主接受货物后在交接单上签收，集卡运输的货物交接责任遂告结束。

8）送还空箱

集装箱的空箱应按规定时间、地点送回。集卡在送回空箱时，应在码头大门检查站进行检查，取得进场集装箱设备交接单，然后到堆场办理空箱交接。

2. 出口货运业务

这里的“出口”，是指发货人通过集装箱卡车，将集装箱重箱送达起点港，装上集装箱班轮，运往目的港的货运业务。这类业务的一般处理程序如下。

1）接受托运

集装箱卡车运输公司通过各种形式接受公路运输代理公司、货运代理公司或货主的托运申请，在了解掌握待装货物情况和装箱地点情况后，有能力接受的，予以承运，并订立运输合同。

2）安排作业计划

集装箱卡车运输公司根据承运合同编制集卡作业计划。对超重、超高、跨省运输的，提前向有关管理部门办理申请，同时，在送箱的前一天，向码头申请装卸机械与人力。

3）领取空箱

集装箱卡车运输公司凭货运代理签发的出场集装设备交接单和托运单，到指定地点提取空箱，送往托运人处装箱。

4）送交重箱

装箱完毕，集装箱卡车运输公司将重箱连同“装箱单”、“设备交接单”送到指定码头交付，办理集装箱设备交接。

5.3.5　集装箱公路运输与有关部门的业务往来

集装箱公路运输同传统运输有很大区别，其中最大的区别就是环节多、手续多和单证多。由于环节、手续和单证的需要，集装箱公路运输又必然要和有关部门发生各种业务往来，因此，作为集装箱运输公司来说，熟悉、了解有关部门的业务工作和政策、法规是保证多式联运发展的重要一环。

1）集装箱公路运输公司应熟悉并了解海关、商检和港监的业务工作

（1）海关方面应知道海关对集装箱运输报关、报检及集装箱进出口货物的有关规定，还要知道海关办理报关、验收的工作程序及所需要的各种单证。

(2) 商检方面要了解商检局关于对商品检验、集装箱检验、证明、报检及有效索赔期等各项有关规定。

(3) 港监方面应清楚集装箱运载危险品的有关规定，以及在运输过程中应采取的防范措施。

2) 集装箱公路运输公司应熟知船公司或其代理的工作程序和有关单证

集装箱公路运输公司应与船公司或其代理保持密切联系，及时掌握车、船的靠泊、到站及装卸作业时间。

(1) 集装箱公路运输与港站的关系要紧密得多。不仅仅是了解和熟悉，而且是要配合和执行。要掌握港到站的工作规律和熟知其工作程序，及时同港站有关部门办理各项单证交接手续和预报进港、进站及机械申请计划。

(2) 集装箱公路运输与集装箱管理部门、联合运输营业所和陆上运输管理处经常会发生业务往来及单证流转，要严格按照有关规定办理，密切合作。

5.4 中国集装箱公路运输发展历程

中国集装箱公路运输业的发展起始于 1977 年年末，交通部为开辟中—日、中—澳集装箱运输航线做好准备，决定由交通部汽车运输总公司在天津塘沽成立一支集装箱运输车队，作为集疏运港口的集装箱及向内陆延伸运输的需要。这是国内组建的第一支专业集装箱运输车队，它的技术装备、运输任务、作业流程、组织管理等方面的经验，对此后集装箱公路运输业的发展均起到了示范作用。自该车队诞生之后，随着我国海运国际集装箱运输和国内集装箱铁路运输的快速发展，公路作为集疏运港站集装箱的主要运输方式，由于其在集装箱运输链中发挥着重要的支撑作用，因而也相应地迅速发展起来。回顾我国集装箱公路运输的发展历程，大致可划分为以下 3 个发展阶段。

5.4.1 起步初创阶段（1977—1982 年）

这一阶段的主要特征是，从国内第一支专业集装箱运输车队出现起，至交通部为加强对集装箱公路运输的组织推广工作，决定成立专职的管理机构之前为止。在此期间，所有工作都是从零开始，开展的工作同时并进。主要工作如下。

(1) 组建集装箱公路运输企业。为配合天津、上海、黄埔（广州）、青岛、大连等主要外贸港口进出口国际集装箱集疏港运输的需要，分别在港口地区或其腹地组建了中央和地方合资的或以地方为主的国际集装箱汽车运输企业，同时陆续规划建设了相应的中转站作业基地。

(2) 组织集装箱公铁水联运及集装箱公路直达运输试点线工作。在国家经贸委的统一组织领导下，配合水运、铁路、物资、商业等部分开展了上海—大连—哈尔滨国家标准 5t 集装箱的海陆联运试点工作；会同铁路部门，在京沪线广安门、天津南、洛南、蚌埠、南京西、上海北郊等铁路集装箱办理站组织开展了集装箱公铁联运门到门试点工作，对广安门车站及北京铜厂、低压电器厂等单位开展集装箱门到门运输情况的典型联合调查，并研究提出改进的措施；配合科研部门对上海港国际集装箱向无锡等内陆腹地延伸运输的水陆支线方案进行调研论证。在集装箱公路运输开展较早的黑龙江、山东、江苏、浙江、安徽 5 省组织安

排了哈尔滨—黑河、济南—青岛—烟台、南京—扬州—南通、杭州—温州、合肥—六安5条试点线，开展了公路直达5t集装箱运输试点工作。

(3) 改装试制引进集装箱运输车辆及装卸机械。国家经委为鼓励公路集装箱运输的发展，于1980年首次安排专项技术措施费110万元、东风牌EQ－130二类汽车底盘100辆及日本进口TCM5t集装箱装卸叉车4台，用于解决公路中转站的技术装备。为充分利用好这些资源，交通部选择营口挂车制造厂进行10t公路集装箱专用半挂汽车列车的样车试制工作。该样车经技术鉴定后，又安排了100辆二类汽车底盘的改装工作，并优先分配给集装箱运输发展较好的哈尔滨、天津、济南、青岛、合肥、蚌埠、南京、扬州、上海、杭州等城市，重点开展5 t集装箱门到门运输。4台进口叉车分配给了哈尔滨、天津、济南、上海的集装箱专业运输企业，用作开展铁路集装箱门到门运输的配套设备。在国际集装箱运力方面，交通部从中远和港口进口的车辆与装卸机械中，分配给交通部汽车运输总公司日本三菱牌集装箱运输车数10辆，瑞典生产的Kalmar大型专用叉车5台，作为集疏运港口国际集装箱的配套设备。

(4) 参与起草和组织制定有关集装箱公路运输的政策法规和管理办法。根据开展集装箱公路运输的迫切需要，交通部公路局组织上海等11个交通主管部门和企业从事集装箱运输的专业人员，通过调查总结，历时半年，起草了《公路集装箱运输计费暂行办法》，并由交通部颁发试行。这个办法的首次出台，对发展集装箱公路运输起了重要推动作用，也为以后完善专业法规建设打下了良好的基础。在组织内资合资的集装箱运输企业过程中，通过不断总结，逐步完善了合资企业的管理办法和企业章程，为加强对合资企业的管理提供了实践经验，在国家经委主持制定《关于发展我国集装箱运输若干问题的规定》文件起草过程中，公路运输部门积极参与了具体的分工起草工作。该项政策性文件的发布实施，对指导我国初始阶段集装箱运输的快速发展起到了巨大的作用。

(5) 积极参加了全国集装箱标准化工作。我国在首次制定5 t集装箱国家标准期间，对集装箱的外廓尺寸和额定重量争议较大，因为它对我国现有铁路车辆的利用程度和铁路部门对运输经济的考核指标影响甚大；同时，对我国国产汽车的基本车型和公路工程技术标准中的建筑限界也有深远的影响。为了慎重决策，国家标准局组织有关部委和科研院进行了较长时间的反复讨论和论证。在此过程中，公路运输部门作为一个关键部门，始终派专业技术人员参加了我国第一项集装箱国家标准《货物集装箱外部尺寸和重量系列》的编制和论证工作，参加了国家标准5 t集装箱的首次试制、实验和技术鉴定工作。此外，还参加了首届“全国集装箱标准化技术委员会”的筹备和成立活动，参加了该委员会的标准化工作。

(6) 组织经验交流，参加学术讨论，编制“六五”发展计划。为贯彻交通部对今后一个时期发展集装箱运输拟采取的“统一领导、分头经营、互相协作、专业管理”的方针，交通部公路局在蚌埠市首次召开“全国公路集装箱运输工作座谈会”，进行了研究部署，会上还交流了各地开展集装箱公路运输的经验体会和做法。在国家经委首次组织的“全国联运及集装箱运输组织学术座谈会”上，发表了《积极探索和总结发展我国公路集装箱运输的经验》论文。按照交通部的部署，由交通部计划局、公路局、水运局组织交通部汽车运输总公司研究制定了全国集装箱公路运输的“六五”发展计划和“七五”发展规划。此外，公路运输部门还参加了交通部在上海召开的“国际集装箱运输港口业务座谈会”，共商开展国际集装箱疏港业务及揽货事宜。同期，国家经委对从天津港进出口的国际集装箱内陆运输转运交货及交通、外贸两部的业务分工作出决定：出口装箱、出运业务由外运负责代理；进口拆箱、转运由交通部外轮代理总公司代理，由交通部汽车运输总公司天津分公司为主负责运输。上述多项活动的开展和作出的历史性决定，对当时进一步推广公路集装箱运输和加强运输工作的管理均有重要作用。

集装箱公路运输的起步初创阶段虽只经历短短5年，而且各项工作毫无基础，但由于国家经委、交通部及有关省市交通厅的重视与支持，实施引导政策的正确性，充分调动了中央直属企业和地方企业的积极性，通过群策群力，开展了全方位的工作，使集装箱公路运输有了良好的开端和快速的发展。到1982年年底，开展集装箱公路运输、装卸业务的省市达20余个；在上海、天津、青岛、黄埔、大连、广州、福州、湛江8个外贸港口当年完成的15.9万TEU国际集装箱吞吐量中，公路运输部门承担了2/3的集疏运任务。

5.4.2 推广发展阶段（1983—1990年）

这一阶段是从交通部为了加强对全国集装箱公路运输的推广与管理工作，决定成立交通部公路局“集装箱运输处”专职管理机构时起，至交通部在上海口岸组织的国家重点工业性试验项目《国际集装箱运输系统（多式联运）工业性试验》基本结束时止。这一阶段历时8年，也是公路集装箱运输大力推广和发展的历史阶段。

这个时期，正值十一届三中全会之后，我国开始了建设有中国特色社会主义的新阶段。党的“十二大”把交通运输列为国民经济发展的战略重点，置于优先发展的地位。在改革、开放和搞活总方针的指导下，为满足国民经济和对外贸易迅速发展的需要，国家重新调整了产业政策，交通运输成为国家投资建设的重点，投资力度明显增大。在“六五”至“七五”期间，交通系统的固定资产累计投资达到2亿元，年均投资递增25%，大大高于同期国民经济发展的速度。在这一有利形势下，我国港口、公路、铁路和公路站场等基础设施的建设掀起了新一轮的建设高潮；集装箱专用船舶、车辆、机械及集装箱的数量和能力大大增加。在集装箱运输基础设施和技术装备能力显著增强的同时，国际、国内集装箱的运量也大幅度提高。

国际海运集装箱和国内铁路、水路集装箱运量的迅速增长，对集装箱公路运输提出了新的要求，公路运输作为集疏运港站集装箱，开展门到门运输和公铁水联运的重要方式，为适应我国内外贸集装箱运输快速发展的形势，公路运输部门在国家经委和交通部的正确引导和有力支持下，采取多种措施，充分调动中央和地方两方面的积极性，加大了推广和发展公路集装箱运输的力度。在此期间，交通部公路局组建了“集装箱运输处”专职管理机构，加强了对全国公路集装箱运输的推广发展工作。如组织直属和地方企业编制“六五”、“七五”发展计划；在沿海省份和东北—华北地区组建了一批联营或独资的公路集装箱运输企业，重点建设了上海、天津、广州、青岛、大连口岸的内陆国际集装箱公路中转站并为办理进出口业务的客户开展了全面的服务；企业利用国家专项贷款和技措费改装，引进了一批集装箱运输车、牵引车、大型装卸机械及IBM/PC计算机；组织专家调查制定了国际、国内《集装箱汽车运输收费规则》《场站国际集装箱管理办法》、《集装箱公路中转站站级划分及设备配备》国家标准，《集装箱汽车运输量统计报表》等项专业规章和技术标准；组织科研、院校结合企业生产应用和技术改造任务，完成了《公路集装箱中转站车辆调度管理自动化系统的研究》《公路集装箱运输经济技术指标体

系的研究》《5 t公路专用集装箱可行性研究与样箱试制》《20ft、40ft集装箱半挂汽车列车整车匹配与降低装卸高度的研究与样车试制》等重点科技攻关项目；由中国汽车运输总公司牵头，组织上海、江苏、浙江、山东、湖北的各相关企业作为“七五”国家重点工业性试验项目:《国际集装箱运输系统（多式联运）工业性试验示范线》的成员单位，用2年多时间完成了全部试验任务，并将试验成果及时转换为生产力，开通了一条苏锡常宁和沪杭嘉湖2条内陆公路集装箱集疏运线及上海—青岛、上海—武汉两条主要内支线，从而大大增强了上海口岸腹地的内陆等集疏运能力；扩大对公路专用集装箱直达运输和甩挂运输试运线的试点范围，为国家主管部门决策推广汽车甩挂运输提供了依据；委托上海海运学院和交通管理干部学院举办6期“公路集装箱运输业务培训班”，组织企业领导业务骨干分批赴日本、澳大利亚、我国香港地区培训考察，举办专业座谈会、现场交流会、中外专家研讨会及时交流学习发展集装箱运输的业务技术经验，通过这些活动，培养了一批集装箱运输的业务骨干，从整体上提高了企业的经营管理水平；此外，还组织重点运力分别参加了上海、黄埔、天津、大连、青岛等港口的集装箱集疏港任务，对缓解当时出现的严重压船压港问题起到积极作用。

公路集装箱运输的进一步发展和壮大，对推进我国集装箱运输整体水平的发展与提高，起到重要的支撑作用。由于集装箱公路运输基础设施和运能的大大增强，公路运输已成为我国集装箱运输的一支重要力量，公路集装箱运量逐年大幅度增加。截至1990年年底，当年通过公路完成的港口国际集装箱集疏运量为84.7万TEU，占港口吞吐重箱总数的79.5%，比1982年完成的集疏运量提高了12.3倍。当年铁路集装箱发送量完成69.9万TEU，发送集装箱货物1107万t，通过公路运输完成的上下站接取送达门到门运量约占公路发送量的50%，比1992年提高了14%，约增加箱运量16万TEU。

5.4.3　巩固提高阶段（1991年至今）

这一阶段的主要特征是，从全面推广《国际集装箱运输系统（多式联运）工业性试验》成果，建立起按规范和国际惯例运作的集装箱运输系统起，至完成“九五”计划跨入新世纪时止。这个阶段历时10年，是公路集装箱运输能力持续发展和经营管理水平全面提高的历史阶段。

我国集装箱运输从20世纪70年代开始大力发展以来，经过近二十年的努力，通过一系列的科学试验和生产实践，到“八五”计划开始，已形成一定的生产能力，也积累了丰富的实践经验。随着我国对外开放的逐步扩大，国民经济和对外贸易的持续发展，世界经济一体化、贸易全球化和跨国公司的迅速崛起，为了迎接我国加入WTO，全面参与国际竞争和国际合作，充分发挥我国在国际集装箱运输市场中的优势，以适应经济全球化的新形势，就必须在已取得成就的基础上，更好地总结自己，学习先进，进一步提高我国集装箱运输的国际化、现代化、法制化、规范化管理水平，以便在参与经济全球化进程中，能进一步增强和巩固我国在国际集装箱运输市场上的竞争力和国际地位。正是在这一方针指导下，1991年国家经委、交通部、铁道部联合在宁波召开了第二次《全国集装箱运输工作会议》，重点提出了“八五”期间集装箱运输的发展目标，研究了国际集装箱向内陆腹地延伸运输问题，关于推广9条集装箱联运线及在天津、大连口岸进一步推广上海口岸“工业性试验”成果经验等问题。公路集装箱运输部门按照这次会议精神和要求，结合本行业的发展状况及问题，在此后一个阶段重点抓了以下几方面工作并取得了可喜的成果。

（1）在沿海、沿铁路京广、京沪、京哈线，沿长江中下游等重点省市，继续组建了一批专业集装箱运输企业，兴建了不同规模的集装箱公路运输中转站或货运站，通过各种渠道筹集资金，改革经营机制，加速站场的建设和技术装备配套工作，使集装箱公路运输能力又有较大提高。到“九五”末期，全国已修建二级以上高等级公路 18.9 万 km，占公路通车总里程的 13.5%，重要城市之间均有干线公路贯通；全国从事集装箱业务的汽车运输企业有 1 600 多户，建设国际集装箱公路运输中转站 250 座，设有集装箱业务站点约 400 个，拥有国际集装箱专用汽车 2 万余辆，各种集装箱装卸机械 1 600 余台，集装箱堆场 255 万 m^2，拆装箱作业库 22 万 m^2。2000 年，公路集疏运港口国际集装箱 1 274.2 万 TEU，占港口吞吐重箱数的 83.6%，比“六五”末期的公路集疏运箱量增长了 19 倍；向港口腹地延伸运输的距离也有较大提高，进一步加强了我国东部发达地区与中西部欠发达地区的业务联系，为内陆客户办理海运进出口业务提供了方便。在集装箱铁路发送量中，通过汽车运输完成的上下站接取送达和门到门运量约为 154.3 万 TEU，占铁路发送总箱量的 70%，比“六五”末期增长了 2.5 倍。

（2）为扩大内需，推动国民经济增长，改善区域投资环境，加速综合运输体系的建立，近年来交通部门继续加大对交通基础设施建设的投资力度，加快了公路运输基础设施的建设。2000 年，国家用于公路运输业的基本建设总投资达 1 731.29 亿元，其中用于线路桥梁建设的投资为 1 680.62 亿元，用于运输车辆购置和站场建设的投资为 37.97 亿元，“八五”至“九五”期间，用于公路运输业的基本建设投资，平均年增长率在 22% 左右。截至 2000 年年底，国家干线公路网中的“两纵两横”和“三个重要路段”已基本建成，总里程达 1.78 万 km，占规划国道主干线总里程的 50.8%，这 7 条干线贯穿了 23 个省、自治区和直辖市，联结起 100 多个大中城市，其中有高速公路约 8 000 km，其他高等级公路约 5 000 km。在路网结点建设方面，全国多数省市区都按照经国家批准的公路主枢纽布局规划，优先建设了集装箱作业场站，这些建设项目都得到国家政策性资金补贴。由于运输通道和作业场站建设速度的加快，因而大大改善了集装箱内陆集疏运系统的技术条件，有力地推动了公路集装箱运输的持续发展。

（3）针对原有的法规有的是暂行办法，有的缺乏系统性，如对承运人、收货人及有关装卸、代理、中转等环节的责任、权利和义务的界定不够明确，特别是涉及外贸进出口货物的监督管理、市场准入等问题，许多已不适应集装箱迅猛发展的需要。根据集装箱运输涉及业务部门多、协作关系复杂、风险责任重大、要遵循国际惯例等特点，公路运输部门通过大量调查研究，进行典型试验，总结了以往的生产实践经验，借鉴国外的先进管理模式，从既符合国际惯例又适合我国国情出发，陆续修订、制定并颁布了多项综合性、系统性的与公路集装箱运输相关的管理规章、规程和技术标准。如《中华人民共和国海上国际集装箱运输管理规定实施细则》《汽车货物运输规则》《集装箱汽车运输规则》《汽车运价规则》《国际集装箱多式联运管理规则》《中华人民共和国出入境汽车运输管理规定》《道路危险货物运输管理规定》《超限运输车辆行使公路管理规定》《道路运输车辆维护管理规定》《道路货物运输业户开业经济技术条件（试行）》《道路货物运单使用管理办法》《关于开展集装箱牵引车甩挂运输的通知》《关于调整国际集装箱汽车运输和汽车货运站部管费收项目基本费率

的通知》《汽车危险货物运输、装卸作业规程》《汽车技术等级评定标准》以及最新发布实施的《道路货物运输企业经营资质管理办法（试行）》。此外，许多省级交通主管部门还制定并发布过一些地方性的管理规章。上述各类规章、规范的相继颁布实施对进一步加强行业管理，规范市场行为，进行宏观经济调控，促进集装箱运输程序的规范化、集装箱运输管理的正规化和法制化，以及对维护集装箱运输企业的合法权益等方面，都发挥了重要的法律效力。

（4）自“八五”以来，公路集装箱运输之所以发展提高得较快，是与依靠技术进步、通过科技创新来提高集装箱运输的组织与管理水平密不可分的。在此期间，交通部技术进步工作的重点是面向运输生产工程建设、技术改造和技术引进的关键技术问题，以国家科技攻关、工业性试验，企业技术开发和科技成果的推广应用为主体，以提高企业的能力和效益为目标，开发一批技术和成套技术。经过近十年的努力，这一目标和任务已在集装箱运输领域得到充分的体现。例如，国家重点工业性试验项目“国际集装箱运输系统（多式联运）工业性试验”，经过3年运转，将工试任务与企业技术改造相结合，对以公路为主的集疏运系统能力这一薄弱环节进行配套建设，建立并完善了以上海港为枢纽的远洋干线及内陆13条公路、铁路、水路集疏运试验线，形成了既符合国际惯例，又适合我国国情的国际集装箱运输管理体系和现代化信息管理系统。“工试”项目的成功进行，加强了内陆集疏运系统的能力，从而大大提高了船舶和港口的运输装卸效率，加速了集装箱的周转，规范了业主单证的流转程序，提高了集装箱门到门运输的比重。“八五”期间通过“工试”成果在各口岸的进一步推广，使我国集装箱运输的经营管理水平提高到了一个新的发展阶段。

交通部在“七五”至“九五”期间安排的与公路集装箱运输相关的重点科技项目如“集装箱公路中转站设置与管理研究”、“集装箱汽车运输规则的制定与装载试验研究”、“国际集装箱公路中转站功能与建设规模研究”等，经过企业、高等院校、科研单位的工程技术人员结合企业生产实践进行深入的试验研究后，均取得重要成果。这些成果的应用，对提高企业经济效益和社会效益，推进企业现代化管理，提高基础设施建设的质量，节约国家投资，为领导机关进行科学决策等都发挥了重要作用。

在集装箱车辆机械的技术开发与技术攻关、集装箱运输组织技术的软件开发、集装箱技术标准规范的制定及专业人才培训等方面，也取得不少成果。如对10t、20ft、40ft集装箱专用半挂汽车列车和401集装箱自装自卸专用车的开发试制；5t公路专用集装箱的试制与试运；集装箱汽车甩挂运输工艺的试验推广；GB/T 17271—1998《集装箱运输术语》国家标准的制定与实施；对EDI系统的开发与应用等。这些成果对解决公路集装箱运输中的技术难点，提高企业生产效率和人员素质都起到显著作用，也为主管部门制定技术经济政策和发展规划提供了科学依据，有的成果已及时转化为生产力。

复习思考题

1. 集装箱公路运输的条件是什么？
2. 简述集装箱公路货运站的功能。
3. 集装箱公路运输的特点是什么？

案例分析

2013年我国公路运输车辆空驶原因分析

现在我国物流企业特别是公路运输企业的物流收益都很低，其中，物流运输过程中严重的汽车空驶现象无疑是最重要的影响因素之一。

在汽车物流运输过程中，完全没有空驶行程是不可能的，有些空驶行程是不可避免的运输生产辅助过程，例如，车辆到附近的装卸货地点之间的调空行程、在一个市区内短距离往返运送货物时的回程空载行程等。这里所讨论的空驶问题，主要是指城市之间和城乡之间长途运输过程中的回程空驶现象，即汽车由本地区向外地运送货物后空车返回；此外，还有部分车辆空车开往外地去运来一车货物，造成去程空驶等现象。

汽车空驶行程完全是消耗性生产过程，车辆的空驶行程越少，车辆的利用效率就越高，运输成本就越低。因此，在运输生产过程中，必须进行科学合理的组织，努力减少车辆空驶行程，提高车辆利用效率。

公路运输车辆空驶率高的主要原因如下。

第一，社会物流信息系统不健全。目前由部分企业建立的物流信息系统规模小、信息量少、服务范围窄，因而货源信息和车辆信息不能及时沟通，造成有的有货没有车，有的有车没有货。

第二，很多地区运输管理部门狭隘的区域观念较严重，对外地车辆层层设卡，限制为外地车辆配载，致使外地车辆只能空车返回。

第三，有些物流客户，片面追求缩短物流运送时间，不能给运输车辆留出足够的回程配载时间，致使车辆来不及组织回程配载而放空返回；有的限制运输车辆只能为本企业服务，不允许回程配载其他货物，而通过适当调整运费的方式补偿车辆回程空驶的消耗，但这只是站在企业的局部利益考虑，而忽视了因车辆空驶造成社会的总消耗的增加；有的物流运输企业服务的客户单一、规模小、业务量少，形不成循环的物流运输网络。

第四，有的物流公司专门运输特种货物，如商品汽车、危险品、冷冻及保鲜食品等，回程配载相应货物的难度较大，而这些汽车受结构限制不能配载其他货物，很多车辆只能放空返回。随着社会上特种商品流通量的不断增加，如果不能合理组织，因特种货物运输造成的汽车回程空驶将可能会更加严重。

第五，长期以来，我国大部分工业企业和商贸企业都以自备车辆担负企业内部的物流运输任务，而大多数企业生产规模物流运输业务量少、车辆运输任务单一，空去空回现象相当严重。

中咨网（http：//www. china - consulting. cn/）研究部总结减少车辆空驶的方法策略如下。

1. 保持运力与运量的协调与平衡

（1）整合运输资源实观资源共享。统筹发展专用货运车辆，有效整合运输资源，实现资源共享。根据物流运输的货物的属性，新鲜农产品、保鲜食品、日用品、药品、家电、服装、家具等类物品，可以采用专用车辆进行运输，而且这类货物的运输量将随着社会生活水平的提高而增加。因此，汽车运输企业应大力发展集装箱运输车辆、厢式车辆、冷藏车辆等

专用车辆，形成专业化运输，发挥汽车运输较高的适应性的特点，扩大服务范围，从而提高汽车的利用效率。

对于一些特种商品的物流，例如商品汽车、危险货物、冷冻和冷藏食品等的运输配送，因其运输车辆结构的特殊性、货源市场的集中性和单一性，决定了其运输回程配载的困难。要提高其物流运输的效率，就应该发挥行业主管部门或行业协会的作用，在全行业内联合生产加工企业、经销商和物流企业，建立产业集群或联盟，站在供应链共赢的高度，整合运输资源，建立货源与运力资源共享的物流体系，合理统筹发展和配置运力资源，科学规划运输线路，在全行业内实现合理配载，最大限度地提高车辆利用效率。

（2）扩展汽车运输的线路跨度。增大平均运距，大力发展重型车辆。我国目前汽车运输的平均运距过低。统计资料表明，我国目前汽车运输的平均运距大约仅在60 km左右，而美国汽车运输的平均运距可达805 km。平均运距之低，说明我国汽车运输作业范围太小，众多的车辆都集中在一个窄小的范围内运行，势必造成货源不足，导致车辆利用率下降。

汽车平均运距过低的原因，除了道路条件较差以外，主要还在于车辆吨位较小、运输组织不完善。一般说来，汽车的吨位越大其经济运距相应就越长，用于长距离运输的经济效益越好。而且，随着市场经济的深入发展，生产制造企业的市场都在不断扩大，相应的货物运输的距离也在增加。因此，汽车运输要积极适应市场发展的需要，大力发展经济型的重型车辆，开展长距离运输，扩展运输线路跨度，提高其平均运距；有些路段可以与铁路和水路运输相结合，提高运输效益。通过重型车辆长距离运输拓宽运输作业区域，为中、轻型车辆留出较宽松的作业空间，从而形成合理的运力分布，提高车辆的利用效率。

发展城市物流配送运输，以轻小型货运车辆为主体，积极发展城市物流配送运输。各级城市要积极发展多种类型的物流配送中心，配置轻小型货运车辆，对市内客户的货物采购与供应，采用灵活方便的物流配送方式进行运输。科学规划运输路线，合理配货，消除重复运输，减少空驶，提高车辆利用效率，并可以大大减轻城市交通压力和环境污染。

2．加强公路运输市场的科学组织与管理

（1）建立完善的货源管理体系。以物流机构为依托，建立完善的货源管理体系。各地政府运输管理和物流管理部门应打破区域壁垒，统筹规划，以公路货运枢纽、国有货运场站及当地物流中心、配载中心等机构为依托，建立货源管理和配载体系。各地物流机构之间相互建立稳固的横向联系与合作伙伴关系，对过往车辆进行配载。对于长期稳定的货源，双向可实行定班定线运输方式，合理安排运力，开展稳定的双向物流，避免无序竞争。物流中心和配载机构应不断拓宽服务范围，扩展服务功能，提高服务质量，由简单的配载逐步发展为综合物流服务。要把过往车辆作为自身发展的一种资源，建立稳定的合作关系，而不应是简单的买卖关系，以此达到共赢的目的，提高全社会运输车辆的总体利用效率。

（2）提高运输市场集中度。促进公路物流运输业规模化发展，提高运输市场集中度。交通运输行业管理部门和地方政府，要加强对公路物流运输业的宏观调控，完善运输市场准入制度，强化货运企业资质管理；要适度限制个体运输车辆的发展，对现有个体运输车辆要强化集约化管理；扶持和促进国有大型运输企业通过联合、重组、兼并、入股等方式整合社会运力资源，扩大企业规模，提高运输市场集中度，形成规模化经营管理和指挥能力。企业规模扩大后才能形成市场控制能力，遏制市场无序竞争，逐步建立统一、高效的货源管理和车辆调配体系。

（3）建立现代化物流信息系统。采用现代化信息技术，建立现代化物流信息系统。全面推广以计算机网络技术和 GPS 等技术为核心的现代化信息技术的应用，是现代物流运输的主要特征和发展方向，也是科学组织和管理物流运输市场、提高汽车利用效率的重要技术手段。各地方政府、各地物流管理部门，应以物流基础设施建设为基础，积极建立社会物流信息平台，物流企业、配载中心、汽车运输企业等都应积极参与构建和使用物流信息系统，应采取一定的鼓励政策扶持车辆装备车载信息通信装置，通过物流信息系统及时传递和掌握货物资源和车辆资源信息，实现合理配载和车辆调配。

思考题：

1. 如何解决车辆空驶问题？
2. 试述公路运输合理化的方式。

第6章

集装箱铁路、航空运输管理

本章要点

➢ 了解我国集装箱铁路运输的发展历史；
➢ 熟悉集装箱铁路运输的组织方式；
➢ 掌握集装箱铁路运输的基本操作业务；
➢ 理解集装箱航空运输的一般流程；
➢ 掌握集装箱航空运输的基本操作业务。

开篇案例

中铁集装箱开创铁路集装箱运输

中铁集装箱运输有限责任公司，是经铁道部批准、国家工商行政管理总局注册、通过整合铁路集装箱运输资源后成立的一家国有大型集装箱运输企业，具有集装箱铁路运输承运权。公司资产22亿元人民币，注册资本12亿元，现有股东15家，其中铁道部中铁集装箱运输中心占股份51%，其他14个铁路局合占股份49%。

公司的主要经营范围：国内、国际集装箱铁路运输，集装箱多式联运，国际铁路联运，仓储、装卸、包装、配送等物流服务，集装箱、集装箱专用车辆、集装箱专用设施、铁路篷布等经营和租赁业务。兼营国际、国内货运代理以及与上述业务相关的经济、技术、信息咨询和服务业务。

公司下设哈尔滨、沈阳、北京、呼和浩特、郑州、济南、上海、南昌、广州、柳州、成都、兰州、乌鲁木齐、昆明14个分公司，现有中铁国际货运代理有限公司、中铁特种集装箱运输有限公司两个直属公司和北京东、杨浦、成都东、重庆东、大朗、昆明东6个集装箱办理站，另在609个车站办理集装箱业务。

公司现有普通箱、罐式箱和双层汽车箱等9种不同箱型，保有量21.3万TEU。其中20 ft普通箱12万只、40箱0.5万只，直属集装箱专办站6个，集装箱铁路专用平车8 800辆，篷布33万张。公司将建设上海、昆明、哈尔滨、广州等18个具有国际先进技术装备和管理水平的铁路集装箱中心站，改造成现有40个靠近省会城市、大型港口和主要内陆口岸的集装箱办理站以及100个代办站，形成集装箱铁路运输网络。

公司将以集装箱铁路班列为主要运输产品，在国内主要城市（或港口）间计划开行日行1 500 km的中远程集装箱班列，其中在京沪、陇海、沪杭、浙赣、胶济、京九等主要干线，将全面开行双层集装箱班列。到2006年计划日均开行25对，年发送量达180万TEU，实现集装箱铁路运输班列化率30%以上。

通过全面实施铁路跨越式发展战略，公司将使集装箱铁路运输能力、技术装备水平和服务水平得到全面提升。在未来的12年中，逐步建成东通海外、西达中亚、南接港澳、北连俄欧的国际铁路集装箱运输大通道，总运量突破2 000万TEU，营业额达1 000亿元，进入世界企业500强，实现中国铁路集装箱运输现代化。

思考题：铁路集装箱运输开展物流服务有哪些优势？

6.1 集装箱铁路运输管理概述

集装箱铁路运输与其他运输方式相比，其优点是长距离运输时运量大、速度快、成本较低、不受恶劣气候影响，安全有保证，准时性强。因而特别适用于内陆腹地区域的长距离运输和沿海港口向内陆的集疏运。集装箱运输最早起源于铁路，时间可追溯到19世纪中叶。当时使用的铁路集装箱规格比目前的国际标准集装箱小得多，由于当时的集装箱铁路运输不能和其他运输方式相配合，所以只能在很小的范围内使用；直到20世纪60年代，集装箱运输迈出了陆海联运的关键一步，才又反过来促进了集装箱铁路运输的发展，并使集装箱的铁—公—水联运得以形成和发展，走上了现代多式联运的发展道路。目前在发达国家已开办了集装箱的定期直达专列，使铁路能定点、定线、有计划地运送集装箱货物，从而促进了集装箱铁路运输的发展。近年来发展起来的陆桥运输，使集装箱铁路运输的地位更加突出。

我国的集装箱运输也是先从铁路运输开始的，铁路从1955年3月开办集装箱铁路运输业务至今已有50多年的历史。集装箱铁路运输的发展大致可分为三阶段：起步阶段（1955—1977年）、创业阶段（1978—1989年）和增长阶段（1990年至今）。

1）起步阶段（1955—1977年）

1955年3月铁道部成立了集装箱运输营业所，各铁路局成立了集装箱运输营业分所，投入铁木合制的2.5 t集装箱，开始开办集装箱运输业务。由于当时认识不足，而且集装箱的装卸设备、场地等不到位，影响了这种先进的运输方式的普及。1958年精简机构时撤销了集装箱运输管理机构。这一阶段铁路集装箱运输基本处于无人管理、停滞徘徊状态。

2）创业阶段（1978—1989年）

1978年6月铁道部成立了集装箱运输营业所（筹备组），后改名运输局集装箱运输管理处，同时在10个铁路局货运（运输）处成立了集装箱科，50个车站货运车间成立了集装箱办公室。

1977年开始研制生产1 t集装箱，因体积小、结构简单、接运方便，对站场要求低，易推广，但不适应装运电视机、冰箱等大件高档商品，不能作为发展方向。与此同时，1978年开始研制5 t集装箱，每车仅装运30 t，车辆载重利用率仅达56.8%，因其浪费铁路车辆

运力，1986 年开始研制新的箱型。铁路 10 t 集装箱每车可装运 5 个集装箱，车辆载重利用率达 84.1%，1987 年由国家经贸委主持会议，多次讨论铁路 10 t 集装箱联运等事宜，1988 年通过鉴定，1990 年列为铁路标准，作为铁路国内运输的主箱型发展。随着改革开放，铁路集装箱箱型逐步向国际标准接轨。1986 年开始购置 20 ft、40 ft 集装箱。到 2000 年铁路集装箱保有量结构为：1 t 集装箱 350 669 个，10 t 集装箱 112 395 个，20 ft 集装箱 81 116 个，40 ft 集装箱 3181 个。在 2000 年集装箱运量中，1 t 集装箱按发送箱占 9.5%，按发送吨占 8.8%；10 t 集装箱按发送箱占 26.8%，按发送吨占 25.1%；20 ft 集装箱按发送箱占 55.7%，按发送吨占 60.5%；40 ft 集装箱按发送箱占 7.5%，按发送吨占 5.0%。国际标准箱已成为铁路集装箱运量的主流。

1980 年以前，铁路采用敞车、普通平车装运集装箱，1987 年开始生产 X_{6A} 型，1996 年生产 X_{6B} 型，专用平车较敞车装运能力提高了 30%。为满足铁路提速需求，1999 年生产了 X1K 型高速集装箱专用平车，最高时速达 120 km。到 2000 年铁路集装箱专用平车有 1 3264 辆，其中 X_{6A} 型 3 360 辆、X_{6B} 型 3 823 辆、X_{6C} 型 100 辆、N_{xl7A} 型 4 900 辆、N_{xl7B} 型 100 辆、X_{1k} 型 900 辆。

从 1979 年开始铁路陆续改扩建集装箱货场 47 个。1988 年 7 月公布了《铁路集装箱货场设计规则》，到 2000 年全国铁路集装箱办理站已达 590 个，除西藏外，全国各省区皆有集装箱货场。

3）增长阶段（1990 年—）

为了促进集装箱铁路运输发展，1990 年铁道部颁发了《关于发展集装箱运输若干规定的通知》，明确了“三单独四优先”政策（即运输计划单列、日请求车单报、统计单列；优先审批计划、优先配车、优先挂运、优先回空）。1991 年集装箱计划列入铁道部计划。铁道部运量统计中列有集装箱运量，1994 年开始在铁道部运价规则中单列集装箱费率，按箱计费，从而使集装箱铁路运输走上了正规的轨道。

综上所述，我国铁路集装箱的营运及管理经历了曲折的发展道路。1955 年 3 月铁道部成立了集装箱运输营业所，但 1958 年撤销了集装箱运输管理机构。1978 年 6 月铁道部再次成立了集装箱运输营业所（筹备组），后改名为运输局集装箱运输管理处；同时在 10 个铁路局货运（运输）处成立了集装箱科，50 个车站货运车间成立了集装箱办公室。此后随着我国经济体制的改革，集装箱铁路运输管理机构也几经变迁。1995 年铁道部机构改革，撤销运输局集装箱处，成立了中铁集装箱运输中心，实现了由管理型到经营型的转变。2003 年经铁道部批准，组建中铁集装箱运输有限责任公司，目前的中铁集装箱公司下设 18 个分公司及中铁国际货运代理有限公司和中铁铁龙集装箱物流股份有限公司，拥有 434 个通用箱办理站、6 个直属办理站，集装箱运输里程达 3 万公里。

6.2　铁路集装箱办理站

6.2.1　铁路集装箱办理站的概念

集装箱办理站是组织与办理集装箱运输的基层生产单位，它主要负责办理集装箱的出发、到达和中转作业，组织实现集装箱门到门运输。我国开展集装箱铁路运输主要依靠设在各地的铁路集装箱办理站开展集装箱运输业务。大的办理站对外业务往往是通过集装箱营业所或铁路子公司办理的，小的办理站不论是对外与收、发货人或汽车运输公司的有关业务，还是对内与行车等部门的有关业务，均由车站办理。

铁路集装箱办理站按其业务性质与办理范围的不同可分为基地站和办理站。集装箱运量较大，并且属于定期直达列车始端或终端站，称为基地站；集装箱运量较小，仅办理集装箱运输业务的车站称为集装箱办理站。

6.2.2 铁路集装箱办理站必须具备的条件

(1) 有一定数量且稳定的集装箱货源。

(2) 有装卸、搬运集装箱的机械配备。

(3) 有一定面积且硬化的堆场。

(4) 有办理业务的专职人员。

(5) 具有与其他运输方式相衔接的条件。

上述条件中，集装箱货源是基础，也是开展集装箱铁路运输的先决条件。因此，铁路方面要认真调查和掌握货源，货源来源不清、数量不准，即使开办了集装箱运输业务也因运量少或运量不均衡给运力带来亏损。装卸、搬运机械及硬化场地是开办铁路集装箱办理站的物质条件，没有硬化面的场地，集装箱直接放在地面上，装卸机械也不能很好地作业，而专职人员又是提高工作效率和保证质量的根本。

6.2.3 铁路集装箱办理站的职能

从目前铁路集装箱办理站的业务来看，一般都具有两种职能，即商务职能和技术职能。

1. 商务职能

(1) 受理集装箱货物的托运申请。

(2) 装箱、拆箱和加封。

(3) 编制有关运输单证。

(4) 核收有关费用。

(5) 联系其他运输方式及联系铁路之间的联运等。

2. 技术职能

(1) 提供适合装货、运输的集装箱。

(2) 安排集装箱装卸、搬运等机械。

(3) 办理装卸箱业务。

(4) 编制用车计划。

(5) 向到站发出到达预报通知等。

国境站除办理一般车站的事务外，还办理国际铁路联运货物、车辆与邻国铁路的交接货物的换装或更换轮、票据文件的翻译及货物运送费用的计算与复核等工作。因此海关检验、货代等部门也在国境站设立办公室，联合办公，实行流水作业。

国际铁路联运集装箱货物在国境站的交接程序如下。

(1) 国境站接到国内前方站的列车到达预报后，立即通知国际联运交接所，做好交接的准备工作。

（2）列车进站后由铁路会同海关接车，海关负责对列车监管和检查。未经海关许可列车不准移动、解体或调离，车上人员亦不得离开。铁路负责将随车带交的票据送交接所。

（3）交接所内各单位各司其职，完成货物的出境手续。

（4）相邻两国国境站办理货物、车辆、单证的交接手续并签署交接证件。

6.2.4　铁路集装箱办理站的设施与设备

铁路集装箱办理站的设施，通常包括装卸线、轨道式龙门吊、作业区堆箱场、辅助设施等。

1. 装卸线

铁路集装箱办理站必须拥有一股或数股集装箱装卸线，用于集装箱列车出发前的装车、到达后的卸车，中途的换装。装卸线的股数和长度与办理站的等级（是基地站还是一般办理站）和集装箱通过量及办理站的业务特点有关。

（1）集装箱通过量小的办理站必须有一股装卸线，装卸线不短于相当于10节列车的长度，以一节集装箱专用车长14 m来计算，装卸线长度应不短于140 m。装卸量比较大的办理站，装卸线长度应相应延长到相当于20节列车的长度，即280 m。

如果是中转量较大（指从一列火车转到另一列火车）的办理站，装卸线应并列置两股，便于从一列货车上将集装箱换装到另一列火车。

（2）集装箱铁路基地站的装卸线一般应有两股到三股，长度通常应该是一列50节专用车长度的一半，即350 m以上。

2. 轨道式龙门吊

铁路集装箱办理站通常以轨道式龙门吊作为装卸线上的基本装卸机械，以集装箱正面吊和集装箱叉车为辅助机型。

轨道式龙门吊在装卸线上布置方式通常有三种。

（1）装卸线在轨道式龙门吊跨度内行走轨道旁（简称跨内一侧）。这样的布置方式，集装箱堆场可放在另一侧，这样堆场的面积可以比较集中，利用率较高。而且龙门吊在装卸集装箱时，装卸小车单向从箱区向列车方向移动，不跨越列车，安全性较高。卡车通道可以放在任意一端悬臂下，另一端悬臂下还可设堆场。选择跨内一侧布置方式，各种操作最协调，平面使用比较经济，只要办理站的地形条件允许，大多数办理场均采用“跨内一侧”布置方式。

（2）装卸线在轨道式龙门吊跨度中间（简称跨中）。这样的布置方式，集装箱堆场只能放在装卸线的两侧，面积被分割，对于场地利用与管理均不利。龙门吊的装卸小车在装卸集装箱时，不断地在集装箱列车上方跨越，容易发生事故。相对“跨内一侧”布置，“跨中”布置的缺点较多。除非办理站的地形条件等受到很大限制，一般很少采用这种布置方法。

（3）装卸线在轨道式龙门吊跨度外两端悬臂下（简称悬臂下）。这种布置大多是利用原铁路线做办理站的装卸线，在铁路线一侧建堆箱场地与龙门吊行走轨道，将装卸线置于龙门吊一侧的悬臂下。这种布置方式对于在原有基础上改、扩建集装箱办理站的情况较适宜，可以有效减少投资，同时堆箱场地可以利用全部龙门吊跨度内的场地，堆箱量更大。这种方法的缺点是龙门吊装卸小车在装卸集装箱时，移动的距离较长，降低了作业效率，而且卡车道只能置于龙门吊的另一端悬臂下，当将集装箱在火车与卡车之间换装时，龙门吊的装卸小车所走路线更长。

3. 作业区堆箱场

根据铁路集装箱办理站的集装箱运量，场内存放的空、重箱数量及办理站每日作业量、作业方式、保管期限、集装箱堆放层数等因素的不同，每个铁路集装箱办理站必须有几个大小不等的堆箱场，堆箱场应划分为若干作业箱区。

1）到达和发送箱区

这里的“到达箱”，是指用火车运输到达，等待由集装箱拖挂车、半挂车发往货主处的集装箱；“发送箱”是指货主托运的集装箱，已由拖挂车等送到集装箱办理站，等待装车发送的集装箱。这类箱区的安排，应贯彻既有利于铁路车辆，又有利于公路车辆的原则。

通常“到达箱区”应设在靠近集装箱拖挂车场地的位置；“发送箱区”应设在靠近铁路装卸线的位置。一般国际标准集装箱与国内标准铁路集装箱应设不同的堆放箱区。如果办理站受场地面积限制，两类箱子在同一箱区堆放，一般大型国际标准集装箱应设在堆场的尽头处，这样可使箱区划分清晰，便于管理，不同吨位的机械也可分别停放。大小箱区的地面强度也可按不同要求铺设，以便有效减少投资。

2）中转箱区

中转量小的办理站不一定单独设中转箱区，中转箱可堆放在发送箱区。中转量大的办理站，应专设中转箱区。如有两条装卸线的办理站，中转箱区可设在两条装卸线之间，这样便于在两列集装箱列车之间换装。中转时间长的集装箱，则应移到较远的箱区堆放。

3）拆装箱区

需在办理站内拆箱与拼箱的集装箱，应设专区堆放。这一箱区应选择在离轨道式龙门吊较远的地方，场地应较为开阔，也可设置在装卸场地之外。铁路集装箱办理站应尽可能少承担拆、装箱业务。

4）备用箱区

一般设置在装卸机械作业范围之外，主要用于堆存到达后未能及时提取的集装箱。设置备用箱区，可提高“到达和发送箱区”箱位的利用率。备用箱区一般设置在轨道式龙门吊的悬臂范围之外。

5）维修箱区

有维修集装箱能力的铁路集装箱办理站，应单独设置维修箱区。

4. 辅助设施

1）停车场

集装箱送达办理站或从办理站提货，一般都采用集装箱拖挂车或半挂车，因此集装箱办理站会有许多集装箱拖挂车与半挂车进出。由于等待等原因，有些车可能需要在办理站停留一定的时间。所以根据业务量的大小、疏运能力的优劣，铁路集装箱办理站均应设置大小不等的停车场。

2）维修部门

维修部门既需要维修、保养办理站的各种集装箱装卸设备、设施，也需要维修损坏的集装箱。一般国内标准的小型铁路集装箱修理要求较低，可由办理站的维修部门修理。大型国际标准集装箱，办理站通常不具备维修的条件。

3）营业与办公部门

集装箱办理站的办公房屋，一般放置在大门入口处，便于对进出的集装箱卡车进行登记、检查，办理各类承运交付业务手续。

4）地面与道路

集装箱场地面和道路投资占集装箱场总投资比重较大，因此，经济合理地设计地面和道路是十分重要的，集装箱场地面为适应集装箱存放、装卸与搬运作业需要，根据土壤类别、集装箱堆放特点、运输及装卸机械类型和作业情况，可采取不同形式的硬化处理。根据集装箱堆码重量，不同场区设计成不同厚度的混凝土地面，要根据集装箱载荷集中角件的特点，采用独立基础、条形基础等不同结构形式。集装箱场道路布置要符合集装箱作业特点，为方便各箱区联系，还需要把道路环形连接。

另外，还要设有安全设施。有些集装箱码头，铁路线一直铺设到码头前沿，这时铁路集装箱办理站与集装箱港口实际已融为一体。铁路集装箱办理站的装卸线甚至会直接延伸到码头集装箱装卸桥的下面，集装箱办理站的概念已完全变化。这样的集装箱水—铁联运，效率是最高的。

6.3　集装箱铁路运输业务

6.3.1　开展集装箱铁路运输的条件

开展集装箱铁路运输应具备以下条件。

1. 有适于集装箱铁路运输的货物

开展集装箱铁路运输，集装箱货源是先决条件。适箱货物主要有交电类、仪器仪表类、小型机械类等。有的货物装箱运输后会对集装箱造成污染或损坏，或危及下一次装箱货物的安全。这些货物则禁止使用集装箱装运，包括：易于污染和腐蚀箱体的货物、易于损坏箱体的货物、鲜活货物、危险货物。此外铁路集装箱不办理军事运输。

2. 集装箱应符合标准

铁路运输使用的集装箱，应符合铁道部标准、国家标准和国际标准。当前铁路运输的集装箱有符合铁路标准的1 t、5 t（6 t）集装箱和符合国家标准的10 t集装箱，符合国际标准的20 ft和40 ft集装箱。

3. 符合一批办理的条件

铁路集装箱货物按一批办理的具体要求是：①集装箱货物的托运人、收货人、发站、到站和装卸地点相同；②是同一吨位的集装箱；③最少1箱，最多不能超过1辆货车所能装载的箱数。

4. 在集装箱办理站间运输

在我国的铁路站点中只有部分站点具有办理集装箱运输的能力，且处理能力也有差异。各种吨位的集装箱只能在办理相应吨位的集装箱办理站间运输。例如，20 ft集装箱不能装运到只办理10 t集装箱的办理站，否则车站将无法装卸该集装箱，也就无法交付，影响收货人提取货物。

6.3.2 集装箱铁路货运单证

1. 铁路货物运单

铁路货物运单（以下简称“运单”）的格式与内容如表6-1所示。运单粗线框内各栏和领货凭证各栏由托运人填写。车站在承运货物时，要在运单和领货凭证联结处，骑缝加盖发站承运日期戳。

表6-1 铁路货物运单

承运人/托运人装车
承运人/托运人施封

货物指定于　　月　　日搬入　　铁路局

货位　　　　货物运单

计划号码或运输号码：托运人→发站→到站→收货人　　货票第　　号

运到期限　　日

托运人填写					承运人填写				
发站		到站（局）			车种车号		货车标重		
到站所属省（市）自治区					施封号码				
托运人	名称				经由	铁路货车篷布号码			
	住址		电话			集装箱号码			
收货人	名称				运价里程				
	住址		电话						
货物名称	件数	包装	货物价格	托运人确定重量（kg）	承运人确定重量（kg）	计费重量	运价号	运价率	运费
合计									
托运人记载事项：					承运人记载事项：				

注：本单不作为收款凭证，托运人签约须知见背面	托运人盖章或签字 年　月　日	到站交付 日期戳	发站承运 日期戳

领票凭证

车种及车号

货票第　　号

运到期限　　日

注：收货人领货须知见背面

遇有下列情况，托运人还应随运单提出物品清单：

(1) 一批托运的货物过多，不能在货物运单内逐一填计时；

(2) 同一包装内有两种以上货物时；

(3) 托运搬家货物时。

物品清单一式三份，一份由发站存查，一份随同运输票据递交到站，一份退还托运人。

运单是铁路与托运人之间为完成货物运输而填制的，具有运输合同性质的一种运送单据。如果在运输过程中发生货运事故或运输费用计算错误时，运单就是处理铁路与托运人、收货人之间纠纷的依据。

2. 货票

货票是铁路填制的供财务统计使用的票据（见表6-2）。在发站是铁路向托运人核收运输费用的收款收据；在到站是与收货人办理交付手续的一种凭证；在铁路内部则是清算运输费用、统计铁路完成货运工作量、运输收入以及有关货运方面工作指标的根据。

表6-2　铁路货票

铁路局

计划号码或运输号码　　　　货　票　　　　甲联

货物运到期限　　日　　　　发站存查

发站			到站（局）		车种车号		货车标重	承运人/托运人　装车		
托运人	名称				施封号码			承运人/托运人　施封		
	住址		电话		铁路货车篷布号码					
收货人	名称				集装箱号码					
	住址		电话		经由			运价里程		
货物名称	件数	包装	货物重量（kg）		计费重量	运价号	运价率	现付		
			托运人确定	承运人确定				费别	金额	
								运费		
								装费		
								取送车费		
								过秤费		
合计										
记事								合计		

发站承运日期戳

经办人盖章

货票一式四联。甲联由发站存查，乙联由发站寄交发局，丙联由发站交给发货人作报销用，丁联由发站将它与货物运单一起随货递至到站，由到站将丁联存查，货物运单交给收货人。

承运货物时，发站必须在领货凭证上记明本批货物的货票号码，将货票丙联连同运单上的“领货凭证”交予托运人，由其将领货凭证寄交收货人。

3. 国际货协运单

国际货协运单是国际铁路集装箱联运时使用的国际联运票据，其格式如表6-3所示。

表6-3　国际货协运单

运 单 正 本
(给收货人)

发送路简称 中铁 1	1 发货人，通信地址	批号 15检查标签	运输号码 2合同号码
		3发 站	
	5 收货人，通信地址	4 发货人的特别声明	
		26 海关记载	
6 对铁路无约束效力的记载		27 车辆 28 标记载重（吨）29 轴数 30 自重 31 换装后的货物重量	
7 通过的国境站			
8 到达路和到站			

27	28	29	30	31

国际货协运单（慢运）	9 记号、标记、号码	10 包装种类	11 货物名称	50 附件第2号	12件数	13发货人确定的重量(公斤)	32铁路确定的重量(公斤)

14 共计件数（大写）	15 共计重量（大写）	16 发货人签字
17 互换托盘 数量	集装箱/运送用具 18种类　类型	19所属者及号码

20 发货人负担下列过境铁路的费用	21办理种类 整车 | 零担 | 大吨位集装箱	22由何方装车 发货人 | 铁路	33
	不需要的划清		34
23 发货人添附的文件	24货物的声明价格		35
			36
	45封印		
	个数　记号		37
			38
			39
			40

46 发站日期戳	47 到站日期戳	48确定重量方法	49过磅站戳记，签字	41
				42
				43
				44

1）组成

货协运单既是铁路承运货物的凭证，也是铁路在终点站向收货人核收运杂费和点交货物的依据。运单不是货物凭证，不能转让。运单副本虽然不具有运单的效力，但按照我国同其

他《国际货协》缔约国所签订的贸易共同条件的规定，买方可凭其通过银行向卖方结算货款。《国际货协》规定的铁路运单由一式五联组成。

第1联：运单正本，随同货物至到站，连同第5联和货物一起交收货人；

第2联：运行报单，随同货物至到站，并留存于到站；

第3联：运单副本，运输合同签订后交托运人；

笔4联：货物交付单，随同货物至到站，并留存于到站；

第5联：货物到达通知单，随同货物至到站，连同第1联和货物一起交给收货人。

2）运单的填制

托运人对运单内容的准确性负责。铁路有权检查托运人在运单中所记载的事项是否准确，但此项检查仅限于海关和其他规章规定的情况下，以保证运输中行车安全和货物完整。此外托运人必须将履行运输合同和海关以及其他规章所需的文件牢固地附在运单上，并将文件名称和份数记入运单“托运人添附的文件”栏内。所附文件应随运单一起交到国境站，铁路不对托运人所附文件的准确性负责。

6.3.3 集装箱铁路运输流程

集装箱铁路运输流程如图6-1所示。

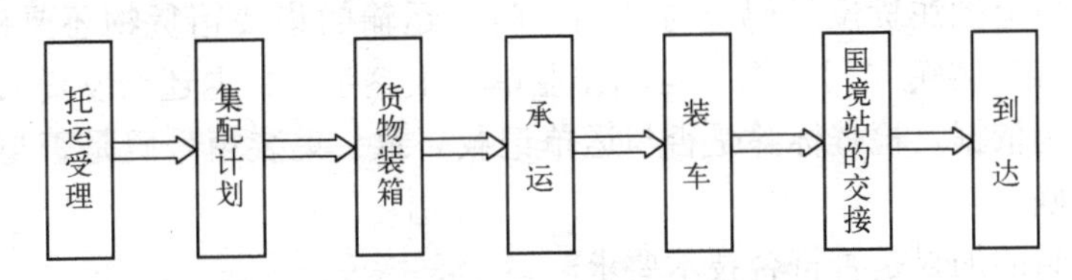

图6-1 集装箱铁路运输流程

1. 托运受理

托运人向车站提出货物运输申请，填写货物运单和副本。车站接到运单后应审核整车货物的申请是否有批准的月度和日要车计划，检查货物运单上各项内容的填写是否正确。如确认可以承运，在运单上登记货物应进入车站的日期或装车日期，即表示受理托运。

2. 进行集装箱货物集配计划

受理车站的集配货运员根据掌握的全部受理运单的到站去向和数量，本站可用空箱和待交箱数量，待装车、待装箱和残存箱的方向和数量，以及站外集散站的集装箱等资料，作出配装计划。集配计划完成后，及时通知托运人和承运货运员，以便托运人安排车辆组织进货，货运员做好承运准备工作。

3. 货物装箱

（1）整箱货装箱。整箱货的装箱可在站内完成，也可以在站外完成。若在站内装箱，托运人按车站指定的进货日期将货物运至车站，外勤货运员指定拨配空箱，由托运人自己组织装箱、施封；站外装箱一般先由托运人根据车站指定的取箱日期将空箱运到本单位组织装箱，施封后将重箱送到车站。无论何处装箱，托运人接到外勤货运员拨配的空箱后，一定要检查集装箱是否有破损、装置是否完好。箱内货物的数量和质量由托运人负责，因此施封必须由托运人自己进行，承运人不得接受代为施封的委托。

（2）拼箱货装箱。拼箱货是将若干个不同发货人的货物托运到同一铁路到站的零担货物装箱运输。目前有铁路拼箱和集散站拼箱两种作业形式。

① 铁路拼箱货物按零担货物收取运费，但必须另收拼箱费用。货物的装拆箱以及货物受理和交付均由铁路负责，因此货物运单，领货凭证和货票等运输单证上要加盖“铁路拼箱”戳记。同一箱内货物的所有票据应封入“铁路集装箱拼箱货运票据封套”中。

② 集装箱集散站是设立在铁路车站之外，具备库场和装卸搬运设备的企业。集散站拼箱是使用铁路集装箱或部分自备箱，面对货主办理承运和交付，将同一到站的不同收货人的货物共装于同一集装箱内，向铁路按整箱办理运输。铁路车站与集散站之间的关系是承运人与托运人之间的关系。

4. 承运

托运人在指定日期将集装箱货物送至车站指定的地点，发送货运员在接受集装箱货物时必须对由发货人装载的集装箱货物逐箱进行检查，符合运输要求的才能接受承运。接受集装箱货物后，车站在货物运单上加盖站名、承运日期戳记，即为承运。铁路向托运人核收运费。

在接受所托运的集装箱货物时，发送货运员应做好以下几方面工作。

（1）对由发货人装载的集装箱货物，应逐批、按箱检查箱门是否已关好、锁舌是否落槽，合格后在运单上批注货位号码。对“门—门”运输的集装箱货物还要核对是否卸入指定货位，然后在《集装箱“门—门”运输作业单》上签字，并退还给发货人一份。

（2）以运单为依据，检查标签是否与运单记载一致、集装箱号码是否与运单记载相符、铅封号码是否正确。

（3）检查铅封的加封是否符合技术要求。

（4）检查箱体是否受损，如有损坏，应编制集装箱破损记录，如损坏系由于发货人过失所致，则要求发货人在破损记录上签字盖章，以划分责任。检查时，如发生铅印失效、丢失、无法辨认站名、未按加封技术要求进行铅封，上述情况均由发货人负责恢复至正常状态。

（5）检查确认无误后，车站便在货运单上签字，交发货人交款发票。

（6）对进行“门—门”运输的集装箱，还应补填集装箱“门—门”运输登记簿有关事项。

5. 装车运输

1）装载要求

（1）集装箱不得与笨重货物、散堆货物装入一辆货车内，1 t 箱主要使用篷车装运，可以和普通零担货物混装，但不得与其他货物混装。

（2）1 t 箱使用篷车装运时，靠近车门处最外层集装箱应箱门朝里码放，要防止集装箱倒塌，保证到站从两侧车门都便于卸车。使用敞车装运 1 t 箱时，应征得到站的同意，且使用敞车的侧板高度不应低于 1.6 m，为了保证货物安全，应装满车容，不足时用空箱配足，并且只能装直达集装箱车。

（3）5 t 及以上集装箱使用敞车装运时，集装箱门应朝向相邻集装箱，箱间距离不大于 150 mm。使用集装箱专用车装运时，5 t 箱和 20 ft 箱箱门应朝向相邻集装箱。两站集装箱车中第二到站的集装箱应装于货车两端，且使第一到站卸后外层集装箱箱门朝向相邻集装箱。

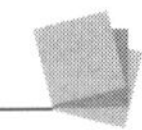

(4) 20 ft、40 ft 集装箱使用普通平车装运时，应进行加固。

2) 装车作业

装单货运员在接到集配计划后到站确定装车顺序，并做到：

(1) 装车前，对车体、车门、车窗进行检查，检查是否过了检验期、有无运行限制、是否清洁等。

(2) 装车时，装车货运员要做好监装，检查待装的箱子和货运票据是否相符、齐全、准确，并对箱体、铅封状态进行检查。

(3) 装车后，要检查集装箱的装载情况，是否满足安全运输的要求，如他用篷车装载时还要加封。装车完毕后，要填写货车装载清单、货运票据，除一般内容的填写外，还应在装载清单上注明箱号，在货运票据上填写箱数总和，包括货重和箱体自重。

6. 国际铁路联运货物在国境站的交接

国境站除办理一般车站的事务外，还办理国际铁路联运货物、车辆与邻国铁路的交接，货物的换装或更换轮对，票据文件的翻译以及货物运送费用的计算与复核等工作。交接还涉及海关、货代等部门，一般在联运交接所内联合办公。

国际铁路联运集装箱货物在国境站的交接程序如下：

(1) 国境站接到国内前方站的列车到达预报后，立即通知国际联运交接所，做好交接的准备工作。

(2) 列车进站后由铁路会同海关接车，海关负责对列车监管和检查。未经海关许可列车不准移动、解体或调离，车上人员亦不得离开。铁路负责随车带交的票据送交接所。

(3) 交接所内各单位各司其职，完成货物的出境手续。

(4) 相邻两国国境站办理货物、单证的交接手续并签署交接证件。

7. 到达交付

集装箱货物运抵到站后，到站应在不迟于卸车后的次日用电话等方式向收货人发出催领通知，货运员在货票上记载通知时间和方法。但到站的催领通知仅是通知收货人收货的辅助手段。货物承运后，托运人应将领货凭证及时寄交收货人，收货人应主动向到站联系领取货物，这是到货通知的主要手段。

收货人在到站领取货物时，须出示本人的身份证明和领货凭证。到站核对运单和领货凭证，交付货物。收货人在货票上盖章或签字，到站将收货人的身份证明文件号码记载在货票上。

对到达的货物，收货人有义务及时将货物搬出，铁路有义务提供一定的免费留置期限，以便收货人安排搬运工具、办理仓储手续等。留置期限一般为两天，超过这个期限，收货人应向铁路支付延期使用费和货物暂存费。

若货物在站内掏箱，收货人应于领取的当日内掏完；站外掏箱收货人应于领取的次日内将空箱送回。

6.3.4 铁路集装箱货物的交接责任

铁路集装箱运输虽然没有零担货物运输那样复杂，但就集装箱货物运输交接工作而言，却与零担货物运输同样重要。集装箱运输的交接环节是划分责任的界限。下面介绍铁路与发货人、收货人之间，以及铁路内部集装箱货运员之间的交接工作。

1. 铁路与发货人、收货人之间的交接

铁路与发货人、收货人之间（其中包括他们的代理人）的交接，主要是指集装箱的接收、交付两个作业环节，它直接关系到铁路与发货人、收货人之间的责任划分。

铁路集装箱的交接均应在铁路货场内进行，主要检查箱体状态，还要检查铅封。铁路集装箱办理站只接收已加封的集装箱与支付铅封未启封的集装箱，不负责对箱内货物的清点和交接。

铁路集装箱起运时应由承运人将集装箱堆放在指定的货位上，关好箱门，并与发货人按批逐箱与货签核对，检查完毕，在运货单上加盖承运日期戳记，即表明已接受承运，或承运已开始，铁路在交付集装箱时，则应根据收货人提交的货物运单（或集装箱门到门运输作业单），与集装箱到达登记簿进行核对，然后到货场会同收货人按批逐箱进行检查对照，经确认无误后，将集装箱向收货人进行一次点交，并注销交货卡片，交付完毕，责任即告终止。

对进行门—门运输的空箱交接，经双方检查，确认箱体完好后，在集装箱门—门运输作业单上签字、盖章办理交接手续。铁路与发货人、收货人在办理集装箱交接时遇有下列情况，应根据实际情况进行处理和划分责任。

（1）铁路在接受承运时发现发货人所托运的集装箱铅封业已失效、丢失、站名无法辨认，或未按加封的技术要求进行施封，则应由发货人重新整理后方能接收。

（2）铁路在接受承运时，如发现发货人所托运的重箱箱体已损坏，则应由发货人更换集装箱，如使用的是铁路集装箱，则由铁路提供空箱进行更换后才能接受，如箱体的损坏由发货人行为所致，则应由发货人负责赔偿。

（3）由于发货人装箱过失或疏忽，造成超重引起箱体的损坏，或由此而造成箱内货物的损害，该损坏和损害均由发货人自己负责。

（4）由于发货人谎报货名、货物质量、尺码，致使铁路或对第二者造成损害时，发货人对此负有赔偿责任。

（5）铁路向收货人交付重箱时，如铅封完整，对货物的责任即告终止，即使箱内货物发生短少，铁路也不负责任。

（6）铁路向收货人支付重箱时，如铅封完整，而箱内货物发生破损，铁路也不负责任，除非能证明由于铁路过失所致。

（7）集装箱货物在运输途中如发生货损事故，则由发货人自行负责，除非能证明货物的货损是由于铁路集装箱的技术状态不良所致。

（8）铁路向收货人支付重箱时，如发现箱体损坏，并且危及货物安全，铁路应会同收货人对该集装箱货物进行检查，如货物已造成损害，则根据货物的实际损害，由责任方负责赔偿。

（9）铁路接收后的集装箱在承运前发生灭失、损害时，如系在铁路货场内造成，则由铁路负责赔偿。

（10）铁路对货主自备箱在运输中由于铁路方面的过失造成的损害，则由铁路负责赔偿。

（11）对门—门运输的集装箱、空箱箱体的损害，则分别由发货人和收货人负责。

2. 集装箱破损的责任划分及其记录的编制

集装箱的破损大致有两种情况：一是箱体损坏；二是箱体破损。前者是指某一单位或个人

的责任造成集装箱的临时修理，而后者通常指箱体的全损或报废。上述两种损害按其责任可分为：

（1）发货人、收货人的过失责任；

（2）承运人的过失责任；

（3）第三者的过失责任；

（4）不可抗力、意外原因、自然灾害；

（5）铁路装卸工人的过失；

（6）铁路货运员的过失。

凡属于上述责任造成的损坏箱、破损箱，以及货主自己的集装箱在铁路运输过程中发生的破损，都由货运员按箱编制集装箱破损记录。这个记录是划分集装箱破损责任的重要依据，因此，记录中所载的内容必须准确、明确、肯定、完整。

6.3.5 集装箱铁路运输的相关法律法规

1. 国内相关规定

为满足和适应国际标准箱运输的发展，铁道部与交通部先后颁发了有关铁路《大型集装箱运输货物暂行规定》、《铁路集装箱联运协议》等。有关国际标准箱的运输条件和规定主要有：

（1）国际标准箱在铁路运输中只限用 20 ft、40 ft 箱；

（2）由货主自备的上述两种货箱，则限制在专用路线办理，但 20 ft 箱范围可放宽；

（3）使用国际标准箱运输货物，由发货人加铅封，铁路与发货人、收货人之间交接凭封印办理；

（4）国际联运的国际标准箱，按国际铁路货物联运协定及其细则有关规定办理；

（5）运输国际标准箱，应使用敞车或平车装运。装载时箱门应相对，间距不超过 200 mm，使用平车时，应捆绑加固；

（6）办理国际标准箱运输的车站，应按月向铁路分局、铁路局填报《集装箱运输情况月报》。

2. 国际相关规定

目前，国际铁路集装箱货物运输的有关规章制度如下。

1）《国际铁路货物联运协定》

《国际铁路货物联运协定》是参加国际货物联运协定的各国铁路和发货人、收货人办理货物联运必须遵守的基本条件，主要内容是有关货物运输组织、运输条件、运输费用计算，以及铁路承运人与发货人、收货人之间的权利、义务等。

2）《国际铁路货物统一运价规程》

《国际铁路货物统一运价规程》，简称统一运价，规定了参加国际铁路货物各承运人之间办理货物运输的手续、过境运输费用和各项费用的计算、过境铁路里程表、货物品目分类表、货物运费计算表等内容。

3）《国际铁路货物运输协定》

《国际铁路货物运输协定》由相邻两国铁路签订。其主要内容规定了办理联运货物交换的国境站、运输车辆及货物的交接条件和方法、交接车辆运输办法、服务方法等。根据

《国际铁路货物运输协定》的规定，相邻两国铁路定期召开铁路过境会议，对执行过程中出现的问题进行协商，签订了《国际铁路会议议定书》。

6.4 集装箱航空运输实务

6.4.1 集装箱航空运输概述

20世纪70年代前，航空货运只是客运的副产品，主要利用客机的剩余运力运输旅客的随身行李、邮件等，1972年，波音公司研制的B747－200F大型专用货机在大西洋航线上投入营运，并采用标准集装箱装载货物，揭开了国际标准集装箱航空运输的序幕。但是，集装箱航空运输的运量与水路、铁路、公路运输的运量相比，差距较大，航空运输一直处于运量较小的状态，其制约因素如下。

（1）飞机的负荷有限。航空运输的特殊性，使飞机的负荷处于非常有限的范围内。20世纪50年代，飞机的负荷能否无限地扩大就有了结论。问题在于，如果飞机要造得更大，其负荷要扩展，起落重量就要成倍增长，从而要求其起落架的对数和强度也要相应增加。由此就会形成一个矛盾：飞机由于体积增大而增长的负荷量，可能全部消耗在所需要增加的起落架的重量上。所以，除非运用水上起降方式，否则飞机的负荷基本只能限制在目前已有的波音747等机型的水平上。

（2）航空运输成本高，运费昂贵。航空运输成本大大高于水运，比铁路运输和公路运输也要高很多，所以其运费昂贵，超出很多货物所能负担的范围。

（3）有些水路、陆路采用的国际标准集装箱不适用于航空，不利于多式联运的开展。目前，国际标准集装箱的主要类型，是根据水运、铁路、公路运输的需要与可能性确定的，其外形尺寸与总质量，飞机承受起来有一定难度；而飞机所能运载的集装箱，又大多与飞机各部位运载的可能性相配合，直接装载到船舶、火车、汽车上，因尺寸太小，负荷太少，形状奇异，与船舶、火车、汽车不配套。所以航空与其他运输方式之间的国际标准集装箱多式联运，开展的难度较大，这也限制了航空集装箱适量的增加。

随着现代国际贸易对货物运输要求的变化，近年来航空集装箱货运量逐渐增加，而且具有较大的发展空间，其有利因素如下。

（1）航空运输有着运程长、速度快的突出优势。就像航空运量与水路运量不在一个数量级上一样，同样的运程，航空运输所耗费时间与水路运输所耗用时间相比较，也不在一个数量级上。速度快，商品和原材料的供应就及时，生产周期就能大幅度缩短，企业的竞争力就会大幅上升，这对货主无疑具有巨大的吸引力。

（2）现代物流业更加关注各种运输方式的综合效用，使航空货运的地位大大提高。现代物流企业在选择运输方式时，会从多方面对比不同运输方式的优劣，如将航空运输与铁路运输对比：航空运输成本高，而耗时少；铁路运输运费低，而耗时多。单从运费一个角度思考，应该选择铁路运输；但如从运费和运输时间两个角度考虑，铁路运输就不一定是最佳选择。如从“前置时间”（从订货到把货物交付到收货人手中的时间，称为“前置时间”）的角度比较，航空运输的前置时间与铁路运输相比为1∶10，这一时间差转化为经济效益，很可能会大于航空运输与铁路运输的费用差。

（3）随着整体经济的增长，许多商品对运费的承受能力大大提高，这也使航空运输的发展空间增大。如某些对保鲜要求较高的货物，如食品、海鲜、鲜花、水果；某些价值昂贵的货物，如电脑芯片、电子产品、家用电器；还有某些高档消费品，对运价的承受能力都很好。通过航空运输，更能增加这些商品的市场竞争力。

（4）航空运输可以节省包装费，降低货物的货损、货差。相对于铁路、公路和水路运输来说，航空运输是最平稳、对所运货物的冲击最小的。所以航空运输货物，包装可以相对轻薄，从而可以减少货物的包装费用。由于运输平稳，货损、货差就少，也可以相应降低运输成本。

（5）海陆空联运国际标准集装箱的出现，使航空运输进入了国际集装箱多式联运的运输链，这有效地促进了集装箱航空运输的发展。

6.4.2　国际航空运输组织

1. 国际民用航空组织

国际民用航空组织（International Civil Aviation Organization，ICAO）是政府间的国际航空机构，它是根据1944年芝加哥国际民用航空公约设立的，是联合国所属专门机构之一。我国是该组织成员，也是理事国。国际民用航空组织成立于1947年4月4日，总部设在加拿大的蒙特利尔。该组织的宗旨为发展国际航行的原则和技术，并促进国际航空运输的规划和发展。具体工作如下。

（1）保证全世界国际民用航空安全地和有秩序地发展。

（2）鼓励为和平用途的航空器的设计和操作技术。

（3）鼓励发展国际民用航空应用的航路、机场和航行设施。

（4）满足世界人民对安全、正常、有效和经济的航空运输的需要。

（5）防止因不合理的竞争造成经济上的浪费。

（6）保证缔约各国的权利充分受到尊重，凡缔约国均有经营国际空运企业的公平的机会。

（7）避免缔约各国之间的差别待遇。

（8）促进国际航行的飞行安全。

（9）普遍促进国际民用航空在各方面的发展。

2. 国际航空运输协会

国际航空运输协会（（International Air Transport Association，IATA，以下简称国际航协）是各国航空运输企业之间的组织，其会员包括全世界一百多个国家中经营国际、国内定期航班的航空公司。我国的国际航空公司、东方航空公司等多家航空公司近年来也陆续加入了国际航协。国际航协于1945年4月16日在古巴哈瓦那成立，目前下设公共关系、法律、技术、运输、财务、政府和行业事务七个部门。其主要宗旨如下。

（1）促进安全、正常和经济的航空运输以造福于世界各族人民，培植航空商业并研究与其有关的问题。

（2）为直接或间接从事国际航空运输服务的各航空运输企业提供协作的途径。

（3）与国际民航组织及其他国际组织合作。

半个多世纪以来，国际航协充分利用航空公司的专门知识在多个方面作出了重大贡献，这中间包括推动地空通信、导航、航空器安全飞行等新技术；制定机场噪声、油料排放等环境政策；与国际民航组织密切联系制定一系列国际公约；协助航空公司处理有关法律纠纷；筹建国际航空清算组织；推进行业自动化，促进交流；对发展中国家航空运输企业提供从技术咨询到人员培训的各种帮助；在航空货运方面制定空运集装箱技术说明及航空货运服务有关规章；培训国际航协代理人；等等。另外，定期召开的IATA会议还为会员提供了讨论航空运输规则、协调运价、统一单证、财务结算等问题的场所。可以这样说，国际航空运输业今天的发展离不开国际航协的努力，“它的工作使飞行从一种科学现象转为全世界人人都能够享用的公共事业”。

3. 国际货运代理人协会

国际货运代理人协会（International Federation of Freight Forwarders Association，IFFFA，菲亚塔）是国际货运代理人的行业组织，于1926年5月31日在奥地利维也纳成立，总部设在瑞士苏黎世，创立的目的是为了解决由于日益发展的国际货运代理业务所产生的问题，保障和提高国际货运代理在全球的利益，提高货运代理服务的质量。协会的一般会员由国家货运代理协会或有关行业组织或在这个国家中独立注册登记的且为唯一的国际货运代理公司组成，另有为数众多的国际货运代理公司或其他私营企业作为其联系会员。截至1996年，菲亚塔在85个国家内有95个一般会员，在全世界共有联系会员2400个。它是公认的国际货运代理的代表，是世界范围内运输领域中最大的非政府和非营利性组织。

4. 空运代理

航空货运是一项较复杂的商业业务，处理不当往往有可能造成错误和损失，因而一般货主比较愿意委托空运代理办理有关业务。空运代理在经营出口货运时，通常向发货人提供下列业务。

（1）从发货人处接受货物，向航空公司订舱，并按时将货物运至机场。

（2）填写航空运单，计算运单上所列明的各项费用，保证发票及其他商业单据符合航空运输的需要。

（3）检查进出口许可证是否完善，办理其他有关政府的规定。

（4）为发货人办理保险等。

6.4.3 集装箱航空运输条件

1. 航空集装箱货物

集装箱运输技术虽然已被广泛采用，然而无论是对水路、铁路或是公路运输而言，都有适合集装箱运输的货物，也有不适合集装箱运输的货物。但是，适合航空运输的货物，一般均为适箱货物，也就是说，航空运输货运市场，即为航空集装箱货运市场。

适合航空集装箱运输的货物，主要是高附加值、深加工、技术密集型、适时生产的产品和鲜活食品，例如，宝石、贵重金属、电子、仪器、仪表、高科技产品、紧急备件、交付日期紧的产品、药品、服装、鲜花、蔬菜和时令水果等。现今，中国航空集装箱货物运输主要服务的行业是：鲜活产品（如水果、鲜花）、精密机械产品（如医疗器械）、电子产品（如计算机）、通信产品（如手机）等，随着开放的不断深入，书籍、药品、软件、玩具等逐渐也会成为航空物流的服务行业。

2. 航空集装箱

国际航空运输协会（IATA）在航空运输中所使用的成组工具称为成组器（VLD）。成组器分为航空用成组器和非航空用成组器两类，其中非航空用成组器包括与ISO标准同类型的集装箱。

航空集装箱的分类见表6-4。

表6-4　航空集装箱分类

航空集装箱	航空用成组器	部件组合式	航空用托盘
			航空用货网
			固定结构圆顶
			非固定结构圆顶
		整体结构式	上货舱用集装箱
			下货舱用集装箱
	非航空用成组器	国际航空运输协会标准尺寸集装箱	
		国际标准集装箱	航空运输专用集装箱
			陆—空联运用集装箱
			海—陆—空联运用集装箱

1）航空用成组器

航空用成组器是指与飞机的形体结构完全配套，可以与机舱内的固定结构直接联合与固定的成组器。这类成组器又可分成部件组合式与整体结构式两类。

（1）部件组合式。指由托盘、货网、固定结构圆顶或非固定结构圆顶组合成一个可在机舱内固定的装卸单元。其组成部分如下。

① 托盘（见图6-2）是指具有平滑底面的一块货板，能用货网、编织带把货物放在托盘上绑缚起来，并能方便地装在机舱内进行固定。

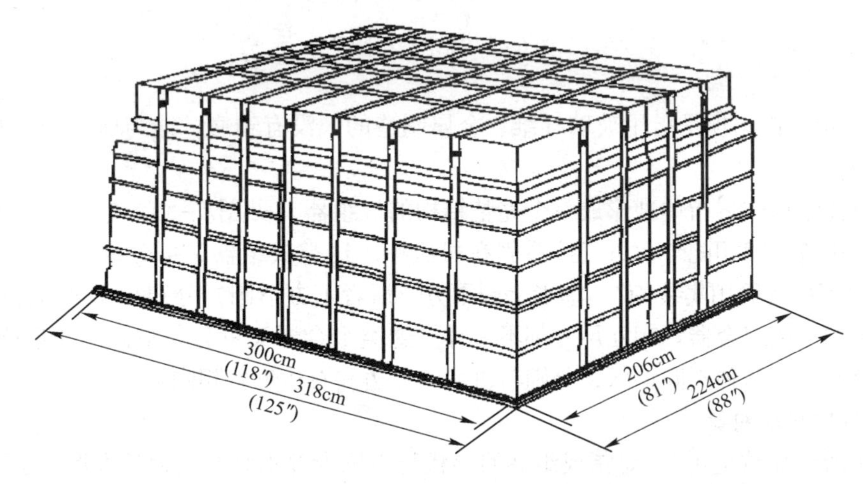

图6-2　航空用托盘

② 货网（见图6-3）是指用编织带编制的网，用于固定托盘上的货物。航空用的货网通常由一张顶网和两张侧网组成。货网与托盘之间利用装在网下的金属环连接，也有顶网与

侧网组成一体的。这种货网主要用于非固定结构圆顶上。

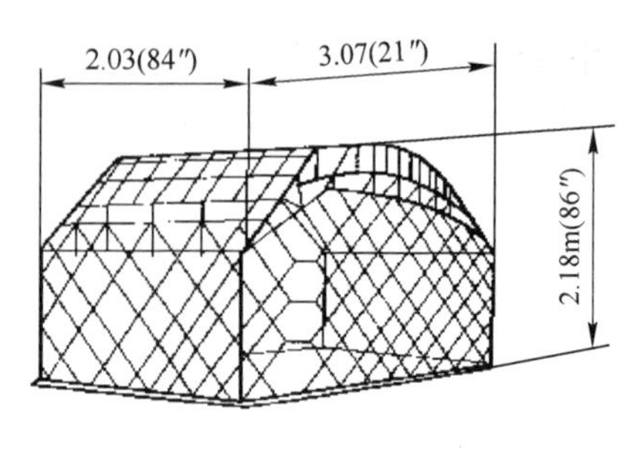

图 6-3　航空用货网

③ 固定结构圆顶（见图 6-4）是指一种与航空用托盘相连接的，不用货网就能使货物不移动的固定形状的罩壳。托盘固定在罩壳上，与罩壳连成一体。

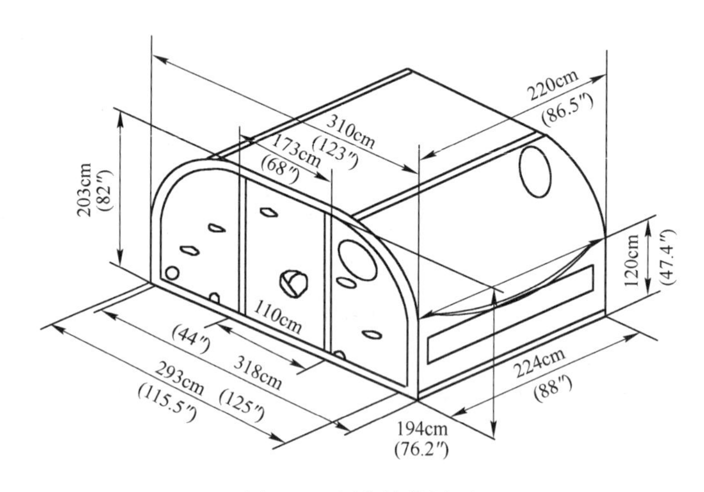

图 6-4　固定结构圆顶

④ 非固定结构圆顶是指用玻璃纤维、金属制造的，没有箱底，能与航空用托盘和货网相连的罩壳。

（2）整体结构式。指单独形成一个完整结构的成组器（见图 6-5）。它的外形不是长方形，而是与机舱形状相配合，可直接系固在机舱中。这类成组器又可分成“上部货舱用集装箱”和“下部货舱用集装箱”。前者上圆下方，后者上方下圆，分别与飞机形体吻合。不同机型飞机的这类组合器，相互尺寸都不一样。这类组合器又可分为整体形和半体形两种。半体形再分左、右两种不同形状，分别与机舱的左边和右边形状相吻合。

2）非航空用成组器

这里所谓“非航空用”，是指成组器的形状与飞机内部不吻合，为长方形，也不宜接在机舱中系固。这类成组器中，“国际航空协会标准尺寸集装箱”与 ISO 国际标准集装箱不配套，不能进行多式联运；“国际标准集装箱”与 ISO 国际标准相衔接，分成 10 ft、20 ft、30 ft、40 ft 四种尺寸，可以进行多式联运。这类箱子又分为三种。

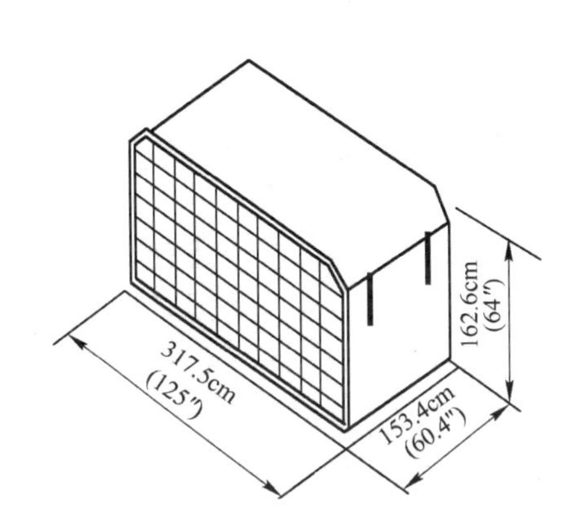

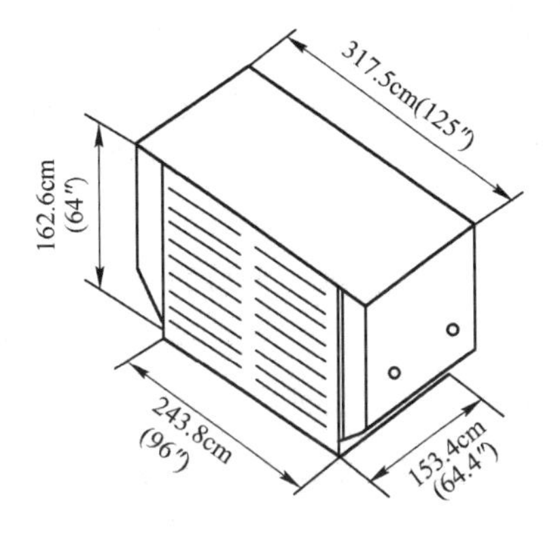

内容积：6. 9 ~ 7 m^3
自　重：213. 2 ~ 294. 8 kg
重量限制：2 576. 4 ~ 3 175. 1 kg
机　型：707. 727. 737 上部货舱用

内容积：6. 9 m^3
自　重：176. 9 ~ 244. 9 kg
重量限制：2 449. 4 kg
机　型：747. 767 下部货舱用

图 6-5　整体结构式航空集装箱

（1）航空运输专用集装箱。形状为长方形，不能在机舱内直接系固，在箱上不设角件，不能堆装。

（2）陆—空联运集装箱。它可以用空运和陆运系统的装卸工具进行装卸和搬运。有的上部无角件而下部有角件，不能堆装；有的上下部都有角件，既可吊装，也可堆装；还有的除上下部都有角件外，还有叉槽，可以使用叉车进行装卸。

（3）海—陆—空联运集装箱。这类集装箱的特点是上下部都有角件，可以堆装。

3. 集装箱航空运载工具

货机是进行集装箱航空运输的运载工具，货机的主要类型可以按照下述方法划分。

1）按机身尺寸分类

（1）窄体飞机。指机身宽度约为 3 m，舱内只有一条通道，一般只能在下舱内装载包装尺寸较小的件杂货。如 B737、B757、MD-80、MD-90、A320、A321 等。

（2）宽体飞机。指机身宽度不小于 4. 72 m，舱内有两条通道，下舱可装载集装箱。如 767、B747、MD-11、A340、A310。

2）按机舱载货方式分类

（1）全货机。指机舱全都用于装载货物的飞机。全货机一般为宽体飞机，主舱可装载大型集装箱。目前世界上最大的全货机是俄罗斯制造的“安东诺夫 AN 二二五开动”货机，最大装载量达 250 t。通常的大型全货机载重量在 100 t 左右。

（2）客货两用机。即普通客机，上舱（主舱）用于载客，下舱（腹舱）用于载货。此外，客货两用机还有以下两种机型。

①“COMBINE”机型。指上舱半截货机型，主要是 B747。

②“QC”机型。指根据市场需要可临时拆装坐椅的机型。

由于各飞机制造公司大多采用相同的基本尺寸，所以成组器在各种机型中的互换性较好，这种互换性使航空公司可以减少成组器的备用量，节约投资，在转机运输时也不必倒载货物，缩短了转机时间。

4. 集装箱航空货运站

开展集装箱航空运输也需要设置集装箱货运站，航空集装箱货运站的作业内容主要有：货物的交接和临时存放、货物的分理、装箱拆箱、货物的分拨、单证的缮制和信息的传递等。

为保障航空集装箱货运站业务的顺利进行，站内必须配备与业务量相适应的装卸搬运机械、空箱、其他成组器及相关材料等。对于业务量大的货运站，应该建有集装箱、搬运机械等设备的维修设施。属于对外口岸类的航空货运站，还应设有海关等国家监管部门的办事机构，便于对进出境货物实施监管。

6.4.4 集装箱航空货运业务

1. 集装箱航空运输的方式

集装箱航空运输的方式主要有以下几种。

1）班机运输

班机运输（Scheduled Airline）是指在固定航线上飞机的航班，有固定的始发站、途经站和目的站。

2）包机运输

包机运输（Chartered Carriage）又分整包机与部分包机两种。

（1）整包机是指由航空公司按照事先约定的条件和费用将整机租给承租人，从一个或几个航空站将货物运至指定的目的地，它适合运送大批量的货物。

（2）部分包机是指由几家货运代理公司或托运人联合包租一架飞机，或者由包机公司把一架飞机的舱位分别租给几家空运代理公司。

3）集中托运

集中托运（Consolidation）是指空运货代公司将若干单独托运人的货物集中起来组成一整批货物，由航空公司托运到同一到站；在货物到达国外后由到站地的空运代理办理收货、报关并拨给各个实际收货人。

图6-6是航空运输集中托运流程简图。将货物集中托运可使货物到达机场以外的地方，因而延伸了航空公司的服务，也方便了货主。托运人在将货物交与航空货运代理后，即可取得货物分运单，持分运单即可到银行办理结汇。该方式已在世界范围内普遍开展并形成较完善、有效的服务系统。在我国集中托运是进出口货物的主要运输方式之一。

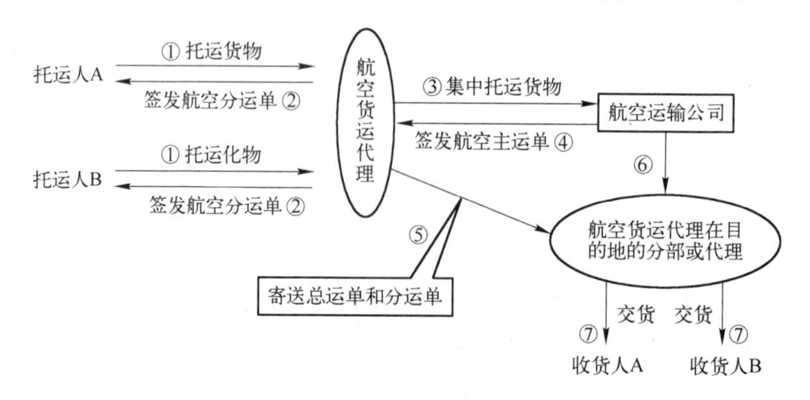

图6-6 集中托运流程简图

4）航空快递

与一般的航空邮寄和航空货运不同，航空快递（Air Express）是指由专门经营这项业务的公司与航空公司合作，设专人用最快的速度在货主、机场、用户之间进行传递。

例如，传递公司接到托运人委托后，用最快的速度将货物送往机场赶装最快航班，随即用电传将航班号、货名、收货人及地址通知国外代理接货；航班抵达后，国外代理提取货物后随即送收货人。这种方式可以实现“桌—桌”（Desk to Desk）服务。

2. 航空货运代理业务

一般情况下，航空公司只负责从一个机场将货物运至另一机场，对于揽货、接货、报关、订舱及在目的地机场提货和将货物交付收货人等方面的业务全由航空货运代理（以下简称“空代”）办理。许多空代公司已加入国际航空运输协会（IATA）等国际组织，并逐步形成了统一的行业规范，空代在航空公司及托运人和收货人之间起着极其重要的纽带作用。

在通常情况下，空代公司可为航空公司组织货源；为托运人向航空公司订航；缮制航空公司及海关等政府监管机构所需要的单证；办理进、出口货物报关报验手续及货物转关手续；为客户提供运输费用和其他费用的结算服务以及保险服务；并为客户提供货物运输过程的追踪查询服务。

3. 航空货物运输单证

航空货物运输单证主要有航空公司签发的航空主运单（简称“主单”，Master Air Waybill，MAWB）、空代签发的航空分运单（简称“分单”，House Air Waybill，HAWB），以及托运人办理托运手续时填写的国际货物委托书等。在航空快递业务中则使用自己独特的运输单据：交付凭证（Proof of Delivery，POD）。

1）航空运单

航空运单是承运人与托运人之间的货运契约，也是航空运输的凭证。其主要作用是：承运人与发货人之间的运输合同；承运人收到托运货物的收据；承运人记账的凭证；海关放行查验时的单据；保险证书；承运人内部业务处理的依据。

在航空集装箱货物运输中使用的主单和分单的格式和内容基本相同，其法律效力相当，只是所涉及合同的当事人不同。

（1）航空货运单的构成。空运单由一式三联正本和若干份副本组成。详见表6-5。

表6-5 航空货运单的构成

号码	颜色	用　途	功　能
正本第一联	绿色	承运人联，由签单承运人留存	运输合同；运费等会计处理
正本第二联	粉色	收货人使用	随货物到达目的地，由最后承运人将其交给收货人，为核收货物的依据
正本第三联	蓝色	托运人联，由托运人留存	接货凭证；运输合同
第四联副本	黄色	交货收据，交付航空公司使用	作为货物交付证明； 运输合同执行证明文件（货物交付时收货人签名）
第五联副本	白色	目的地机场，第三承运人	目的地机场使用

续表

号码	颜色	用　途	功　能
第六联副本 第七联副本 第八联副本	白色	第三承运人 第二承运人 第一承运人	第二承运人、第三承运人结算用
第九联副本	白色	代理人	发行代理人保管
正本第十联 正本第十一联 正本第十二联	白色	备用	根据需要使用

航空运单不同于海运提单，它不是货物所有权的凭证。因为空运速度快，通常在托运人将空运单送达收货人之前，货物已到达目的地。这就基本排除了通过转让单据来转让货物的可能性，所以在国际运输中，航空运单一般都印有“不可转让”字样。货物运至目的地后，收货人凭承运人的“到货通知”和有关证明提货，并在提货时，在随货运到的航空运单上签收，而不要求收货人出示航空运单、货物托运后，如发生意外，可凭航空运单要求变更运输。变更运输包括中途停运、运回始发地、变更目的地和变更收货人等。

（2）航空货运单的内容。各航空公司所使用的航空运单大多数借鉴 IATA 所推荐的标准格式，差别并不大。所以这里只介绍这种标准格式，也称中性运单。下面就有关需要填写的栏目说明如下。

1. 始发站机场：需填写 IATA 统一制定的始发站机场或城市的三字代码，这一栏应该和 11 栏相一致。

1A. IATA 统一编制的航空公司代码，如我国的国际航空公司代码是 999。

1B. 运单号。

2. 发货人姓名、住址（Shipper’s Name and Address）：填写发货人姓名、地址、所在国家及联络方法。

3. 发货人账号：只在必要时填写。

4. 收货人姓名、住址（Consignee’s Name and Address）：应填写收货人姓名、地址、所在国家及联络方法。与海运提单不同，因为空运单不可转让，所以“凭指示”之类的字样不得出现。

5. 收货人账号：同 3 栏一样，只在必要时填写。

6. 承运人代理的名称和所在城市（Issuing Carrier’s Agent Name and City）。

7. 代理人的 IATA 代号。

8. 代理人账号。

9. 始发站机场及所要求的航线（Airport of Departure and Requested Routing）：这里的始发站应与 1 栏填写的相一致。

10. 支付信息（Accounting Information）：此栏只有在采用特殊付款方式时才填写。

11A.（C、E）去往（To）：分别填入第一（二、三）中转站机场的 IATA 代码。

11B.（D、F）承运人（By）：分别填入第一（二、三）段运输的承运人。

12. 货币（Currency）：填入 ISO 货币代码。

13. 收费代号：表明支付方式。

14. 运费及声明价值费（WT/VAL，Weight Charge/Valuation Charge）：

此时可以有两种情况：预付（PPD，Prepaid）或到付（COLL，Collect）。如预付在14A中，填入“*”，否则填在14日中。需要注意的是，航空货物运输中运费与声明价值费支付的方式必须一致，不能分别支付。

15. 其他费用（Other）：也有预付和到付两种支付方式。

16. 运输声明价值（Declared Value for Carriage）：在此栏填入发货人要求的用于运输的声明价值。如果发货人不要求声明价值，则填入“NVD（No Value Declared）”。

17. 海关声明价值（Declared Value for Customs）：发货人在此填入对海关的声明价值，或者填入“NCV（No Customs Valuation）”，表明没有声明价值。

18. 目的地机场（Airport of Destination）：填写最终目的地机场的全称。

19. 航班及日期（Flight/Date）：填入货物所搭乘航班及日期。

20. 保险金额（Amount of Insurance）：只有在航空公司提供代保险业务而客户也有此需要时才填写。

21. 操作信息（Handling Information）：一般填入承运人对货物处理的有关注意事项，如“Shipper’s certification for live animals（托运人提供活动物证明）”等。

22A－22L 货物运价、运费细节。

22A. 货物件数和运价组成点（No. of Pieces RCP，Rate Combination Point）：填入货物包装件数。如10包即填“10”。当需要组成比例运价或分段相加运价时，在此栏填入运价组成点机场的IATA代码。

22B. 毛重（Gross Weight）：填入货物总毛重。

22C. 重量单位：可选择公斤（kg）或磅（lb）。

22D. 运价等级（Rate Class）：针对不同的航空运价共有6种代码，它们是M（Minimum，起码运费）、C（Specific Commodity Rates，特种运价）、S（Surcharge，高于普通货物运价的等级货物运价）、R（Reduced，低于普通货物运价的等级货物运价）、N（Normal，45 kg以下货物适用的普通货物运价）、Q（Quantity，45 kg以上货物适用的普通货物运价）。

22E. 商品代码（Commodity Item No.）：在使用特种运价时需要在此栏填写商品代码。

22F. 计费重量（Chargeable Weight）：此栏填入航空公司据以计算运费的计费重量，该重量可以与货物毛重相同也可以不同。

22G. 运价（Rate/Charge）：填入该货物适用的费率。

22H. 运费总额（Total）：此栏数值应为起码运费值或者是运价与计费重量两栏数值的乘积。

22I. 货物的品名、数量，含尺码或体积（Nature and Quantity of Goods incl. Dimensions or Volume）：货物的尺码应以厘米或英寸为单位，尺寸分别以货物最长、最宽、最高边为基础。体积则是上述三边的乘积，单位为立方厘米或立方英寸。

22J. 该运单项下货物总件数。

22K. 该运单项下货物总毛重。

22L. 该运单项下货物总运费。

23. 其他费用（Other Charges）：指除运费和声明价值附加费以外的其他费用。根据

IATA规则各项费用分别用三个英文字母表示。其中前两个字母是某项费用的代码，如运单费就表示为AW（Air Waybill Fee）。第三个字母是C或A，分别表示费用应支付给承运人（Carrier）或货运代理人（Agent）。

24－26. 分别记录运费、声明价值费和税款金额，有预付与到付两种方式。

27－28. 分别记录需要付与货运代理人（Due Agent）和承运人（Due Carrier）的其他费用合计金额。

29. 需预付或到付的各种费用。

30. 预付、到付的总金额。

31. 发货人的签字。

32. 签单时间（日期）、地点、承运人或其代理人的签字。

33. 货币换算及目的地机场收费记录。

以上所有内容不一定要全部填入空运单，IATA也并未反对在运单中写入其他所需的内容。但这种标准化的单证对航空货运经营人提高工作效率、促进航空货运业向电子商务的方向迈进有着积极的意义。

2）交付凭证

POD相当于普通航空货运中的分运单，一般为一式四联。

第一联：报关联，留在始发地作为出口报关的单据。

第二联：随货同行联，贴附在货物包装上，作为收货人核收货物的依据，并且在随货单据丢失时作为进口报送的单据。

第三联：财务结算联，是快递公司内部结算和统计的依据。

第四联：发运凭证，留存发件人处，同时该联印有背面条款，一旦产生争议可作为判定当事人各方权益、解决争议的依据。

4. 航空集装箱货运业务流程

（1）托运人向航空公司申请航班和装货设备。

（2）托运人将装货设备提取后运回自己工厂或仓库，将货物装入集装箱或成组器、缮制装箱单。

（3）托运人填制国际货物托运书。

（4）托运人向口岸或内地监管部门报关报验，经查验符合规定后获得出口货物放行证明。

（5）托运人通过内陆运输将集装箱、成组器货物按期限运抵出口口岸空港。

（6）托运人将填制好的国际货物托运书、装箱单和其他有关单证交给航空公司核验，并提供启运地海关的关封。航空公司根据托运人填制的国际货物托运书检查核对，必要时可以开箱或拆组检查，其中包括衡量货物的重量及大件货物的体积。

（7）收受的集装箱、成组货物核对准确无误后，航空公司可向托运人开具经双方共同签署的航空货运单。

（8）航空公司与托运人计算航空运费和其他有关费用，并按规定方式计收和结清运费和其他款项。

（9）航空公司对受理的货物进行全面的安全检查后，根据有关货运单证编制整个航班的货物舱单（Manifest），并连同航空货运单一并向海关申请验放。

(10) 航空公司将货物从启运地机场运至目的地机场，将集装箱、成组器货物从飞机货舱内卸下、搬运至机场货运站内指定的位置，经核对航空货运单与集装箱、成组器货物齐备无误后，将集装箱、成组器货物存放在货运站临时库区里。

(11) 航空公司根据航空货运单上的收货人名称地址发出到货通知书，以催促收货人尽快办理货物报关、提货手续。

(12) 航空公司代理人将集装箱、成组器货物通过陆路运输运至航空货运单指定的地点，与收货人清点货物，核对航空货运单与集装箱、成组器货物及收货人名称无误后，双方在航空货运单上签字、盖章，收货人收受货物。

(13) 拆箱、拆组后的集装设备由航空公司代理人回运至指定的存放地点，并办理集装设备的交接手续。

6.4.5　集装箱航空运输的相关法律法规

1. 有关航空货物运输的国际公约

以1929年《统一国际航空运输某些规则的公约》(简称《华沙公约》) 为代表，有关国际航空货物运输的法律已在很大程度上达到了一致，称为“华沙体制”。虽然1999年同名公约 (简称《蒙特利尔公约》) 在内容上与“华沙体制”完全独立，但航空货物运输双方当事人权利、义务的规定并无本质区别。此处重点介绍“华沙体制”对航空货物运输法律关系的规范。

1) 适用范围

《华沙公约》适用于以航空器运输货物而收取报酬的国际运输，只要有关各方所订立的运输合同的出发地和目的地是在缔约国境内即可，而不论在全程运输中有无中断或转运。如果航空运输企业以航空器履行免费运输，也应当适用《华沙公约》。

2) 空运单

《华沙公约》将空运单证称为“空运托运单” (Air Consignment Note，ACN)。对《华沙公约》进行修订的1955年《海牙议定书》将空运托运单改称为“空运单” (Air Way Bill)。

每一套运单应有正本三份，并与货物一起交承运人，经签字盖章后分别交承运人、托运人和收货人。

除运单外，托运人还要向承运人提交有关货物运输和通过海关所必需的单证、装箱单等，以便能及时办理海关手续，迅速将货物交到收货人手中。

托运人应对运单上所填写的关于货物的各项说明和声明的正确性负责；若上述资料不正确或不完备而使承运人或任何其他人遭受损失，托运人应负赔偿责任。

因为空运速度快，通常在托运人将托运单送收货人之前，货物已送至目的地。这在很大程度上排除了通过转让货运单据来转让货物的需要。因此虽然公约并不限制签发可转让的空运单，但在实际业务中，空运单一般都印有“不可转让”字样。货物运至目的地后，收货人凭承运人的“到货通知”和有关证明提货，并在提货时在随货运到的运单上签字接收，而不要求收货人凭运单提货。

3) 承运人的责任制度

(1) 承运人责任期间。在国际航空货物运输中，承运人的主要责任是按时将货物安全地运送到目的地。根据《华沙公约》的规定，空运承运人应对货物在空运期间所发生的货物灭失、损害或迟延交货承担责任。

（2）承运人的免责事由。如果承运人能够证明下列事项，则承运人可以要求免除其对货物损害、灭失或迟延交货的责任。

① 承运人或其雇佣人员已采取一切必要的措施以避免损失的发生，或承运人或其雇佣人员不可能采取这种防范措施。

② 货物的灭失或损害系由于受损人的过失引起或促成时，可在其过失程度的范围内免除承运人的责任。

③ 货物的灭失或损害系由于领航上的疏忽或飞机操作上的疏忽或驾驶上的失误引起的，但是《海牙议定书》取消了这一免责规定。

（3）承运人赔偿责任限额。《华沙公约》规定，承运人对货物的灭失、损害或延迟交货的责任，以货物毛重每千克250金法郎为限。但托运人在托运时已声明了货物的价值并支付了附加运费的，不在此限。

但如经证明货物遭受的损害、灭失或迟延交付是由于承运人或其代理人或其雇用人员的故意不当行为所引起，承运人则无权引用公约中有关责任限制和免除承运人责任的条款。

在承运人赔偿责任限制方面，《海牙议定书》只是将《华沙公约》中的“故意不当行为”改为“故意引起损失，或者明知可能造成损失仍轻率地作为或不作为”，承运人的责任限额并没有发生改变。

（4）承运人。根据1961年《瓜达拉哈拉公约》的规定，实际承运人完成全部或部分货物运输时，除非有另外规定，否则，契约承运人和实际承运人均受《华沙公约》的约束。

前者对全程运输负责，后者对自己运输区段负责，并享有《华沙公约》规定的免责和责任限额。

4）运输合同的变更

托运人在履行运输合同所规定的一切义务的条件下，有权要求变更运输合同，可要求变更的内容包括：

（1）在起运地航空站或目的地航空站将货物收回；

（2）在途中经停地点中止货物运输；

（3）在目的地或运输途中将货物交给非航空货运单中指定的收货人；

（4）要求将货物运回起运地航空站。

上述变更运输合同权利的行使不得使承运人或其他人遭受损失，且不得造成货物的分票，托运人还应支付因此发生的一切费用。

当承运人接到托运人要求变更运输的通知，而事实上已无法执行时，应立即通知托运人。如果承运人根据托运人的指示交货，但没有要求出示其所签的空运单，致使该空运单的持有人遭受损失时，承运人应承担责任，但并不妨碍承运人向托运人追偿的权利。

2. 有关航空货物运输的国内规定

我国调整民用航空货物运输的基本法是1996年3月1日起施行的《中华人民共和国民用航空法》（以下简称《民用航空法》）。另外，根据该法分别于1996年3月和2000年8月制定了《中国民用航空货物国内运输规则》、《中国民用航空货物国际运输规则》。

《民用航空法》关于货物运输的规定在其第九章“公共航空运输”，该章适用于公共航

空运输企业使用民用航空器经营的货物运输，包括公共航空运输企业使用民用航空器办理的免费运输。对多式联运，则适用于其中的航空运输部分。

对于在航空运输期间发生的货物毁灭、遗失或者损坏的，承运人承担严格责任；发生延误造成损失的，承运人承担推定过错责任。国际航空货物运输中承运人的赔偿责任限额为毛重每千克17特别提款权。而根据《中国民用航空货物国内运输规则》，国内货物运输承运人的赔偿责任限额为毛重每千克人民币20元。

我国分别于1958年和1975年加入了《华沙公约》和《海牙议定书》，《中华人民共和国民用航空法》和《中国民用航空货物国内运输规则》也是参照上述两个公约制定的，所以我国航空运输法规的制定，是严格符合国际民用航空组织的规定，不与国际公约相抵触的。

复习思考题

1. 简述铁路集装箱办理站的职能。
2. 试述集装箱铁路运输流程。
3. 集装箱铁路货物交接责任的确定有哪些要求？
4. 简述集装箱航空运输的条件。
5. 简述航空集装箱货运流程。
6. 简述航空用成组器和非航空用成组器的主要区别。

案例分析

冷藏集装箱货物运输合同纠纷

【案例】

原、被告于2000年2月23日口头商定：由被告承运海南产的蔬菜（油豆角）3 500 kg，终点站为黑龙江省大庆市让湖路车站。商定的当天，原告将3 500 kg蔬菜交给被告承运，还交了7 741元给被告的经办人季某。被告的经办人李某收到该款后出示收款收据，被告也按约定将3 500 kg蔬菜（油豆角）运往大庆。

2000年3月8日该批蔬菜到达终点站时，经哈尔滨市齐齐哈尔分局让湖路车站检查发现集装箱后面调温室无门锁，可自由开启，调温室内温度控制箱箱门开启，冷板温度显示表和箱内温度显示表失灵，调温机不工作；3月9日交付时开箱，见绿水流出，竹筐装的96箱豆角，全部腐烂变黑。油豆角当时在大庆市的价格为10～12元/kg。

2000年4月21日，原告以冷藏商运公司为被告，向海口市某法院提起诉讼，称：2000年2月23日，我方要求被告用保温冷藏箱发运海南产蔬菜（油豆角）3 500 kg。我方依照约定向被告交纳310 t冷藏箱租费1 500元、车费1 800元、冷藏费400元、铁路运输费4 041元，共计人民币7 741元，而且于当日将所运蔬菜交给被告指定的冷藏仓库。后经铁路部门检验发现所运蔬菜全部腐烂。由于被告的过失，没有尽到谨慎运输之责，致使冷藏箱后面温室内温度控制箱箱门开启，冷板温度显示表和箱内显示表失灵，调温工作机不工作，造成我方经济损失 498 099.2 元（包括运费 7 741 元在内），现诉至法院要求判令被告赔偿损失 421 582元及退回运费 7 741 元，并负担本案诉讼费用。

被告冷藏商运公司辩称：我公司与原告系委托代理关系，是原告将货物交给我公司委托铁路部门运输的，原告的货物损失与我公司无关，系铁路运输部门的责任，要求法院判决驳回原告的起诉。

思考题：本铁路运输合同纠纷中，被告冷藏商运公司是否承担法律赔偿责任？法院会如何判决？

【案例评点】

海口市某法院审理认为：

2000 年 2 月 23 日的运输蔬菜合同系原、被告双方在协商一致、意思表示真实的基础上订立的，且被告有“冷藏集装箱及多类集装箱的铁路营运、销售租赁服务”的经营范围，内容没有违反法律、法规的规定，该合同合法有效。原告已约定将所运蔬菜的租箱费、车费、预冷藏费共计 7 741 元交给被告的经办人李某。李某的经营活动应由被告承担民事责任。被告在承运原告托运的蔬菜的过程中，造成蔬菜腐烂，被告应对承运的蔬菜腐烂承担赔偿责任。

2000 年 3 月 13 日，由大庆市物价局价格管理科及大庆市农副产品批发市场工商所开具的证明证实，油豆角的市价为 10～12 元/kg，依照《中华人民共和国合同法》第三百一十二条“货物的毁损、灭失的赔偿额，当事人有约定的，按照其约定；没有约定或者约定不明确，依照本法第六十一条的规定仍不能确定的，按照交付或者应当交付时货物到达地的市场价格计算”的规定，原告 3 500 kg 油豆角，被告应承担赔偿损失 42 000 元。

原告要求被告赔偿损失 42 000 元，应予支持。原告要求退还运费 7 741 元没有法律依据。依照《中华人民共和国民法通则》第四十三条，《中华人民共和国合同法》第三百一十一条、第三百一十二条之规定，判决被告冷藏商运公司赔偿原告经济损失 42 000 元人民币。双方当事人均未上诉。

【评析】

在日常的社会经济活动中，合同的一方当事人不履行合同义务或者履行合同义务不符合约定的行为屡见不鲜。本案是一起关于货物运输合同的纠纷。

（1）当事人之间的合同法律关系的发生，首先要求在当事人之间成立一个具有法律约束力的合同。本案中，被告认为双方只存在一种委托代理关系。“运输合同”是承运人将旅客或者货物从起运点运输到约定地点，旅客、托运人或者收货人支付票款或者运输费用的合同。被告有“冷藏集装箱及多类集装箱的铁路营运、销售租赁服务”的经营范围，原告也在合同订立后履行了自己的义务，双方形成的是一种运输合同关系。

（2）企业法人和其他民事主体一样，在其未履行民事义务时，必须承担相当的民事责任。企业法人的民事责任一般都是在经营过程中产生的，这种经营活动又是通过它的法定代表人和其他工作人员进行的，因此，企业法人的法定代表人和其他工作人员，以法人名义从事的经营活动，企业法人应当承担民事责任。

（3）运输作业是风险作业，同时在运输过程中损害的发生原因也是极其复杂的，法律在强调对托运人或者收货人利益保护的同时，也必须对承运人的利益作适当的保护。《中华人民共和国合同法》第三百一十一条规定：“承运人证明货物的毁损、灭失是因不可抗力、货

物本身的自然性质或者合理损耗及托运人、收货人的过错造成的，不承担损害赔偿责任。”承运人要免除赔偿责任，就应当负举证责任。本案中作为承运方的冷藏商运公司，在承运蔬菜的过程中，没有尽到妥善保管的义务，致使蔬菜腐烂变质，在承运方不能证明有免责事由存在的情况下，应当赔偿托运方的损失。

（4）本案中关于货物赔偿额的计算，适用《中华人民共和国合同法》第三百一十二条的规定，按照交付或者应当交付时货物到达地的市场价格计算，其目的在于使托运人或者收货人获得货物安全及时到达并按合同交付时所获得的预期利益，有利于保护托运人或者收货人的利益。

第7章

国际集装箱多式联运

本章要点

- 了解国际多式联运的含义、特点、构成条件及优缺点；
- 熟悉国际多式联运经营人性质、特征及业务范围；
- 熟悉国际多式联运合同的含义、特征、效力及其订立；
- 掌握多式联运单据的内容、性质及多式联运的主要业务。

服装的国际多式联运

湖北武汉某服装厂于2008年2月与日本某商人达成一笔服装买卖交易，双方在合同中约定，该批服装由服装厂负责在10月31日前运输到日本横滨港交货，运费由服装厂支付。这单货物需经短途汽车运输、内河运输、海洋运输才能到达目的港，运输过程相对复杂，为简化手续，节约运费，服装厂于2008年9月3日与某港联运公司签订了多式联运合同。9月6日，服装厂在本厂仓库将出口货物装入两个20 ft集装箱，交由联运公司运输，向承运人付清费用后取得“多式联运提单”。

该联运公司在9月22日将货物运到日本横滨港，并于次日按规定手续将货物交给收货人。

思考题：你认为多式联运会给托运人带来哪些便利?

7.1 国际多式联运概述

7.1.1 国际多式联运的定义与基本特征

根据1980年《联合国国际货物多式联运公约》（简称“多式联运公约”）以及1997年我国交通部和铁道部共同颁布的《国际集装箱多式联运管理规则》的定义，国际多式联运

(International Multimodal Transport）是指“按照多式联运合同，以至少两种不同的运输方式，由多式联运经营人（MTO）将货物从一国境内接管货物的地点运至另一国境内指定地点交付的货物运输”。为履行单一方式运输合同而进行的该合同所规定的货物接送业务，不应视为国际多式联运。

上述定义反映了国际多式联运具备以下基本特征。

(1）由一个国际多式联运经营人对货物运输的全程负责。该国际多式联运经营人不仅是订立多式联运合同的当事人，也是国际多式联运单证的签发人。当然，在国际多式联运经营人履行国际多式联运合同所规定的运输责任的同时，可将全部或部分运输委托他人（分承运人）完成，并订立分运合同。但分运合同的承运人与托运人之间不存在任何合同关系。

(2）签订一份国际多式联运合同。该运输合同是国际多式联运经营人与托运人之间权利、义务、责任与豁免的合同关系和运输性质的确定，也是区别多式联运与一般货物运输方式的主要依据。

(3）采用一次托运、一次付费、一票到底、统一理赔、全程负责的运输业务。

(4）采用两种或两种以上不同运输方式来完成国际货物的连续运输。国际多式联运所承运的货物必须是从一国境内接管货物的地点运至另一国境内指定交付货物的地点，是一种国际货物运输，并且必须采用至少两种以上不同运输方式的连贯运输，如海—铁、海—公、海—空联运等。

(5）可实现“门—门”运输。

7.1.2　国际多式联运构成条件

依据1980年《联合国国际货物多式联运公约》的规定，国际货物多式联运须同时具备以下几个条件：

(1）属于国际货物运输；

(2）使用两种或两种以上运输工具完成全程运输；

(3）必须签发多式联运单证；

(4）由国际多式联运经营人对全程运输负责。

7.1.3　国际多式联运优点

国际多式联运是一种比区段运输高级的运输组织形式，20世纪60年代末美国首先试办多式联运业务，受到货主的欢迎。随后，国际多式联运在北美、欧洲和远东地区开始采用；20世纪80年代，国际多式联运已逐步在发展中国家实行。目前，国际多式联运已成为一种新型的重要的国际集装箱运输方式，受到国际航运界的普遍重视。

国际多式联运能够被各国普遍接受并成为今后国际运输发展的方向，这是因为，开展国际集装箱多式联运相对于区段单一运输方式具有许多优越性，主要表现在以下几个方面。

1）提高运输组织水平，实现运输合理化

对于区段运输而言，由于各种运输方式的经营人各自为政，自成体系，因而其经营业务范围受到限制，货运量相应也有限。而一旦由不同的经营人共同参与多式联运，经营的范围可以大大扩展，同时可以最大限度地发挥其现有设备作用，选择最佳运输线路组织合理化运输。

2）综合利用各种运输的优势，提高运输效率及货运质量

在国际多式联运方式下，各个运输环节和各种运输工具之间配合密切，衔接紧凑，货物所到之处中转及时，大大减少货物的在途停留时间，提高了运输效率，从而从根本上保证了货物安全、迅速、准确、及时地运抵目的地。同时，多式联运系通过集装箱为运输单元进行直达运输，尽管货运途中须经多次转换，但由于使用专业机械装卸，且不涉及箱内货物，因而货损货差事故大为减少，从而在很大程度上提高了货物的运输质量。

3）简化手续，提早结汇

在国际多式联运方式下，无论货物运输距离有多远，由几种运输方式共同完成，且不论运输途中货物经过多少次转换，所有一切运输事项均由多式联运经营人负责办理。而托运人只需办理一次托运，订立一份运输合同，一次支付费用，一次保险，从而省去托运人办理托运手续的许多不便。同时，由于国际多式联运采用一份货运单证，统一计费，因而也可简化制单和结算手续，节省人力和物力，此外，一旦运输过程中发生货损货差，由多式联运经营人对全程运输负责，从而也可简化理赔手续，减少理赔费用。在货物交由第一承运人以后即可取得货运单证，并据以结汇，从而提前了结汇时间。

4）降低运输成本，节省各种支出

由于国际多式联运可实行门到门运输，因此对货主来说，这不仅有利于加速货物占用资金的周转，而且可以减少利息的支出。此外，由于货物是在集装箱内进行运输的，因此从某种意义上来看，可相应地节省货物的包装、理货和保险等费用的支出。

5）其他作用

从政府的角度来看，发展国际多式联运具有以下重要意义：有利于加强政府部门对整个货物运输链的监督与管理；保证本国在整个货物运输过程中获得较大的运费收入配比；有助于引进新的先进运输技术；减少外汇支出；改善本国基础设施的利用状况；通过国家的宏观调控与指导职能保证使用对环境破坏最小的运输方式达到保护本国生态环境的目的。

7.1.4 国际多式联运的运输组织形式

国际多式联运是采用两种或两种以上不同运输方式进行联运的运输组织形式。这里所指的至少两种运输方式可以是：海—陆，陆—空，海—空等。这与一般的海—海，陆—陆，空—空等形式的联运有着本质的区别。后者虽然也是联运，但仍是同一种运输工具之间的运输方式。众所周知，各种运输方式均有自身的优点与不足。一般来说，水路运输具有运量大，成本低的优点；公路运输则具有机动灵活，便于实现货物门到门运输的特点，铁路运输的主要优点是不受气候影响，可深入内陆和横贯内陆实现货物长距离的准时运输；而航空运输的主要优点是可实现货物的快速运输。由于国际多式联运严格规定必须采用两种和两种以上的运输方式进行联运，因此这种运输组织形式可综合利用各种运输方式的优点，充分体现社会化大生产大交通的特点。

由于国际多式联运具有其他运输组织形式无可比拟的优越性，因而这种国际运输新技术已在世界各主要国家和地区得到广泛的推广和应用。目前，有代表性的国家多式联运主要有远东—欧洲，远东—北美等海陆空联运，其组织形式如下。

1. 海陆联运

海陆联运是国际多式联运的主要组织形式，也是远东—欧洲多式联运的主要组织形式之

一。目前组织和经营远东—欧洲海陆联运业务的主要有班轮公会的三联集团、北荷、冠航和丹麦的马士基等国际航运公司，以及非班轮公会的中国远洋运输公司、德国那亚航运公司等。这种组织形式以航运公司为主体，签发联运提单，与航线两端的内陆运输部门开展联运业务，与大陆桥运输展开竞争。

2. 陆桥运输

在国际多式联运中，陆桥运输（Land Bridge Service）起着非常重要的作用。它是远东—欧洲国际多式联运的主要形式。所谓陆桥运输是指采用集装箱专用列车或卡车，把横贯大陆的铁路或公路作为中间“桥梁”，使大陆两端的集装箱海运航线与专用列车或卡车连接起来的一种连贯运输方式。严格地讲，陆桥运输也是一种海陆联运形式。只是因为其在国际多式联运中的独特地位，故在此将其单独作为一种运输组织形式。

3. 海空联运

海空联运又被称为空桥运输（Air-bridge Service）。在运输组织方式上，空桥运输与陆桥运输有所不同：陆桥运输在整个货运过程中使用的是同一个集装箱，不用换装，而空桥运输的货物通常要在航空港换入航空集装箱。不过。两者的目标是一致的，即以低费率提供快捷、可靠的运输服务。

海空联运方式始于20世纪60年代，但到80年代才得以较大的发展。采用这种运输方式，运输时间比全程海运少，运输费用比全程空运便宜。20世纪60年代，将远东船运至美国西海岸的货物，再通过航空运至美国内陆地区或美国东海岸，从而出现了海空联运。当然，这种联运组织形式是以海运为主，只是最终交货运输区段由空运承担，1960年年底，苏联航空公司开辟了经由西伯利亚至欧洲的航空线，1968年，加拿大航空公司参加了国际多式联运，80年代，出现了经由中国香港、新加坡、泰国等至欧洲航空线。

目前，国际海空主要联运线路如下。

（1）远东—欧洲。目前，远东与欧洲间的航线有以温哥华、西雅图、洛杉矶为中转地，也有以香港、曼谷、海参崴为中转地。此外还有以旧金山、新加坡为中转地。

（2）远东—中南美。近年来，远东至中南美的海空联运发展较快，因为此处港口和内陆运输不稳定，所以对海空运输的需求很大。该联运线以迈阿密、洛杉矶、温哥华为中转地。

（3）远东—中近东、非洲、澳洲。这是以香港、曼谷为中转地至中近东、非洲的运输服务。在特殊情况下，还有经马赛至非洲、经曼谷至印度、经香港至澳洲等联运线，但这些线路货运量较小。

总的来讲，运输距离越远，采用海空联运的优越性就越大，因为同完全采用海运相比，其运输时间更短。同直接采用空运相比，其费率更低。因此，从远东出发至欧洲、中南美以及非洲作为海空联运的主要市场是合适的。

7.1.5　国际集装箱多式联运的发展趋势

在集装箱运输发展起来后，国际多式联运的优点才真正发挥出来。从某种意义上讲，多式联运就是集装箱多式联运。集装箱使货物组成一个运输单元，进行成组化运输，这正适合了多式联运将几种运输方式组织起来的运输形式，两者结合起来就产生了巨大的优势，方便了货物在各种运输方式间的转换，减少了转换所需的时间和费用，并减少了货损、货差，保证了货物运输质量。因此集装箱多式联运具有十分重要的意义。目前国际集装箱多式联运发展呈现如下发展趋势及特点。

(1) 国际集装箱船和集装箱趋向大型化和效益化。世界主要20多家船公司营运的载箱量在3500 TEU以上的船舶不断增多，占其运力25%以上；载箱量更大的4600 TEU、4800 TEU、5250 TEU等大型全集装箱船正在迅速发展。全球第四、五代集装箱船正在不断更新，取代原有的第一、二代集装箱船。集装箱运输规模的扩大，运行速度的提高，船舶载箱量的增加，航速的加快和运送期限的缩短，使运输效益日益提高。

(2) 适箱货物的种类日趋扩大。由于国际贸易在世界更大范围内进行，除传统的制成品使用集装箱运输外，还有国际原材料、半成品、机械及零部件、电子产品及元器件等适箱货物运输也在不断增加；另外，世界各国都在研究扩大散装货、液体货、农副水产品等货物使用集装箱运输的范围，从而促进了集装箱多式联运的不断发展。

(3) 由于集装箱船趋向大型化，港口码头、装卸机械、集疏运设备也相应趋向大型化、高速化。港口集装箱集、运、疏、装卸整流加快，船舶在港停留时间相对缩短，运输效益提高，集装箱运输的优势得到充分发挥。

(4) 集装箱运输的经营管理、运输组织、装卸作业、运输信息传递等广泛地使用计算机并实现自动化。EDI（电子数据交换）系统彻底改变了传统的习惯做法，达到快速、准确、安全、简便地完成多式联运作业的目的。随着无纸化贸易的发展，EDI系统的建立和完善将成为多式联运不可或缺的基础设施。

(5) 随着全球贸易结构的变化，区域性市场集中渐成趋势。区域（集团）贸易额不断增长，亚洲、远东及环太平洋国家和地区的集装箱运量将会继续增长。因此，适箱货比例增加和集装箱化率提高，促成了集装箱运量快速增加。在北欧和北美，其集装箱化率已达到70%~80%，基本接近极限，因此，欧美的集装箱生成量目前及今后的增长，几乎要完全依赖于经济和贸易的发展。而亚太地区除新加坡、日本、香港外，其他国家和地区的集装箱化率还不到50%，因此，集装箱运量还有很大的市场空间。

7.2 国际多式联运经营人

7.2.1 国际多式联运经营人的概念及特征

1. 国际多式联运经营人的定义

《1980年联合国国际多式联运公约》第12条规定：“多式联运经营人（Multimodal Transport Operator，MTO）是指本人或通过其代表订立多式联运合同的任何人，他是事主，而不是发货人的代理人或代表或参加多式联运的承运人的代理人或代表，并且负有履行合同的责任。”由此可见，国际多式联运经营人，是指本人或者委托他人以本人名义与托运人订立一项多式联运合同并以承运人身份承担完成此项合同的责任人。

2. 国际多式联运经营人的特征

从以上的定义中，不难发现国际多式联运经营人具有如下基本特征。

(1) 国际多式联运经营人是多式联运合同的当事人。国际多式联运经营人是多式联运合同的“本人”而非代理人。它既对全程运输享有承运人的权利，也负有履行多式运输合同的义务，并对责任期间所发生的货物的灭失、损害或迟延交付承担责任。

(2) 国际多式联运经营人的职能在于负责完成多式运输合同或组织完成多式运输合同。国际多式联运经营人既可以拥有运输工具从事一个或几个区段的实际运输，也可以不拥有任何运输工具，仅负责全程运输组织工作。当国际多式联运经营人以拥有的运输工具从事某一区段运输时，它既是契约承运人，又是该区段的实际承运人。

(3) 国际多式联运经营人对实际承运人而言是货物运输的委托人。国际多式联运经营人具有双重身份，它既以契约承运人的身份与货主（托运人或收货人）签订国际多式联运合同，又以货主的身份与负责实际运输的各区段运输的承运人（通常称为实际承运人）签订分运运输合同。因此，可以将其视为“中间人”。

(4) 国际多式联运经营人既可以拥有运输工具也可以不拥有运输工具。当国际多式联运经营人以拥有的运输工具从事某一区段运输时，它既是契约承运人，又是该区段的实际承运人。

7.2.2 国际多式联运经营人的类型及性质

1. 国际多式联运经营人的类型

如前所述，根据是否拥有运输船舶，国际多式联运经营人可以分成以船舶运输为主的国际多式联运经营人和无船国际多式联运经营人两大类。

1）以船舶运输为主的国际多式联运经营人

这类国际多式联运经营人在利用自己拥有的船舶提供港至港服务的同时，将他们的服务扩展到包括陆上运输甚至空运在内的门到门服务。在一般情况下，他们可能不拥有也不从事公路、铁路、航空货物运输，而是通过与相关承运人订立分合同来安排相关的运输。此外，他们也可能不拥有也不从事场站设施，而是与相关场站经营人订立装卸与仓储合同来安排相关的装卸与仓储服务。

2）无船国际多式联运经营人

根据是否拥有运输工具和场站设施，无船国际多式联运经营人可分成如下类型。

(1) 承运人型。这类国际多式联运经营人不拥有运输船舶，但却拥有汽车、火车和飞机等运输工具。它与货主订立国际多式联运合同后，除了利用自己拥有的运输工具完成某些区段的实际运输外，对于自己不拥有或经营的运输区段，则需要通过与相关的承运人订立分包合同来实现该区段的运输。与船舶运输为主的国际多式联运经营人一样，这类国际多式联运经营人既是契约承运人，又是某个或几个区段的实际承运人。

(2) 场站经营人型。这类国际多式联运经营人拥有货运站、堆场、仓库等场站设施。它与货主订立国际多式联运合同后，除了利用自己拥有的场站设施完成装卸、仓储服务外，还需要与相关的各种运输方式的承运人订立分合同，由这些承运人来完成货物运输。

(3) 代理人型。这类国际多式联运经营人不拥有任何运输工具和场站设施，需要通过与相关的承运人、场站经营人订立分合同来履行它与货主订立的国际多式联运合同。

2. 国际多式联运经营人的性质

国际多式联运经营人不是发货人的代理或代表，也不是参加联运的承运人的代理或代表，而是多式联运的当事人，是一个独立的法律实体。对于货主来说，它是货物的承运人，但对分承运人来说，它又是货物的托运人。它一方面向货主签订多式联运合同，另一方面它又与分承运人以托运人身份签订各段运输合同，所以它具有双重身份。在国际多式联运方式下，根据合同规定，国际联运经营人只重视货物运输的总承运人，对货物负有全程运输的责任。

7.2.3 国际多式联运经营人的业务范围与经营方式

1. 国际多式联运经营人的业务范围

随着企业类型、规模的不同，国际多式联运经营人的业务范围也有较大的差异。大型国际多式联运企业实际上已集代理人、经纪人、承运人、场站经营人、国际多式联运经营人、第三方物流经营人为一体，有能力向客户提供全方位的运输服务；而"代理型"的国际多式联运企业只能以代理人、经纪人、国际多式联运经营人身份从事咨询业务、货运代理业务、运输经纪业务和国际多式联运业务。但无论何种类型的国际多式联运企业，在实际业务操作中，通常都是以"混合身份"向客户提供服务。

2. 国际多式联运企业的经营方式

国际多式联运是国际货物的联合运输，根据国际多式联运和国际联运经营人必须具备的条件，联运线路的两端必须在两个不同的国家，在线路的两端及中间各转接点上要有设备完整的派出机构、代理机构组成的网络，以完成货物交接及服务事宜，提供必要的信息，完成单证转递等业务。在这种情况下，承担国际多式联运业务的企业（即多式联运经营人）的经营方式通常有以下三种。

1）企业独立经营方式

即企业在各线路两端及中间各转接点处均设（或派）有自己的子公司或办事处等形式的派出机构或分支机构，作为全权代表处理揽货、交接货、订立运输合同协议，处理有关服务业务等运输和衔接中所需要的一系列事务。一些较有实力的多式联运经营人在世界的重要地区、主要城市都设有办事处。联运过程中的所有工作（除各区段实际运输外）全部由自己的办事处或分支机构承担并完成。承运人型的多式联运经营人多是这种形式（在成为MTO以前，这类企业已经设立了许多办事处和分支机构）。

2）两企业间联营方式

企业由位于联运线路两端国家的两个（或几个）类似的企业联合经营的方式，联营的双方互为合作人，分别在各自的国家内开展业务活动，揽到货物后，按货物的流向及运输区段划分双方应承担的工作。在本国，自身是起运货物的总承运人，而对方企业是该项运输业务在对方国的代理，接续完成至交付货物为止的全部工作。两企业联合经营的紧密程度由双方协议确定，可有从互为代理、互付佣金直到双方分享利润、分摊亏损等不同形式。

3）代理方式

即在线路的两端和中间各衔接地点委托国外（内）同业作为多式联运代理，办理或代安排全程运输中的分承运工作和交接货物，签发或回收多式联运单证，制作有关单证，处理交换信息、代收、交费用和处理货运事故或纠纷等。这种代理关系可以是相互的，也可以是单方面的，在这种情况下，一般由国际多式联运经营人向代理人支付代理费用，不存在分利润、分摊亏损问题。

第一种方式一般适用于货源数量较大，较为稳定的线路。一般要求企业具有较强的实力和业务基础。这种方式由于全部工作由自己雇用的人员完成，工作效率较高，利润也可能较高。第2种和第3种（特别是第3种）方式多适用于公司的经济实力不足以设立众多的海外办事处和分支机构，或线路的货源还不够大，不太稳定，或企业开展多式联运业务的初期等

情况。这种方式具有投资少，见效快，建立线路准备工作较少，业务扩大较快等优点；但与第一种方式比较，工作效率及利润率要低一些。大多数无船承运人型的国际多式联运企业均采用后两种形式。

上述介绍的是目前国际上通行的3种最基本的多式联运企业经营方式。但在实际经营过程中，各多式联运企业并不只按上面3种方式的某一种经营，而是3种方式结合运用。即使是经济实力很强的国际多式联运经营人也只是在一些货源量较大，中转业务较多的地区、城市或不同线路交汇处设立自己的办事处或分支机构（必须以经济上合算为前提）。而在其他地点采用联营与委托代理方式满足各环节业务的实际需要。各国际多式联运企业必须根据自己的经济实力、业务量的大小决定采用一种形式和各种方式结合的程度，以便保证自己多式联运业务的开展及迅速发展。

7.2.4　国际多式联运经营人的赔偿责任

1. 国际多式联运经营人为其受雇人、代理人和其他人所负的赔偿责任

国际多式联运系由国际多式联运经营人将货物从一国境内接管货物的地点运至另一国境内指定地点交付货物。这里重要的是必须订立国际多式联运合同。由于国际多式联运全过程要通过各种代理人、实际承运人等共同来完成，因而各有关方之间的法律关系十分复杂。其中，既有国际多式联运经营人与托运人之间的合同关系，又有国际多式联运经营人与其受雇人之间的雇佣关系、与其代理人之间的代理关系、与分包承运人之间的承托关系，以及托运人、收货人与多式联运经营人及其受雇人、代理人、分包人之间可能发生的侵权行为关系。对于如此错综复杂，且权利、义务又各不相同的法律关系，应掌握一点，即国际多式联运下的法律结构是调整国际多式联运经营人与托运人之间的合同关系的，而其他法律关系都附着在这一合同关系上，并比照这一合同关系统一其权利和义务。

根据联合国多式联运公约的有关规定，国际多式联运合同的一方是国际多式联运经营人，包括其本人或通过其代表订立多式联运合同的任何人，他是事主，而不是托运人的代理人或代表或参加国际多式联运的承运人的代理人或代表，并且，负有履行合同的责任。国际多式联运合同的另一方是托运人，这也是指其本人或通过其代理与国际多式联运经营人订立国际多式联运合同的任何人。国际多式联运经营人和他的受雇人、代理人和分包人的关系都适用代理关系，货物交由他们掌管应视为与交给国际多式联运经营人掌管具有相同效力。所以，国际多式联运公约规定：国际多式联运经营人应对他的受雇人或代理人在其受雇范围内行事时的行为或不行为负赔偿责任，或对他为履行国际多式联运合同而使用其服务的任何其他人在履行合同的范围内行事时的行为或不行为负赔偿责任，一如他本人的行为或不行为。

同样，虽然托运人和收货人与国际多式联运经营人的代理人、受雇人没有合同关系，但可依据侵权行为提起诉讼。不过，在这种诉讼中，经营人的代理人、受雇人可享受与经营人同样的辩护理由和责任限制。这样，既有利于货主与承运人之间行使追偿的权利，又使承运人一方得到应有的保护，而且，也保障了以各种形式起诉都能得到同一法律效果，达到法律的统一性和公正性。

2. 国际多式联运经营人的赔偿责任基础

对承运人赔偿责任的基础，各单一运输公约的规定不一，但大致可分为过失责任制和严格责任制两种。严格责任制是指排除了不可抗力等有限的免责事由外，不论有无过失，承运人对于货物的灭失或损坏均负责赔偿。国际铁路货运公约、公路货运公约等都采用了该种责任制。过失责任制是当承运人和其受雇人在有过失时负赔偿责任。这种责任制为《海牙规则》和1929年的《华沙航空公约》所采用。但海运过失责任制并不是完全过失，它附有一部分除外规定，如航行过失（船舶碰撞、触礁、搁浅），1978年通过的汉堡规则则实行过失推定原则，这才实现了较完整的过失责任制。

国际多式联运公约对国际多式联运经营人规定的赔偿责任基础如下。

（1）国际多式联运经营人对于货物的灭失、损坏和延迟交付所引起的损失，如果造成灭失、损坏或延迟交付的事故发生于货物由其掌管期间，应负赔偿责任，除非国际多式联运经营人证明其本人、受雇人或代理人或其他人为避免事故的发生及其后果已采取一切能符合要求的措施。

（2）如果货物未在明确议定的时间交付，或者如无此种协议，未在按照具体情况对一个勤奋的国际多式联运经营人所能合理要求的时间内交付，即为延迟交付。

（3）如果货物未在按照上述条款确定的交货日期届满后连续90日内交付，索赔人即可认为这批货物业已灭失。

从上述规定可以看出，国际多式联运公约在赔偿责任基础上仿照了《汉堡规则》也实行的推定过失责任制。

此外，如果货物的灭失、损坏或延迟交付是由多式联运经营人、其受雇人、代理人或有关其他人的过失或疏忽与另一原因结合而产生的，根据国际多式联运公约规定，国际多式联运经营人仅对灭失、损坏或延迟交货可以归之于此种过失或疏忽的限度内负赔偿责任。但公约同时指出：国际多式联运经营人必须证明不属于此种过失或疏忽的灭失、损坏或延迟交货的部分。

在国际货物运输中，一般的国际货运公约对延迟交货均有相应的规定。如铁路货运公约、公路货运公约、华沙航空货运公约等，对延迟交货的规定较明确。但有的对此则无明确规定。如海上运输，由于影响海上运输的因素很多，较难确定在什么情况下构成延迟交货，因而，《海牙规则》对延迟交货未作任何规定。相比之下，国际多式联运公约的规定是明确的。

在运输实务中，延迟交货的情况一旦发生，收货人通常会采取以下处理办法。

（1）接受货物，再提出由于延迟交货而引起的损失赔偿。

（2）拒收货物，并提出全部赔偿要求。

在上述第一种情况下，收货人提出的仅是由于运输延误而引起的损失赔偿。如由于延误造成工厂停工、停产、市场价格下跌等引起的损失及由于延迟交货使收货人积压资金而产生的损失。

第二种情况的发生通常是指延迟交货超过多式联运公约规定的期限，即超过“确定的交货日期届满后连续90日”仍未交货，收货人则视该货物已经灭失。对此，收货人必须以书面形式通知国际多式联运经营人，否则，国际多式联运经营人对延迟交货造成的损失不予赔偿。

3. 国际多式联运经营人的赔偿责任限制

在现有的国际货运公约中，对于承运人的赔偿责任限制（Limitation of Liability）采用的赔偿标准都不尽相同。《海牙规则》采用的是单一标准的赔偿方法，即只对每一件或每一货运单位负责，而不对毛重每千克负责。这种规定方法在实际应用中存在较大缺陷，不符合国际贸易和运输业发展的需要。为此，1968年制定的《维斯比规则》讨论双重标准的赔偿方

法列入公约，即既对每一件或每一货运单位负责，又对毛重每千克货物负责。同时，对集装箱、托盘或类似的成组工具在集装或成组时的赔偿也作了规定，1978 年制定的《汉堡规则》也采用了这种赔偿方法。

国际多式联运公约仿照了《汉堡规则》的规定，也将这种双重赔偿标准列入了公约中。不同的是，国际多式联运公约不仅规定了双重标准的赔偿方法，同时也规定了单一标准的赔偿方法。

国际多式联运公约按国际惯例规定多式联运经营人和托运人之间可订立协议，制定高于公约规定的经营人的赔偿限额。在没有这种协议的情况下，国际多式联运经营人按下列赔偿标准赔偿。

（1）如在国际多式联运中包括了海上或内河运输，也就是在构成海陆、海空等运输方式时，多式联运经营人对每一件或每一货运单位的赔偿按 920 个特别提款权（SDR），或毛重每千克 2.75 个特别提款权，两者以较高者为准。

关于对集装箱货物的赔偿，国际多式联运公约基本上采用了《维斯比规则》规定的办法。因此，当根据上述赔偿标准计算集装箱货物的较高限额时，公约规定应适用以下规则。

① 如果货物是采用集装箱、托盘或类似的装运工具集装，经国际多式联运单证列明装在这种装运工具中的件数或货运单位数，应视为计算限额的件数或货运单位数。否则，这种装运工具中的货物视为一个货运单位。

② 如果装运工具本身灭失或损坏，而该装运工具并非为多式联运经营人所有或提供，则应视为一个单独的货运单位。

国际多式联运公约的这一赔偿标准中还包括了延迟交付赔偿限额的计算方法。根据公约的规定，不管多式联运是否包括海上或内河运输，经营人对延迟交货造成损失所负的赔偿责任限额，相当于被延迟交付的货物应付运费的 2.5 倍，但不得超过多式联运合同规定的应付运费的总额。同时，延迟赔偿或延迟与损失综合赔偿的限额，不能超过货物全损时经营人赔偿的最高额。

（2）如果在国际多式联运中不包括海运或内河运输，即构成公—铁联运，铁—空或公—空联运时，则国际多式联运经营人赔偿责任限额按灭失或损坏货物毛重每公斤不得超过 8.33 SDR 计算。

公约还规定，国际多式联运经营人对延迟交货造成损失的赔偿责任限额为延误交付的货物应付运费的 2.5 倍，但不得超过多式联运合同规定的应付运费的总额。

在货物的灭失、损坏与延迟交付同时发生时，赔偿总额以货物全部灭失时应负的责任为限。

以上是国际多式联运公约按统一责任制形式规定的多式联运经营人的赔偿责任，由于多式联运公约目前尚未生效，在实际运作中大多数多式联运合同中均采用网状责任制。因此，目前在国际多式联运中，各国际多式联运经营人仍按各种单一运输方式适用的法规规定的责任限额计算赔偿数额。

为了防止多式联运经营人利用责任限制的规定，运输的货物安全掉以轻心或故意造成损害使货方遭受不必要的损失，国际多式联运公约还规定，如经证明货物的灭失、损害或延误运输系由国际多式联运经营人有意造成或明知有可能造成而又毫不在意的行为或不行为引起的，国际多式联运经营人则无权享受本公约规定的赔偿责任限制权益。对他的受雇人、代理人或在履行国际多式联运合同为其服务的其他人也是如此。

7.3 国际多式联运合同

7.3.1 国际多式联运合同的概念及特征

国际货物多式联运合同（Contract of Multimodal Transport of Goods）（以下简称“国际多式联运合同”），是指多式联运经营人负责以两种以上（含两种）的不同运输方式将货物由一国境内的货物接收地点运至另一国境内约定地点交付收货人，并收取全程运费的运输合同。

就合同的形式而言，国际多式联运合同与传统的件杂货班轮运输合同相似，没有完整的形式。但是，就合同的实质内容而言，二者具有本质的区别。国际多式联运合同涵盖了至少或两种以上的运输方式，全部运输过程分为若干运输区段，各区段由不同的承运人完成，因此会存在若干区段运输合同。但是，这些单一运输合同都不是国际多式联运合同，也不是它的组成部分。国际多式联运合同是独立于这些区段运输合同之外的，由国际多式联运经营人与托运人订立的，并由订单及联运单据等文件共同体现的、涵盖了全程运输的总合同。因此，与一般的运输合同相比，其具有以下明显特征。

1）国际多式联运合同的当事人为多式联运经营人与托运人

国际多式联运经营人，是指本人或者委托他人以本人名义与托运人订立国际多式联运合同的人。他是合同的当事人，而不是托运人的代理人或者代表人，也不是参加国际多式联运的各承运人的代理人或者代表人；国际多式联运经营人既可以是纯粹的缔约承运人，也可以是缔约承运人兼实际承运人。国际多式联运经营人的含义不同于多式联运承运人，国际多式联运承运人是实际运送货物的人，为两人以上。虽然国际多式联运合同涉及多个承运人，但托运人只需与国际多式联运经营人签订运输合同。

2）国际多式联运合同采用多种运输方式

国际多式联运合同是由两个或两个以上的承运人以不同的运输方式承运货物。这是国际多式联运合同区别于其他合同的最显著特征。

3）国际多式联运合同使用同一的运输单据

国际多式联运的托运人只需与联运经营人签订联运合同，一次完成付费，使用同一运送凭证，就可以通过多种不同的运输方式到达约定地点。国际多式联运货物由第一承运人转交第二承运人时，不需要另行办理托运手续，可以减少中间环节，简化运输手续，加速承运货物的周转，提高运输效率。

7.3.2 国际多式联运合同的特殊效力

（1）承运人权利和义务由国际多式联运经营人享有，国际多式联运之承运人之间的内部责任划分约定，不得对抗托运人。

（2）支付费用的总括性。托运人将全程不同运送设备的运费一次性支付国际多式联运经营人，并取得多式联运单据。国际多式联运单据分可转让和不可转让两种。

（3）对于联合运输过程中的货物灭失或毁损的赔偿责任及赔偿数额，首先适用法律的特别规定或国际公约的规定；发生损害的运输区段不能确定的，由国际多式联运经营人负赔偿责任，承运人之间的内部责任依约定或法定分配。

7.3.3　国际多式联运合同的订立

尽管国际多式联运合同也需要经过多式联运经营人与托运人双方平等协商订立，但由于多式联运具有公共运输的特征，其订立过程较之一般合同具有不同的特点。

国际多式联运经营人为了揽取货物，需要对自己的企业、经营范围（包括联运线路、交接货物地域范围、运价、双方责任、权利义务等）做广告宣传，并通过航线班次公告、运价本、提单条款等形式公开说明。托运人向经营多式联运的公司或其营业所或代理机构申请货物运输时，通常要提出货物运输申请，说明货物的品种、数量、起运地、目的地、运输期限等内容。国际多式联运经营人根据申请的内容，结合经营线路、所能使用的运输工具及班期等情况，决定是否接受托运。如果可以接受，双方则就运费率及支付方式、货物交接方式及时间、集装箱提取地点及时间等事项进行商订，然后由国际多式联运经营人在交给发货人或其代理人的场站收据副本上签章，以证明接受委托。这时国际多式联运合同即告成立。

实践中，多式联运合同的订立主要有两种方式。

1）托运人与经营国际多式联运业务的经营人订立合同

在此情况下，先是由托运人与经营国际多式联运业务的经营人订立承揽运输合同，联运经营人为合同的承揽运输人（也即国际多式联运承运人）一方，托运人为合同的另一方。然后，联运经营人与各承运人签订运输协议。在这种情形下，国际多式联运经营人以自己的名义与托运人或旅客签订运输合同，承担全程运输，而实际上经营人于承揽运输任务后再将运输任务交由其他承运人完成。但国际多式联运经营人直接发生运输合同关系，而与实际承运人并不直接发生合同关系。因此，国际多式联运经营人处于一般运输合同的承运人的地位，享受相应的权利，并承担相应的责任。至于国际多式联运经营人与实际承运人之间的关系，则依其相互间的协议而定。

2）托运人与第一承运人订立运输合同

在此种情况下，各承运人为合同的一方当事人，而托运人为另一方当事人。各个承运人虽均为国际多式联运合同的当事人，但只是第一承运人代表其他承运人与托运人签订运输合同，其他承运人并不参与订立合同。第一承运人则为联运承运人。

7.3.4　国际多式联运合同的文本格式

国际多式联运合同范本如下。

甲方：____________（托运人）

法定代表人：____________

法定地址：____________邮编：____________

经办人：____________联系电话：____________传真：____________

银行账户：____________

乙方：____________（承运人）

法定代表人：____________

法定地址：____________邮编：____________

经办人：____________联系电话：____________传真：____________

银行账户：____________

甲乙双方经过友好协商，就办理甲方货物多式联运事宜达成如下合同：

1. 甲方应保证如实提供货物名称、种类、包装、件数、重量、尺码等货物状况，由于甲方虚报给乙方或者第三方造成损失的，甲方应承担损失。

2. 甲方应按双方商定的费率在交付货物　　天之内将运费和相关费用付至乙方账户。甲方若未按约定支付费用，乙方有权滞留提单或者留置货物，进而依法处理货物以补偿损失。

3. 托运货物为特种货或者危险货时，甲方有义务向乙方作详细说明。未作说明或者说明不清的，由此造成乙方的损失由甲方承担。

4. 乙方应按约定将甲方委托的货物承运到指定地点，并应甲方的要求，签发联运提单。

5. 乙方自接货开始至交货为止，负责全程运输，对全程运输中乙方及其代理或者区段承运人的故意或者过失行为而给甲方造成的损失负赔偿责任。

6. 乙方对下列原因所造成的货物灭失和损坏不负责任

1）货物由甲方或者代理人装箱、计数或者封箱的，或者装于甲方的自备箱中；

2）货物的自然特性和固有缺陷；

3）海关、商检、承运人行使检查权所引起的货物损耗；

4）天灾，包括自然灾害，例如但不限于雷电、台风、地震、洪水等，以及意外事故，例如但不限于火灾、爆炸，由于偶然因素造成的运输工具的碰撞等；

5）战争或者武装冲突；

6）抢劫、盗窃等人为因素造成的货物灭失或者损坏；

7）甲方的过失造成的货物灭失；

8）罢工、停工或者乙方雇用的工人劳动受到限制；

9）检疫限制或者司法扣押；

10）非由于乙方或者乙方的受雇人、代理人的过失造成的其他原因导致的货物灭失或者损坏，对于第7）项免除责任以外的原因，乙方不负举证责任。

7. 货物的灭失或者损坏发生于多式联运的某一区段，乙方的责任和赔偿限额，应该适用该区段的法律规定。如果不能确定损坏发生区段的，应当使用调整海运区段的法律规定，不论是根据国际公约还是根据国内法。

8. 对于逾期支付的款项，甲方应按每日万分之五的比例向乙方支付违约金。

9. 由于甲方的原因（如未及时付清运费及其他费用而被乙方留置货物或滞留单据或提供单据迟延而造成货物运输延迟）所产生的损失由甲方自行承担。

10. 合同双方可以依据《合同法》的有关规定解除合同。

11. 乙方在运输甲方货物的过程中应尽心尽责，对于乙方的过失而导致甲方遭受的损失和发生的费用承担责任，以上损失不包括货物会延迟等原因造成的经济损失。在任何情况下，乙方的赔偿责任都不应超出每件　　元人民币或每公斤　　元人民币的责任限额，两者以较低的限额为准。

12. 本合同项下发生的任何纠纷或者争议，应提交中国海事仲裁委员会，根据该委员会的仲裁规则进行仲裁。仲裁裁决是终局的，对双方都有约束力。

本合同的订立、效力、解释、履行、争议的解决均适用中华人民共和国法律。

13. 本合同从甲乙双方签字盖章之日起生效，合同有效期为　　天，合同期满之日前，

甲乙双方可以协商将合同延长　　天。合同期满前，如果双方中任何一方欲终止合同，应提前　　天，以书面形式通知另一方。

14. 本合同经双方协商一致可以进行修改和补充，修改及补充的内容经双方签字盖章后，视为本合同的一部分。

本合同正本一式　　份。

甲方：　　　　　　　　　　　　乙方：

签字盖章　　　　　　　　　　　签字盖章

年　　月　　日

7.4 国际多式联运单证

7.4.1 国际多式联运单证的概念

1. 国际多式联运单证的定义

《联合国国际多式联运公约》对国际多式联运单证所下的定义是："国际多式联运单证（MTD），是指证明国际多式联运合同以及证明国际多式联运经营人接管货物并负责按照合同条款交付货物的单证。"

1991年贸发会议/国际商会《多式联运单证规则》所下的定义是："'多式联运单证'是指证明多式联运合同的单证，该单证可以在适用法律的允许下，以电子数据交换信息取代，而且（a）以可转让方式签发，或者（b）表明记名收货人，以不可转让方式签发。"

因此，国际多式联运单证是指证明多式联运合同及证明多式联运经营人接管货物并负责按合同条款交付货物的单证。该单证包括双方确认的取代纸张单证的电子数据交换信息。国际多式联运单证不是多式联运合同，只是多式联运合同的证明，同时是多式联运经营人收到货物的收据和凭其交货的凭证。在实践中一般称为国际多式联运提单（B/L）。

2. 国际多式联运单证的主要内容

国际多式联运单证是发货人、国际多式联运经营人、收货人等当事人货物交接的凭证，国际多式联运单证的内容应准确、完整，其主要内容有：

（1）货物的名称、种类、件数、重量、尺寸、包装等；

（2）国际多式联运经营人的名称和主要经营场所；

（3）发货人、收货人的名称；

（4）国际多式联运经营人接管货物的地点、日期；

（5）国际多式联运经营人交付货物的地点和约定的时间或期限；

（6）表示国际多式联运为可转让或不可转让的声明；

（7）国际多式联运经营人或其授权人的签字；

（8）有关运费支付的说明；

（9）有关运输方式和运输线路的说明；

（10）在不违反多式联运单证签发国法律的前提下，双方同意列入的其他事项。

国际多式联运单证一般都列入上述内容，但如果缺少其中一项或几项，只要所缺少的内容不影响货物运输和当事人的利益，国际多式联运单证仍具法律效力。

3. 国际多式联运单证的种类

国际多式联运单证可以分为两大类：可转让单证与不可转让单证。可转让国际多式联运单证分为可指示单证（提单）和不记名单证（提单）；不可转让国际多式联运单证，它是记名单证（提单），在单证下面收货人一栏中载明作为收货人的特定人（或公司）的提单。其分类如图 7-1 所示。

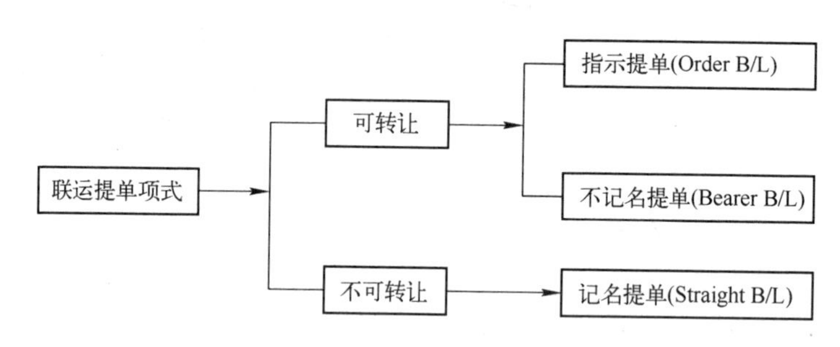

图 7-1 国际多式联运单证的类型

1）指示提单

指示提单（Order B/L）是指在正面收货人一栏中载明“由某人指示”（Order of ×××）或“指示”（Order）字样的多式联运提单。通常对于前者规定可以是发货人指示（Order of Shipper）或银行指示（Order of Bank），后者一般视为发货指示。不论是哪一种形式，指示人通常以背书的形式确定收货人，具体分为记名背书（Special Endorsement，即指示人在提单背面书写被背书人的背书）和空白背书（Blank Endorsement，即指示人在提单背面只签署自己的姓名，而不写明被背书人的背书）。对于记名背书提单，经营人或其代表在目的地交付货物时应把货物交给被背书人或其进一步指示的收货人。对于空白背书的提单，应将货物交给出示提单的人（同不记名提单）。

两种指示提单均需要指示人背书后才能转让，实现提单的流通。如果指示人不作任何背书，则意味着指示人保留对货物的所有权，只有指示人本人才有提货权。指示提单是目前在多式联运中被实际使用最多的可转让提单。

2）不记名提单

不记名提单（Bearer B/L）又称空白提单（Blank B/L），是指在正面收货人栏不写明具体收货人或由某人指示，通常只注明“持有人”（Bearer）或“交持有人”（To Bearer）字样的多式联运提单。对于不记名提单，经营人或其代表应将货物交给持有提单的人。

不记名提单的转让不需要背书即可进行，因此这种提单具有很强的流通性，但也给货物买卖双方带来很大的风险，所以在实践中极少采用。

3）记名提单

记名提单（Straight B/L）是指正面收货人一栏中载明作为收货人的特定的人（或公司）的提单，一般不能发生转让流通（在有些国家规定可经背书或司法部门批准后转让）。由于这种提单流通性差，在实践中较少采用，仅在贵重物品、个人赠送品、展览品等货物运输中使用。

4. 国际多式联运单证的性质与作用

（1）它是国际多式联运经营人与托运人之间订立的国际多式联运合同的证明，是双方在运输合同中确定的权利和责任的准则。在国际多式联运成立后签发多式联运单证，因此，它

不是运输合同，而是运输合同的证明。在国际多式联运的内容和条款中规定双方当事人订立的合同条款与实体内容。托运人在订立运输合同前应了解运输单证上的所有条款，除非另有协议外，应把单证内容和条款作为双方权利义务和责任的准则。

(2) 它是国际多式联运经营人接管货物的收据。国际多式联运经营人向托运人签发多式联运单证表明已承担运送货物的责任并占有了货物。

(3) 它是收货人提取货物和国际多式联运经营人交货的凭证。收货人或第三人在目的地提取货物时，必须凭国际多式联运单证换取提货单（收货记录）才能提货。

(4) 它是货物所有权的证明。国际多式联运单证持有人可以押汇、流通转让，因为国际多式联运单证是货物所有权的证明，可以产生货物所有权转移的法律效力。

5. 国际多式联运提单与其他运输单证比较

1) 国际多式联运提单与单一运输方式下单证比较

目前在各单一方式国际货物运输中，主要使用两种性质不同的货运单证。即海上运输采用提单，陆上运输（包括铁路、公路运输）和航空运输采用运单。这两种单证记载的内容、形式和法律效力是有很大区别的。随着集装箱运输的产生和发展，出现了由海上承运人签发的转船提单和联运提单，但这种提单条款规定承运人只负责自己运输区段的责任。货物从特定运输工具卸离后，责任即告终止，而且一般是指两个区段以上的海上运输和包括海运的联运。这与国际多式联运也有很大的区别。随着国际货运代理人、无船承运人业务的扩展，它们的业务从海上扩展到陆上（或相反），并通过自己签发的提单（FCT 或 FBL 等）进行陆—海或陆—海—陆运输，该种提单业务范围比海运、陆运均有扩大，而且在提单上签发、采用的责任形式均与国际多式联运的要求更为接近。

不同的运输单证的内容、职能和有关条款的规定都是以某一国际公约的规定为基础的，一般均在首要条款中对服从的国际公约作出说明。由于不同的运输方式应有的特点，运输组织形式、货物运输中风险、货物运输所需要的时间等方面存在差别，各公约对运输单证内容、性质、作用及条款的规定也有很大的差别。

国际多式联运提单与各单一运输单证的主要差别可通过表 7-1 来说明。

表 7-1　国际多式联运提单与各单一方式运输单证主要差别

	铁路运单	公路运单	航空运单	海运提单	国际多式联运提单
运输方式	铁路	公路	航空	海运	多种
接收货物收据	是	是	是	是	是
运输合同	是	是	是	不是	不是
交付凭证	不是	是	不是	是	是
物权凭证	不是	不是	不是	是	是
可转让性	不可	不可	不可	可	可
货物风险	无	无	无	有	有
责任期限	站—站	接受—交付	港—港	港—港	接受—交付

2) 国际多式联运单证与联运提单、转船提单比较

国际多式联运单证在使用的形式上与联运提单有相同之处，但在其性质上又有极大区

别。两者主要区别如下。

(1) 联运提单限于由海运与其他运输方式所组成的联合运输时使用，而国际多式联运单证既可用于海运与其他运输方式的联运，又可用于不包括海运的其他运输方式的联运，但必须是两种或两种以上不同运输方式的联运。

(2) 联运提单由承运人、船长或承运人的代理人签发，国际多式联运单证则由多式联运经营人或经其授权的人签发，国际多式联运经营人可以是完全不掌握运输工具的无船承运人，全程运输由经营人安排其他承运人负责。

(3) 联运提单的签发人仅对第一程运输负责，而国际多式联运的签发人则要对全程负责，无论货物在任何区段发生属于承运责任范围的灭失或损害，均对托运人负责。

(4) 联运提单是货物装船之后，由第一承运人签发的全程联运提单，它属于已装船提单，而国际多式联运单证可以是已装船的，但大部分是在联运经营人接管货物后准备待运时签发的单证。《跟单信用证统一惯例》(500号出版物) 规定，银行将接受注明货物已发运、接受监管或已装载的单证。发运、接受监管或装载，可在国际多式运输单证上以文字表明，且出单日即视为发运、接受监管或装载日期及装运日期。然而，如果单证上以盖章或其他方式标明发运、接受监管或装载日期，则此类日期即视为装运日期。该惯例还规定，只要同一国际多式运输单证包括运输全程，即使信用证禁止转运，银行也将接受注明转运将发生或可以发生的国际多式运输单证（见表7-2）。

表7-2　国际多式联运提单与目前海运公司签发的联运提单、转船提单的主要区别

	联运提单	转运提单	多式联运提单
运输方式	同一种运输方式间（目前实际开展的业务有例外）	同一种运输方式间	不同运输方式间
责任形式	统一责任制或网状责任制		
提单签发人	通常由掌握海上运输工具的承运人签发	由掌握海上运输工具的承运人签发	对全程运输负责，并有权签发提单的人
提单签发地点	在货物装运港签发	在货物装运港签发	在接受货物的地点（目前实际做法有不符）
提单签发时间	在货物装船后	在货物装船后	在接收货物后（目前实际做法有不符）
提单结汇	已装船提单	已装船提单	待装提单可结汇（目前实际做法有不符）
责任期限	装上船—卸下船	转上船—卸下船	接受货物—交付货物
货物保险区段	仓库—仓库	仓库—仓库	全程保险或各区段保险
运费计收	海运运费，或全程运费，或包干运费	海运运费分别计收，或由提单签发人一起计收	全程运费计收，或包干运费，或不同运输区段各自计收
运输条款	港—港运输条款（信用证有规定除外）	港—港运输条款	根据买卖合同成交价，或根据运输合同条款
运用的价格条件	适用FOB、CIF、CFR	适用FOB、CIF、CFR	适用FCA、CPT、CIP、FOB、CIF、CFR
银行对提单处理依据	根据跟单信用证统一惯例第19~22条	根据跟单信用证统一惯例第29条	根据跟单信用证统一惯例第23条
买卖双方风险转移	装运港船舷	装运港船舷	货交第一承运人前后

7.4.2　国际多式联运单证的签发

国际多式联运经营人在接收货物后，凭发货人持有的货物收据即签发国际多式联运单证，并应发货人的要求签发可转让或不可转让国际多式联运单证。

在签发可转让的多式联运单证时：

（1）应列明按指示交付或向持有多式联运单证人交付；

（2）如列明按指示交付，须经背书后才能转让；

（3）如列明向多式联运单证持有人交付，无须背书即可转让；

（4）如签发一套数份正本多式联运单证，应注明正本的份数；

（5）对于签发的任何副本多式联运单证，应在每一份副本上注明“副本不可转让”字样。

在签发不可转让多式联运单证时，应在单证的收货人一栏内载明收货人的具体名称，并注明“不可转让”字样。货物抵达目的地后，国际多式联运经营人只能向多式联运单证中载明的收货人交付货物。

如果签发数份多式联运单证，国际多式联运经营人只要按其中一份正本交付货物后，便完成向收货人交货的义务，其余各份正本自动失效。

7.4.3　国际多式联运单证的证据效力与保留

国际多式联运单证一经签发，除非国际多式联运经营人在单证上作了保留，否则国际多式联运单证是：

（1）国际多式联运经营人收到货物的初步证据；

（2）国际多式联运经营人对货物的责任已经开始；

（3）可转让的国际多式联运单证对善意的第三方是最终证据，国际多式联运经营人提出的相反证据无效。

如果国际多式联运经营人或其代表在接收货物时，对于货物的品种、数量、包装、重量等内容有怀疑，而又无合适方法进行核对或检查，国际多式联运经营人或其代表可在多式联运单证上作出保留，注明不符的地方、怀疑的根据等。反之，如果国际多式联运经营人或其代表在接收货物时未在国际多式联运单证上作出任何批注，则应视为他所接收的货物外表状况良好，并应在同样状态下将货物交付收货人。

7.5　国际多式联运一般业务流程

国际多式联运是一种现代化的综合运输，涉及面广，环节众多，环境复杂，因此其业务流程也十分繁杂，下面简要介绍多式联运的一般业务流程。

1. 国际多式联运合同的订立

国际多式联运必须订立合同，合同是规范托、承双方权利、义务及解决争议的基本法律文件。国际多式联运合同主要内容有：托运人，收货人，多式联运经营人，货物的名称、包装、件数、重量、尺寸等情况，接货的地点和时间，交货的地点和约定的时间，不同运输方式的组成和运输线路，货物交接方式及托、承双方的责任和义务，解决争议

的途径和方法等。

2. 国际多式联运计划的编制

国际多式联运计划总的要求如下。

1）合理性

要求运输线路短、各区段运输工具安全可靠、运输时间能保证、不同运输方式之间良好衔接，从而保证货物从一国境内接货地安全及时地运到另一国境内的交货地。

2）经济性

在保证货运质量的前提下，尽可能节省总成本费用，以提高经济效益。

3）不可变性

在计划中应充分考虑各种因素，留有必要的余地，除不可抗力外，计划一般不能随意改变。在完成多式联运计划编制后，国际多式联运经营人还应及时将计划发给沿线各环节的代理人，使之提前做好接货、运输、转关或交货等准备工作。

3. 接货装运

按照国际多式联运合同，在约定的时间、地点，由国际多式联运经营人或其代理人从发货人手中接管货物，并按合同要求装上第一程运输工具发运。按托、承双方议定的交接方式，凡在DOOR或CY交接的，由发货人负责装箱计数施封和办理出口清关手续，在箱体外表状况良好、封志完整的状态下，将货物整箱交多式联运经营人或其代理人；凡在CFS交接的，由发货人负责办理出口清关手续，将货物散件交多式联运经营人或其代理人，由后者负责拼箱计数施封后装运发送。

4. 国际多式联运单证的签发

国际多式联运经营人接管货物在运费预付情况下收取全程运费后，即签发国际多式联运单据，表明国际多式联运对全程联运负有责任的开始。对国际多式联运合同当事人来说，国际多式联运单证是多式联运经营人收到货物的证据，是合同的证明，也是货物的物权凭证。国际多式联运经营人按国际多式联运单证指明的收货人或被指示的收货人交付货物，收货人凭多式联运单证提领货物。在货物装运发送后，国际多式联运经营人还应将国际多式联运单证副本及第一程运输的有关运输单证及时寄往第一程的目的地（港）的代理人，以便做好接货、转关和转运的准备。

5. 运输保险

由于国际多式联运运距长、环节多、风险大，为避免可能发生的货运事故，国际多式联运经营人还可以向保险公司投保。尽管国际多式联运经营人有责任限额保护条款。但对于多式联运经营人的疏忽、过失、侵权，将使其丧失责任限额保护的权利，承担很大的赔偿金额的风险。为避免较大的损失，国际多式联运经营人通常向保险公司投保货物责任险和集装箱险，以防范巨额赔偿风险。

6. 转关手续

国际多式联运若在全程运输中经由第三国，应由国际多式联运经营人或其代理人负责办理过境转关手续，对“国际集装箱海关公约”缔约国之间，转关手续已相当简化，通常只提交相应的转关文件，如过境货物申报单、国际多式联运单据、过境国运输区段单证等，并提交必要的担保和费用，过境国海关可不开箱检查，只作记录而予以放行。

7. 全程运输的协调管理

1）不同运输方式之间的转运

国际多式联运是以至少两种不同运输方式组成的连贯运输，不同运输方式之间的转运衔接，是保证运输连贯性、及时性的关键。由于运输工具不同、装卸设备设施不同、转运点的选择不同及各国的规定和标准不同，因此，国际多式联运经营人或其代理人事前应有充分的了解，以便根据各种具体情况和要求实现快速顺利的转运。

2）各运输区段的单证传递

国际多式联运经营人作为全程运输的总负责人，通常要与各运输区段实际承运人订立分运输合同，在运输区段发送地以托运人的身份托运货物，在运输区段的目的地又以收货人的身份提领货物。为了保证各运输区段货物运输的顺利进行，国际多式联运经营人或其代理人在托运货物后要将有关运输单证及时寄给区段目的地代理人。同时，如果该实际运输区段不是最后一程运输，国际多式联运经营人的代理人在做好接货准备的同时，还要做好下一程运输的托运准备。

3）货物的跟踪

为了保证货物在多式联运全程运输中的安全，国际多式联运经营人要及时跟踪货物的运输状况，例如，通过电报、电传、EDI，Internet 网在各结点的代理人之间传递货物信息，必要时还可通过 GPS 进行实时控制。

8. 交付货物

按国际多式联运合同规定，货物到达指定交货地后，由国际多式联运经营人或其代理人将货物交国际多式联运单据指明的收货人或按指示交指定的收货人，即告完成全程运输任务。交货地代理人应在货物到达前向收货人发出到货通知，以便收货人及时做好提货准备。对于 FCL 交货的，例如，CY 条款，货物卸船、收货人办妥进口清关手续后，委托集装箱码头整箱交货；对于 DOOR 交货的，则由公路运输至收货人的工厂或仓库交货，交接双方以箱体外表状况良好、封志完整为条件。

对于 LCL 交货的，交货地为合同指定的集装箱货运站，由集装箱货运站代表国际多式联运经营人拆箱、分票、堆存于仓库，收货人办妥进口清关手续后，以散件方式提运。

7.6 陆桥运输

7.6.1 陆桥运输概念

陆桥运输（Land Bridge Transport）是指采用集装箱专用列车或卡车，把横贯大陆的铁路或公路作为中间“桥梁”，使大陆两端的集装箱海运航线与专用列车或卡车连接起来的一种连贯运输方式。简单地说，就是两边是海运，中间是陆运，大陆把海洋连接起来，形成海—陆联运，而大陆起到了“桥”的作用，所以称之为“陆桥”。而海—陆联运中的大陆运输部分就称之为“陆桥运输”，它是多式联运中的一种方式。

从经济意义上说，陆桥运输可以缩短运输时间。在一端或两端为海运的情况下，中间连接一段铁路运输，利用火车速度大大高于船舶的优势，可以减少货物在运输中占用的时间。在现代经济的条件下，人们对货物运输的时间要求愈来愈高。迅速运达的货物，可以及时满足需求，从而增加了货物的使用价值。同时，由于运输时间的缩短，货物占用资金的时间就缩短，企业资金周转速度加快，资金成本降低，相应地，效益也得到提升。所以，虽然采用陆桥运输，中间铁路与公路一段的运输费用会高于水路运输，但运输时间的缩短能成功地抵消这种费用的增加，使运输费用下降。

陆桥运输的开展，大大提升了铁路国际标准集装箱运输在集装箱运输整体中的地位，使铁路集装箱运输运距加长，运量大大增加。

陆桥运输在发展过程中，从地域上，逐渐形成了“北美陆桥运输”和“欧亚陆桥运输”两大板块；从运输结构上，则形成了大陆桥运输、小陆桥运输与微陆桥运输等不同分类。

7.6.2 陆桥运输线路

1. 北美大陆桥运输

北美大陆桥是指利用北美的大铁路从远东到欧洲的“海陆海”联运。该陆桥运输包括美国大陆桥运输和加拿大大陆桥运输。美国大陆桥有两条运输线路：一条是从西部太平洋沿岸至东部大西洋沿岸的铁路和公路运输线；另一条是从西部太平洋沿岸至东南部墨西哥湾沿岸的铁路和公路运输线。美国大陆桥于 1971 年底由经营远东—欧洲航线的船公司和铁路承运人联合开办“海陆海”多式联运线，后来美国几家班轮公司也投入营运。目前，主要有四个集团经营远东经美国大陆桥至欧洲的国际多式联运业务。这些集团均以经营人的身份，签发多式联运单证，对全程运输负责。加拿大大陆桥与美国大陆桥相似，由船公司把货物海运至温哥华，经铁路运到蒙特利尔或哈利法克斯，再与大西洋海运相接。

北美大陆桥是世界上历史最悠久、影响最大、服务范围最广的陆桥运输线。据统计，从远东到北美东海岸的货物有大约 50% 以上是采用双层列车进行运输的，因为采用这种陆桥运输方式比采用全程水运方式通常要快 1 ~2 周。例如，集装箱货从日本东京到欧洲鹿特丹港，采用全程水运（经巴拿马运河或苏伊士运河）通常约需 5 ~6 周时间，而采用北美陆桥运输仅需 3 周左右的时间。

随着美国和加拿大大陆桥运输的成功营运，北美其他地区也开展了大陆桥运输。墨西哥大陆桥（Mexican Land bridge）就是其中之一。该大陆桥横跨特万特佩克地峡（Isthmus Tehuantepec），连接太平洋沿岸的萨利纳克鲁斯港和墨西哥湾沿岸的夸察夸尔科斯港，陆上距离 182 km。墨西哥大陆桥于 1982 年开始营运，目前其服务范围还很有限，对其他港口和大陆桥运输的影响还很小。

由于因路桥因东部港口和铁路拥挤，货到后往往很难及时换装，抵消了大陆桥运输所节省的时间。所以目前美国大陆桥运输基本陷于停顿状态，但在大陆桥运输过程中，却又形成了小陆桥（Mini-land Bridge）运输、微陆桥（Micro-bridge）运输和内陆公共点（Overland Common Points，OCP）运输方式，而且发展迅速。

1）北美小陆桥运输

北美小陆桥运输是指日本经美国太平洋沿岸各港的海铁联运，它与大陆桥运输的区别是运输终点为美国东海岸，而不再下海。采用这样的运输方式，使海运和陆运结合起来，从而达到了运输迅速、降低运输成本的目的。北美小陆桥运输大大缩短了日本、远东到美国、加拿大东部地区与中部地区的运输距离，节省了运输时间。实践证明，从远东、日本经北美陆桥到美国东岸的海陆联运，比采用全水路的集装箱船的直达运输，可节省 10 天左右的运输

时间。从远东、日本到美国内陆地区，若以西海岸港口为门户港，则在节省运输时间方面效果更为显著。以日本到美国芝加哥的海陆联运为例，若在纽约港中转，全程运输时间为32天，若在西雅图港中转，则全程运输时间可减少13天。

小陆桥运输刺激美国铁路发展了双层集装箱列车与超长列车，以提高运输效率，降低运输成本。据报道，美国总统轮船公司的双层集装箱列车，每标准箱成本，比单层列车节省1/3。

2）微陆桥运输

微陆桥运输就是利用陆桥铁路的部分段落进行运输，与小陆桥运输的主要区别，仅在于内陆交货，不通过整条陆桥，所以又称为“半陆桥运输”。北美微陆桥运输是指经北美东、西海岸及墨西哥湾沿岸港口，到美国、加拿大内陆地区的联运服务。

微陆桥运输是在小陆桥运输发展的基础上产生的，微陆桥运输将国际集装箱直达列车与集装箱班轮航线紧密结合，使内陆货物直接运至出海口，从而达到运输距离最短、运输速度最快和运输费用最省的目的。美国的微陆桥运输，对避免迂回和绕道运输，使集装箱运输路线更加合理地起到了重要作用。在开展微陆桥运输前，从远东到美国中部和东部城市的货物，均由远东装船直接运到美国东部口岸，然后转换内陆运输，运至目的地；去美国南部内陆城市的货物，均由远东装船运至墨西哥，然后再转换内陆运输，运至目的地，造成不合理的运输流向，延长了运输时间，增加了运输费用。而采用微陆桥运输后，远东的集装箱货物通过班轮航线，运至太平洋口岸，然后换装铁路集装箱直达列车，直接运至美国内陆城市，大幅节省了运输的时间和费用。

3）OCP运输

OCP运输称之为内陆公共点运输，是指美国西海岸有陆路交通工具与内陆区域相连通的港口，是可享有优惠费率通过陆上运输可抵达的区域。美国内陆区域，是以落基山脉（Rocky Mountains）为界，即除紧临太平洋的美国西部九个州以外，从美国的北达科他州、南达科他州、内布拉斯加州、科罗拉多州、新墨西哥州起以东的地区均属OCP地区。OCP的运输过程就是将出口到美国的货物海运到美国西部港口（旧金山、西雅图）卸货，再通过陆路交通（主要是铁路）向东运至指定的内陆地点。所有经美国西海岸运往这些地区（或反向）的货物，称OCP地区货物，并享有OCP运输的优惠费率。所谓OCP费率是太平洋航运公会为争取运往美国内陆地区的货物，途经美国西海岸转运而制定的一个较直达美国东海岸为低的费率。

OCP运输是一种特殊的国际运输方式。它虽然由海运、陆运两种运输形式来完成，但它并不是也不属于国际多式联运。国际多式联运是由一个承运人负责的自始至终的全程运输；而OCP运输，海运、陆运段分别由两个承运人签发单据，运输与责任风险也是分段负责。因此，它并不符合国际多式联运的含义，它是一种国际多式联营运输。总之，OCP运输是“为履行单一方式运输合同而进行的该合同所规定货物的接送业务，不应视为国际多式联运”（《联合国国际多式联运公约》）。

OCP运输只适用于美国或加拿大内陆区域，所以，货物的最终目的地必须属于OCP地区范围。签订贸易合同时应在运输条款中予以明确，同时也要明确是集装箱运输，OCP运输方式；必须经由美国西海岸港口中转，以CFR/CIF美国西岸港口作为价格条款。

采用OCP方式运输，即使货物的最终目的地分散在美国内陆区域的几个地方，只要把所有货物品名并列在一份提单上，且在最终目的地处注明 OCP 陆路共通点，承运人将合并计算含装卸、仓租、码头及内陆转运在内的海运部门安排货物的内陆转运工作，收货人在指定目的地提货，从而大大方便了收货。

2. 欧亚陆桥运输

欧亚大陆桥是在北美防桥运输发展的同一时期发展起来的，有西伯利亚大陆桥和新欧亚大陆桥两条。

1）西伯利亚大陆桥

西伯利亚大陆桥是指使用国际标准集装箱，将货物由远东海运到俄罗斯东部港口，再经跨越欧亚大陆的西伯利亚铁路，运至波罗的海沿岸港口，如爱沙尼亚的塔林或拉脱维亚的里加，再采用铁路、公路或海运，运到欧洲各地的国际多式联运的运输线路。

西伯利亚大陆桥于 1971 年由原全苏对外贸易运物公司正式确立。使用这条陆桥运输线的主要是日本、中国和欧洲各国的货运代理公司。其中，日本出口欧洲杂货的 1/3，欧洲出口亚洲杂货的 1/5 是经这条陆桥运输的。可见它在沟通亚欧大陆，促进国际贸易中所处的重要地位。

西伯利亚大陆桥运输包括海—铁—铁、海—铁—海、海—铁—公和海—公—空等四种运输方式。由俄罗斯的过境运输总公司担当总经营人，它拥有签发货物过境许可证的权利，并签发统一的全程联运提单，承担全程运输责任。参加联运的各运输区段，采用“互为托、承运”的接力方式完成全程联运任务。可以说，西伯利亚大陆桥是较为典型的一条国际多式联运线路。西伯利亚大陆桥是目前世界上最长的一条陆桥运输线，它大大缩短了从日本、远东、东南亚及大洋洲到欧洲的距离，并因此而节省了运输时间。从远东经俄罗斯太平洋沿岸港口去欧洲的陆桥运输线全 13 000 km。而相应的全程水路运输距离（经苏伊士运河）约为20 000 km。从日本横滨到欧洲鹿特丹，采用陆桥运输可使运输距离缩短 1/3，运输时间节省 1/2，运输费用节省 20% ~30%，因而对货主有很大的吸引力。

我国通过西伯利亚铁路进行陆桥运输的路线有三条。

（1）铁—铁路线。由国内铁路将集装箱运至满洲里，转苏联铁路运至苏联西部边境站，再转有关国家的铁路，运至目的地。

（2）铁—海路线。由国内铁路将集装箱运至满洲里，转苏联铁路，运至波罗的海沿岸日丹诺夫、伊利切斯克等港，再转水路运至北欧、西欧、巴尔干地区港口。

（3）铁—公路线。由国内铁路将集装箱运至满洲里，转苏联铁路运至苏联西部边境站，再转公路运至德国、瑞士、奥地利等国家。

2）新欧亚大陆桥

西伯利亚大陆桥曾经发展得很快，但它也存在一些致命的缺点，如港口装卸能力不足、铁路集装箱车辆不足、箱流严重不平衡及严寒气候的影响等，在一定程度上阻碍了它的发展。尤其是随着我国兰新铁路与中哈边境的土西铁路的接轨，形成了一条新的“欧亚大陆桥”，为远东至欧洲的国际集装箱多式联运提供了一条新的便捷路线。

我国政府早在 20 世纪 80 年代就考虑建立一条新的“丝绸之路”，以促进沿途经济的发展与繁荣。经过充分调查、科学研究、论证比较，制定了切实可行的方案，并从多方面创造条件，包括修建了连云港国际集装箱专用码头，强化了陇海线、兰新线的通过能力，建成了阿拉山口国境换装站，提高了大陆桥的整体运输和过境中转换装能力，在过境箱源的组织上

进行了多方面的调查分析，为开辟新欧亚大陆桥运输打下了良好的基础。1992 年 12 月 1 日，过境集装箱专列从连云港口岸开出，标志着新欧亚大陆桥全线贯通。这条新欧亚大陆桥东起中国连云港，西至荷兰鹿特丹，是实现海—陆—海联运的国际大通道。

新欧亚大陆桥沿桥经济带包括苏北、鲁南、皖北、河南、晋南、陕西、川北、甘肃、宁夏、青海、西藏、新疆等跨及 12 个省区的辽阔地域，腹地面积占全国的 1/3，人口约占全国的 1/5，这一地区资源十分丰富，是中国的“黄金腰带”。新欧亚大陆桥辐射欧亚大陆 30 多个国家和地区，总面积达 5 071 万 m^2，居住人口占世界总人口的 75% 左右，预示了非常良好的经济潜力。在新欧亚大陆桥贯通后，许多国家和地区纷纷制定了相应的措施和对策，以期利用这条国际走廊加速经济发展。据有关方面估计，北欧冰岛地区每年可能有 170 万 t 冰冻鱼通过鹿特丹、里加港运往日本、韩国。哈萨克斯坦的棉花、皮毛、矿产也将利用连云港中转到日本、韩国。这势必带动连云港市的加工业、仓储业、运输业及旅游服务业的迅速发展。还有东来的回空国际集装箱，回程时可以将新疆、甘肃沿桥各大工业区的适箱货物，从连云港再运往日本、韩国和中国台湾、东南亚地区。这些都将大大带动沿桥经济带的迅猛发展。

与西伯利亚大陆桥对比，新欧亚大陆桥显示出多方面的优势。首先，新欧亚大陆桥地理位置和气候条件优越：整个陆桥避开了高寒地区，港口无封冻期，自然条件好，吞吐能力大，可以常年作业。其次，运输距离短：新欧亚大陆桥比西伯利亚大陆桥缩短运距 1 040 km，比海上运输节省运费 20% ~25%，时间也有不同程度的缩短。此外，新欧亚大陆桥经过的地区和国家比西伯利亚大陆桥地区人口密集，经济发展程度好，货源对流预期更为平衡。另外，中国政治的稳定，经济的持续健康增长，以及西部开发等正确政策的制定与有力运作，更为新欧亚大陆桥运输的发展奠定了良好的基础。

近年来，我国铁路部门强化了铁路通过能力，以先进技术装备了国境站和港口站，使运输和换装作业能力大为加强，而且加大了组织工作改革的力度，推出了一系列新举措，为大陆桥运输增加了新的活力。铁道部于 1997 年 4 月 1 日在全路实行新列车运行图时，开行了由江苏连云港至新疆阿拉山口的 8 104 次“五定”班列，为合理组织大陆桥过境集装箱运输奠定了基础。集装箱“五定”班列，实行了定点、定线、定车次、定时间和定运价，为客户提供了更方便、更优惠的运输条件。每列车编组 38 辆集装箱专用车，共可装运 76 TEU，全线运行 123 h，平均行走 5. 13 d，与过去未实行“五定”时相比，大路桥过境运输时间缩短了近 10 d，同时，由于集装箱专列是定时、定点运行，也解决了信息跟踪与反馈的问题，便于客户及时查询，受到各方面的好评。由铁道部与交通部共同制定的《国际集装箱多式联运管理规则》，已于 1997 年 10 月 1 日起贯彻执行，为开展大陆桥运输提供了法律依据。新欧亚大陆桥将在中国与欧洲间集装箱铁路运输方面发挥越来越大的作用，从而促进中国与欧洲间国际贸易的发展。

复习思考题

1. 简述集装箱国际多式联运的特征。
2. 简述国际多式联运的订立方式。
3. 简述多式联运的一般业务流程。
4. 简述国际多式联运单据与联运提单、转船提单的区别。

案例分析

国际多式联运货物灭失赔偿案

1994 年 10 月 4 日，原告雁荡山公司作为买方与温州市进出口公司签订一份售货确认书，购买一批童装，数量 500 箱，总价为 68 180 美元。1995 年 2 月 11 日，温州市进出口公司以托运人身份将该批童装装于一 40 尺标箱内，交由富天公司所属“金泉”轮（M/V Jin Quan）承运。富天公司加封铅，箱号为 SCXU5028957，铅封号 11021，并签发了号码为 RS－95040 的一式三份正本全程多式联运提单，厦门外轮代理公司以代理身份盖了章。该份清洁记名提单载明：收货地厦门，装货港香港，卸货港布达佩斯，收货人为雁荡山公司。提单正面管辖权条款载明：提单项下的纠纷应适用香港法律并由香港法院裁决。请依据提单背面条款 6。

1995 年 2 月 23 日，货抵香港后，富天公司将其转至以星公司所属“海发”轮（M/V ZIMHAIFA）承运。以星公司在香港的代理新兴行船务公司（SUN－HING SHIPPING CO. LTD）签发了号码为 ZIMUHKG166376 的提单，并加号码为 ZZZ488593 的箱封。富天公司收执的提单上载明副本不得流转，并载明装货港香港，目的港科波尔，最后目的地布达佩斯；托运人为富天公司，收货人为富天公司签发的正本提单持有人及本份正本提单持有人，通知人为本案原告雁荡山公司，并注明该箱从厦门运至布达佩斯，中途经香港。1995 年 3 月 22 日，以星公司另一代理R. 福切斯（R. FUCHS）传真雁荡山公司，告知集装箱预计于 3 月 28 日抵斯洛文尼亚的科波尔港，由铁路运至目的地布达佩斯有两个堆场，让其择一。原告明确选择马哈特为集装箱终点站。3 月 29 日，以星公司将集装箱运抵科波尔，博雷蒂诺（BOLLETINO）铁路运输公司出具运单，该运单载明箱号、铅封号及集装箱货物与以星公司代理新兴行船务有限公司出具给富天公司的提单内容相同。4 月 12 日，R. 福切斯依照原告雁荡山公司指示，将箱经铁路运至目的地布达佩斯马哈特集装箱终点站。4 月 15 日，雁荡山公司向 R. 福切斯提交富天公司签发的一份正本提单并在背面盖章。6 月 6 日，雁荡山公司提货时打开箱子发现是空的。同日，匈牙利铁路公司布达佩斯港口出具证明，集装箱封铅及门锁在 4 月 15 日箱抵布达佩斯寿洛科沙里路时已被替换。

1995 年 11 月 28 日，雁荡山公司第一次传真 R. 福切斯索赔灭失的货物。1996 年 1 月 2 日，R. 福切斯复函称，已接马哈特集装箱终点站通知货物被盗之事。在此之前，以星公司两家代理 R. 福切斯和香港新兴行船务公司来往函电中也明确货物被盗，并函复富天公司厦门办事处及托运人温州市进出口公司。后虽经雁荡山公司多次催讨，三方协商未果。

1996 年 4 月 10 日，原告雁荡山公司向厦门海事法院起诉。称：本公司所买货物由卖方作为托运人装于集装箱后交第一被告富天公司承运，富天公司签发了全程多式联运提单。提单上载明接货地厦门，卸货地匈牙利布达佩斯，收货人为我公司。富天公司将货运至香港后，转由第二被告以星公司承运。以星公司承运至欧洲后由铁路运至匈牙利布达佩斯马哈特集装箱终点站。1995 年 6 月 6 日，我公司作为提单收货人提货时发现箱空无货，故向两被告索赔此货物灭失的损失及为此而支出的其他合理费用。第一被告富天公司作为全程多式联运承运人应对全程负责。第二被告以星公司作为二程承运人应对货

物灭失负连带责任。

被告富天公司未在答辩期内予以答辩，在庭审时提出管辖权异议和答辩理由，称：依所签发的提单，提单项下的纠纷应适用香港法律并由香港法院裁决。根据提单背面条款，收货人应在提货之日后三日内提出索赔通知，并应在九个月内提起诉讼，否则，承运人便免除了所应承担的全部责任。收货人未向我公司提出书面索赔，又未在九个月内提起诉讼，已丧失索赔权利。又据海商法第八十一条的规定，集装箱货物交付的次日起 15 日内，收货人未提交货物灭失或损坏书面通知，应视为承运人已完好交付货物的初步证据。我公司虽签发了多式联运提单，但以星公司在 1995 年 2 月 23 日签发了转船清洁提单，并在箱体上加铅封，应说明货物交付以星公司时完好。此后货物发生灭失，依照联运承运人对自己船舶完成的区段运输负责的国际海运惯例，第二被告以星公司作为二程承运人应对本案货物灭失负责。请求驳回原告对我公司的起诉。

被告以星公司在答辩期内未答辩，庭审时才辩称：我公司作为二程承运人已履行了义务。我公司依照原告的指示由代理人将货交博雷蒂诺铁路运输公司承运，该公司以陆路承运人身份签发了铁路运单，运单上显示铅封完好，可见我公司作为二程船承运期间货物是无损交予陆路承运人的。在此后，货物已非我所控制、掌管。且正本提单的交付意味着承运人交货和收货人收货，货物的掌管权也在此时转移，收货人并无异议。4 月 15 日货抵马哈特站，我公司代理人收回了提单，收货人 6 月 6 日才发现箱空无货，即集装箱在堆场存放了 52 天，这一期间不属我公司的责任期。我公司与原告无直接合同关系，不应对原告的货物灭失承担责任。另外，集装箱运输是凭铅封交接，我公司接收、交付装货集装箱时铅封均完好，故应由托运人对箱内货物真实性负责。

思考题：本案例中，富天和以星两被告公司是否都负有所承运货物丢失的赔偿责任?

【评析】

本案是一起国际货物多式联运合同引发的纠纷。多式联运合同，是指多式联运经营人以两种以上的不同运输方式，其中一种是海上运输方式，负责将货物从接收地运至目的地交付收货人，并收取全程运费的合同。国际货物多式联运是伴随国际货物集装箱运输的发展而发展起来的，其单据多表现为多式联运提单。多式联运提单是国际货物多式联运的证明，也是承运人在货物接收地接管货物和在目的地交付货物的凭证。本案中富天公司签发给雁荡山公司的提单即为多式联运提单。

本案共有三个运输区段，运输形式涉及海运和铁路运输，由三个承运人共同完成运输任务。这就使案件的事实认定显得复杂，其中产生了两个较有争议的问题。

(1) 集装箱货物的真实性问题。本案被告曾援引提单中的“CY to CY”条款（即从起运地或装箱港的堆场至目的地或卸箱港堆场的集装箱交接方式）进行抗辩，认为本案货物是由托运人自行装箱的，承运人无权也无义务对箱内货物进行检查；集装箱运抵布达佩斯马哈特集装箱终点站时封铅完好；五十余日后，收货人雁荡山公司开箱提货发现箱子是空的，这只能证明箱子是空的，而不能说明箱内货物被盗。换言之，本案存在集装箱内本来就没有货物的可能性。根据民事诉讼“谁主张、谁举证”的举证原则，被告认为托运人托运的集装箱内可能并无货物，应举出充分确凿的证据。但本案的两个被告均无法举出相应证据证明空箱的事实。而匈牙利铁道公司布达佩斯港口当局出具的证据表明，集装箱在 1995 年 4 月 15 日运抵布达佩斯寿洛科沙里路时铅封已被替换。根据国际航运惯例，在集装箱运输方式中，由托运人负责装箱的货物，从装箱托运后至交付收货人时的期间内，如果集装箱箱体和封志完好，货物损坏或短缺，由托运人负责；如果箱体损坏或封志破坏，箱内货物损坏或短缺，由承运人负责。鉴于以上事实，富天公司与以星公司关于货物真实性的质疑，应予否定。

（2）集装箱货物灭失产生的区段。以星公司认为其在将集装箱运抵目的地堆场，收回多式联运经营人签发的正本提单后，其运输和交货义务即告终止，此后发生的货物损坏或灭失应由收货人即原告自行负责。查明的事实是，富天公司将集装箱完好交付以星公司，以星公司在将箱子运抵目的地堆场前，箱封已经被替换。因此，货物灭失的区段与以星公司运输的区段正好吻合。此外，1995 年 3 月 22 日以星公司的代理 R. 福切斯传真要求收货人在布达佩斯的两堆场中择一，收货人选择了马哈特集装箱运输终点站。根据航运惯例，承运人收回正本提单只是作为其向收货人交付货物的一个必要条件，集装箱运抵目的地堆场后、收货人提货前这段期间，货物仍在承运人掌管之中，承运人仍有义务保管照料货物直至将其交给收货人。若收货人未及时提货，承运人在交付货物时可以向收货人收取额外的堆存和保管费用，但不免除其对货物应负的责任，直至将货完好交付收货人。本案的集装箱运抵目的地后，收货人雁荡山公司虽向以星公司提交了正本提单，但货物仍堆放在承运人堆场里，故不能视为承运人已交货。

上述两个问题解决后，本案要解决的就是以下几个问题。

（1）国际多式联运经营人与区段承运人的责任分担形式问题。货物在运输过程中发生灭失，是由国际多式联运经营人负责，还是由区段承运人负责赔偿？国际上对此主要有三种形式。第一是责任分担制，即多式联运经营人与区段承运人仅对自己完成的运输负责，各区段适用的责任原则，按适用于该区段的法律予以确定。第二种是网状责任制，即多式联运经营人对全程负责，而各区段承运人仅对自己完成的运输区段负责。各区段适用的责任原则适用于该区段的法律予以确定。第三种则是统一责任制，即多式联运经营人对全程运输负责，而各区段承运人仅对自己完成的运输区段负责。但不论损害发生在哪一区段，多式联运经营人或各区段承运人承担相同的赔偿责任。在以上三种多式联运经营人责任形式中，网状责任制和统一责任制都能较好地保护托运人或收货人的利益。因为不论货物损害发生在哪一运输区段内，托运人或收货人均可向多式联运经营人索赔。而责任分担制实际上是单一方式运输损害赔偿责任制度的简单叠加，不能适应国际货物多式联运的要求，故实践中极少采用。《联合国国际货物多式联运公约》（未生效）采用统一责任制，国际上通用的《联运单证统一规则》则采用网状责任制。我国海商法对国际货物多式联运基本上实行网状责任制。

基于国际航运惯例及我国海商法的规定，本案采用网状责任制。本案查明货物灭失发生在以星公司运输的区段，但富天公司作为联运经营人不能免除对全程运输负责的责任，以星公司作为区段承运人亦应对在其运输的区段发生的货物灭失负责。

（2）两被告承担的连带责任问题。按我国民法的规定，在连带责任的关系中，如果债权人有权请求数个债务人中的任何一人履行全部债务时，这种债务称为连带债务，连带债务人所负的责任就称为连带责任。其除了必须符合民事责任构成的四个要素（民事违法行为的存在；民事违法行为造成的损害事实；违法行为与损害事实之间有因果关系；违法行为人的过错责任和无过错责任）外，还有四个特殊的构成要件：

① 连带民事责任的责任人一方必须有两人或两人以上；

② 连带民事责任的债务必须是不可分割的；

③ 连带民事责任的客体必须是种类物；

④ 连带责任必须有法律规定或当事人的约定。

很显然，网状责任制就是连带责任的一种表现形式，它能充分保护托运人或收货人的利益，原告可以向应对全程运输负责的多式联运经营人索赔，也可以要求在本区段运输中致货物灭失的区段承运人承担赔偿责任，故富天公司与以星公司对原告的损失应承担连带赔偿责任。

(3) 收货人提起索赔的诉讼时效问题。富天公司签发给雁荡山公司的提单背面条款6 (4) F载明：如果承运人交付的货物灭失或损害不明显，收货人应在提货之日后连续三日内书面提出索赔；6 (4) G规定，只要收货人不在交货后九个月内就货物损害或灭失提起诉讼并将此事的书面通知送交承运人，承运人便应被解除根据提单所应承担的全部责任。简言之，收货人应在提货后三日内提出书面索赔，并在九个月内提起诉讼。本案两被告均以此提出抗辩，认为即使货物灭失发生在其运输区段内，原告之诉讼请求也已过了诉讼时效，不应受到法律保护，应予驳回。

提单中对收货人对货物损坏或灭失提起索赔时效的约定应否采纳，是航运界及海商法学界一个较有争议的问题。一种意见认为，提单中关于延长或缩短诉讼时效的规定应视为提单当事人的特别约定和意思表示，国际航运惯例中也常有这种现象，考虑到与国际惯例接轨，应当尊重这种特别约定。另一种意见认为，这种缩短诉讼时效（海商法定为一年）的约定与延长诉讼时效的约定一样，是与现行法律规定相违背的，不应采纳。根据我国的立法原则，允许当事人就合同的某些条款作出特别约定，但不得与现行法律相抵触。本案采纳了后一种观点，未采纳当事人之间关于缩短诉讼时效的特别约定。这并不排除将来准许这种做法的可能性。但从目前的法律角度来说，诉讼时效制度为一种强制性规范制度，不属当事人在合同中可约定的内容，这样认识不失其严肃性和可取性。

(4) 关于本案的管辖权异议问题。本案第一被告在庭审时提出了管辖权异议，认为根据提单的约定，双方产生的纠纷应由香港法院管辖。一审法院根据《民事诉讼法》第三十八条的规定，认为富天公司未在法定的管辖权异议期间（提交答辩状期间）提出管辖权异议，在庭审时才提出此异议，违反了管辖权异议必须在法定期间提出的规定，应视为其无异议或放弃异议权的行使，庭审中才提出异议，是无效的。据此，当庭驳回了富天公司的管辖权异议。

(5) 关于本案的法律适用问题。根据本案提单的约定，应适用香港法律或者海牙规则及海牙维斯比规则处理本案。但在庭审中，被告无法举证证明适用上述规范的结果与适用中国法律有什么不同。况且中国海商法的规定与海牙规则、海牙维斯比规则的规定基本相同。富天公司在其诉辩主张中所援引的也是《中华人民共和国海商法》的规定。故本案最终适用了《中华人民共和国海商法》的规定。两被告在上诉中也未提出法律适用的问题，说明其也同意适用《中华人民共和国海商法》处理本案。

责任编辑按；根据我国《海商法》第二百六十九条的规定，“合同当事人可以选择合同适用的法律”，所以，本案海运提单中关于法律适用的条款，应当是有效的条款。但本案最终未适用当事人选择的法律，而是适用了提单签发地、货物起运地所在的中国法律；并且这种国际多式联运合同是并不属于限制当事人选择法律自由的合同。本案例的这种做法是否恰当呢?

应当认为，本案例出现的这种情况，实际上是提出了一个关于法律适用的具体新问题，值得深入研究。在一般情况下，如果合同不属法律限制当事人选择法律的合同范畴，且是明确可以执行的，受案法院应当尊重当事人的选择，认可合同的准据法条款的效力，并以当事人能否证明所选择的法律的有无及具体内容和效力，来最终确定是否可适用当事人所选择的法律。而本案发生的情况是，提单条款虽有约定法律适用的内容，但提单正面管辖权条款中记明适用香港法律，背面法律适用条款却记明适用海牙规则及海牙维斯比规则，而且并未指明各自用于解决合同的哪一方面的问题，即实际上是仍把合同作为一个整体同时适用两种法律，这是有违涉外民事关系法律适用的分割选择和不可分割选择制的（分割选择是指将合同分割成几个方面的问题，分别选择其各自要适用的法律。不可分割选择是指只把合同作为一个整体选择其所要适用的法律。前者即合同的不同问题分别适用不同国家或地区的法律，可以为两种及两种以上法律，后者只受一个国家或地区的法律的支配）。这在审判中实际上是无法执行的。因此，除非当事人在合同签订后及至诉讼时重新约定要么适用香港法律，要么适用海牙规则及海牙维斯比规则，要么将合同分成几个方面的问题分别适用不同的法律，否则，合同约定的准据法不能得到适用。本案当事人之间没有这种重新约定，法院无法执行合同准据法条款，即应如外国法的查明所遵循的按法定方法不能查明应转而适用法院地法的原则一样，本案应转而适用法院地法。

另外，按合同管辖权条款的约定，合同纠纷应由香港法院管辖。但原告却向提单签发地、货物起运地的厦门海事法院起诉，实际上就有避开香港法院管辖和避免香港法律适用的意思。被告之一富天公司作为提单签发人在其陈述中也未引用合同中选择的准据法，而是引用了中国的《海商法》，实际上是以积极明示的行为选择适用中国法。由此可见，双方当事人的行为实际上是放弃了合同准据法条款的适用，而另行选择了法院地法。一审法院依中国《海商法》作出判决后，两被告虽然不服，但在上诉中均未提出准据法适用不当的问题，也进一步说明他们是认可法院地法的适用的。

总结本案，在涉外民事关系法律适用问题上，可以确立这样一个原则，即对法律允许当事人选择准据法的合同中的准据法条款，如果是无法执行的条款，而当事人又未作出新的确定性约定的，受案法院可适用法院地法处理该合同纠纷。

资料来源：

国际多式联运货物灭失赔偿案 . http://www. 365lvshi. com/case/08a/102. html

第8章

集装箱租赁管理

本章要点

- 了解集装箱租赁的概念、优点及国内外租赁市场的现状；
- 熟悉集装箱租赁方式及租箱的确定；
- 掌握集装箱租赁合同的主要条款内容；
- 掌握集装箱保险的类型、责任范围、损失处理及索赔等条款。

开篇案例

集装箱租赁合同纠纷案

案情介绍：

原告：上海A物流有限公司

被告：上海B贸易有限公司

被告：上海C油脂化学品有限公司

被告：南京D水运有限责任公司

2001年8月，B公司受C公司的委托，为C公司运输24只20英尺的集装箱货物，从上海至汕头。因该货物装在原告的集装箱内，为桶装液体助剂，故B公司向原告续租这24只集装箱，并约定：每只集装箱用箱费为人民币500元，还箱至上海洋泾码头，使用时间为25天，超期使用费为每只集装箱3.50美元/天。B公司将24只集装箱装载在D公司所有的“苏林立18”轮上。同年8月29日，“苏林立18”轮从上海港出发，开航当时船舶并无不适航的情况。次日19时30分，船舶航行至浙江温州洞头沿海海面，遇到了雷雨大风，19时50分，船舶开始下沉，直至船舶及货物、集装箱一同沉没，其中包括涉案的24只集装箱。事故发生后，B公司将集装箱灭失的消息及时通知了原告，并称等海事报告出来之后再商议处理意见。

2001年12月18日，温州海事局制作《“苏林立18”轮沉船事故调查报告书》，对事故原因作出了分析，认为造成本次事故的主要原因是天气海况恶劣，次要原因是船员应变能力差、操作不当。

思考题：被告上海B贸易有限公司是否应向原告上海A物流有限公司支付用箱费及集装箱灭失赔偿金？

8.1　集装箱租赁市场现状

8.1.1　国际集装箱租赁市场概况

国际集装箱租赁业务几乎与集装箱的海上运输业务同时产生。在集装箱租赁业务起步初期，租箱业务的规模很小，班轮公司多使用自备集装箱。到了20世纪60年代末70年代初，随着集装箱运输业务的扩大、集装箱制造业的迅猛发展及集装箱国际标准化的制定，集装箱租赁业务异军崛起。

相比早期的铝质集装箱，钢质集装箱具有以下优点：安全性能高、制造工艺简单、便于维护和价格低廉等。钢质集装箱的制造和应用使集装箱的供应量大大增加，而集装箱的国际标准化给集装箱交换使用带来了可能性。再加上集装箱租赁业获利稳定，深得欧美投资者青睐，欧美基金大量投入租箱公司，因而租箱业务发展迅速。到2008年年底，全球集装箱设备拥有量为2 868. 5万TEU，其中集装箱租赁公司拥有其中40%以上，而我国近洋船公司和内贸船公司的箱队中，租赁箱约占总箱量的90%以上。

目前世界上主要的租箱公司多由欧美基金投资，他们在世界范围内开展集装箱租借业务，在国际集装箱运输中发挥着重要的作用。

近年来，随着国际集装箱船队总运力的大幅增长和集装箱运输市场的迅猛发展，集装箱租赁市场也得到长足发展。面对竞争激烈的市场环境，国际知名租箱企业纷纷加大租箱管理系统的建设力度，提高自身核心竞争力。规模较小的新兴租箱公司利用箱价低和融资利率低的机会购买新箱，加上这些公司重视IT系统的整体规划，凭借先进的信息系统提供优质高效的服务，迅速占据市场，逐渐成为市场的中坚力量，如Interpool、Florens和Triton等，都是近几年发展起来的新兴租箱公司。而某些历史悠久、规模较大的租箱公司由于忽视IT系统的整体规划，导致信息沟通不及时，无法快速响应市场变化，造成成本激增，盈利水平整体下滑。

有报告称，集装箱租赁行业正迅速从自主投资拥有集装箱设备和租赁方式单一的经营模式转变为向投资者提供租箱管理服务和租赁方式多样化的经营模式，这种转变要求租箱公司能够快速响应市场变化，及时跟踪客户的经营状况，这就对信息交互的及时性及系统的集成性和可扩展性提出了更高的要求。

先进高效的集装箱租赁管理信息系统是租箱经营人开展集装箱租赁业务的重要组成部分，也是提高服务效率的技术保障。调查显示，目前国际知名的租箱公司大都根据自身的发展战略、管理模式和服务模式对集装箱租赁管理信息系统进行规划与设计。这些公司在租箱信息系统建设方面的投入少则几百万美元，多则几千万美元。

8.1.2　国内集装箱租赁市场概况

国内租箱企业普遍存在规模小、信息化水平落后、人工重复操作和人力资源内耗等一系

列问题。企业进一步发展的首要目标是，通过信息技术整合内部资源，实施流程改造，建立信息共享平台，完善经营网络，优化企业内部资源配置，为客户提供针对性的解决方案和服务，实现集装箱租赁链各环节的顺畅连接和资源优化，并为外部客户提供统一优质的服务，提高国内租箱企业在国际市场上的竞争力。

目前国内租箱企业租箱管理信息系统的规划与设计存在5个问题。

（1）系统开发与企业发展战略脱节，缺乏统一规划，公司各部门和分支机构拥有各自独立的系统，信息传递不畅，给客户造成极大不便。

（2）系统需求不明确，系统流程与企业实际业务流程相冲突。

（3）盲目采用尚未成熟或与企业需求不相符的系统，导致系统推进受阻。

（4）传统租箱行业的信息化面临系统优化、流程改造和经营管理理念问题及企业管理体制、管理模式、管理方法、管理思想、组织结构和规章制度等方面的改革和创新。

（5）过分强调短期成本收益，没有考虑长期投资回报，对信息系统的资金投入不足。国外租箱公司每年的信息化投入一般占全年总投入的10%～30%，而国内租箱公司的这一比例仅为1%～2%，甚至更低。

8.1.3 集装箱租赁市场展望

1. 承运人自有箱比例上升，挤压租箱企业生存空间

考虑到航运业的周期性，承运人在向租箱企业租赁集装箱的同时，还保有一定数量的自有箱，通常情况下自有箱和租赁箱的比例为1∶2。然而近年来，承运人自有箱比例明显上升，租赁箱比例相对下降，对租箱企业的经营活动造成不利影响。原本计划订造大量新箱的租箱经营人可能取消订造计划。业内分析人士预计，20英尺集装箱的出厂价格将跌至2 000美元以下。不少租箱经营人的信心开始动摇，甚至担心恶性循环近在眼前，认为未来几年租箱费率和租箱率将出现明显下滑。

2. 航空业和海运业缩水，租赁业发展前景不明朗

我国航空业和海运业利润缩水，尤其是海运业恶性竞争严重，部分船公司的货运报价连破新低，有些航线甚至出现“零运价”和“负运价”。受行业恶性竞争的影响，许多船公司损失惨重，租箱业的发展前景也因此蒙上阴影。

8.2 集装箱租赁方式及合同

8.2.1 集装箱租赁概念

集装箱租赁（Container Leasing）是指集装箱租赁公司与承租人签订协议，用长期或短期的方式把集装箱租赁给承租人。在协议执行期间，箱体由承租人管理使用，承租人负责对箱体进行维修保养，确保避免灭失。协议期满后，承租人将箱子还至租箱公司指定堆场。堆场对损坏的箱体按协议中规定的技术标准修复，修理费用由承租人承担。承租人按照协议向租箱公司承付提还箱费及租金。

通常情况下，集装箱租赁问题仅仅是班轮公司要考虑的问题。但是，国际货运代理企业在充当无船承运人的情况下，也可能要拥有自己经营的集装箱，因此就可能涉及集装箱租赁业务。

8.2.2 集装箱租赁的优点

集装箱租赁业务是为集装箱运输行业提供服务的，集装箱采用租赁方式对集装箱出租人和租箱人均有好处。

1. 集装箱租赁的出租方

1）投资风险相对小

对集装箱出租方而言，将资金投于集装箱船舶，开展航线运营，与将资金投于集装箱，从事集装箱租赁相比，后者的风险明显小于前者。

2）加强了集装箱运输的专业化分工

专业集装箱租赁公司的出现与发展有利于箱务管理合理程度的提高，有利于集装箱更有效地调配，提高利用率，加强维修，从而降低费用，提高整个集装箱运输的经济效益，使集装箱运输方式的优越性更充分发挥。

3）提高了集装箱的利用率

租箱公司的箱子可供各个班轮公司租用，所以箱子的利用率高而空箱调运次数低。

2. 集装箱租赁的承租方

（1）可有效降低初始投资，避免资金被过多占用。租箱用少量资金就可取得集装箱的使用权，投资风险大为下降。

（2）省空箱调用费用，提高箱子利用率。采用租箱，可避免大量的空箱调运费。如合理利用单程租赁、短期租赁与灵活租赁等方式，则更能既满足对集装箱的需求，又节省租金，提高经济效益。

（3）避免置箱结构的风险。因为航线所运货物的结构变化，以及对待箱型需求的变化，用箱人会面临无法满足所需箱量的情况。采用租箱，就可对所需特殊箱型随时予以调整，可规避由此带来的风险。有时由于国际标准的修订，有些箱型被淘汰，也不会由此带来损失。

（4）集装箱需求地点的供应保障。任何一个班轮公司都不可能在其任何一个需求地点都有存箱，而租箱公司则可相对满足他们的要求，尽可能地保障集装箱的供应。

有了上述的优势，租箱业务发展迅速，租箱公司的箱量一直占全世界总箱量的45%以上。在中国，特别是近洋班轮公司和内贸线班轮公司的箱队中，租箱量占总箱量的90%以上。

8.2.3 集装箱租赁方式

集装箱租赁方式，大致可分成期租、程租、灵活租赁三种方式。

1. 期租

集装箱的期租是指定期租用集装箱的方式，按其租期的长短，可分为长期租赁和短期租赁两种方式。

1）长期租赁

长期租赁一般指租期达3～10年的租赁。长期租赁的特点是承租人只需按时支付租金，即可如同自备箱一样使用，租金较低，租期越长，租金越低。因此，对于货源稳定的班轮航线，采用这种方式租用一定数量的集装箱，既可保证航线集装箱需备量的要求，又可减少置

箱费、利息及折旧费的负担，是一种比较经济的方式。

长期租赁又可分为金融租赁与按实际使用期租赁两种方式（见图8-1）。前者指租箱人在使用期届满后买下所租用的箱子，后者系指租箱人在使用期届满后将箱子退还给集装箱出租公司。

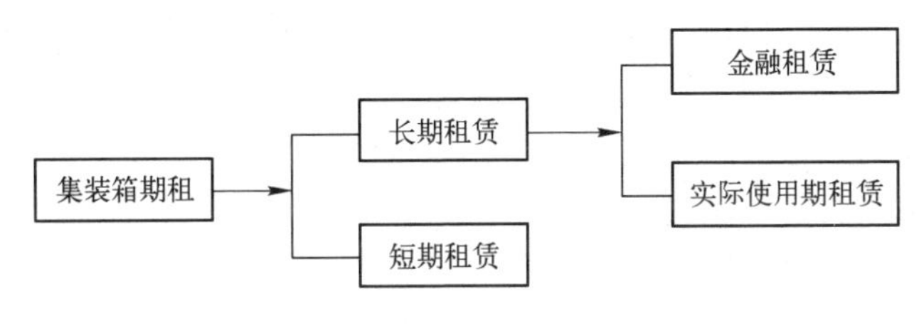

图8-1　集装箱期租类型

2）短期租赁

短期租赁一般指租期在3年以下的租赁。这种租赁对班轮公司风险较小，较为灵活，而对租箱公司而言则风险较大。所以对于“期租”来说，一般租期越短，单位租金越高。

2. 程租

程租是指根据一定的轮班航次进行租箱的租赁方式。这种方式对班轮公司灵活度大，对租箱公司相对不利。所以根据不同的实际情况，集装箱的单位租金会有很大的区别。程租又可分为单程租赁和来回程租赁两种。

1）单程租赁

单程租赁多用于同一条航线上来回程货源不平衡的情况，即从起运港至目的港单程使用集装箱。例如，某船公司经营A港至B港的集装箱货物运输业务，A港至B港的货运量较大，而B港至A港的货物运输所使用的集装箱较少，即来回程货运量不平衡，而该公司从B港至其他地区又没有集装箱运输业务，营运结果必然在B港导致空箱积压。在这种情况下，该公司可租用A港至B港的单程集装箱，这样既可节省空箱在B港的保管费，又可节约空箱从B港运回A港的运费等。

在采用单程集装箱租赁时应注意到，租箱人除支付租金外，有时还要支付提箱和还箱费。如果集装箱使用人从租赁市场行情好的地方租用至行情差的地方，租箱人就需支付提箱费、还箱费；反之，则不支付或仅少量支付这部分费用。

2）来回程租赁

来回程租赁通常用于来回程有较平衡货运量的航线。该种租赁方式租期不受限制，在租赁期间，租箱人有较大的自由使用权，不局限于一个单纯的来回程。这种租赁方式对还箱地点有严格的限制。

3. 灵活租赁

这是一种在租箱合同有效期内，承租人可在租箱公司指定地点灵活地进行提、还箱的租赁方式。它兼有“期租”和“程租”的特点。一船租期为一年。在大量租箱情况下，承租人可享受租金的优惠，租金甚至接近于长期租赁。在集装箱货源较多，且班轮公司经营航线较多，往返航次货源又不平衡的情况下，多采用这种租赁方式。

在灵活租赁的情况下，由于提、还箱灵活，因而给租赁公司带来一定的风险，所以在合同中规定有一些附加约束条件。如规定最短租期、基本日租金率等。一般最短租期不得少于30天，承租人须按租期支付租金。有时还可能规定起租额，如规定承租人在合同租期内必须保持一定租箱量，并按超期租额支付租金（即当实际租箱量少于起租额时采用）；规定全球范围内月最大还箱限额；规定最小月提箱量；规定各还箱地区的月最大还箱量等。

在集装箱租赁业务中，租箱人除根据自己的需要选择集装箱出租公司外，还应注意到：

（1）出租公司的业务范围、管理水平和信誉；

（2）对目的地还箱数量的限制规定；

（3）对租箱费率的调研、比较；

（4）对提箱费、还箱费的规定；

（5）对所租用箱子的检查；

（6）有关合同责任条款和租金支付规定等。

因此，作为租箱人，在进行租箱业务时，工作应细致、周到，充分了解并掌握各租赁公司的特点，尽可能利用各公司的长处，与多家租赁公司签订灵活租赁合同。

8.2.4　集装箱租箱量的确定

1. 集装箱租赁与自购的比较

从长远的角度考虑，班轮公司选择集装箱租赁主要是考虑其成本最低，但这也对班轮公司的融资能力提出了很高的要求。当贸易发展滞后，货源不充足和货源严重不平衡时，自备箱不但不能带来任何效益，堆存费用和空箱调运费用也顺势增加。同时，班轮公司还要承担自备箱的折旧费、维修、保养等费用。

长期租赁的租期较长，在某种意义上类似于自购箱。这种方式可以帮助班轮公司减轻融资负担。但综合来说其并不能充分满足班轮公司的经营需要。和长期租赁相比，短期租赁的费率较高，租期不宜过长。但短期租赁相对灵活，可以更大程度满足班轮公司的实际用箱要求，同时可以通过合同的订立，节省堆存费和空箱调运费。

综合考虑上述情况，班轮公司集装箱自购或租赁应在满足营运需要的情况下，结合自购和各类租赁方式的特点，并充分考虑其利用率和空置费、调运费等成本支出来确定，使班轮公司经济效益最大化。分类分析如表8-1所示。

表8-1　班轮公司租箱策略选择

货源平衡情况	融资能力	策略
平衡	强	自购
不平衡	强	根据货源较少方向需求量占总配备量的比例来确定自购箱量
不平衡	弱	根据最低配备量结合船舶平均箱位利用率确定自购和长期租赁数量
不稳定		采取即期或灵活租赁

2. 集装箱租赁方式的选择原则

在班轮公司租箱业务的实际操作中，选择租赁方式的一般原则如下。

（1）班轮公司在开辟新航线或扩大运输规模时可以采用长期租赁或金融租赁的方式承租一定数量的集装箱。如果租金水平趋升，可以采用较长租期，如3～5年；如果租金水平趋减，则应采用较短租期，如1年左右。

（2）当班轮公司拟自备一定数量的集装箱却无足够资金时，可采用金融租赁方式租入一定数量的集装箱，待租期届满时按照双方商定的费率将集装箱全部买入即可拥有租箱的所有权。

（3）当班轮公司缺少资金且集装箱管理水平较差时，可以考虑售租的方式，这样既能筹措所需资金，又能节约集装箱管理成本。

（4）当班轮公司经营航线单一、挂靠港口较少时，若航线两端往返程货源不平衡，则可以采用单程租赁或连续几个单程租赁的方式；若航线两端往返货源较为平衡，可以采用来回程租赁或连续几个来回程租赁的方式。

（5）当班轮公司经营多条航线时，因各条航线相互衔接，集装箱流动性较大，且货源不平衡随航线之间相互衔接而交叉分布，可采用灵活租赁方式。

3. 集装箱租箱量的确定

从理论上讲，运用数学方法，通过比较自购箱的用箱成本与租箱的用箱成本，在一定的约束条件下，根据成本最小化原则，就可以求出租箱量。但这种用静态规划方法求出的租箱量一般难以适应市场的动态变化。因此，实际操作中都用简便实用的计算方法，即根据最小自购箱原则来确定班轮公司的年度总租箱量及灵活租箱量等，其过程如下。

（1）设各月用箱量为 A_i，$i=1, 2, 3, \cdots, 12$，设年度总用箱量为 M，则

$$M = \sum_{i=1}^{12} A_i$$

（2）设年度最低自购箱量为 M_0，$M_0 = 12 \times \min(A_i) \quad i=1, 2, 3, \cdots, 12$。

（3）设年度租箱量为 M_1，$M_1 = M - M_0$。

（4）设灵活租箱量为 N，年度月平均用箱量为 m，$m = M/12$，每月用箱量大于全年月平均用箱量的部分即所需要的灵活租箱量 N，则

$$N = \sum_{i=1}^{12} (A_i), (\text{当} A_i < m \text{时,取} A_i - m = 0);$$

（5）设长期租箱量为 L，则 $L = M_1 - N$。

【例 8-1】 某公司 2007 年度各月份货运量见表 8-2。

表 8-2 某集装箱运输公司某年度各月份货运量 单位：TEU

1 月份	2 月份	3 月份	4 月份	5 月份	6 月份
4 000	5 000	4 000	5 000	6 000	7 000
7 月份	8 月份	9 月份	10 月份	11 月份	12 月份
7 500	8 000	7 500	6 500	6 000	6 000

试确定公司 2007 年应自购箱、长期租用箱和灵活租用箱各为多少。

解：

（1）A_i 如表 8-2 所示，则 $M = 72\,000$；

（2）$M_0 = 48\,000$；

（3）$M_1 = 72\,000 - 48\,000 = 24\,000$；

（4）$M = 6\,000$，$N = 6\,500$；

（5）$L = 24\,000 - 6\,500 = 17\,500$。

即某公司 2007 年应有自购箱 48 000 TEU，长期租箱为 17 500 TEU，灵活租箱为 6 500 TEU。

以此种比例配备箱子，从理论上看，能加强公司用箱的灵活度及降低营运成本。对于集装箱的配备数量，不可能完全通过数学方法由某个公式推导出精确的结果，因此班轮公司在实际经营生产中确定集装箱租赁数量时，需要遵循理论与实践相结合的原则，在成本与效益兼顾的前提下，根据实际存箱、周转和出口需求来做好集装箱租赁工作。

4. 租箱量调整及方法

由于集装箱班轮航线上的货源变化多端，集装箱船公司随时需要根据实际用箱量的增减来调整租箱量，以降低用箱成本，提高集装箱的利用率。

租箱量的调整可以通过航线集装箱平均总周转天数及月需求量的变化进行，方法如下。

1）计算月需求量 U

航线上集装箱的月需求量可用下式求得：

$$U=30 \cdot L/I$$

其中：U——航线集装箱月需求量（TEU）；

L——每套集装箱的数量（TEU），如果船舶满载，则为船舶满载量；

I——发船间隔（天）。

将该公式进行变换，可得到发船间隔与月需求量之间的关系式如下：

$$I=30 \cdot L/U$$

2）确定航线实际配箱总量 S 与航线集装箱平均总周转天数 T、月需求箱量 U 之间函数关系

将上式代入航线集装箱配备量 S 的计算公式可得：

$$S=L \cdot K=L \cdot T/I=L \cdot T/(30 \cdot L/U)=T \cdot U/30$$

根据上式可归纳出租箱量的调整方法，如表 8-3 所示。其中第 5、6 种情况较为复杂一些。当集装箱周转率下降引起需求量下降时，不必立即采取停租或退租箱子的做法，应针对不同的情况，分别以等待需求恢复及提高周转率的办法予以解决。

显而易见，表 8-3 所列的各种租箱量的调整方法中，如何准确地预测航线集装箱月需求量的数字至关重要。因此，集装箱船公司应积极开发利用先进的计算技术，求助于科学的预测方法，为集装箱使用和管理效率的提高，提供可靠的数据信息。

表 8-3　集装箱租箱量的调整方法表

集装箱平均总周转情况	集装箱需求变化情况	航线集装箱需配备箱量	因果关系	调整办法
1. $t_a=T$	$U_a>U$	$S_a>S$	需求上升，箱子需备量增加	短期租箱
2. $t_b=T$	$U_b<U$	$S_b<S$	需求下跌，箱子需备量减少	退还租赁箱
3. $t_c>T$	$U_c=U$	$S_c>S$	周转率下降，箱子需备量增加	短期租箱
4. $t_d<T$	$U_d=U$	$S_d<S$	周转率提高，箱子需备量减少	退还租赁箱
5. $t_e>T$	$U_e<U$	$S_e<S$	需求下跌，部分箱子闲置	等待需求恢复
6. $t_f>T$	$U_f<U$	$S_f<S$	周转率下降，月承运量也有所减少	提高周转率
7. $t_R<T$	$U_R>U$	$S_R=S$	周转率提高，月承运量也有所提高	改善周转率或扩大货源

5. 实际租箱时应注意的问题

1）降低租金费率，争取优惠条款

为了有效地减少租金支出，必须将租金费率控制在合理的水平上，才能从根本上控制租箱成本。提箱时严格检查，保证租箱箱体质量，班轮公司负责现场操作的人员要严格把好现场关，尽可能避免不符合交箱标准的箱子起租。

2）合理地对租箱进行保养

各公司由于管理水平及实际操作情况的不同对于集装箱的保养有不同的标准。对于租箱特别是冷藏箱进行保养和维护是非常必要的。

3）及时安排退租，以减少租金支出

要提高退租工作质量，主要可从以下几个方面着手。

（1）控制可退租箱总量。班轮公司在安排新增集装箱配备时，应当保持可退租箱（包括灵活租箱及协议到期的长租租箱）的适当比例。

（2）确定退租当时或稍后一段时间内是否多箱（或者说某类型的箱子偏多），安排退租一定要以保证用箱需求为前提。

（3）确定箱子是否需要修理，修理费用是否合理。一般来说，长期租箱时船公司只承担因其使用集装箱而造成损坏的这一部分的修理费用，而集装箱自然损耗及磨损等其他部分的修理费用是由租箱公司来承担的。灵活租箱时如果含 DPP，在退租时船公司就不需要进行修理。

（4）重视冷藏箱及特种箱的退租。冷藏箱及特种箱的租金费率较高，船公司当地代理在安排退租时必须有节约租金的意识，及时安排到期冷藏箱及特种箱的退租。

（5）充分利用优惠条款。在起租灵活租箱的谈判时，租箱公司会根据不同的竞争策略，在一些地方给出免费天（Free Day）、免操作费（Free Handling）、提箱奖励（Pick-Up Credit）等特殊条款。因此，船公司在一些地区或港口会争取到一些优惠条款。

8.2.5　集装箱租赁合同

集装箱租赁合同是规定租箱人与租箱公司双方权利、义务和费用的协议和合同文本。租箱人在签署合同之前一般要与租箱公司（或其代理人）商定租箱方式，数量，租金，交、还箱期，地点，租、退箱费用，损害修理责任及保险等事宜，并作出条款规定。这些合同条款主要可归纳成 4 个方面：交箱规定，租金与租金支付，还箱规定，箱子的使用、保养、修理。因此，租箱人与租箱公司在签订租箱合同之前其主要洽谈内容有：租金；租箱方式；租箱数量；交箱期与还箱期；租、退箱费用；交、还箱地点；损坏修理责任；保险。

1. 交箱条款

交箱条款主要是制约租箱公司的条款，是指租箱公司应在合同规定的时间和地点将符合合同条件的集装箱交给租箱人。其内容主要如下。

（1）交箱期。是指租箱公司将箱子交给租箱人的时间。为了给双方都提供一些方便，交箱期通常规定一个期限，一般为 7 ~ 30 天。

（2）交箱量。为了适应市场上箱货供求关系的变化，合同中对交箱量有两种规定方法，一种是规定的交箱数量（或最低交箱量）；另一种是实际交箱量（可高于或低于前者）。

（3）交箱时箱子状况。租箱公司交给租箱人的箱子应符合有关国际公约与标准的规定，同时租箱人还箱时应保证箱子保持和接近原来的状况。为了保证这一点，双方在提箱时箱子的状况是通过双方签署的设备交接单来体现的。在具体操作中，规定租箱人雇用的司机和箱子所在堆场的箱管员、门卫可作为双方代表签署设备交接单。

2. 还箱条款

租箱合同中的还箱条款主要是制约租箱人的条款，是指租箱人应在租用期满后，按合同规定的时间，地点将状况良好的箱子还给租箱公司。其主要内容如下。

1）还箱时间

指规定的还箱日期。如果超期还箱，合同一般通过对超期天数加收租金的方式解决；如果可能提前还箱，则要求事先订立提前终止条款，定有该条款时，租箱人可提前还箱；如未订立此条款，即使是提前还箱，租箱人仍需补交提前日数的追加租金。

2）还箱地点

租箱人应按合同规定或租箱公司另用书面形式确认的具体地点还箱。在订立合同时，租箱人应尽量使还箱地点与箱子最终使用地点一致或接近，这样可以减少空箱运输费用。

3）还箱时箱子状况

租箱人在还箱时应保证箱子外表状态良好，即保证箱子保持提箱时双方签订的设备交接单上说明的状况。该条款一般规定如果还箱时外表有损坏，租箱人应承担修理责任与费用。

租箱合同中一般还规定还箱期满若干天（有的是30天）后，租箱人仍未还箱，租箱公司将作为箱子全损处理。租箱人应按合同规定的金额支付赔偿金，在租箱公司未收到赔偿金前，租箱人仍需按实际天数支付租金。

3. 损害修理责任条款

租箱人还箱时，应按设备交接单上记载的状况还箱，如果有损坏，则应负责将箱子修理好后还箱，或承担修理费用。如果租箱时在合同中订立损害修理条款（Damage Protection Plan，DPP）并按规定付费，则租箱人对租箱期内所造成的损坏在一定程度上不负修理责任，可将未修理的箱子退还租箱公司。不论箱子在租箱期内是否损坏，DPP 费用一律不予退还。

DPP 条款从某种意义上讲，相当于租箱人对租箱期内集装箱的损害进行了保险（但不是向保险公司投保）。但租箱人必须了解，DPP 费用一般只保箱子的部分损害，不承担全损和共同海损等责任。习惯上只负责比箱子当时价值低一些的一个固定限额之内，由租箱公司承担；如果超过此限额，则超过部分仍需要租箱人承担。DPP 费用一般按租箱天数收取。

4. 承租人的责任、义务

租赁合同中关于承租人的主要责任、义务如下。

（1）按合同规定的时间、方式支付租金。

（2）租赁期内，承租人与租箱公司共同承担 CSC 规定的检验和修理责任。

（3）承租人在租赁期内，应承担本国或他国的一切有关集装箱的法律、法规规定的罚款、费用损失。

（4）承租人应承担租箱期内，箱子的全损或灭失。

（5）承租人可在租赁的箱子外表贴上自己的标志，但不得任意更动原有的标志。

（6）租赁期内，承租人应按有关规定使用箱子，不得超负荷装载，或长期堆存有损箱体

的货物。

（7）租箱期内，承租人应对箱子进行良好的保养、维修，包括箱子的清洗、防污、油漆及更换必要的部件。

（8）租赁期内，承租人应对第三者造成的箱子损坏负责，对其代理人或雇用人员对箱子造成的损坏负责。

5. 租金及费用支付条款

租箱人应按时支付合同中规定承担的各种费用及租金，这是自由使用集装箱和具有某些权利和减少责任的前提，不按时支付费用和租金，则构成违约，租箱公司有权采取适当的行动直至收回集装箱。租箱合同的租金与费用支付条款主要包括下列内容。

1）租期

租期一般理解为从交箱之日起至还箱之日止的一段时间。

2）租金计算方法

租金按租箱天数计收。租用天数计算一般从交箱当日起算至租箱公司接受还箱的次日为止。在超期还箱情况下，超期天数按合同规定的租金另行支付（通常比正常租金高一倍）。如合同中定有提前终止的条款，租箱人支付提前终止费用（一般相当于5～7天租金）后，租期到集装箱进入还箱堆场日终止。

3）租金支付方式

一般租金支付方式有两种，按月支付或按季支付。租箱人应在收到租金支付通知单后，在规定时间内（一般为30天）支付。如果延期，则需按合同规定的费率加付利息。

4）交、还箱手续费

租箱人应按合同规定支付交、还箱手续费。该费用主要用来抵偿因在堆场交、还箱所产生的费用（装卸车费、单证费等），其数额或由合同规定，或按交、还箱所在堆场的费用确定。租箱合同中除上述条款外，一般还有设备标志更改条款及其他有关租箱责任、义务、保险和转租等条款。

6. 保险条款

这是指租箱合同中有关出租公司向租箱人提供集装箱损害修理保险的条款。虽然这一条款常约定出租公司只对租箱人租用的集装箱本身的损害负责，而对于集装箱中装载货物的损害和集装箱运输中涉及第三者的损伤或损害并不负责。但是，在保险公司的集装箱保险以集装箱本身的保险为基本险，兼保货物损害赔偿责任和第三者赔偿责任保险的条件下，经过特约，出租公司也可能同意扩大集装箱损害修理保险范围。其具体做法通常是，先针对集装箱本身的损害扩大保险的范围，然后再适当地扩展其他险别的承保，以扩充其补偿的范围，减轻租箱人可能承担的风险。

集装箱损害修理保险，既可采用有限额保险方式，即出租公司有限度地承担集装箱损害的修理费，如果损害修理费超过投保的限度，超过部分由租箱人自负；也可采用全值保险方式，即出租公司按合同规定的承保金额全额负担集装箱损害的修理费，不过，其最高限额为赔偿全损。当然，在采用上述两种方式中的任何一种方式时，都可能有免赔额的规定，如有的合同就规定对于250美元以下的损害修理费免赔。

7. 转租

在活期租箱的租赁方式下，租箱人可以将所租用的集装箱转租，而无须办理退租和起租手续。通常的做法是，原租箱人可以与转租的租箱人直接办理集装箱的交接手续，然后由出租公司的代理人、原租箱人和转租的租箱人及时将交接证明、有关转租集装箱的箱号等寄交出租公司。

8. 设备标志的更改

租箱实务中，出租公司一般都会接受租箱人提出的修改集装箱原有的标志，增加租箱人所需要标志的要求。在这种情况下，租箱合同中一般都规定，在租箱人还箱时，必须恢复集装箱的原有标志。如果这种恢复工作由出租公司完成，其费用应由租箱人负担。

8.3 集装箱保险

国际运输风险是国际运输保险的根源，自然灾害、意外事故的客观存在是国际运输保险产生的前提和条件。随着运输方式的不断变革，作为经济补偿重要形式和国际贸易发展必不可少环节的运输保险，其内容和方式也随之变化。因此，随着集装箱运输的发展，海上保险业面临着一系列新的问题和挑战，因而集装箱保险吸引了与此相关的保险人、货主、船东、租箱公司及银行的注意力，并由于各自不同的利益，成为保险业的新“焦点”。

8.3.1 集装箱保险概念

1. 集装箱保险定义

集装箱保险（Container Insurance），就是集装箱的所有人或租借人，对因在集装箱运输过程中的各种危险而产生的集装箱箱体的损坏或灭失进行的保险。或者，当因集装箱运输事故而使集装箱对第三者（人或物）造成损害时，由于集装箱所有人负有法律上的责任，因此有必要预先对此赔偿责任进行保险。进而，由于集装箱运输中的事故，也可能使装在箱内的货物发生损害，此时，由于集装箱承运人负有法律上的及运输合同上的赔偿责任，因此承运人也必须对货主的损害赔偿责任进行保险。

由此可见，集装箱保险是上述所提及的各类保险的总称。由于这一名称与集装箱自身的保险易于混同，所以在此作为总称，称之为集装箱综合保险。

2. 集装箱保险类型

集装箱综合保险包括下列三种类型：

（1）集装箱自身保险；

（2）集装箱所有人（包括租借人）对第三者的赔偿责任保险；

（3）集装箱承运人（包括多式联运经营人）的货物损害赔偿责任保险。

这三种保险，可以一并于一张保单（Blanket Policy），但通常应以签订特约书（Open Contract）形式进行综合预定保险。除这三种保险外，还可签订清除残骸、消毒、检疫费用等的特约。

在上述三类保险形式中，由于（1）类保险占集装箱保险的绝大部分，因此可以仅就集装箱自身保险进行单独投保。但是第（2）类和第（3）类保险原则上不能单独投保，必须与（1）类保险相配套，组合成（1）与（2）或（1）与（3）的形式加以投保。这是因为集装箱自身保险与责任保险的关系是密不可分的，而且，集装箱自身保险是责任保险的基础。

3. 集装箱综合保险特征

集装箱综合保险主要具有以下几个方面的特征。

1）保险期间与责任范围

集装箱的保险是以一年为单位签订期间合同（亦称流动合同）的，这是因为集装箱保险的对象很多，同时又伴随着频繁的运输，因此，不可能在集装箱的每次海上营运时都签订保险合同，而是像船舶保险一样，以一定的期间为限制签订合同，对在合同所商定的这一期间中所发生的损害进行综合保险。

2）保险对象

作为保险合同对象的集装箱，是指符合国际标准化组织（ISO）标准的，用于国际运输的大型集装箱。至于各国国内运输的集装箱保险，则另外规定有关的受理办法。

3）损害赔偿限额

在国际集装箱运输中，经营人保险标的的累加额是极为巨大的，这是由集装箱运输特点所决定的。因此，在签订保险合同时，保险人在与投保人协商的基础上，将赔偿限额分别按不同的保险类别加以设定：集装箱自身、对第三者的赔偿、对货物的赔偿等。

4）小额损害免责条约

由于集装箱运输过程中，特别是集装箱自身，每一航次，多少都会受到一点损害，而且不属于偶然性保险事故的自然损耗也时常发生，因此设定一个小额损害免责额也是一个合理的保险受理条件。

5）保单流通受限制

在集装箱保险中，对于投保人乃至于被保险人所拥有（或租赁）的众多集装箱而言，不可能将它们都记入一张保险单中予以综合承保，不仅如此，将它们一次性买卖通常也是不可能的。所以，集装箱的保单就不具备转让性。

8.3.2　集装箱自身保险

1. 集装箱自身保险含义

集装箱自身的保险，是赔偿因集装箱体的灭失、损坏而产生的经济损失的保险，占集装箱保险主要部分。

集装箱自身的保险，一般是由集装箱所有人作为投保人。而在租赁集装箱的情况下，则由租借人作为准所有人签订合同。另外，租借人也可以把其对所有人的赔偿责任加以投保。此时，租借人须签订赔偿责任保险的特约。

集装箱自身保险与船舶保险、集装箱内货物保险不同，是另外的附加保险，通常是以年为单位进行保险，但也有以航次进行的附加保险。集装箱自身的保险条件，通常附加一些损坏免责条款，这种免责条款将类似集装箱的自然耗损、正常的修理费用作为箱子所有人应有的责任，而求得合理的赔偿和将保险费控制在最低限度内。

2. 集装箱自身保险类型

集装箱自身保险分为全损险和综合险（一切险）。

1）全损险

全损险只负责整个集装箱的全部损失，包括实际全损和推定全损。

实际全损是指集装箱的全部灭失。

推定全损是指保险事故发生后，修理费用等费用的总和或者部分费用超过集装箱的保险金额。

2）综合险

综合险的责任范围是集装箱的全部损失和集装箱机器的部分损失。

集装箱自身保险为定期保险，每个集装箱作为一个单独保险单位。

3. 集装箱（自身）保险条款

1）责任范围

集装箱保险分为全损险和综合险，被保险集装箱发生损失时，保险人按承保险别和本条款的规定负责赔偿。

（1）全损险。

① 集装箱的全部损失。

② 集装箱的推定全损。

③ 共同海损分摊。

④ 救助费用分摊。

（2）综合险。

① 集装箱的全部损失或部分损失（但集装箱机器的部分损失按下述 b 款的规定办理）；

② 由于下列原因造成集装箱机器的部分损失。

a. 运输船舶的沉没、触礁、搁浅、碰撞引起的（包括与冰碰撞）。

b. 陆上或空中运输工具的碰撞、倾覆及其他意外事故引起的。

c. 外来的火灾、爆炸引起的。

不论是承保全损险或综合险，保险人对共同海损分摊，以及集装箱破损后被保险人采取的有效措施和防止损失扩大支付的合理费用也负责补偿。但对上述采取措施和防损引起的费用的补偿金额，以不超过被救集装箱的保险金额为限。

2）投保单位

每一只集装箱作为一个单独的保险单位，并各有明确的标志，被保险人对投保的集装箱应定期做好维修和保养工作。

3）除外责任

（1）由于集装箱不符合国际标准化组织的要求，或由于其内在缺陷和特性，或工人罢工，或延迟所引起的损失和费用。

（2）正常的磨损及其修理费用。

（3）保险公司集装箱战争险条款所规定的承保责任和除外责任。

（4）与投保集装箱经营有关的，或由其引起的对第三者责任与费用。

4）责任起讫

定期保险，起止时间以保险中的规定为准。

5）退保

保险双方均可用 30 天事先通知的办法退保，如果由被保险人提出在保险期限内退保，则应按保险公司短期费率计算退费（不满 1 个月按 1 个月计）。

6）损失处理

被保险集装箱发生损失时，被保险人即应通知保险公司或就近的保险公司的检验代理

人，并采取一切可能的措施以减少损失。属保险公司责任范围内的修理事项应取得保险公司的同意。如果损失由船方、其他委托方或任何第三者负责，应办好向这些责任方追偿的一切手续。

7）赔偿

（1）集装箱发生全损时，保险公司按保险金额全部予以赔偿。

（2）集装箱发生部分损失时，保险公司按合理的修理费用扣除免赔额后赔付。如果后者超过保险金额，可作为推定全损。

（3）被保险人在收取赔偿后，必须将向船方、其他委托方任何第三者、责任方的追偿权力转让给保险公司。

8）争议处理

被保险人和保险公司之间发生的一切争议，应根据实事求是、公平合理的原则协商解决。

9）集装箱的战争险条款

（1）责任范围。当保险的集装箱装载船舶或其他运输工具运输时，由于下列的原因造成的损失、费用和责任，保险公司负责予以赔偿。

① 战争、敌对行为或武装冲突。

② 由于上述①款引起的拘留、扣押、没收、封锁，但这种赔偿案必须从发生日起满3个月后才能受理。

③ 各种常规武器引起的损失（常规武器中包括水雷、鱼雷或炸弹）。

由于上述①、③款原因所引起的共同海损牺牲、分摊和救助费用，保险公司也负责赔偿。

（2）除外责任。保险公司不负责赔偿下述原因引起的损失、费用。

① 凡属保险公司集装箱保险条款责任范围外的事故。

② 集装箱所有人国家的政府行使的对箱子扣押、拘留、没收和征用。

③ 由于原子弹、氢弹等核武器所造成的损失。

（3）责任终止。保险公司有权在任何时候向被保险人发出注销战争险责任的通知，并在发出通知后14天期满时终止战争险责任。

（4）说明。保险公司对集装箱保险条款的附加条款，其条款与集装箱保险条款中的任何条文抵触时，应以原条款为准。

任何第三者责任人的追偿权利转让给保险公司。

8.3.3　集装箱所有人的第三者的赔偿责任保险

集装箱所有人或租借人，当因集装箱的有关事故而使他人的身体遭受伤害或财物受到损坏时，在法律上便有赔偿的责任。通过此种保险，可以使集装箱所有人或租借人因之蒙受的损失得到赔偿。另外，施救费用、为保全权利的费用，以及得到保险人同意的有关诉讼、仲裁等费用也可以得到赔偿。

此种保险分两种情形：一是只承保集装箱所有人或租借人的赔偿责任；二是承保包括集装箱所有人的责任在内的集装箱经营人的赔偿责任。但是无论是哪一种情形，一旦查明是集装箱制造者对集装箱自身的制造缺陷造成的责任，则不予赔偿。

8.3.4 集装箱经营人的货物损害赔偿责任保险

多式联运经营人对于运输过程中造成的货物损坏或灭失的赔偿责任，通常都是以货物赔偿责任保险（简称责任保险）向保险公司或保赔协会投保。当然，多式联运经营人的责任保险所承担的风险，取决于他签发的提单中所规定的责任范围。

专业公司通常对一些特殊责任予以承保。这些特殊责任如下。

（1）货物的错送与误投的赔偿责任。由于在集装箱货运站的搬运错误，本来应该向 A 地投送的集装箱却被送到了 B 地。或者，本应在 C 港卸下的集装箱却被送到 D 港。集装箱保险公司对有关误投、错送事件发生后的事故处理与改正手续所需的各项费用（如运费、搬运费、保管费等）也予以承保。

（2）业务上的过失赔偿责任。多式联运经营人有时会在制定和签发联运单证方面犯些业务上的过失，或者是在货物运输方面误解了货主的意图，或是违反了有关货物进出口运输的规则等，对于多式联运经营人因此而承担的赔偿责任，保险公司也予以承保。

（3）延迟责任。一般情况下，多式联运经营人对因延迟而引起的直接、间接损害是免责的。但是，对于特别规定的延迟责任，多式联运经营人则以支付的运费为基准承担责任，并将之加以保险。

8.3.5 中英两国集装箱保险条款比较

英国的集装箱保险条款是世界上影响最大，使用最广泛的集装箱保险条款。由于集装箱运输和集装箱保险的世界性，笔者认为有必要将中英两国集装箱保险条款进行比较分析。

1. 责任范围

按照集装箱责任范围，我国集装箱保险可以分为全损险、综合险和战争险，英国分为全损险、一切险和战争险。

全损险只负责整个集装箱的全部损失，包括实际全损和推定全损。实际全损是指集装箱的全部灭失。推定全损是指保险事故发生后，修理费用等费用的总和或者部分费用超过集装箱的保险金额。

综合险与一切险虽然在叫法上明显不同，但是在内容方面二者存在很多相似之处。二者负责整个集装箱部分及集装箱机器部分的部分损失和全部损失。二者都是列明条款和非列明条款相结合。对集装箱箱体部分的风险采用非列明条款，即对投保的集装箱部分因任何外来原因造成的一切损失负责，但除外责任例外。对集装箱机器部分的风险采用列明条款，这样保险人只对列明风险对机器部分造成的损失负责。列明条款与非列明条款最主要的区别是举证责任不同。在非列明条款下，由于保险人承保的风险如此广泛，被保险人只需证明发生保险事故的存在，而无需证明损失是由某种具体的危险造成。因此如果集装箱部分在保险开始时完好，在保险期间内发生损失，从受损情况可以推断出是由外来原因造成的，被保险人就完成了举证责任，或者说举证责任落到保险人一方，保险人需证明损失是保险人无需负责的原因造成的。在集装箱机器部分的列明条款下，如果在保险期间内发生损失，被保险人如果想要向保险人要求赔偿，被保险人首先要举证损失是由列明的承保的风险责任造成的，因此与非列明条款相比双方举证责任顺序和要求完全不同。

1）集装箱部分的除外责任

关于集装箱部分的除外责任，英国保险条款和我国保险条款的相同之处如下。

（1）集装箱的正常磨损、锈蚀、内在缺陷及设计制造的错误。在集装箱保险中，保险人承保的是可预料和不可预料的风险。可预料风险是指风险会发生，不可预料风险是指风险不知何时发生或者在一定期限内能不能发生。如果风险不具备这两项因素，保险人是不予承保的。集装箱的正常磨损、锈蚀、内在缺陷及设计制造的错误，这种风险造成的损失是必然的和可以预料的，不存在不可预料性，因此保险人是不予以赔偿的。

（2）集装箱战争条款规定的承保责任和除外责任。

（3）各种延迟引起的损失和费用。英国1906年《海上保险法》第55条规定："保险人不承担任何延迟直接引起的损失，即使该延迟是由承保的风险所致"。这是近因原则的应用。因为损失和费用是延迟造成，而不是承保风险造成，延迟不是承保风险，因此不予赔偿。

对于集装箱部分的除外责任，英国保险条款和我国保险条款也存在许多不同之处。

① 对第三者责任和费用。英国的条款明确规定因为被保险人的破产或者财政困难引起的损失和费用不予赔偿。但互有过失碰撞引起的责任要赔偿，这实际上也是一种对第三者的责任。英国条款对其他的第三者责任不予赔偿。而我国的条款明确规定与投保集装箱经营有关的或由其引起的第三者责任和费用不予赔偿。

② 集装箱不明原因的灭失和盘存时发生的灭失。由于集装箱在全世界范围频繁流动，为了加强对集装箱的管理，被保险人往往使用集装箱跟踪管理系统对集装箱进行管理。为了了解集装箱的位置，经常会对集装箱进行盘存，盘存时常会发现集装箱不明原因的消失或者奇怪的消失，在后来一般又会发现这些集装箱。英国保险条款明确规定这种损失不予赔付，我国的保险条款没有规定，但是由于被保险人没有真正的损失，所以在我国这种情况也不予赔付。

③ 被保险人的恶意行为引起的损失和费用。集装箱保险合同是建立在最大诚信原则基础上的合同，如果一方违反最大诚信原则，就会导致集装箱保险合同的无效。被保险人的恶意行为是违反最大诚信原则的最典型表现。英国的集装箱保险条款对此作出明确规定，虽然我国集装箱保险条款没有规定，但根据我国《海商法》和《保险法》也可以得到相同结论。

④ 船舶和驳船不适航或者不适宜装载集装箱造成的损失，但以被保险人和他的雇员不知道这种不适航或者不适宜为限。随着集装箱运输的发展，对集装箱船舶的要求越来越高，集装箱船舶的适航已成为集装箱运输中的基本要求。集装箱船舶的适航包括两方面内容：首先集装箱船舶本身的适航，包括船舷的机械性能、结构、设备符合船级和技术要求，船舶可以抵抗航行海域的基本风险；其次集装箱船舶要适于集装箱的运输要求，配备集装箱运输所需设备、船员、燃油、物料等，还要合理积载。被保险人将集装箱装载于不适航或者不适于集装箱运输的船舶上，不仅损害了保险人的利益，还损害了货主的利益，被保险人也违反了防灾减损的义务。英国集装箱保险明确规定被保险人及其雇员不能将集装箱装于不适航或者不适宜装载集装箱的船舶或驳船上为除外责任，除非被保险人或者他的雇员不知道。我国的保险条款没有明确规定但根据相关法律可以得到相同结论。

⑤ 集装箱不符合国际标准造成的损失。集装箱的规格和质量应符合国际标准化组织的要求，集装箱上的铭牌、标记要符合国际公路运输公约（TIR）、集装箱海关公约（CCC）、集装箱安全公约（CSC）等国际公约的标准和要求，违反这些规定保险人不予承担。由于我

国集装箱运输发展比较晚，有些集装箱的制造和运输不符合国际标准，从我国这一国情出发，我国的集装箱保险规定集装箱不符合国际标准不予赔付，而英国等发达国家情况正好相反，所以英国保险条款没有此项规定。

2）集装箱机器部分的责任范围

集装箱有很多类型，有的集装箱因为特殊的运输要求，需要专门的设备和机器，如冷藏集装箱等。我国和英国的集装箱机器部分的责任范围相同之处如下。

（1）外来因素引起的火灾、爆炸。

（2）海上运输工具的碰撞、触礁、沉没、搁浅引起的损失。

（3）陆上或者空中运输工具的出轨、倾覆、碰撞等其他意外事故引起的损失。

我国和英国的集装箱机器部分的责任范围基本相同，但是两者对船舶碰撞造成集装箱机器部分的损失作出截然不同的规定：我国条款对碰撞的限制比较宽，不仅包括与任何物体的碰撞，还包括与冰的碰撞。而英国条款并不包括与任何水上物体的碰撞。

2. 责任起讫

我国集装箱保险条款对责任起讫规定十分简单：按照保险单上写明的时间为准。英国条款规定十分明确：责任起讫以保险单上规定的海上、陆上时间和区间为限，包括集装箱堆放在码头上的时间。

英国集装箱保险条款还规定：集装箱出租或者转让给被保险人以外的其他任何人时，保险责任终止，但被保险人的书面或口头要求经保险人同意除外；集装箱的使用超过规定的使用区间时，保险责任终止。而我国的保险条款没有规定。

3. 其他规定

我国的集装箱保险条款中，只有集装箱发生全损时，才不扣除免赔额。而英国条款规定下述情况均不扣除免赔额：①推定或者实际全损；②共同海损、救助费用；③施救费用。在其他情况下，两国保险条款规定都有免赔额。

关于推定全损的构成两国条款规定不一致。我国将修理费超过保险金额的，认为已构成推定全损；英国将修理费超过保险金额的，认为已构成推定全损，但一次保险事故引起的恢复费用和修理费用或者单一一项超过保险金额的，也被认为构成推定全损。

两国条款规定，保险双方当事人都可以提前 30 天通知对方，进行停保或退保。保险人在保险有效期内提出停保时，保险人将按日比例退还被保险人的保险费。我国条款只规定如果是由被保险人提出退保的，将按照短期费率退还保险费，不满一个月，按一个月算。而英国条款规定，如果保险人在保险有效期内提出停保，保险人将按日比例退还被保险人的保险费；如果被保险人在有效期内提出退保，按照双方约定退还保险费。

英国集装箱保险条款规定："除非被保险人通知保险人并经保险人同意，否则转让保险单无效"。而我国条款对此没有相应的规定。

英国保险条款适用英国法，而我国条款适用中国法。

4. 集装箱战争险条款

集装箱战争险是集装箱保险的附加险，被保险人不能单独投保战争险，只有在投保了全损险或者综合险的情况下，才能投保战争险。英国集装箱战争险与货物和船舶的战争险不同，它包括战争风险和罢工风险两部分，而不是单纯的战争风险，而我国的集装箱战争险只承保战争风险。集装箱战争险的承保范围是随着主险的变化而变化的，如果集装箱投保了综

合险，再投保战争险，保险人就负责战争险项下的一切损失；如果集装箱投保了全损险，保险人只对战争险项下的集装箱全损负责。

1）责任范围

我国和英国集装箱战争险责任范围的相同之处如下。

（1）战争、敌对行为或武装斗争。

（2）拘留、扣押、没收或封锁。

（3）各种常规武器，包括水雷、鱼雷或炸弹。

（4）上述（1）、（3）项引起的共同海损牺牲、分摊和救助费用。

不同之处如下。

（1）英国条款规定因为拘留、扣押、没收或封锁，被保险人对集装箱丧失占有或使用连续达12个月，视为推定全损，而我国条款没有规定。

（2）我国条款对拘留、扣押、没收或封锁引起的损失三个月之后才给予受理，这是为了给保险人充分的时间了解情况，但在一定程度上损害了被保险人的利益，而英国条款没有这样的规定。

（3）英国条款承保罢工风险，包括罢工、被迫停工、工潮和民变、暴动、任何恐怖活动或任何人处于政治动机所采取的行动及没收、征用，而对这些风险，我国条款不予承保。

（4）我国条款规定，只要集装箱在船上（无论海船还是其他船舶）的战争险都予以负责，而英国条款规定只有集装箱装载在海船上并将集装箱经海上运输的情况下，才予以负责，除非集装箱是在其他船上遭受鱼雷、水雷袭击或集装箱在其他船上和在岸上因恐怖活动或任何人处于政治动机所采取的行动及没收、征用。

2）除外责任

中英两国集装箱战争险的除外责任相同之处如下。

（1）集装箱保险的责任范围。

（2）集装箱所有人国家的政府或地方当局行使的拘留、扣押、没收、征用权，这主要是因为，这些情况的出现往往是由于集装箱所有人违反本国、本地的有关法规从事不正当活动或者政府政策的变化，而征用实际上是国家强行雇用行为，由此造成的损失，所在国政府一般会给予补偿。

（3）原子弹、氢弹等核武器造成的损失，这种风险造成的损失巨大，保险人往往无力赔付，此外这种风险也不可能依靠再保险进行分担。

由于我国集装箱战争险的除外责任规定得比较简单，只规定了上述三项，而英国条款还规定了其他除外责任，这样一来就有利于保险人。因此英国条款中所规定的其他除外责任就是中英两国集装箱战争险的除外责任不同之处。

（1）五大国之间的战争（无论宣战与否），这种风险对世界的影响是巨大的，是保险人所无法承受的。

（2）违反海关、贸易、检疫规定被扣押，这种风险是由于被保险人自己的原因造成的，他违反了减灾防损的义务。

（3）未提供担保或拖欠罚款受法律起诉遭受的损失和费用，其理由同上第（2）条。

（4）海盗行为。

（5）由于罢工引起的劳工短缺造成的损失、费用，根据近因原则，造成损失的原因是劳工短缺而不是罢工，因此作为除外责任。

（6）直接由延迟引起费用，即使引起的延迟风险是战争险所承保。

（7）破产，此时保险合同已终止。

以上是对中英两国集装箱保险条款的比较分析，由于我国很多从事集装箱运输的企业或者投保了中国集装箱保险条款或者投保了英国集装箱保险条款，在投保时、处理具体理赔时，被保险人应加以注意，以避免不必要的损失。

复习思考题

1. 什么是集装箱租赁？有几种方式？
2. 简述集装箱租赁合同的主要条款内容。
3. 什么是集装箱综合保险？
4. 集装箱综合保险有何特征？

案 例 分 析

集装箱保险合同若干法律问题

【案情】

1997 年 4 月间平安保险公司（被告）派员赴原告所在地协商办理原告租赁经营的集装箱保险，5 月 7 日原告填写集装箱投保单投保标准集箱 5 000 个：保险单价分别为 USD 2 600 元；保险金额为 USD 13 615 100. 00 元等项内容。

1997 年 5 月 18 日，被告签发集装箱保险单。随附的平安保险公司集装箱保险条款（定期）及附加补充协议规定：投保险别为：集装箱综合险（一切险），“被保险集装箱发生损失时，本公司按承保险别和本条款规定负责赔偿集装箱的全部损失或部分损失。对集装箱受损后，被保险人防止损失扩大而支付的合理费用也负责补偿。除外责任：本公司对下列损失、费用不负责赔偿：由于集装箱内在缺陷和特性引起的损失和费用；正常磨损及修理费用；集装箱全损时，本公司按保额全部赔付；属于保险责任范围以内的修理应事先取得本公司的同意，如果损失应由船方、其他受托人或任何第三者负责时，应办好向这些责任方追偿的一切手续。对此条补充协议第五条特别规定”。保险人不负责集装箱的正常磨损及（其）修理费用；对于意外损坏产生的修理费用（包括还箱时发现的），保险人将凭具有 IICL 验箱师资格的人员出具的修箱鉴定报告给予赔偿；当与本保险原条款有抵触时，以本协议中的条款为准。

1997 年 6 月 7 日原告将投保的集装箱号码清单挂号邮寄给被告，6 月 20 日，原告全额支付了保险费。在集装箱营运过程中部分集装箱发生了一些损坏和丢失。

1998 年 3 月 16 日，原告根据合同约定由 IICL 验箱师资格者出具的修箱报告，索赔修箱费及集装箱灭失损失合计 USD 259 285 元。被告经办人电话中同意以 10 000 美元解决修箱费索赔，并数次承诺赔偿，但始终未达成赔偿数额的最终决定并要求丢箱按市场价赔偿。对于意外损坏产生的修理费用，应提供有 IICL 验箱师资格人员出具的修箱鉴定报告，包括损坏部位草图、程度、所发生的修理费是否因意外所致而应由保险公司赔偿、损失部位照片、财

务付款凭证、修理费发票，后拒赔导致诉讼。

【争议问题】

1. 集装箱保险的性质？属船舶保险还是货物保险？属海上保险还是陆运保险？
2. 保险单价到底指保险价值还是保险金额？本保险是定值保险还是不定值保险？
3. 是否存在时效障碍？适用《民法通则》还是《海商法》？
4. 如何解释保单？承保险别到底是综合险还是意外损害保险？
5. 举证责任应如何划分？

【评析】

1. 集装箱保险单性质

第SZ90B011号集装箱保险单，投保集装箱单价栏内之单价，依法及根据本案实际情况，应解释为“保险价值”，因此本案属定值保险。

(1) 法律规定保险单应当具有保险价值条款。

(2) 法律要求被保险人向保险人投保之时，应当申明保险标的的保险价值。

(3) 保险价值是保险标的的实际价值，是对保险利益的估计额，亦称为保险价额。它是作为确定保险金额基础的保险标的的价值，也即投保人对保险标的所享有的保险利益在经济上用货币估计的价值额，也是投保人对保险标的所拥有的保险利益的价值体现，它决定了具体被保险人的投保金额的限度。因此，本案保险单中的“集装箱单价”指的正是此种保险价值。

(4) 实务中，船舶保险和海上货物运输保险往往都是定值保险。

(5) 集装箱保险是一种海上保险，其性质介于船舶保险与货物保险之间。无论作为船舶保险也好，还是作为货物保险也罢，理论上都属于海上保险。因而属于定值保险。

(6) 本案当事双方于订立集装箱保险合同时，实际上对保险标的的价值作了约定。只不过由于该保单是被告的格式保单，未用文字明确写明是保险价值而已。例如，投保的20英尺干货箱共4 151个，但统一约定每个箱的价值为USD 2 600元。保单上仅注明投保单价而未写明保险价值。但是，当事双方均明知该单价即为“保险价值”，因为该4 151个集装箱生产年月不同，而当时每个同类集装箱造价为USD 3 200元。为便于将来理赔，双方同意统一按USD 2 600元计算保险价值。依法理应将保单中每个20英尺干货箱单价解释为每个20英尺干货箱的保险价值。

(7) 退一万步言，被告就17个丢失集装箱赔偿的理由也是明显违反相关法规定的。例如，被告始终坚持应按集装箱丢失当时的实际价值赔偿。但《海商法》第219条规定，无论是船舶还是货物或是运费或其他保险标的的保险价值都是按照保险责任开始时（而非按保险事故发生时）保险标的的实际价值和保险费的总和计算。因此即便本案被告有关保险价值的抗辩理由成立，也应按每个USD 3 200元为基础，至于被告之每个集装箱价值USD 1 500元，毫无根据。其咨询的是1998年下半年集装箱实际价值的国内制造商的价格。而本案集装箱是国外制造的，而且1997年年初集装箱实际价值为USD 3 200元。

2. 本案不存在诉讼时效的障碍

(1) 原告1998年5月13日向被告发出的索赔函中有关1997年8月1日至1997年12月31日期间业已发生的退租箱的修箱费USD 81 667. 68元。由于原告于2000年1月13日正式起诉。据此，被告辩称该部分索赔已超过诉讼时效。

（2）我们认为被告的主张不能成立，本案时效因被告同意赔偿已经中断。事实上被告在收到原告正式索赔后，已多次书面明示或默示同意履行赔偿义务。依法应视为时效已中断。例如：

① 1998 年 5 月 14 日在电话中就修箱费同意赔偿 USD 10 000 元，应视为时效中断。

② 1998 年 8 月 19 日当事双方就索赔问题进行了商谈，签署了“会谈纪要”，被告承诺：对于箱体丢失，平安公司提出按现在市场价赔偿；对于箱体修理费，外运应提供有 IICL 验箱师资格人员出具的修箱鉴定报告、估价单修箱确认、发票等证明性单据。直言之，被告在该会谈纪要中明确承诺赔偿丢失箱体，同时亦明确表示只要提交上述文件，即同意赔偿修箱费。至于赔偿具体数额尚未确定无关紧要，依法应视为时效已中断。

③ 1999 年 1 月 28 日，被告传真原告承认：丢失 17 个箱及早定损，支付赔款。修理费部分……我司需对此部分一次性结案。因此被告在此传真中亦确认了履行赔偿义务的承诺，尽管没有具体赔偿数额。依法时效再次中断。

④ 此外，本案集装箱运输实际上大量涉及欧亚大陆桥运输。而陆上运输显然其时效应适用《民法通则》的有关规定，通则第 140 条规定只要当事人一方提出要求即可中断时效。

⑤ 本案为原被告双方之间订立的集装箱保险合同争议。各项具体索赔要求是作为整体中的一部分提出索赔的，正如被告坚持的那样，本案索赔应（作为整体）一次性结案，因此，只要被告确认其中任何一项索赔要求，即应视为整个索赔要求的时效中断。此外《海商法》第 267 条规定的被请求人同意履行义务，并未强制规定书面明示同意，事实上被告曾口头明示同意赔偿，只不过双方在赔偿的数额方面未达成一致协议而已。这一事实可以从被告 1999 年 2 月 2 日给原告的函中得以证明：“可以判断在这些修理费索赔的 2 862 个集装箱中，因遭受了意外事故其修理费需要我司赔偿的集装箱应该只有一小部分。”也即，被告事实上对属于意外损害所产生的修箱费是一直承认赔偿责任的。尽管其单方面认为这部分“只有一小部分”。

（3）综上所述，本案不论从适用法律上看，还是从双方数十次书面、口头交涉的情况来看，被告在 1999 年 2 月 2 日以前从未否认过赔偿义务。反之，被告确已多次明示或默示承认赔偿责任。因此本案根本不存在时效障碍。

3. 本案保单条款的解释及双方举证责任的划分

（1）原告投保的险别是集装箱综合险（一切险），补充协议第二条特别强调：投保险别为：集装箱综合险（一切险）。

（2）根据双方签订的保险单随付的集装箱保险条款（定期），被保险集装箱发生损失时，被告按承保险别和本条款规定负责赔偿。第二条综合险：负责集装箱的全部损失或部分损失。其除外责任为：由于集装箱内在缺陷和特性；正常磨损及修理费用。换言之，根据集装箱保险合同一切险的承保范围，除了除外责任之外，集装箱遭受的一切损失，推定保险人应负赔偿之责。

（3）根据对该保险单的表面解释，只要集装箱遭受了损失，除非被告举证证明损失原因是除外责任中的“内在缺陷和特性，正常磨损”之外，被告便负有赔偿责任。然而，被告却一直对保单作任意解释，例如，被告始终无理要求原告承担证明修箱费是因所谓“意外事故”所致的举证责任。

（4）被告实际上迄今对本保险合同并没有正确的理解。例如，被告一直无理主张坚持按

事故发生当时的市场价值，赔偿丢失的17个集装箱。同时一直无理坚持要求原告举证证明修箱费是因为意外事故所致。无论从海商法还是从保险合同原理或是从本案保险单约定来看，被告的上述主张均明显是错误的。

（5）值得一提的是，船舶保险中的一切险是列明风险，即应由被保险人举证证明发生了保险合同承保的风险。但集装箱保险在性质上更接近于海上货物保险，特别是箱体保险肯定与货运一切险性质相同。而货运一切险并非列风险，事实上集装箱保险刚开始时，直接适用海上货物保险合同。更值一提的是，双方签订的保险合同明确规定承保险别是一切险，且并非列明风险。因此，被告将“补充协议”中的“对于意外损坏产生的修理费用（包括还箱时发现的），保险人将凭具有IICL验箱师资格的人员出具的修箱鉴定报告给予赔偿”片面地解释为保险人只负责意外事故所致的修箱费。这种解释不仅违背了双方当事人订立保险合同当时的真实意思，而且明显违背保险合同基本原理，因而不足采信。

（6）补充协议首先强调：本保险险别为：集装箱综合险（一切险）。被告收取的保险费率也是一切险的费率。因此双方当事人的权利义务必须按照一切险的含义加以解释。如果被告欲否认一切险，而仅愿意承保“意外损害”保险，则不得收取一切险的保险费率，且必须用毫不含糊的文字明确规定该意思，而且还必须事先向被保险人作明确说明方为有效。无论如何本案双方订立的保险合同险别是一切险，并非“意外损害”险。

（7）按照集装箱保险一切险的通常含义，也可以明显看出被告试图将本案保单解释为：“意外损害”险。中国人民保险公司早在1980年便开办了集装箱保险，其集装箱保险条款（定期）承保的综合险，“集装箱一切险既负责集装箱箱体的全部损失和部分损失（这里的一切险属货运一切险），又负责集装箱机器部分因运输途中的意外事故或自然灾害等其他意外事故的责任（此处之机器属船舶一切险的列明风险）。”换言之，对箱体而言，只要发生损害即属于一切险承保范围。而平安保险公司的标准一切险条款也明确规定：集装箱一切险，本保险在平安险责任的基础上，还负责集装箱的下述损失：平安险责任1款中所列风险造成集装箱的部分损失；由于外来原因所导致的损失（因此，平安保险的标准集装箱保险条款实际上与PICC条款不一样，它是一种列明风险，而PICC条款并非列明风险）。被告在与原告订立本案保险合同时，不采用其自己的标准格式合同，而是另行明确规定了与PICC条款一致的非列明风险的一切险保险合同，进一步证明了双方当事人的真实意思。

（8）考查一下英国保险协会集装箱保险条款的规定，亦有助于正确理解本案合同双方当事人的权利和义务。该协会条款同样并非列明风险，协会条款承保的范围更明确具体，当然也比PICC条款或平安保险公司的标准条款范围更窄。例如，其不承保“正常腐烂和锈损或逐渐损坏”、“秘密丢失，在接收时发现的不能解释的灭失”。而根据人保和平保的集装箱一切险条款则均在承保之列。

（9）据此，被告欲主张除外免责，必须负证明修箱费是因正常磨损所致的举证责任。反之，根据本案保险单条款，原告只需证明实际发生了修箱费，便已完成举证责任。

4. 关于原告举证责任的具体要求

（1）如前所述，本案保险险别为集装箱保险一切险，本案索赔的是箱体修理费，并非列明风险，依该保险合同原告仅需证明发生了集装箱损坏便可。依据补充协议第五条：“对于意外损坏产生的修理费用（包括还箱时发现的），保险人将凭具有IICL验箱师资格的人员出具的修箱鉴定报告给予赔偿。”原告已向法庭举证由具有IICL验箱师资格的验箱师出具的修箱报告（Damage Repair Report）。

（2）被告拒赔的理由是必须提交：具 IICL 验箱师资格人员根据其现场受损箱体进行检验后出具的正式鉴定报告：包括损坏部位草图、损失情况描述、修理费估价等。我司需根据验箱师的报告判定箱损的原因、程度、所发生的修理费是否因意外所致而应由保险公司赔偿。我们认为被告事后提出的所谓单据要求远远超出了其在保险单条款中规定的各项要求，如果保险人要求如此详细的鉴定报告，就必须在保险合同中明确规定具体要求，否则应根据《保险法》第 30 条之规定精神，作对被告不利的解释。

（3）事实上，《IICL 检验操作指南》表明属于正常磨损的修理范围十分有限。凡不属于正常磨损的修理，均属于应由被告赔偿的范围。

（4）凡属损坏者，保险人在综合险项下即应负赔偿责任。

如何解释“修箱鉴定报告”是本案争议的焦点之一。我们认为本术语的规定本身含义不明。应作对被保险人有利的解释。原告已向法庭提交了充分的由具有 IICL 验箱师资格的验箱师出具的修箱估价报告。这些修箱估价报告是这些修箱公司根据国际统一标准出具，作为被保险人已尽责取得这些正式国际标准的修箱报告。其名称为：

estimate of repairs；repair estimate；damage & repair report；damage report/estimate。

“损害修理报告”名称虽有多样，但其内容已充分反映了修箱的具体内容，包括损坏部位、损坏方式、修理方式、修理费用等项，完全符合修箱鉴定报告的实质内容。至于其名称如何，这是由各家修箱公司自己的习惯做法决定的，并非作为租箱使用人所能控制的。值得一提的是，被告的主张明显不合法，没有依据且极不合理。本案原告索赔的修理费绝大部分是箱体在退箱时检验修箱费，数额相对而言均很少，按被告的那种要求，则每个箱的所谓鉴定费必将大大超出实际修箱费，这显然不应是双方当事人订约时的真实意图。只有在集装箱机器损坏索赔的情况下，被告的主张才是合理的。但本案并非集装箱机器损坏的索赔。

综上，集装箱保险性质上属于海上保险，是介于船舶保险与海上货物保险之间的特殊保险。就箱体而言，与海上货物保险相同；应集装箱机器而论，则更近似于船舶保险。本案保险合同约定的承保险别为集装箱综合险（一切险）。该合同明确规定为非列明危险，亦即被保险人没有证明损害原因的举证责任，只需证明保险标的遭受了损失即可。保险人同意根据具有 IICL 验箱资格者出具的修箱鉴定报告赔偿被保险人。原告已完成证明集装箱遭受损失的举证责任，若被告欲主张免责，必须承担证明损失是由于除外危险即正常磨损所致的举证责任，但被告并未举出任何此种证据，保单载明的保险标的单价实际上正是双方约定的保险价值，保险费率也是根据该单价确定的，况且被告在其附加条款中明示：其将按保险金额赔偿集装箱全损损失。本案不存在时效障碍，被告曾多少口头和书面确认同意赔偿，仅是最终理赔的数额未确定而已，但这不影响时效的中断。本案为集装箱一切险而非意外损害险。因此只要有损失的事实发生，保险人即应负赔偿责任。当保险单措辞本身含义不明时，应作对被保险人有利的解释。

资料来源：

http://www.govyi.com/lunwen/2007/200711/148456.shtml

第9章

集装箱运输的运费与经济分析

本章要点

➢ 了解集装箱运费概念；
➢ 熟悉集装箱运费构成；
➢ 掌握集装箱运费的计算；
➢ 熟悉各种集装箱运价的分类与制定；
➢ 掌握集装箱运输的成本分析。

海运运费的计算

某轮从广州港装载杂货——人造纤维，体积为20 m^3，毛重为17.8 t，运往欧洲某港口，托运人要求选择卸货港Rotterdam或Hamburg，Rotterdam和Hamburg都是基本港口，基本运费率为USD 80.0/FT，选卸港的附加费率为每运费吨加收USD 3.0元，计费标准为“W/M”。

思考题：

1. 该托运人应支付多少运费？

2. 如果改用集装箱运输，海运费的基本费率为USD1100.0/TEU，货币附加费10%，燃油附加费10%。改用集装箱运输时，该托运人应支付多少运费？

3. 若不计杂货运输与集装箱运输两种运输方式的其他费用，托运人从节省海运费角度考虑，是否应选择改用集装箱运输？

9.1 集装箱运费的概念及构成

9.1.1 集装箱运费概念

集装箱运输经营人为补偿国际集装箱运输过程中的各项支出及获得一定的利润，而向集

装箱货物托运人收取一定的运输费用，称为集装箱运费。集装箱运费的单位价格即集装箱运价，因此集装箱的运费也为集装箱运价的总和。国际集装箱运价不是一个简单的价格金额，而是包括费率标准、计收办法、承托双方责任、费用、风险划分等的一个综合价格体系。

集装箱货物在国际多式联运下，由于承运人对货物的风险和责任有所扩大，因此，集装箱的运价一般包括装船港承运人码头堆场或货运站至卸船港承运人码头堆场或货运站的全过程费用，如由承运人负责安排全程运输，所收取的运费中还应包括内陆运输的费用。但从总的方面来说，集装箱运费仍是由海运运费加上各种集装箱运输有关的费用形成，这是集装箱运价构成的基本概念。

9.1.2 集装箱运费的构成

由于集装箱货物的交接方式和地点多种多样，并且随着国际多式联运和物流服务的发展，承运人的运输区间从海上延伸到陆地，乃至空中。因此，运输费用也呈现复杂化和多样化。集装箱货物的运费一般包括内陆运输、码头堆场或货运站装卸服务、海运在内的全过程费用。从总的方面来说，典型的集装箱运费是海运运费加上各种集装箱运输有关的费用而形成，其主要构成如图 9-1 所示。

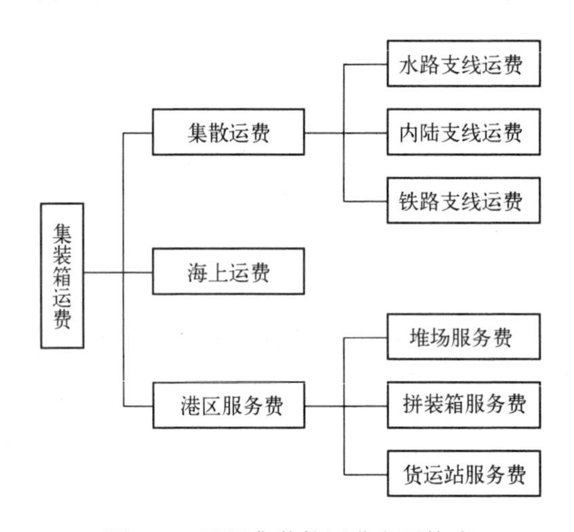

图 9-1 国际集装箱运费主要构成

1. 国际集装箱海运运费

国际集装箱海运运费是指海上运输区段的国际集装箱运输费用，包括基本运费及各类附加费，是集装箱运费收入的最主要部分，一般由集装箱运输承运人根据班轮公会或班轮公司运价本的规定，向托运人或收货人计收。

2. 国际集装箱港区服务费

集装箱港区服务费包括集装箱堆场服务费和货运站拼、装箱服务费及货运站服务费。

1）集装箱堆场服务费

集装箱堆场服务费也称码头服务费（THC）。装货港集装箱堆场服务费包括：接收出口的集装箱在堆场按规定分类堆存搬运至码头前沿装船的费用。卸货港集装箱堆场服务费包括：从船上卸下进口集装箱、搬运、在堆场按规定分类堆存交付进口集装箱的费用。

集装箱堆场服务费一般按集装箱装卸包干费向船方计收。重箱堆存费分别向收、发货人计收。空箱堆存费向船方计收。

2）拼箱服务费

拼箱服务费包括为完成下列服务项目而收取的费用：

（1）将空箱从堆场运至货运站；

（2）将装好货的实箱从货运站运至堆场（装船港）；

（3）将实箱从堆场运至货运站（卸船港）；

（4）理货；

（5）签发场站收据、装箱单；

（6）在货运站货运地正常搬运；

（7）装箱、拆箱、封箱、做标记；

（8）一定期限内的堆存；

（9）必要的分票与积载；

（10）提供箱子内部货物的积载图。

3）集装箱货运站服务费

集装箱货运站完成下列服务项目时计收服务费。

（1）出口装箱。将空箱从堆场运至货运站办理集装箱设备交接手续；将货物从货方车上卸到集装箱货运站并办理货运交接手续；将出口集装箱货物分类归垛；联系海关、商检和理货等业务；货物在货运站正常搬运；对货物进行装箱并对箱内货物进行一般加固；编制“集装箱装箱单”并签发“场站收据”和“集装箱装箱单”等单证；对装好的集装箱进行封箱、做标记；把空箱运往集装箱码头堆场并办理集装箱进场交接手续等。

（2）进口拆箱。办理集装箱进站的货运交接手续；将集装箱从车上卸到集装箱货运站；联系海关、商检和理货等业务；将进口箱进行拆箱，做好拆箱记录并分类归垛；将货物在货运站正常搬运；联系收货人交付进口货物，并收回“正本提单”，签署“提货单”；把空箱送回海上承运人或其代理人指定的集装箱堆场，并办理空箱进场设备交接手续等。

3. 国际集装箱集散运费

集散运输又叫支线运输，是针对远洋干线集装箱，是国际集装箱运输的一种运输组织方式。干线集装箱船舶停靠集装箱枢纽港，通过沿海和内河支线及公路、铁路支线网络系统向集装箱枢纽港的干线集装箱船舶集中集装箱货物，以及通过学习这个支线网络系统向集装箱枢纽港疏散干线集装箱船的集装箱货物。

1）水路支线运费

水路支线运费是指将集装箱货物由收货地经水路（内河、沿海）运往集装箱堆场的集装箱运费，或由集装箱堆场经水路（内河、沿海）运往交货地的集装箱运费。

2）内陆支线运费

内陆支线运费有两种情况，一种由承运人负责内陆运输；另一种由货主自理或委托货运公司代办理。目前，我国集装箱运输的内陆运输，除了利用多式联运方式外，通常由货主自行办理相关手续，或委托货运公司代为办理，并承担相应费用。具体情况见表9-1。

表 9-1　内陆运输费用划分

货主负责内陆运输	集装箱装、卸车费	货主在承运人指定的场所，如集装箱码头堆场或货运站取箱时，或按照承运人指定的地点归还箱子时，或将箱子装上车辆，或从车上卸下的费用均由货主负担
	超期使用费	货主应在规定的用箱期届满后，将箱子归还给承运人，超出时间则为延误，延误费用的计收标准按每箱每天计收，不足一天以一天计
	内陆运输费	货主对其从得到集装箱时起至归还箱子时止整个期间所产生的费用负责
承运人负责内陆运输	区域运费	承运人按货主的要求在所指定的地点间，进行实箱或空箱运输所收取的费用
	无效拖运费	承运人将集装箱按货主要求运至指定地点，而货主却没有发货，且要求将箱子运回。一旦发生这种情况，承运人将收取全部区域费用，以及货主宣布运输无效后可能产生的任何延迟费用
	变更装箱地点	如果承运人应货主要求同意改变原集装箱交付地点，货主要对承运人由此而引起的全部费用给予补偿
	装箱延迟费	货主在使用承运人的集装箱装载货物时，通常规定一定的装箱时间。从将空箱交付给货主起算（不扣除阴雨天气及其他恶劣气候），在规定的时间内如果未能完成装箱作业而造成时间的延误，承运人将收取装箱延迟费用。各港口对装箱时间的长短和装箱延迟费的多少的规定，因港口的条件、费用的支付情况而各有不同
	清扫费	使用箱子结束后，货主有责任清扫箱子，将清洁无味的箱子归还给承运人。如果此项工作由承运人负责，货主仍应负责其费用

3）铁路支线运费

根据铁道部有关规定计收铁路支线运费，其情况与公路支线大致相同。

9.1.3　集装箱不同交接方式下的运费构成

在集装箱不同交接方式下，由于运输全程中包括的运输方式、运输距离、中转地点和次数等都有较大区别，故其运费范围与传统运输相比也有不同程度地扩大。在集装箱运输中，不同交接方式的运费构成是不同的，拼箱货与整箱货的运费构成也不相同，因此可综合考虑，如表 9-2 所示。

表 9-2　集装箱不同交接方式下的运费结构

交接方式	交接状态	费用结构						
		发货地集运费	装港货运站服务费	装港堆场服务费	海运运费	卸港堆场服务费	卸港货运站服务费	收货地
DOOR-DOOR	FCL/FCL	√		√	√	√		√
DOOR- CY	FCL/FCL	√		√	√	√		
DOOR- CFS	FCL/FCL	√		√	√	√	√	
CY-Door	FCL/LCL			√	√	√		√
CY-CY	FCL/FCL			√	√	√		
CY-CFS	FCL/LCL			√	√	√	√	
CFS-DOOR	LCL/FCL		√	√	√	√		√
CFS-CY	LCL/FCL		√	√	√	√		
CFS-CFS	LCL/LCL		√	√	√	√	√	

9.2　集装箱运价的分类与制定

目前，集装箱运输有多种形式，每种运输形式又有多种运价形式，每种运价计收方式都有自己的制定原则和背景。这里主要介绍各种集装箱运输的运价分类及制定。

9.2.1　海运集装箱运价与制定

由于海上集装箱运输大都是采用班轮营运组织方式经营的，因此集装箱海运运价实质上也属班轮运价的范畴。集装箱海运运费的计算方法与普通的班轮运输的运费计算方法是一样的，也是根据费率本规定的费率和计费办法计算运费的，并有基本运费和附加运费之分。

1. 国际集装箱海运运价的分类

目前，国际集装箱海上运输，有几种不同的运价形式，其中主要包括：均一费率（FAK）、包箱费率（CBR）及运量折扣费率（TVC）等。

1）均一费率

均一费率（Freight for All Kinds Rates，FAK）是指对所有货物均收取统一的运价。它的基本原则是集装箱内装运什么货物与应收的运费无关。换句话说，所有相同航程的货物征收相同的费率，而不管其价值如何。它实际上是承运人将预计的总成本分摊到每个所要运送的集装箱上所得出的基本的平均费率。

这种运价形式从理论上讲是合乎逻辑的，因为船舶装运的及在港口装卸的都是集装箱而非货物，且集装箱占用的舱容和面积也是一样的。但是，采用这种运价形式，对低价值商品的运输会产生负面影响，因为低费率货物难以从高费率货物那里获得补偿。这对于低费率商品的货主来说可能难以接受。例如，集装箱班轮公司对托运瓶装水和瓶装酒的货主统一收取同样的运价，尽管瓶装酒的货主对此并不在意，但瓶装水的货主则会拒绝接受这种状况，最终，船公司被迫对这两种货物分别收取不同的运价。因此，在目前大多数情况下，均一费率实际上还是将货物分为5～7个费率等级。

2）包箱费率

包箱费率（Commodity Box Rates，CBR），或称货物包箱费率，是为适应海运集装箱化和多式联运发展的需要而出现的一种运价形式。这种费率形式是根据不同的商品和不同的箱型，规定不同的包干费率，即将各项费率的计算单位由按“吨”（重量吨或体积吨）计简化为按“箱”计。对于承运人来说，这种费率简化了计算，同时也减少了相关的管理费用。

按不同货物等级制定的包箱费率，等级的划分与件杂货运输的等级分类相同（1～20级）。不过，集装箱货物的费率级别，大致可分为4组，如：1～7级、8～10级、11～15级和16～20级，或1～8级、9级、10～11级及12～20级等，但也有仅分3个费率等级的，采用这种集装箱费率的有《中远第6号运价表》的中国—澳大利亚航线、中国—新西兰航线、中国—波斯湾航线、中国—地中海航线、中国—东非航线等。

3）运量折扣费率

运量折扣费率（Time-Volume Rates，又称Time-Volume Contracts，TVC）是为适应集装箱运输发展需要而出现的又一费率形式。它实际上就是根据托运货物的数量给予托运人一定的费率折扣，即托运货物的数量越大，支付的运费率就越低。当然，这种费率可以是一种均

一费率，也可以是某一特定商品等级费率。由于这种运量激励方式是根据托运货物数量确定运费率，因而大的货主通常可以从中受益。

起初，这种折扣费率的尝试并不十分成功，原因是有些多式联运经营人在与承运人签订TVC合同时承诺托运一定数量的集装箱货物，比如说500 TEU，从而从承运人那里获得了一定的费率折扣，但到合同期满时，他们托运的集装箱并未达到合同规定的数量，比如说仅托运了250 TEU。显然，承运人就会认为自己遭受了损失。正因如此，使得所谓的“按比例增减制”越来越普遍。根据这种方式，拥有500 TEU集装箱货物的货主，当他托运第一个100 TEU集装箱时支付的是某一种运价，那么，他托运第二个100 TEU集装箱时支付的是比第一次低的运价，而他托运第三个100 TEU集装箱时支付的是一个更低的运价，以此类推。目前，这种运量折扣费率形式采用得越来越广泛，尤其是多式联运经营人可以充分利用这种方式节省费用，不过，采用TVC形式并非都是有利可图的。对于一个新的，当然经营规模也可能是较小的多式联运经营人来说，相比大的多式联运经营人如果采用TVC费率形式，将处于不利的局面，这是由于其集装箱运量十分有限而不得不支付较高的运费率。

2. 国际集装箱海运运价的制定

通常，班轮公会或班轮经营人对其确定班轮运费率的基本原则并不是公开的。不过，一般来说，传统的“港—港”或称“钩—钩”交接方式下海运运价的确定，通常基于下列三个基本原则。

1）运输服务成本原则

所谓运输服务成本原则（The Cost of Service），是指班轮经营人为保证班轮运输服务连续、有规则地进行，以运输服务所消耗的所有费用及一定的合理利润为基准确定班轮运价。根据这一原则确定的班轮运价可以确保班轮运费收入不至低于实际的运输服务成本。该原则被广泛应用于国际航运运价的制定。

2）运输服务价值原则

运输服务价值定价原则（The Value of Service）是从需求者的角度出发，依据运输服务所创造的价值的多少进行定价。它是指货主根据运输服务能为其创造的价值水平而愿意支付的价格。运输服务的价值水平反映了货主对运价的承受能力。如果运费超过了其服务价值，货主就不会将货物交付托运，因为较高的运费将使其商品在市场上失去竞争力。因此，如果说按照运输服务成本原则制定的运价是班轮运价的下限，那么，按照运输服务价值原则制定的运价则是其上限，因为基于运输服务价值水平的班轮运价可以确保货主在出售其商品后能获得一定的合理收益。

3）“运输承受能力”原则

这是一个很古老，也是在过去采用较为普遍的运价确定原则。考虑到航运市场供求对班轮运输的巨大影响，“运输承受能力”原则（What the Traffic Can Bear）采用的定价方法是以高价商品的高费率补偿低价商品的低费率，从而达到稳定货源的目的。按照这一定价原则，承运人运输低价货物可能会亏本，但是，这种损失可以通过对高价货物收取高费率所获得的盈利加以补偿。

虽然，价值较高货物的运价可能会高于价值较低货物的运价很多倍，但从运价占商品价格的比重来看，高价货物比低价货物要低得多。根据联合国贸发会的资料统计，低价货物的运价占该种货物FOB价格的30%～50%，而高价货物运价仅占该类货物FOB价格的

1%～28%。因此，尽管从某种意义上说，运输承受能力定价原则对高价商品是不大公平的，但是这种定价方法消除或减少了不同价值商品在商品价格与运价之间的较大差异，从而使得低价商品不致因运价过高失去竞争力而放弃运输，实现了稳定货源的目的，因而对于班轮公司来说，这一定价原则具有十分重要的意义。

不容置疑，上述定价原则在传统的件杂货海上运输价格的制定过程中确实起了十分重要的作用。然而，随着集装箱运输的出现，如何确定一个合理的海运运价，确实是集装箱班轮运输公司面临的全新课题。在过去，由于零散的件杂货种类繁多，实际单位成本的计算较为复杂，因而运输承受能力原则比运输服务成本原则更为普遍地被班轮公会或船公司所接受。但是，使用标准化的集装箱运输使单位运输成本的计算更加简化，特别是考虑到竞争的日趋激烈，现在承运人更多地采用运输服务成本原则制定运价。当然，在具体的定价过程中，应该是以运输服务的成本为基础，结合考虑运输服务的价值水平及运输承受的能力，综合地运用这些定价原则。如果孤立地运用某一个原则，不可能使定价工作做得科学合理。

由于集装箱班轮运输已进入成熟期，运输工艺的规范化使各船公司的运输服务达到均一化程度，尤其是随着集装箱船舶的大型化，船舶运输的损益平衡点越来越高，使得扩大市场占有率，以迅速突破损益平衡点，成为集装箱船公司获利的基础。因此，维持一定水平的服务内容，合理地降低单位运输成本，以低运价渗透策略迅速扩大市场占有率，应是合理制定集装箱海运运价的重要前提。

9.2.2　铁路集装箱运价与制定

1. 铁路集装箱运价

铁路集装箱运价的构成有两个部分，基本运价（包括基本运价费率、两线分流运价）加集装箱杂费。按集装箱箱型，铁路集装箱运价的计算可以根据《铁路集装箱货运杂费费率》、《铁路货物运价率表》、《铁路货物运价规则》确定。

2. 铁路集装箱运价的制定

1）铁路集装箱运价费率

（1）货物运费按照承运货物当日实行的运价率计算，杂费按照当日实行的费率核收。

（2）集装箱运输的货物，由发站接收完毕，发站在货物运单上加盖车站日期戳，即视为承运。承运表示运输合同开始履行，因此，货物运费应按当日实行的运价率计算。

（3）铁路货运营业中所说的“当日”按“公历日”，即当日零时至24时之间承运的货物，在货物运单、货票上注明“翌”字，仍按承运当日实行的费率计算，但允许在次日收款。

（4）集装箱货物的运费按照使用的箱数及集装箱货物运价率表规定的运价率收费。

（5）按里程计算核收的货物运输费用，国家铁路（含国铁临管线、路局临管线和工程临管线）按国铁运价率和通过的地方铁路（合资铁路）运价里程计算，其运价里程按地方铁路发（站）、到（站）至地方铁路（合资铁路）的分界站计算。

（6）进出口危险货物集装箱运费按“集装箱货物运价费率表”规定的运价率加30%计算。

（7）自备集装箱空箱运价率按其适用重箱货物运价率的50%计算。

（8）承运人利用自备集装箱回空捎运货物，在货物运单铁路记载事项栏内注明，免收回空运费。

(9) 货物快运费按该批货物适用价率的30%计算。

(10) 罐式集装箱、其他铁路专用集装箱的运价率，按“铁路货物运价率表”的规定分别加30%、30%、20%计算。标记总重量为30.480吨的20英尺集装箱按“铁路货物运价率表”中规定的运价率加20%计算，按规定对集装箱总重在24吨以下的除外。

2) 集装箱杂费

铁路货物运输杂费应按实际发生的项目和铁路货运运杂费率表的规定执行，并按照当日实行的费率核收。在杂费价格变动期间，如一项作业跨及二日，一项杂费涉及新旧费率时，应按不同期间适用的费率分别计算。

9.2.3 公路集装箱运价与制定

1. 公路集装箱基本运价

公路集装箱基本运价是指各类标准集装箱重箱在等级公路上运输的每箱千米运价。现行的集装箱汽车运输的运价实行全国统一的基本运价：

20尺标准箱基本运价6.00元/箱公里；

40尺标准箱基本运价9.00元/箱公里。

标准集装箱空箱运价在标准集装箱重箱运价的基础上减成计算。

各省、自治区、直辖市交通主管部门，根据当地实际情况，可以在全国统一基本运价基础上，在20%上下幅度内，制定本地区基本运价，报交通部备案。

非标准箱重箱运价按照不同规格的箱型，在标准集装箱基本运价的基础上加成计算，非标准集装箱空箱运价在非标准集装箱重箱运价的基础上减成计算。

特种箱运价在箱型基本运价的基础上按装载不同特种货物的加成幅度加成计算。

2. 以重箱为计价基础的运价制定

(1) 单程重箱。按各省、自治区、直辖市制定的国际集装箱汽车运输基本运价计算。

(2) 双程重箱。同一托运人托运去程和回程重箱，回程对流运输的重箱运价，按基本运价减成20%；提供不属同一托运人的回程重箱，对各托运人均按对流运输部分的基本运价减成10%。

(3) 一程重（空）箱，一程空（重）箱。同一托运人托运重箱去，同时空箱回，或空箱去，同时重箱回的，按一程重箱计费，遇有空箱运输里程超过重箱运输里程的非对流运输部分，按重箱运价计算。

(4) 单程空箱。按基本运价收费。

(5) 双程空箱。同一托运人托运的双程空箱，其中较长一程的空箱按单程重箱计算，另一程捎运的空箱免收运费。

9.2.4 航空集装箱运价与制定

航空运价又称费率，是指承运人对所运输的每一重量单位货物（千克或磅）(kg or lb) 所收取的自始发地机场至目的地机场的航空费用。航空货物运价使用运输始发地货币。货物运价的有效期为销售航空货运单所使用的运价应为填制货运单之日的有效运价，即在航空货物运价有效期内适用的运价。

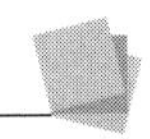

1. 航空货物运价的种类

（1）按运价的组成形式划分，国际航空货物运价包括协议运价、公布直达运价和非公布直达运价。

（2）按货物的性质划分，国际航空货物运价包括普通货物运价、指定商品运价、等级运价和集装货物运价。

2. 航空货物运价使用规定

（1）使用顺序。优先使用协议运价；如果没有协议运价，使用公布直达运价；如果没有协议运价和公布直达运价，使用比例运价；最后采用分段相加运价（最低组合）。

（2）货物运价应为填开货运单当日承运人公布的有效货物运价。

（3）货物运价的使用必须严格遵守货物运输路线的方向性，不可反方向使用运价。

（4）使用货物运价时，必须符合货物运价注释中要求和规定的条件。

9.2.5　国际集装箱多式联运运价与制定

1. 运价的基本形式

国际集装箱多式联运是一票制，实行全程单一费率的运输，发货人只要办理一次托运、一次计费、一次保险，通过一张单证即可实现从起运地到目的地的全程运输。按照1980年5月于日内瓦通过的《联合国国际多式联运公约》，在国际多式联运中，由多式联运经营人以单一费率向货主收取全部运费。

2. 运价构成

执行单位运量（或基本运输单元）的全程费率，是国际集装箱多式联运的主要特点之一。与各种单一方式下的运输相比较，国际集装箱多式联运的程序环节要多很多；与各单一方式承运人相比较，国际集装箱多式联运经营人在责任期内要承担更多的义务，要实现各区段与全程的运输，又要完成各区段之间的运输衔接，并完成其他有关的服务。因此集装箱多式联运中运输成本的计算要比各单一方式复杂得多。它随着不同的交货条件、货物的运输形态、交接方式、采用的运输方式、选择的实际承运人和运输线路等而有所变化，因此，单一费率的制定是一项较为复杂的工作。

下面以陆—海—陆集装箱货物“门—门”联运为例介绍多式联运的运输成本与运价构成情况。集装箱多式联运的运输成本及运价包括由接收货物开始至交付货物为止的期间内发生的费用。

按成本定价原则，国际多式联运单一运费构成包括运输总成本、经营管理费用和经营利润三项。

1）运输总成本

运输总成本主要由集疏运费、港区服务费、海运运费、集装箱租用费和保险费组成。

（1）集疏远费。从指由发货地运往集装箱码头堆场或内集装箱码头堆场运行交货地的费用。

（2）港区服务费。包括集装箱码头堆场服务费和货运站服务费。

（3）集装箱海运运费。是指海上运输区段的费用，包括基本运费和各类附加费。

（4）集装箱租用费。是指由国际多式联运经营人提供的集装箱（不论是经营人本人的，租箱公司的，还是某一实际承运人提供的）的租（使）用费用。此项费用一般按全程预计天数（从提箱至还箱）包干计算。

（5）保险费用。主要包括集装箱保险费和货物运输责任保险费。货物运输保险（全程或分段）一般由货方自己投保。如果货方委托国际多式联运经营人代为办理，应由货方承担保费及服务费。货物运输保险的费用一般不包含在单一费率之内。

2）经营管理费

经营管理费主要应包括多式联运经营人与货主、各派出机构、代理人、实际承运人之间信息、单证传递费用、通信费用、单证成本和制单手续费，以及各派出机构的管理费用。这部分费用亦可分别加到不同区段的运输成本中一并计算。

对于全程运输中发生的报关手续费，申请监管运输（保税运输）手续费，全程运输中的理货、检查（商检、卫检等）及由发货人或收货人委托的其他服务引起的费用，一般应单独列出，并根据贸易交易条件规定由承担的一方或委托方收取，而不包含在单一费率之内。

3）经营利润

经营利润是指多式联运经营人预期从该线路货物联运中获得的毛利润。一般可通过前面运输总成本和经营管理费两项费用之和乘以一个适当的百分比（如10%）确定。确定利润的多少要进行充分的调查研究，必须根据运输市场运价水平与自己具备的竞争能力及线路中存在的实际竞争情况等确定。

3. 运价的制定

从以上分析可以看出，多式联运单一费率的制定并不是一件简单的工作，特别是其中运输成本部分更为复杂。它不仅取决于从接收货物地点到交付货物地点之间的运输线路，而且取决于线路中区段的划分，运输方式的选择与实际承运人的选择；不仅与实际发生成本有关，而且还与竞争的实际情况和需要有关。即使是制定国内段的费率，由于受单一运输方式的长期影响，各段、各方都希望自己多收费少担风险，而且不同的承运人实际执行的费率也有差别（有时立方米的费率差别不大，但实际协议的费率差别较大），因此，也有相当的难度。至于异国的进口国内陆运段费率的确定，则更为困难，一般可向当地的代理人、合伙人详细咨询获得。在对国外内陆运费率了解或了解较少的情况下，目前有的多式联运经营人从国内接收货物地点至到达国口岸采用统一费率（即单一费率中运输成本只包括出口国国内段费用和海上运费），向发货人收取（预付运费），而从到达国口岸至内陆目的地的费用按实际成本确定，另向收货人收取（到付运费）。这种做法是一种可取的过渡方法。

用单一费率是多式联运的基本条件之一，没有单一费率，多式联运是很难成交的。一般要求单一费率要有相对的稳定性，并且要有一定的透明度。由于各区段的运费可能发生变化（有时变化还可能较大），因此确定单一费率时使用的上述各数据应是较长一段时间内各数据的平均值；同时也要求单一费率具有较强的竞争性，因此在使用时有必要及时根据各类费用的变化对其进行合理的调整，否则将会由于各区段费用的升高引起亏损或由于费用的降低而造成竞争力的下降。这种调整一般以加回扣形式进行，回扣的数量根据实际情况（实际成本变化及竞争需要等）确定，但回扣数一般是不公开的。

多式联运单一费率是根据经营人开展联运的运输线路决定的。由于货主的工厂和仓库可能位于运输线路上，也可能位于距离线路较远的地区，在“门—门”运输方式下，各多式联运经营人公开的某线路的单一费率，一般是该线路上处于起运国和目的国的不同的集装箱

货物集散点（中转站、内陆货站、内陆港、车站、港口堆场）之间的运费率，而不能包括从货主工厂或仓库到达这些集散点之间的运输费用，因此订立具体运输合同时，应详细向货方说明包括的费用及需另外加付的费用。

9.3　集装箱运费的计收

在了解集装箱运价构成及其制定的基础上，为实现集装箱运价的有效管理，动态地把握集装箱运输市场的运价变化，需要掌握集装箱运费的计收。

9.3.1　国际集装箱海运运费的计收

国际集装箱海运运费的计算方法与普通班轮运费的计算方法一样，也是根据费率本规定的费率和计费方法计算运费，并同样也有基本运费和附加费之分，不过，由于集装箱货物既可以交集装箱货运站（CFS）装箱，也可以由货主自行装箱整箱托运，因而在运费计算方式上也有所不同。主要表现在当集装箱货物是整箱托运，并且使用的是承运人的集装箱时，集装箱海运运费计收有“最低计费吨”和“最高计费吨”的规定，此外，对于特种货物运费的计算及附加费的计算也有其规定。

1. 拼箱货海运运费的计算

目前，各船公司对集装箱运输的拼箱货运费的计算，基本上是依据件杂货运费的计算标准，按所托运货物的实际运费吨计费，即尺码大的按尺码吨计费，重量大的按重量吨计费；另外，在拼箱货海运运费中还要加收与集装箱有关的费用，如拼箱服务费等。由于拼箱货涉及不同的收货人，因而拼箱货不能接受货主提出的有关选港或变更目的港的要求，所以，在拼箱货海运运费中没有选港附加费和变更目的港附加费。

2. 整箱货海运运费的计算

对于整箱托运的集装箱货物运费的计收：一种方法是同拼箱货一样，按实际运费吨计费。另一种方法，也是目前采用较为普遍的方法是，根据集装箱的类型按箱计收运费。

在整箱托运集装箱货物且所使用的集装箱为船公司所有的情况下，承运人则有按《集装箱最低利用率》（Container Minimum Utilization）和《集装箱最高利用率》（Container Maximum Utilization）支付海运运费的规定。

1）按集装箱最低利用率计费

一般说来，班轮公会在收取集装箱海运运费时通常只计算箱内所装货物的吨数，而不对集装箱自身的重量或体积进行收费，但是对集装箱的装载利用率有一个最低要求，即“最低利用率”。不过，对有些承运人或班轮公会来说，只是当采用专用集装箱船运输集装箱时，才不收取集装箱自身的运费，而当采用常规船运输集装箱时，按集装箱的总重（含箱内货物重量）或总体积收取海运运费。

规定集装箱最低利用率的主要目的是，如果所装货物的吨数（重量或体积）没有达到规定的要求，则仍按该最低利用率时相应的计费吨计算运费，以确保承运人的利益。在确定集装箱的最低利用率时，通常要包括货板的重量或体积。最低利用率的大小主要取决于集装箱的类型、尺寸和集装箱班轮公司所遵循的经营策略。当然，在有些班轮公会的费率表中，集装箱的最低利用率通常仅与箱子的尺寸有关，而不考虑集装箱的类型。目前，按集装箱最低利用率计收运费的形式主要有三种：最低装载吨、最低运费额及上述两种形式的混合形式。

最低装载吨可以是重量吨或体积吨，也可以是占集装箱装载能力（载重或容积）的一个百分比。以重量吨或体积吨表示的最低装载吨数通常是依集装箱的类型和尺寸的不同而不同，但在有些情况下也可以是相同的。而当以集装箱装载能力的一定比例确定最低装载吨时，该比例对于集装箱的载重能力和容积能力通常都是一样的，当然也有不一样的。

最低运费额则是按每吨或每个集装箱规定一个最低运费数额，其中后者又被称为“最低包箱运费”。

至于上述两种形式的混合形式则是根据下列方法确定集装箱最低利用率。

（1）集装箱载重能力或容积能力的一定百分比加上按集装箱单位容积或每集装箱规定的最低运费额。

（2）最低重量吨或体积吨加上集装箱容积能力的一定百分比。

2）亏箱运费的计算

当集装箱内所装载的货物总重或体积没能达到规定的最低重量吨或体积吨，而导致集装箱装载能力未被充分利用时，货主将支付亏箱运费。亏箱运费实际上就是对不足计费吨所计收的运费，即所规定的最低计费吨与实际装载货物数量之间的差额。在计算亏箱运费时，通常是以箱内所载货物中费率最高者为计算标准。此外，当集装箱最低利用率是以“最低包箱运费”形式表示时，如果根据箱内所载货物吨数与基本费率相乘所得运费数额，再加上有关附加费之后仍低于最低包箱运费，则按后者计收运费。

3）按集装箱最高利用率计收运费

集装箱最高利用率的含义是，当集装箱内所载货物的体积吨超过集装箱规定的容积装载能力（集装箱内容积）时，运费按规定的集装箱内容积计收，也就是说超出部分免收运费。至于计收的费率标准，如果箱内货物的费率等级只有一种，则按该费率计收；如果箱内装有不同等级的货物，计收运费时通常采用下列两种做法：一种做法是箱内所有货物均按箱内最高费率等级货物所适用的费率计算运费；另一种做法是按费率高低，从高费率起往低费率计算，直至货物的总体积吨与规定的集装箱内容积相等为止。

需要指出的是，如果货主没有按照承运人的要求，详细申报箱内所装货物的情况，运费则按集装箱内容积计收，而且，费率按箱内装货物所适用的最高费率计。如果箱内货物只有部分没有申报数量，那么，未申报部分运费按箱子内容积与已申报货物运费吨之差计收。

规定集装箱最高利用率的目的主要是鼓励货主使用集装箱装运货物，并能最大限度地利用集装箱的内容积。为此，在集装箱海运运费的计算中，船公司通常都为各种规格和类型的集装箱规定了一个按集装箱内容积计算的最高利用率，例如，20 ft 集装箱的最高利用率为 31 m^3，而 40 ft 集装箱的最高利用率为 67 m^3。最高利用率之所以用体积吨而不用重量吨为计算单位，是因为每一集装箱都有其最大载重量，在运输中超重是不允许的。因此，在正常情况下，不应出现超重的集装箱，更谈不上鼓励超重的做法。

3. 特殊货物海运运费的计算

一些特殊货物如成组货物、家具、行李及服装等在使用集装箱进行装运时，在运费的计算上有一些特别的规定。

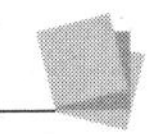

1）成组货物

班轮公司通常对符合运价本中有关规定与要求，并按拼箱货托运的成组货物，在运费上给予一定的优惠，在计算运费时，应扣除货板本身的重量或体积，但这种扣除不能超过成组货物（货物加货板）重量或体积的10%，超出部分仍按货板上货物所适用的费率计收运费。但是，对于整箱托运的成组货物，则不能享受优惠运价，并且，整箱货的货板在计算运费时一般不扣除其重量或体积。

2）家具和行李

对装载在集装箱内的家具或行李，除组装成箱子再装入集装箱外，应按集装箱内容积的100%计收运费及其他有关费用。该规定一般适用于搬家的物件。

3）服装

当服装以挂载方式装载在集装箱内进行运输时，承运人通常仅接受整箱货“堆场—堆场”（CY/CY）运输交接方式，并由货主提供必要的服装装箱物料如衣架等。运费按集装箱内容积的85%计算。如果箱内除挂载的服装外，还装有其他货物，服装仍按箱容的85%计收运费，其他货物则按实际体积计收运费。但当两者的总计费体积超过箱容的100%时，其超出部分免收运费。在这种情况下，货主应提供经承运人同意的公证机构出具的货物计量证书。

4）回运货物

回运货物是指在卸货港或交货地卸货后的一定时间以后由原承运人运回原装货港或发货地的货物。对于这种回运货物，承运人一般给予一定的运费优惠，比如，当货物在卸货港或交货地卸货后六个月由原承运人运回原装货港或发货地，对整箱货（原箱）的回程运费按原运费的85%计收，拼箱货则按原运费的90%计收回程运费。但货物在卸货港或交货地滞留期间发生的一切费用均由申请方负担。

5）货物滞期费

在集装箱运输中，货物运抵目的地后，承运人通常给予箱内货物一定的免费堆存期（Free Time），但如果货主未在规定的免费期内前往承运人的堆场提取货箱，或去货运站提取货物，承运人则对超出的时间向货主收取滞期费（Demurrage）。货物的免费堆存期通常系从货箱卸下船时起算，其中不包括星期六、星期天和节假日。但一旦进入滞期时间，便连续计算，即在滞期时间内若有星期六、星期天或节假日，该星期六、星期天及节假日也应计入滞期时间，免费堆存期的长短及滞期费的计收标准与集装箱箱型、尺寸及港口的条件等有关，同时也依班轮公司而异，有时对于同一港口，不同的船公司有不同的计算方法。

根据班轮公司的规定，在货物超过免费堆存期后，承运人有权将箱货另行处理。对于使用承运人的集装箱装运的货物，承运人有权将货物从箱内卸出，存放于仓储公司仓库，由此产生的转运费、仓储费及搬运过程中造成的事故损失费与责任均由货主承担。

6）集装箱超期使用费

如果货主所使用的集装箱和有关设备为承运人所有，而货主未能在免费使用期届满后将集装箱或有关设备归还给承运人，或送交承运人指定地点，承运人则按规定对超出时间向货主收取集装箱期使用费。

4. 附加费的计算

与普通班轮一样，国际集装箱海运运费除计收基本运费外，也要加收各种附加费。附加费的标准与项目，根据航线和货种的不同而有不同的规定。集装箱海运附加费通常包括以下几种形式。

1）货物附加费（Cargo Additional）

某些货物，如钢管之类的超长货物、超重货物、需洗舱（箱）的液体货等，由于它们的运输难度较大或运输费用增高，因而对此类货物要增收货物附加费。当然，对于集装箱运输来讲，计收对象、方法和标准有所不同。例如，对于超长、超重货物加收的超长、超重、超大件附加费（Heavy Lift and Over-length Additional）只对由集装箱货运站装箱的拼箱货收取，其费率标准与计收办法与普通班轮相同。如果采用 CFS/CY 条款，则对超长、超重、超大件附加费减半计收。

2）变更目的港附加费

变更目的港仅适用于整箱货，并按箱计收变更目的港附加费。提出变更目的港的全套正本提单持有人，必须在船舶抵达提单上所指定的卸货港 48 h 前以书面形式提出申请，经船方同意变更。如果变更目的港的运费超出原目的港的运费，申请人应补交运费差额，反之，承运人不予退还。由于变更目的港所引起的翻舱及其他费用也应由申请人负担。

3）选卸港附加费（Optional Additional）

选择卸货港或交货地点仅适用于整箱托运整箱交付的货物，而且一张提单的货物只能选定在一个交货地点交货，并按箱收取选卸港附加费。

选港货应在订舱时提出，经承运人同意后，托运人可指定承运人经营范围内直航的或经转运的三个交货地点内选择指定卸货港，其选卸范围必须按照船舶挂靠顺序排列。此外，提单持有人还必须在船舶抵达选卸范围内第一个卸货港 96 h 前向船舶代理人宣布交货地点，否则船长有权在第一个或任何一个选卸港将选卸货卸下，即应认为承运人已终止其责任。

4）服务附加费（Service Additional）

当承运人为货主提供了诸如货物仓储对已报关或转船运输及内陆运输等附加服务时，承运人将加收服务附加费。对于集装箱货物的转船运输，包括支线运输转干线运输，都应收取转船附加费（Trans-shipment Additional）。

除上述各项附加费外，其他有关的附加费计收规定与普通班轮运输的附加费计收规定相同。这些附加费包括：因港口情况复杂或出现特殊情况所产生的港口附加费（Port Additional）；因国际市场上燃油价格上涨而增收燃油附加费（Bunkel Adjustment Factor, BAF）；为防止货币贬值造成运费收入上的损失而收取货币贬值附加费（Currency Adjustment Factor, CAF）；因战争、运河关闭等原因迫使船舶绕道航行而增收绕航附加费（Deviation Surcharge）；因港口拥挤致使船舶抵港后不能很快靠卸而需长时间待泊所增收的港口拥挤附加费（Port Congestion Surcharge）等。此外，对于贵重货物，如果托运人要求船方承担超过提单上规定的责任限额时，船方要增收超额责任附加费（Additional for Excess of Liability）。

需要指出的是，随着世界集装箱船队运力供给大于运量需求的矛盾越来越突出，集装箱航运市场上削价竞争的趋势日益蔓延，因此，目前各船公司大多减少了附加费的增收种类，将许多附加费并入运价当中，给货主提供一个较低的包干运价。这一方面起到了吸引货源的目的，同时也简化了运费结算手续。

9.3.2 铁路集装箱运费的计收

铁路货物运价是国家计划价格的组成部分，由国家主管部门定价、集中管理。根据《中华人民共和国铁路法》规定，国家铁路的货物运价率，由国务院铁路主管部门会同物价主管部门拟订，报国务院批准；货物运输杂费的收费项目和收费标准由国务院铁路主管部门规定。

铁路集装箱货物运输费用的计算有两种方法。一种是常规计算法，由运费、杂费、装卸作业费和铁道部规定的其他费用组成；另一种是为适应集装箱需要而制定的集装箱一口价计算方法。

1. 常规计算法

集装箱运费计算以箱为单位，按照使用的箱数和“铁路货物运价率表”中规定的集装箱运价率计算。

集装箱货物每箱运价 = 发到基价 + 运行基价 × 运价公里

计算步骤为：

(1) 集装箱分箱型按《铁路货物运价率表》确定适用的发到基价率和运行基价率；

(2) 按《货物运价里程表》确定发站至到站的运价里程；

(3) 根据上述公式计算出集装箱货物每箱运价。

2. 一口价计算方法

铁路集装箱运输一口价是铁道部为增加铁路运输价格透明度，规范收费行为，满足货主需要，开拓铁路集装箱运输市场而制定的一种新的运输费用征收办法。

(1) 集装箱运输一口价是指铁路对集装箱货物自进发站货场至出到站货场，按铁路运输全过程各项费用的总和，一次计收集装箱运输费用的方式。

(2) 集装箱运输一口价中包括铁路基本运价、装卸作业费、杂费和建设基金、电气化附加费等符合国家规定的运价和收费外，还包括了“门—门”运输取空箱、还空箱的站内装卸作业，专用线取送车作业，港站作业的费用和经铁道部确认的转场货场费用等。但集装箱运输一口价不包括下列费用：

① 要求保价运输的保价费用；

② 快运费；

③ 委托铁路装掏箱的装掏箱综合作业费；

④ 专用线装卸作业的费用；

⑤ 集装箱在到站超过免费暂存期产生的费用；

⑥ 由于托运人或收货人的责任而发生的费用。

(3) 集装箱运输一口价的组成。集装箱运输一口价由铁路运输收入和发站费用、到站费用三部分组成。

① 铁路运输收入。包含国铁运费、国铁临管运费、铁路建设基金、特殊加价、电气化附加费及铁道部规定核收的代收款（如合资铁路和地方铁路的通过运费、铁路集装箱使用费或自备集装箱管理费等）。

② 发站费用。包括组织服务费、集装箱装卸综合作业费、护路联防费、运单表格费、签表格费、施封材料费等。

③ 到站费用。包括到站集装箱装卸综合作业费。

（4）不适用一口价运输的铁路集装箱货物：

① 集装箱国际铁路联运；

② 集装箱危险品运输（可按普通货物运输的除外）；

③ 冷藏、罐式、板架等专用集装箱运输。

9.3.3 公路集装箱运费的计收

集装箱汽车运输收费是根据价值规律制定的，基本上与集装箱汽车运输的社会平均成本相适应。集装箱运输已经成为独立的运输形式，不仅有国际通用标准集装箱，同时还要有专用设备和专用车辆经营。公路集装箱运输是改货为箱，以箱为对象的运输。因此，公路集装箱的运价不能以被送货物的质量或被运送货物的容积计价，而应以箱计价。

1. 集装箱汽车运输的计费箱型

集装箱汽车运输收费是根据不同箱型的基本运价为基础计算的，对于超出了标重的集装箱和非标准箱，都要在规定的收费上实行加价，箱型的确定是集装箱汽车运输收费的基本要素之一。按照ISO标准和我国国家标准的规定，集装箱的计费箱型主要有以下几种。

（1）国际集装箱的计费箱型。6.1 m（20 ft）箱型和12.2 m（40 ft）箱型。

（2）非标准箱型。指外形尺寸超过标准箱型的集装箱，如超高、超宽、超长及特殊用途的集装箱。

2. 集装箱汽车运输的计费里程

1）计费里程的计算

计费里程的依据是各省、自治区、直辖市制定的营运路线里程图。涉及市区内计费里程的规定，以市区交通主管部门制定的营运路线里程图为依据。未列入营运路线里程图的计费里程可由承、托运双方协商确定。计费里程包括运输里程和装卸里程。运输里程按装箱地点到卸箱地点的实际里程计算。装卸里程按发车点到装卸点往返空驶里程的50%计算。

2）包干计费里程

在进行国际集装箱的批量运输或同一地区、同一线路内进行多点运输时，为简化里程计算，可以根据不同运次的运送里程差异计算综合平均运距，作为每次运输的距离，即平均运距就是包干计费里程。只要是批量运输，在规定区域分布点上，均可按平均运距收费。包干计费里程一般用于港口区域至城市区域内的多点运输。每批运输量不大时，不使用包干计费里程。

3）起码计费里程

根据我国港口国际集装箱的集疏运条件和内陆中转站的布局情况，国家规定起码计费里程为5 km，以公里（km）为单位，不足1 km按1 km计算。

9.3.4 航空集装箱运费的计收

目前，国际航空集装箱货物运费的计算方法有两种，一种是常规运价计费法，另一种是新型运价计费法。

1. **常规运价计费法**

常规运价计费法即采用普通航空货物运费的计算方法，首先对两个机场城市间的航线制定出经营航班的运价，航空公司根据货物的重量或体积计算出应收的运费；此种运价需提交国际航空协会和有关政府，通过协议和政府批准后才生效。

按照常规方法计算航空集装箱货物运费时要确定以下几个因素：货物计费数量、运价种类和货物的声明价值。

1）计费数量

货物的计费数量可以是其毛重，也可以是其体积，承运人对重量大、体积小的货物便按货物的实际毛重计算运费；对体积大、重量轻的货物（轻泡货）则将货物的体积换算为计费重量以计算运费。其体积重量的计算公式为：

$$体积重量(kg) = 货物体积(cm^3)/6\,000(cm^3)$$

计费重量以0.5 kg为最小单位，重量尾数不足0.5 kg的按0.5 kg计，0.5 kg以上不足1 kg，按1 kg计算。

2）运价种类

运价通常分以下三类。

（1）指定商品运价（SCR）。SCR又称特种货物运价，是指为某些从指定始发地至指定目的地的指定商品而公布的特别优惠的运价。但特种运价规定有起码重量（如100 kg），达不到所规定的起码重量则不能按此运价计算。

（2）等级货物运价（CCR）。CCR是指在一般货物运价的基础上附加或附减一定百分比作为某些特定货物的运价。等级货物运价适用于指定地区内部区域之间的少数货物运输，且仅适用于少数没有指定商品运价的货物，即活动物、贵重货物、作为货物托运的行李等。

等级货物运价包括附减等级货物运价（运价种类代号为R）和附加等级货物运价（运价种类代号为S）两类。前者适用于报纸、杂志、作为货物运送的行李等，后者适用于活动物、贵重物品、尸体、骨灰等。

（3）普通货物运价（GCR）。又称一般货物运价，是应用最为广泛的一种运价。当一批货物不能适用等级货物运价，也不属于指定商品时，就应该选择普通货物运价。即没有特别规定而为普通货物制定的运价为普通货物运价。

普通货物运价针对所承运货物数量的不同规定几个计费重量分界点，分别适用不同的费率。

N：45 kg以下普通货物运价；

Q：45 kg以上普通货物运价；

45 kg以上又分为100 kg、300 kg、500 kg、1 000 kg、2 000 kg等多个计费重量级别，但运费类别代号仍以Q表示。表示方法如下：

Q 45表示45 kg以上（包括45 kg）普通货物运价；Q100表示100 kg以上（包括100 kg）普通货物运价；以此类推。

普通货物运费计算方法是：货物的计费重量乘以相应重量等级的运价所得运费，与较高重量等级的起始重量乘以相应的运价所得的运费进行比较，取其低者。这一原则也适用于指定商品运价。

运用下列公式，可求得在两个相邻重量等级之间，按较高重量等级的起始重量与相应运价计算运费的起码重量：

$$W_x = (W_2 \times A_2)/A_1$$

式中：W_x——以较高重量等级的起始重量与相应运价计算运费的起码重量，kg；

W_2——较高重量等级的起始重量，kg；

A_1，A_2——相邻重量等级的运价，A_1 是较低重量等级的运价，A_2 是较高重量等级的运价，元/kg。

（4）起码运费（M），又称最低运费，是航空公司承运一批货物所能接受的最低运费，而不论货物的重量或体积。

（5）其他附加费。其他附加费包括制单费、货到付款劳务费、提货费等。

3）声明价值附加费

根据《华沙公约》的规定，托运人在托运时声明了货物的价值并记载于空运单，承运人对其责任期间内造成的损害应按照该声明价值承担赔偿责任，而不再适用公约规定的责任限额，但以托运人支付声明价值附加费为条件。其计算公式为：

$$声明价值附加费 = (声明价值实际毛重 \times 20 美元) \times 0.5\%$$

声明价值附加费的最低收费为人民币 10 元。

托运人也可以选择不办理声明价值，这时需要在空运单的相关栏目中填上“N. v. D.”（NO Value Declared）。

【例 9-1】 从上海到荷兰阿姆斯特丹空运两批普通货物，第一批 30 kg，第二批 40 kg，请分别计算其空运运费。（M：320（CNY），N：51.59，Q：38.71。）

解：$W_x = (W_2 \times A_2)/A_1 = (45 \times 38.71)/51.59 = 34$ kg

计费重量：第一批 30 kg，第二批 45 kg

适用运价：第一批 $N = 51.59$ 元/kg

第二批 $Q = 38.71$ 元/kg

第一批运费：$51.59 \times 30 = 1\,547.7$ 元

第二批运费：$38.71 \times 45 = 1\,741.95$ 元

2. 新型运价计费法

新型运价计费法是为适应航空集装箱运输的快速发展而使用的一种运价计费法，它不区分货物的种类、等级，只要将货物装在集装箱或成组器中运输，就可以将装在飞机货舱里的集装箱或成组器作为计价单位来计算运费。

1）货舱单位运价

这是以飞机货舱为计价单位。只要将货物装在集装箱或成组器中，就可以将装在飞机货舱里的集装箱或成组器作为计价单位。这是不分货种、等级的计费方法，它有利于加强管理和促进集装箱运输的发展。

2）协议运价

这是采用议价和市场相结合的定价办法，对于大宗货、大件货物，可参考市场运价，并与货主协商具体的运价。

3）时令运价

这是根据货物对时间的敏感度进行定价的办法，对时间要求越高的货物定价就越高。同时，运输旺季运价定价较高，反之较低。

9.3.5　多式联运运费的计收

国际集装箱多式联运全程运费由多式联运经营人向货主一次计收。目前，多式联运运费的计收方式主要有单一运费制和分段运费制两种。

1. 按单一运费制计算运费

单一运费制是指集装箱从托运到交付，所有运输区段均按照一个相同的运费率计算全程运费，在西伯利亚大陆桥（SLB）运输中采用的就是这种计费方式。前苏联从1986年起修订了原来的7级费率，采用了不分货种的以箱为计费单位的FAK统一费率。陆桥运输开办初期，从日本任何一个港口到布列斯特（前苏联西部边境站）的费率为1 385卢布/TEU，陆桥运输的运费比班轮公会的海运运费低20%～30%。

2. 按分段运费制计算运费

分段运费制是按照组成多式联运的各运输区段，分别计算海运、陆运（铁路、汽车）、空运及港站等各项费用，然后合计为多式联运的全程运费用，由多式联运经营人向货主一次计收各运输区段的费用，再由多式联运经营人与各区段实际承运人分别结算。目前大部分多式联运的全程运费均采用这种计费方式，例如，欧洲到澳大利亚的国际集装箱多式联运，日本到欧洲内陆或北美内陆的国际集装箱多式联运。

9.4　集装箱运输的经济分析

9.4.1　集装箱运输市场的供求关系

1. 集装箱运输需求及需求规律

集装箱运输需求是货主在一定的运价条件下，愿意并交给运输企业运输的集装箱运量，必须具备两个条件：交运意愿和交运能力，即需要运送集装箱并具有支付运价的能力。集装箱运输市场上，当运价上升，则集装箱运输需求量减少；反之则增加。集装箱运价与集装箱运输需求量之间呈反比关系。

总的说来，集装箱运输需求弹性是较小的，这有以下几方面的原因。

(1) 集装箱运输货物依赖于海上运输，所以运价的变动不会引起需求量很大的变化。

(2) 集装箱运输的货物价值高，承担运价的能力较强，它们在运价上升时被削减或取消运输需求的可能性很小。

(3) 由于货主在大多数情况下可以把运费增加的部分转嫁到贸易商品价格中去，所以运价的上升，不会影响外贸物资对集装箱运输的需求。

但是，在一定的条件下，集装箱运输需求随运价变动而变化的情况还是比较明显的。

2. 集装箱运输的供给及供给规律

集装箱运输供给是指集装箱船公司在一定运价条件下，愿意并能够提供集装箱运输能力。在集装箱运输市场上，运价上升时，运力供给会增加，运价下降时，运力供给就会减少，供给与价格之间的这种正比变动关系即为供给规律。

集装箱班轮运输通常是在航线垄断条件下经营，其航线、运价已事先规定，对市场的变化反应不是太敏感。集装箱运输市场供给能力随市场需求的变化作适应性调整的难度较大，其供给弹性较小。但并不是集装箱运输市场能力的供给不受市场运价水平高低的影响，只不过结合集装箱运输生产的特点，它有一些具体的规律性。

（1）运价上升时，船公司将设法通过租船、购买旧船或从其他航线抽调运力等方式增加运力，如果预见在较长时间内市场看好，可能会出现建造新船以增加供给的局面，以扩大供给量，有较大的供给弹性。但也存在为扩充运力，致使船舶租金费率、旧船卖价和新船造价上升，当上升幅度影响收入时，对船公司也会带来不利影响，影响供给弹性。

（2）运价下降时，船公司不会轻易退出市场，因为船舶在投入营运时仍需开支封存维持费用，一般情况下，船舶会继续营运，以减少经济损失。但如果下降幅度很大，可能使船公司采取措施，如封存部分船舶，减速航行，放慢船舶周转速度，缩减市场上船舶的实际运输能力，船舶吨位的供给并不强烈地随需求的减少而减少，与运价上升时的情况相比，供给弹性较小。

9.4.2 集装箱运输的规模效益

1. 集装箱运输规模经济效益特点

规模经济效益是指一定的生产规模与平均收益（或平均成本）之间的关系，通过它可以研究在生产规模发生变动，如投入要素增加时，收益的变动情况。通常，规模经济效益可分为三种类型。

第一种类型：收益增加幅度大于投入要素增加幅度，这种类型叫做规模经济效益递增。

第二种类型：收益增加幅度等于投入要素增加幅度，这种类型叫做规模效益不变。

第三种类型：收益增加幅度小于投入要素增加幅度，这种类型叫做规模递减。

从集装箱运输的宏观分析上看，它既存在递增的规模经济效益，也存在递减的规模经济效益。这主要体现在以下两个方面。

一是船舶大型化，增加船舶载箱量。随着船舶载箱量的增加，船舶单位运输成本明显下降，从而呈现出递增的规模经济效益。当然，随着船舶规模增大的同时，港口也相应提高装卸效率，其他运输环节也要不断完善，这才能实现规模经济效益递增。

二是提高船舶航速。由于航速的提高，必将造成燃油成本的上升，则单位运输成本将提高，而且，航速较高的船舶，在港维持成本也较高，显示出递减的规模经济效益，亦即航速提高在规模上并不经济。然而，集装箱船舶仍以较高的航速在营运，这主要原因是由于船舶航速的提高，船舶往返航次时间缩短了，航线配船数目减少，从而节约船舶投资。并且，为了吸引货源和保证班期及提高运输服务质量，通过技术经济论证选择合理的较高航速也是符合规模经济效益的。

纵观集装箱运输的发展历史，集装箱船舶的大型化和高速化已成发展的趋势，只要处理好关系，将会实现规模经济效益递增。

2. 影响集装箱船舶规模经济效益的因素

影响集装箱船舶规模经济效益的因素很多，归纳起来，主要有以下因素。

1）集装运输的适箱货源

提高集装箱运输的规模经济效益，首先必须在集装箱航线上具有充足而稳定的货源。这是因为随着集装箱船舶大型化和载箱量的提高，客观要求与之相适应的货源也要不断增加，如果没有充足的适箱货源，大型集装箱船舶所具有的单位运输成本低的优势也就发挥不出

来。由于缺少货源，船舶越大，亏损也就越大，更谈不上盈利。因而，船舶规模扩大也就失去了其经济意义。

2）港口条件

随着集装船舶大型化，要求的港口提供可停靠大型集装箱船（如第4、5、6代集装箱船）的靠泊设施、泊位水深、码头水域和陆域、高效的装卸设备等。否则，大型船舶无法挂靠，也延长集装箱船舶在港停留时间，将造成巨大的经济损失。船舶越大，损失也就越大，也就丧失了规模经济效益。

3）航路条件

航路条件主要是指航道水深等。不同的航路条件对船舶吃水、船长、船宽等方面的限制不同。这会直接影响大型船舶的航行，给船舶规模经济效益的实现带来障碍。

4）航程因素

理论分析和实践都表明，航程越长，大型船舶的规模经济效益越佳；反之，则越差。这是因为航线距离较短，船舶在港时间的比例就较大，航行时间的比例相应就会减小，使船舶的生产效率受到影响；反之，如果航程较长，船舶的航行率相对较高，航行时间的比例增加，船舶越大，其规模经济效益越佳。所以航程的长短，与集装箱船舶规模经济效益有密切关系。

5）装卸效率

港口装卸效率较低，则船舶在港停留时间增加，船舶往返航次时间也就增加，船舶周转速度降低，影响航线船舶运输能力和船舶配备量增加，带来不利的经济效果。船舶越大，如果装卸效率不随之提高，则船舶规模经济效益越差。所以，应该随着船舶大型化的同时，不断提高港口装卸效率，实现集装箱码头装卸作业高效化。

9.4.3 集装箱运输的成本分析

1. 集装箱运输成本分析的意义

集装箱运输成本是集装箱运输企业实现集装箱空间转移所支出的一切费用的总和，是集装箱运输企业生产耗费补偿的尺度。企业为了实现再生产，每一次运输生产耗费不仅要有实物形态的补偿，而且要有价值形态的补偿。这种价值形态补偿具体表现为企业资金耗费的补偿，而企业运输生产过程所耗费的资金形成集装箱运输成本，成本的高低也就反映出需要补偿的资金额大小。因此，集装箱运输成本就成为衡量企业运输生产耗费补偿的尺度。企业的运输收入能够补偿成本时，才能收回运输生产中所耗费的资金，维持简单再生产的基本条件。

集装箱运输成本还是制定集装箱运价的重要依据。它关系到运价水平的高低，关系到在国际运输市场上的占有率和市场的能力，将影响企业的经济效益。

集装箱运输企业应努力降低运输成本，尽量节约运输支出，这样就可以用较少的支出完成同样的集装箱运输任务，或用同样的支出完成更多的集装箱运量，从而提高企业经济效益和社会综合效益。

2. 集装箱运输成本构成

对于一般集装箱船公司而言，如果没有开展全球范围的集装箱多式联运，限于海运段的集装箱运输成本项目及构成通常包括以下内容。

（1）变动费用。包括燃料费、港口使用费、中转费、垫料费、货物装卸费、速遣费、事故费、其他费用（如临时变更挂靠港口产生倒箱费等）。

（2）船舶固定费用。包括船员费用、船舶用品费、润滑油费、船舶保险费、船舶修理费、杂费、船舶折旧费、船舶贷款利息、船公司与此有关的管理费等。

（3）集装箱费用。包括购箱、租箱、修箱及因集装箱管理而产生的费用等。

（4）企业管理费。如果开展全球集装箱多式联运，船公司除支付以上费用外，还应支付支线船与转船费用、内陆运输费用、内陆货运站费。如果码头是船公司自己经营，还包括码头的折旧、贷款利息等费用。

3. 集装箱运输成本构成的特点

从集装箱运输成本构成可看出其具有以下突出的特点。

1）成本范围大，成本构成复杂

由于国际集装箱运输已超出了“港—港”的海段运输，甚至船公司作为多式联运经营人时，成本范围可包括从发货人工厂（仓库）到收货人的仓库，其中有内陆货运站、各种运输方式、中转车站及代理网和各种通信、管理设施等全部费用，而船舶营运成本仅为总成本中的一部分，据有关资料显示，约占全部费用的20%～25%。

2）资本成本在总成本中的比例大

由于集装箱运输是资本高度密集型产业，集装箱船舶远比传统船舶的造价高，集装箱港口码头投资昂贵，各种类型的集装箱造价也很高，与集装箱运输相关的其他设施的投资也相当高，因而决定了集装箱运输中，必须拥有雄厚的资本、具有一定的投资规模，才能实现规模经济效益。

3）固定成本在总成本中比例较大

根据我国某集装箱运输船公司多年经营实际资料显示，各项成本中在总成本中所占的比例分别为：船舶固定费用为29%，燃料费11%，港口使用费10%，货物装卸费（含中转费用）为32%，集装箱使用费17%，其他1%（含管理费、速遣费、垫料费等）。可见，集装箱运输的固定成本在总成本中所占比例高达46%，在有的船公司的比例更大。

资本成本、固定成本比例大，这就决定了集装箱运输成本具有相对的稳定性。船公司应从集装箱运输成本的特点分析，优化投资决策，充分利用各种设施，加速船箱周转，提高企业的经济效益。

4. 降低集装箱运输成本的途径

（1）实行目标成本管理，是降低集装箱运输成本的有效手段。目标成本管理是根据规定的目标成本进行企业管理的一种方法。所谓目标成本是船公司各个部门、船舶及各个工作岗位在一定时期要达到的成本水平。实行目标成本管理要形成一种宏观与微观、公司与部门、部门（船舶）与职工（船员）的上下左右相互协调保证指标体系，以便指标分解下达、考核、监督及执行。

（2）改善经营管理，节约各项物资消耗，缩减费用的支出。要在全面加强企业管理和实行经济核算的基础上，加强物资消耗定额管理，制定和实行先进合理的消耗定额，推广先进用料经验，严格控制各项开支标准，尽量压缩管理费用和减少非生产开支。

（3）走技术进步的道路，提高运输生产技术水平，降低燃料费，减少船舶维修费的支

出。要优化航线和船型，提高船舶运输效率，开展船舶节能研究，加强日常船舶维护保养，努力降低燃料费和维修费，这对降低集装箱运输成本具有重要意义。

（4）提高劳动生产率，力求较少的人力消耗完成较多的生产任务。这样不仅可减少单位运输产品的工资支出，而且还可节省与人员数有关的其他费用。为了不断提高劳动生产率，就要广泛发动群众，开展以增产节约为中心的劳动竞赛，充分发挥职工群众的积极性和创造性。同时，应改善劳动组织，加强定额与定员管理，并加强技术教育和船员培训工作，提高职工技术水平和整体素质。这些，都有利于降低运输成本。

（5）节约港口费用，是降低集装箱运输成本的重要途径。由于港口费用占集装箱运输成本的比例相当大，因而降低港口费用有重要意义。加强与港口代理的联系，必要时派出驻港代表，提高代理质量等，对降低集装箱运输成本均能起到一定作用。

（6）加强安全质量管理，保证航行安全。减少机损、海损和箱损事故，可以减少赔偿费用及事故修理费用，对于降低运输成本有重要作用。

（7）做好箱管工作，降低集装箱费用。合理确定船舶集装箱配备量、自备和租箱量，做好空箱调运及集装箱积配载工作，加强损坏箱的修理工作，实现现代化集装箱跟踪管理等，对于降低与集装箱有关的费用，从而降低集装箱运输成本具有重要作用。

复习思考题

1. 集装箱运输的主要特点是什么？
2. 简述集装箱运输的发展阶段。
3. 集装箱运输的系统有哪些？

案例分析

出口海运费计算

某进出口公司委托一国际货运代理企业代办一小桶货物以海运方式出口国外。货物的重量为0.5 t，小桶（圆的）的直径为0.7 m，桶高为1 m。货代最后为货主找到一杂货班轮公司实际承运该货物。货代查了船公司的运价本，运价本中对该货物运输航线、港口、运价等的规定为：基本运价是每运费吨支付 USD 100 元（USD 100/Freight Ton）；燃油附加费按基本运费增收10%（BAF 10%）；货币贬值附加费按基本运费增收10%（CAF 10%）；计费标准是“W/M”；起码提单运费按1吨计算，假设你作为货运代理人，请计算该批货物的运费并告诉货主以下内容：

（1）货物的计费吨（运费吨）是多少？

（2）该批货物的基本运费是多少？

（3）该批货物的附加运费是多少？总的运费是多少？

第10章

集装箱运输信息化管理

本章要点

- 熟知集装箱运输信息化的关键技术；
- 掌握EDI、GIS、GPS、RFID、OCR等关键技术在集装箱运输信息系统中的应用；
- 熟悉集装箱运输信息系统的作用；
- 掌握集装箱运输管理信息系统的概念及其构成。

开篇案例

德国汉堡哈拉港的集装箱自动化无人堆场系统

在自动化堆场技术方面，德国汉堡哈拉港与ABB等公司合作已经建成集装箱自动化码头，能够实现自动化装卸船、自动化运输、自动化堆放的联调与控制。自动化堆场的研究拟在堆场采用数字通信和自动控制技术、三维堆场管理与规划技术，利用高架和低架轨道龙门吊，通过固定转接台，完成对集装箱卡车的自动装卸箱及堆场自动存取箱作业，实现集装箱的无人自动化装卸和堆放。自动化堆场的关键技术涉及集装箱高效同倍位自动化装卸船技术，集装箱港口机械全场智能调度，集装箱出、入场智能规划、集装箱装卸设备远程监控和智能维护、集装箱港口运行状态评价体系、港口集装箱装卸工艺系统优化仿真技术、基于网络技术的集装箱港口数据交换和查询系统、个性化客户服务平台技术等。

思考题：信息化、自动化、智能化将对集装箱运输管理产生什么样的影响?

10.1　集装箱运输信息化的关键技术

基于计算机网络等技术，一些关键的信息技术被广泛应用于集装箱运输生产过程中，它们协同计算机等设备为集装箱运输管理带来了方便。

10.1.1 RFID 射频识别技术

1. RFID 技术介绍

射频识别（Radio Frequency Identification，RFID）技术是从20世纪80年代走向成熟的一项自动识别技术。俗称电子标签，广泛用于零售业。它利用射频方式进行非接触式双向通信交换数据以达到识别目的。而现在的世界海运系统存在明显的缺陷，无法满足世界运输界对集装箱运输的安全性日益提高的要求。基于射频识别技术的集装箱的智能化为这一现状提供了很好的契机，所以基于射频识别技术的智能集装箱成为新的发展趋势。

RFID 系统是利用感应、无线电波或微波能量进行非接触双向通信、实现识别和交换数据目的的自动识别技术。它通过射频信号自动识别目标对象并获取相关数据，识别工作无须人工干预。最基本的 RFID 系统由三部分组成，即电子标签、阅读器和微型天线。

（1）电子标签（Tag）。由耦合元件及芯片组成，每个标签具有唯一的电子编码，附着在物体上标识目标对象；当受无线电射频信号照射时，能反射回携带有数字字母编码信息的无线电射频信号，供阅读器处理识别。

（2）阅读器（Reader）。有时也被称为查询器、通信器或读出装置，用以产生发射无线电射频信号并接收由电子标签反射回的无线电射频信号，经处理后获取标签数据信息，有时还可以写入标签信息的设备，可设计为手持式或固定式。

（3）微型天线（Antenna）。在标签和阅读器间传递射频信号。

2. RFID 技术的优点

与其他自动识别技术，如条形码识别技术相比，RFID 技术主要有以下几个优点。

（1）RFID 的阅读器能透过泥浆、污垢、油漆涂料、油污、木材、水泥、塑料、水和蒸汽等非金属材料阅读标签，不必一定与标签直接接触，这使电子标签成为肮脏、潮湿和刺目等恶劣环境下阅读的理想选择。

（2）RFID 的数据存储容量大，标签上数据可以加密、可随时更新，特别适合于储存大量数据或在所需储存的数据经常需要改变的情况下使用。

（3）RFID 和条形码的主要区别是数据被电子化储存在 RFID 标签的存储单元内。采用专用芯片的 RFID 读卡机能根据每件货物唯一的序列标识号来进行识别，并可以进行密钥认证，保障数据安全。

（4）RFID 实现了“免接触”，不需要直线瞄准扫描操作，读写速度快，读取距离大。因此 RFID 技术可识别高速运动物体并可同时识别多个标签，操作快捷方便。例如，可用于工厂的流水线上跟踪部件或产品，长距射频产品可用于自动收费或识别车辆身份、集装箱的信息等交通运输上，识别距离达几十米。

（5）RFID 的体积小、易封装，外形多样（如卡状、环状、纽扣形、笔形等），可以隐藏或者嵌入在大多数材料或产品内，使被标记的货品更加美观。可应用于不同场合，使用非常方便。

（6）RFID 的使用寿命可长达10年以上，读写10万次，无机械磨损、无机械故障，可在恶劣环境下使用，工作温度在 -25℃ ~ +70℃以内。

（7）RFID 的编号独一无二，而且可以加入防伪识别码（如编码的最后一位可以设置防伪数位，它需要使用前面编码数字，通过一种加密运算得出），只要通过联网或生产厂的防盗识别设备扫描，立即可以分辨产品的真伪。

RFID 具有读写速度快，读取距离远，数据容量大等特点，这一技术应用在物流过程和供应链管理中，将会带来流通和交易成本的减少和管理水平的提高，对于实现智能集装箱将发挥重大作用。

3. RFID 系统的工作原理

RFID 系统在实际应用中，电子标签附着在待识别物体的表面，电子标签中保存有约定格式的电子数据。阅读器可无接触地读取并识别电子标签中所保存的电子数据，从而达到自动识别物体的目的。阅读器通过天线发送出一定频率的射频信号，当标签进入磁场时产生感应电流从而获得能量，发送出自身编码等信息，被读取器读取并解码后送至电脑主机进行有关处理。

RFID 感应技术的基本原理如图 10-1 所示。在电磁场系统中，阅读器发出一个电磁波（EM），电磁波以一个球形波向前传播。电子标签位于电磁场中，淹没在这样传播的电磁波中并从电磁波中收集一些能量。在任何一个点上，可用能量的大小与该点距发射机的距离有关。

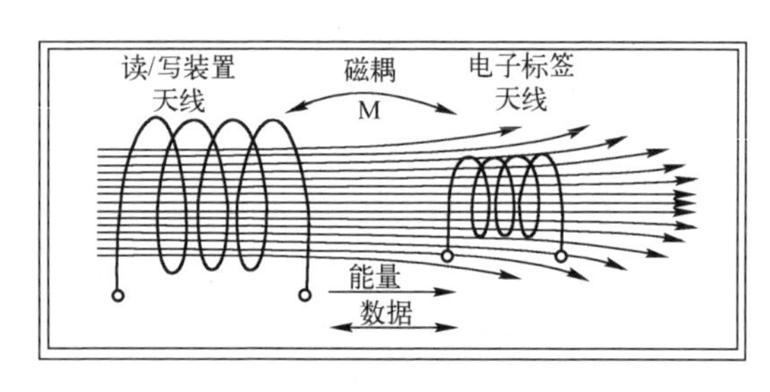

图 10-1　RIFD 感应技术基本原理

由上可知，阅读器必须在可阅读的距离范围内产生一个合适的能量场以激励电子标签。

在当前有关的射频约束下，欧洲的大部分地区各向同性有效辐射功率限制在 500 mW，这样的辐射功能在 870 MHz，可近似达到 0.7 m。在美国、加拿大及其他一些国家，无须授权的辐射约束各向同性辐射功率为 4 W，这样的功率将会达到 2 m 的阅读距离。在获得授权的情况下，在美国发射 30 W 的功率将使阅读距离增大到 5.5 m 左右。

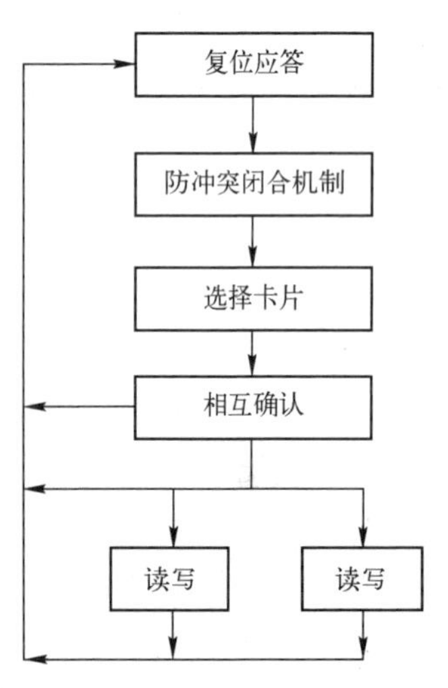

图 10-2　RIFD 系统的工作流程

4. RFID 系统的工作流程

读写器（阅读器）上电复位后，首先对各功能模块进行初始化，然后发出询卡/ 应答的指令。当标签芯片位于读写器（阅读器）的有效工作范围之外，标签芯片处于无电状态，不能进行任何操作。当其进入读写器（阅读器）的有效工作范围，标签芯片上电复位，进入等待状态，在此状态下，标签芯片可以正确接收和响应读写器（阅读器）所发送的询卡/ 应答指令，并进行相互认证，如图 10-2 所示。

如果在询卡/应答认证过程中发生错误，读写操作将不能进行。

相互认证通过之后，读写器向电子标签发出读、写、增

加、减少、恢复、传输、停止等指令。

电子标签一方面接受、识别读写器的指令，另一方面对当前的工作状态进行分析，发现满足指令执行的条件，就经过指令译码，执行读写器指定的操作，并返回相应的处理结果，最后将工作状态返回至初始状态。

如果电子标签发现指令不满足执行条件，电子标签将向读写器发出错误的信息，并将工作状态返回至初始状态。

读写器要再对该卡进行操作，只有从发送询卡/应答指令开始，直到所有的步骤满足条件并执行为止。读写器与电子标签之间的通信主要包括如下内容。

（1）复位应答。标签的通信协议和通信的波特率是定义好的，通过这两项内容，读写器与标签相互验证，当标签进入读写器的操作范围时，读写器以特定的协议与它通信，从而确定卡片的类型。

（2）防冲突闭合机制。当有多张卡在读写器的操作范围内时，防冲突闭合电路首先从众多卡中选择其中的一张作为下一步处理的对象，而未选中的卡则处于空闲模式以等待下一次被选择，该过程返回一个被选中的卡的序列号。

（3）选择卡片。选择被选中的卡的序列号。

（4）相互确认。读写器与卡片相互认证，然后进行通信。

（5）指令操作。相互确认后可以进行读、写、加、减、传输、存储、暂停操作。

10.1.2 GPS技术

1. GPS含义

全球定位系统（Global Positioning System，GPS），简单地说，是一个由覆盖全球的24颗卫星组成的卫星系统。这个系统可以保证在任意时刻，地球上任意一点都可以同时观测到4颗卫星，以保证卫星可以采集到该观测点的经纬度和高度，以便实现导航、定位、授时等功能。这项技术可以用来引导飞机、船舶、车辆及个人，安全、准确地沿着选定的路线，准时到达目的地。

GPS是目前最为先进的精密卫星导航定位系统，并且已由原来的纯军事技术发展成了一种被广泛应用的民用技术。现在，GPS与现代通信技术相结合，使得测定地球表面三维坐标的方法从静态发展到动态，从数据后处理发展到实时的定位与导航，极大地扩展了它的应用广度和深度。

2. GPS组成

全球定位系统是美国第二代卫星导航系统，是在子午仪卫星导航系统的基础上发展起来的，它采纳了子午仪系统的成功经验。和子午仪系统一样，GPS系统包括三大部分：空间部分——GPS卫星星座；地面控制部分——地面监控系统；用户设备部分——GPS信号接收机。

1）GPS卫星星座

GPS卫星星座由21颗工作卫星和3颗在轨备用卫星组成，记作（21+3）GPS星座。24颗卫星均匀分布在6个轨道平面内，轨道倾角为55度，各个轨道平面之间相距60度，即轨道的升交点赤经各相差60度。每个轨道平面内各颗卫星之间的升交角距相差90度，一轨道平面上的卫星比西边相邻轨道平面上的相应卫星超前30度。

2）地面监控系统

对于导航定位来说，GPS 卫星是一动态已知点。卫星的位置是依据卫星发射的星历——描述卫星运动及其轨道的参数算得的。每颗 GPS 卫星所播发的星历是由地面监控系统提供的。卫星上的各种设备是否正常工作及卫星是否一直沿着预定轨道运行都要由地面设备进行监测和控制。地面监控系统另一重要作用是保持各颗卫星处于同一时间标准——GPS 时间系统。这就需要地面站监测各颗卫星的时间求出钟差。然后由地面注入站发给卫星，卫星再由导航电文发给用户设备。GPS 工作卫星的地面监控系统包括一个主控站、三个注入站和五个监测站。

3）GPS 信号接收机

GPS 信号接收机的任务是：能够捕获到按一定卫星高度截止角所选择的待测卫星的信号并跟踪这些卫星的运行，对所接收到的 GPS 信号进行变换、放大和处理，以便测量出 GPS 信号从卫星到接收机天线的传播时间，解译出 GPS 卫星所发送的导航电文，实时地计算出测站的三维位置甚至三维速度和时间。

GPS 卫星发送的导航定位信号是一种可供无数用户共享的信息资源。对于陆地、海洋和空间的广大用户，只要拥有能够接收、跟踪、变换和测量 GPS 信号的接收设备即 GPS 信号接收机，就可以在任何时候用 GPS 信号进行导航定位测量。根据使用目的的不同，用户要求的 GPS 信号接收机也各有差异。目前世界上已有几十家工厂生产，GPS 接收机产品也有几百种。这些产品可以按照原理、用途、功能等来分类。

3. GPS 系统的特点

GPS 系统具有以下主要特点：高精度、全天候、高效率、多功能、操作简便、应用广泛等。

1）定位精度高

应用实践已经证明，GPS 相对定位精度在 50 km 以内可达 10^{-6} m，100 ~ 500 km 可达 10^{-7} m，1000 km 可达 10^{-9} m。在 300 ~ 1500 m 工程精密定位中，1 h 以上观测的解，其平面位置误差小于 1 mm，与 ME-5000 电磁波测距仪测定的边长比较，其边长校差最大为 0.5 mm，校差中误差为 0.3 mm。

2）观测时间短

随着 GPS 系统的不断完善，软件的不断更新，目前 20 km 以内相对静态定位仅需 15 ~ 20 min；快速静态相对定位测量时当每个流动站与基准站相距在 15 km 以内时，流动站观测时间只需 1 ~ 2 min，然后可随时定位，每站观测只需几秒。

3）测站间无须通视

GPS 测量不要求测站之间互相通视，只需测站上空开阔即可，因此可节省大量的费用。由于无须点间通视，点位位置根据需要可稀可密，使选点工作甚为灵活，也可省去经典大地网中的传算点、过渡点的测量工作。

4）可提供三维坐标

经典大地测量将平面与高程采用不同方法分别施测。GPS 可同时精确测定测站点的三维坐标。目前 GPS 水准可满足四等水准测量的精度。

5）操作简便

随着 GPS 接收机不断改进，自动化程度越来越高，有的已达“傻瓜化”的程度；接收

机的体积越来越小，重量越来越轻，极大地减轻了测量工作者的工作紧张程度和劳动强度，使野外工作变得轻松愉快。

6）全天候作业

目前 GPS 观测可在一天 24 h 内的任何时间进行，不受阴天黑夜、起雾刮风、下雨下雪等气候的影响，功能多、应用广。

从这些特点中可以看出 GPS 系统不仅可用于测量、导航，还可用于测速、测时。测速的精度可达 0.1 m/s，测时的精度可达几十毫微秒。其应用领域不断扩大。当初设计 GPS 系统的主要目的是用于导航，收集情报等军事目的，但是后来的应用开发表明 GPS 系统不仅能够达到上述目的，而且用 GPS 卫星发来的导航定位信号能够进行厘米级甚至毫米级精度的静态相对，定位米级至亚米级精度的动态定位，亚米级至厘米级精度的速度测量和毫微秒级精度的时间测量。因此 GPS 系统展现了极其广阔的应用前景。

10.1.3 OCR 技术

1. OCR 含义

OCR 是英文 Optical Character Recognition 的缩写，意思为光学字符识别，是指通过扫描等光学输入方式将各种票据、报刊、书籍、文稿及其他印刷品的文字转化为图像信息，再利用文字识别技术将图像信息转化为可编辑的文本文件的过程。即对文本资料进行扫描，然后对图像文件进行分析处理，获取文字及版面信息的过程。

OCR 是计算机输入技术的一种，它的出现彻底改变了计算机纸介质资料传统的输入方式，实现了文字自动输入。只要用扫描仪将文本图像输入计算机，就可转化为可修改的文本文件，这比手工输入速度快了几十倍。因此，它是一种快捷、省力、高效的文字输入方法。

2. OCR 系统工作过程

OCR 系统的核心工作是把影像作一个转换，使储存在计算机内的图像文件转化为可编辑的文本文件。从影像到结果输出，须经过影像输入、影像前处理、文字特征抽取、比对识别、最后经人工校正、结果输出等过程。

（1）影像输入。影像输入是指将需要经 OCR 处理的标的物通过光学仪器，如影像扫描仪、传真机或任何摄影器材，将影像转入计算机的过程。随着科技的进步，扫描仪等的输入装置制作得越来越精致，品质也越来越好，这对 OCR 有相当大的帮助，如扫描仪的分辨率提高会使影像更清晰、扫描速度提升将更增进 OCR 处理的效率。

（2）影像前处理。影像前处理是 OCR 系统中须解决问题最多的一个模块，从得到一个不是黑就是白的二值化影像，或灰阶、彩色的影像，到独立出一个个的文字影像的过程，都属于影像前处理。它包含了影像正规化、去除噪声、影像矫正等的影像处理，及图文分析、文字行与字分离的文件前处理。目前，在影像处理方面，在学理及技术方面都已达成熟阶段，因此在市面上或网站上有不少可用的链接库；在文件前处理方面，则凭各家本领了。

（3）文字特征抽取。单以识别率而言，特征抽取可说是 OCR 的核心，用什么特征、怎么抽取，直接影响识别的好坏，所以在 OCR 研究初期，特征抽取的研究报告特别的多。而特征可说是识别的筹码，简易的区分可分为两类：一为统计的特征，如文字区域内的黑/白点数比，当文字区分成好几个区域时，这一个个区域黑/白点数比之联合，就成了空间的一个数值向量，在比对时，基本的数学理论就足以应付了。而另一类特征为结构的特征，如文字影像细线化后，取得字的笔画端点、交叉点之数量及位置，或以笔画段为特征，配合特殊的比对方法，进行比对，市面上手写输入软件的识别方法多以此种结构的方法为主。

（4）对比数据库。当抽取文字特征后，不论是统计或结构的特征，都须有一比对数据库或特征数据库来进行比对，数据库的内容应包含所有欲识别的字集文字，根据与输入文字一样的特征抽取方法所得的特征群组。

（5）对比识别。这是可充分发挥数学运算理论的一个模块，根据不同的特征特性，选用不同的数学距离函数，较有名的比对方法有，欧式空间比对法、松弛比对法（Relaxation）、动态程序比对法（Dynamic Programming，DP），以及类神经网络的数据库建立及比对、HMM（Hidden Markov Model）等著名的方法，为了使识别的结果更稳定，也有所谓的专家系统（Experts System）被提出，利用各种特征比对方法的相异互补性，使识别出的结果信心度特别高。

（6）字词后处理。由于 OCR 的识别率无法达到百分之百，或想加强比对的正确性及信心值，一些除错或帮忙更正的功能，也成为 OCR 系统中必要的一个模块。字词后处理就是一例，利用比对后的识别文字与其可能的相似候选字群，根据前后的识别文字找出最合乎逻辑的词，完成更正的功能。

（7）字词数据库。为字词后处理所建立的词库。

（8）人工校正。OCR 最后的关卡，在此之前，使用者可能只是拿鼠标，跟着软件设计的节奏操作或仅是观看，而在此有可能需要使用者花精力和时间，去更正甚至找寻可能是 OCR 出错的地方。一个好的 OCR 软件，除了有一个稳定的影像处理及识别核心，以降低错误率外，人工校正的操作流程及其功能，亦影响 OCR 的处理效率。因此，文字影像与识别文字的对照及其屏幕信息摆放的位置，还有每一识别文字的候选字功能、拒认字功能及字词处理后特意标示出可能有问题的字词，都是为使用者设计尽量少使用键盘而提供的，当然，不是说系统没显示出来的文字就一定正确，就像完全由键盘输入的工作人员也会有出错的时候，这时要重新校正一次或能允许些许的错，就完全看使用单位的需求了。

（9）结果输出。其实输出是一件简单的事，但却需要看使用者用 OCR 到底是为了什么。有人只要使用文本文件作部分文字之用，所以只要一般的文字文件；有人要漂漂亮亮的和输入文件一模一样的文件，所以有原文重现的功能；有人注重表格内的文字，所以要和 Excel 等软件结合。无论怎么变化，都只是输出档案格式的变化而已。如果需要还原成原文一样的格式，则在识别后，需要人工排版，耗时耗力。

3. OCR 识别率决定因素

（1）图片的质量，一般建议 150 dpi 以上。

（2）颜色，一般对彩色识别能力很差。

（3）最重要的就是字体，如果是手写，识别率很低。

国内 OCR 识别简体差错率为万分之三，如果要求更高的精度，则需要投入更大的人工干预。繁体识别由于繁体字库不统一，导致识别困难，在人工干预下，精度能达到 90% 以上（图文清晰情况下）。

随着 OCR 技术的进一步成熟，依靠 OCR 识别正确率的提高和应用的扩展，未来 OCR 产业将走进自己的黄金时代。各类 OCR 产品不断推出并获得广泛应用，OCR 产品形态日益丰富，应用领域不断扩展，OCR 市场容量逐步扩大。

10.1.4 GIS技术

1. GIS概念

GIS（Geographic Information Systems，地理信息系统）是多种学科交叉的产物，它以地理空间为基础，采用地理模型分析方法，实施提供多种空间和动态的地理信息，是一种为地理研究和地理决策服务的计算机技术系统。其基本功能是将表格型数据（无论它来自数据库、电子表格文件或直接在程序中输入）转换为地理图形显示，然后对显示结果进行浏览、操作和分析。其显示范围可以从洲际地图到非常详细的街区地图，现实对象包括人口、销售情况、运输线路及其他内容。

经过了40年的发展，GIS地理信息系统到今天已经逐渐成为一门相当成熟的技术，并且得到了极广泛的应用。尤其是近些年，GIS更以其强大的地理信息空间分析功能，在GPS及路径优化中发挥着越来越重要的作用。

2. GIS构成

从系统论和应用的角度出发，地理信息系统由四个子系统［见图10-3（a）］构成，即计算机硬件和系统软件、数据库系统、数据库管理系统、应用人员和组织机构。

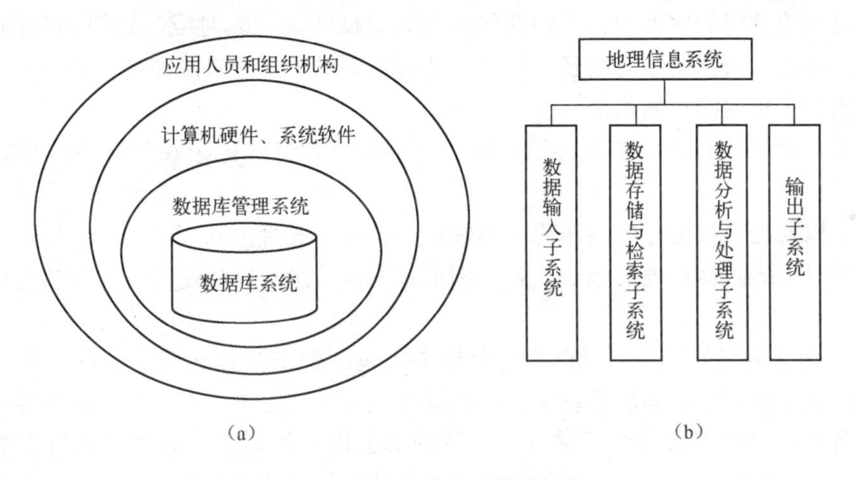

图10-3 地理信息系统的组成

（1）计算机硬件和系统软件。这是开发、应用地理信息系统的基础。其中，硬件主要包括计算机、打印机、绘图仪、数字化仪、扫描仪；系统软件主要指操作系统。

（2）数据库系统。系统的功能是完成对数据的存储，它又包括几何（图形）数据库和属性数据库。几何和属性数据库也可以合二为一，即属性数据库存在于几何数据库中。

（3）数据库管理系统。这是地理信息系统的核心。通过数据库管理系统，可以完成对地理数据的输入、处理、管理、分析和输出。

（4）应用人员和组织机构。专业人员，特别是那些复合型人才（既懂专业又熟悉地理信息系统）是地理信息系统成功应用的关键，而强有力的组织是系统运行的保障。

从数据处理的角度出发，地理信息系统又被分为数据输入子系统、数据存储与检索子系统、数据分析和处理子系统、数据输出子系统［见图10-3（b）］。

（1）数据输入子系统。负责数据的采集、预处理和数据的转换。

（2）数据存储与检索子系统。负责组织和管理数据库中的数据，以便于数据查询、更新与编辑处理；

（3）数据分析与处理子系统。负责对数据库中的数据进行计算和分析、处理。如面积计算，储量计算、体积计算、缓冲区分析、空间叠置分析等。

（4）数据输出子系统。以表格、图形、图像方式将数据库中的内容和计算、分析结果输出到显示器、绘图纸或透明胶片上。

3. GIS 功能

（1）数据采集与输入。数据采集与输入，即在数据处理系统中将系统外部的原始数据传输给系统内部，并将这些数据从外部格式转化为系统便于处理的内部格式的过程。对于多种形式、多种来源的信息，可实现多种方式的数据输入。主要有图形数据输入、栅格数据输入、测量数据输入和属性数据输入。

（2）数据编辑与更新。数据编辑主要包括图形编辑和属性编辑。属性编辑主要与数据库管理结合在一起完成，图形编辑主要包括拓扑关系建立、图形编辑、图形整饰、图形拼接、图形变换、投影变化等功能。数据更新即以新的数据项或记录来替换数据文件或数据库中相对应的数据项或记录，它是通过删除、修改、插入等一系列操作来实现的。由于空间实体都处于发展着的时间序列中，人们获取的数据只反映某一瞬时或一定时间范围内的特征。随着时间的推进，数据会随之改变。数据更新可以满足动态分析的需要，对自然现象的发生和发展作出合乎规律的预测预报。

（3）数据存储与管理。数据存储，即将数据以某种格式记录在计算机内部或外部存储介质上。其存储方式与数据文件的组织密度相关，关键在于建立记录的逻辑顺序，即确定存储的地址，以便提高数据存取的速度。属性数据管理一般直接利用商用关系数据库软件。空间数据管理是 GIS 数据管理的核心，各种图形或图像信息都以严密的逻辑结构存放在空间数据库中。

（4）空间查询与分析。空间查询与分析主要包括数据操作运算、数据查询检索与数据综合分析。数据查询检索即从数据文件、数据库或存储装置中，查找和选取所需的数据，是为了满足各种可能的查询条件而进行的系统内部数据操作。综合分析功能可以提高系统评价、管理、决策的能力，主要包括信息量测、属性分析、统计分析、二维模型分析、三维模型分析及多要素综合分析等。

（5）数据显示与输出。数据显示是中间处理过程和最终结果的屏幕显示，通常以人机交互方式来选择显示的对象与形式，对于图形数据根据要素的信息量和密集程度，可选择放大或缩小显示。GIS 不仅可以输出全要素地图，还可以分解用户需要，分层输出各种专题图、各类统计图、图表数据等。

10.1.5 EDI 技术

1. EDI 概念

EDI 是英文 Electronic Data Interchange 的缩写，中文名译为“电子数据互换”，也有的地区称作“电子资料联通”。它是一种在公司之间传输订单、发票等作业文件的电子化手段。它通过计算机通信网络将贸易、运输、保险、银行和海关等行业信息，用一种国际公认的标准格式，实现各有关部门或公司与企业之间的数据交换与处理，并完成以贸易为中心的全部

过程。它是20世纪80年代发展起来的一种新颖的电子化贸易工具，是计算机、通信和现代管理技术相结合的产物。国际标准化组织（ISO）将EDI描述成“将贸易（商业）或行政事务处理按照一个公认的标准变成结构化的事务处理或信息数据格式——从计算机到计算机的电子传输”。而ITU-T（原CCITT）将EDI定义为“从计算机到计算机之间的结构化的事务数据互换”。又由于使用EDI可以减少甚至消除贸易过程中的纸面文件，因此EDI又被人们通俗地称为“无纸贸易。”

从上述EDI定义不难看出，EDI包含了三个方面的内容，即计算机应用、通信、网络和数据标准化。其中计算机应用是EDI的条件，通信环境是EDI应用的基础，标准化是EDI的特征。这三个方面相互衔接、相互依存，构成EDI的基础框架。

30年来，EDI作为一种电子化的贸易工具和方式，广泛应用于商业贸易伙伴之间，特别是从事国际贸易的贸易伙伴之间，它将标准、协议规范化的格式化的贸易信息通过网络，在相互的计算机系统之间进行自动交换和处理，成为全球具有战略意义的贸易手段和信息交换的有效方式。主要应用于与国际贸易有关的行业和部门，如外贸企业、对外运输企业、银行、海关、商品检验、对外经贸管理部门等。

2. EDI的特点

（1）EDI是用电子方法传递信息和处理数据的。

（2）EDI是采用统一标准编制数据信息的。

（3）EDI是计算机应用程序之间的连接。

（4）EDI系统采用加密防伪手段。

3. EDI的作用

（1）简化了工作流程和环节。

（2）缩短了业务处理周期。

（3）降低了人事成本。

（4）减少了单据差错遗漏造成的经济损失。

（5）能够与企业管理信息系统紧密衔接。

（6）促进了社会信息化的进程。

（7）加强了企业市场竞争地位。

4. EDI系统工作过程

下面以订单与订单回复为例对EDI应用过程作一个简单的介绍。

制作订单→发送订单→接收订单→签发回执→接收回执。

EDI的实现过程就是用户将相关数据从自己的计算机信息系统传送到有关交易方的计算机信息系统的过程，该过程因用户应用系统及外部通信环境的差异而不同。在有EDI增值服务的条件下，这个过程分为以下几个步骤。

（1）发送方将要发送的数据从信息系统数据库提出，转换成平面文件（也称中间文件）。

（2）将平面文件翻译为标准的EDI报文，并组成EDI信件。接收方从EDI信箱收取信件。

（3）将EDI信件拆开并翻译成平面文件。

（4）将平面文件转换并送到接收方信息系统中进行处理。

由于EDI服务方式不同，平面转换和EDI翻译可在不同位置（用户端、EDI增值中心或其他网络服务点）进行，但基本步骤是相同的。

10.2 集装箱运输信息化

10.2.1 集装箱运输单证与EDI

集装箱运输的效率和效益，在很大程度上取决于速度。鉴于集装箱船的航速及其他运输工具的运行速度的提高有一定的限度，因此缩短集装箱货物在港站的停留时间就显得十分重要。在集装箱运输的港站及与货代、船代、运输公司、银行、保险、监管等部门的业务活动中，围绕着集装箱的验收、提取、装卸、堆存、装箱、拆箱、费收、“一关三检”等，存在着错综复杂的作业环节，伴随着众多的信息、单证的处理要求，因此，实现集装箱运输信息、单证的电子化处理，对提高集装箱运输的效率有着十分重要的意义。

1. 集装箱运输信息流程与主要单证

在集装箱运输过程中，集装箱码头是一切有关信息的处理中心。其所处理的信息中，出口信息起源于运输合同，从收货、配箱、装箱、订舱到内陆运输公司向码头集箱。

在这个过程中所形成的出口装载清单信息，经船公司的授权代理加工后送至码头，它是码头出口箱作业的依据。码头生成的船图信息，经理货公司，由船代送至船公司，这也是下一挂港要求船公司必须提供的信息。在进口信息中，进口船图、进口舱单、船期等，由船代送至码头，再根据需要提供给场站，以保证及时疏运。在进出口货箱位移及业务受理过程中的其他信息，如海关申报与答复、海关货物与运输报告等均有大部分与上述信息相同的信息流转。

由此可以看出，集装箱运输的信息交换可以分为以下三部分。

（1）船公司、代理与货主。主要包括外贸运输合同及说明、订舱及确认、到货通知、报关、费收、中转及提单等信息。

（2）港口及腹地集疏运（公路、铁路、内河运输等）。主要包括拆装箱、空箱调运、场地申请、运输订单、计划及实际的集装箱交接信息等。

（3）本港、开来港及下一挂港。主要包括船期及直接影响装卸效率的船图、舱单、装载指示等信息。

2. 集装箱运输信息对EDI的需求

1）船舶信息

船舶代理一般在所代理的船舶抵港前72 h、48 h、24 h向港务局报告船舶抵港预报和确报时间，并及时汇报变更时间。船舶预报的内容有：船名、国籍、性质、抵港时间、艏艉吃水、进出口货名、数量、船舶规范、装卸设备状况及特殊货物装载情况和要求等。港方据此及时作出科学合理的安排，这对缩短船舶在港时间、降低运输成本具有十分重要的意义。另一方面，船公司也需要及时掌握船舶在港作业动态、待泊停时间及离港信息。

目前，上述信息大都是通过传真、电报、电话索取，但事实上它们均可以通过EDI系统生成。如果要实现船期及船舶抵港等动态信息的电子传送，则港航间可相互补充双方所需的信息，提高港口调度工作效率。

2）装卸船信息

按照港口作业规定，船舶必须具备下列条件才能安排作业。

（1）进口。

① 船图、舱单及卸货有关资料必须齐备。

② 具有港口主管部门批准的危险货物作业通知书。

③ 货物流向及接卸方案已作出详细安排；超高、超宽、重大件设备具体资料预先摸清，特种车做好具体安排。

（2）出口。

① 包括信用证、商品检验、海关手续办理完毕。

② 备齐货物。

③ 作出配载及货物积载图。

④ 能连续作业。

在集装箱码头装卸作业过程中，进口资料主要是指进口船图和进口舱单，它们是做卸船计划、安排卸船顺序的依据。出口资料主要是指集装箱预配清单（俗称出口舱单），它是制订收箱计划、检查、收箱、积载、安排装船顺序的依据，它所产生的出口船图是下一挂靠港的必备资料。

传统方式是上述资料均靠纸面单证提供，再由人工输入计算机，产生装、卸船计划。对近洋航线，船图、舱单随船带，这样只有在船舶停靠锚地后才能取下，输入计算机。对远洋航线则采用传真方式，传真船图往往由于模糊不清而延长校对时间。这样做费工费时、效率低下、延长船舶在港时间。因此，提高装卸船信息处理效率，对缩短船舶在港停时间，具有重要意义。在这方面需要交换的信息有：船名、航次、箱号、箱型、箱类、箱重、始发港、目的港、下一挂靠港、提单号、箱位、发货人、收货人、货类、货名等，它们主要反映在船图、舱单、装卸指示、危险品通知等纸面单证中。

另外，溢卸、短卸、实际卸船箱数、装船箱数等信息都是船方需要从码头得到的信息。对于国际航线的船舶应实行强制理货，理货员代表船方对货物进行清点、验收和交付，对货物的溢短、残损实事求是地作记录，办理货物交接手续。因此，上述信息大都在船舶代理、理货方和集装箱码头之间交换。

3）内陆集疏运信息

内陆集疏运是国际集装箱多式联运中的一个极为重要、不可缺少的中间环节。集装箱码头通过向其内陆辐射的运输线，将各个内陆场站与港口组成一张覆盖港口内陆腹地的运输网。通过这张网，托运人将货物或集装箱交给附近场站，然后再集中起来通过运输网送到集装箱码头。

在整个内陆集疏运进出口业务过程中，需要交接的单证主要有以下几类。

（1）货物托运单。包括货物名称、件数、包装、体积、重量、起运港、到达港、发货人和收货人等有关货物运输事项。

（2）装箱指示。货代对承运货物的装箱提出明细要求。

（3）装箱单。箱内货物明细表。

（4）箱体动态。集装箱进出站、拆装箱信息。

4）利货源组织与管理信息

（1）出口。船公司通过发货人的暂时订舱与确定订舱了解和掌握货源情况。

暂时订舱是在船舶到港前一段时间（如一个月）提出的订舱。它虽然在一定程度上带有不确定性，但能使船公司大致了解今后一段时间内货运情况，为船公司的货运组织与管理奠定基础。

确定订舱是指发货人根据信用证的要求和货物出运的时间，选择合适的船舶，向船公司或其代理以口头或书面形式提出的订舱。它是集装箱货源的确切信息。船公司承担托运的信息包括：订舱船名、接货地点、装货港、卸货港、交货地点、揽货代理名称、货名、数量、包装、重量、接货方式、交货方式、所需空箱数、装箱地点等。应寄往卸货港的单证主要有：提单与场站收据副本、集装箱号码单、集装箱积载图、货物舱单、特种货物一览表。

（2）进口。为保证集装箱船舶抵达卸货港后，尽快把箱货送到收货人手中，船公司主管进口运输业务的工作人员或其代理要根据装船港寄来的运输单证做好以下工作。

① 向海关、商检及其他有关部门办理验放手续。

② 办理卸货与接收手续。

③ 向收货人发出通知 。

④ 根据提单签发提箱单。

对进口箱的盘存管理，在集装箱船舶的营运中，占有十分重要的地位。如果箱子在港口或腹地停留时间过长，不仅会引起集装箱需要量的增加，而且还会造成集装箱搬运费用和堆场费用的增加。所以，掌握集装箱在腹地的信息，对加快集装箱周转、提高集装箱运输的营运效果，有着直接的影响。

5）监管放行信息

集装箱运输部门向海关报送的信息主要有：海关申报单或货物报告（货物舱单）、货主提供的许可证、产地证、发票及商检证等信息。为减少箱货在港停留时间，提高运输效率，集装箱运输部门希望海关能尽快返回有关放行信息。

6）银行、保险信息

必要时，理货公司要向保险公司提供溢卸、短卸及船期信息以核查保险金额。运输部门与银行之间存在着到款、付款、结汇等信息传递。

3. 集装箱运输单证与 EDI 电子报文

EDI 电子报文是 EDI 的数据交换标准。根据我国交通部于 1997 年 5 月 1 日发布的《海上集装箱运输电子数据交换管理办法》的要求，用以替代纸面单证的我国的 EDI 报文的格式代码数据应采用联合国欧洲经济委员会颁布的《行政、商业和运输用电子数据交换规则》（UN/EDIFACT）国际标准或国家技术监督局颁布的国家标准。无国际标准和国家标准时，可采用行业标准或协议标准。

每条电子报文是组成一笔完整业务的信息载体，适应于某一业务功能，并且与某一业务单证或其中一部分相对应。与《海上集装箱运输电子数据交换管理办法》同时发布的《海上集装箱运输电子数据交换电子报文替代纸面单证管理规则》，结合我国国际集装箱运输的实际业务需求和 UN/EDIFACT 报文的功能，确定以 23 种电子报文替代相应的纸面单证。并规定，电子报文替代纸面单证时，电子报文与纸面单证具有同等效力；电子报文的保存期与纸面单证相同。这些电子报文涉及船舶动态、装卸船信息、内陆集疏运、货源组织与管理、

监管部门及银行保险等方面，主要有以下内容。

（1）船期表报文（IFTSAI）替代进出口船期预报、船期公告。该报文应包含五日、半月或一个月内的进口船信息、挂港信息、联系人信息。

（2）舱单报文（IFCSUM）替代进口舱单、出口舱单。该报文包含一个航次的船舶信息、提单信息、货主信息、收货人信息、通知人信息及货物信息。其中货物信息包括货物描述和含有运费信息在内的箱信息等。

（3）船图报文（BAPLIE）替代进口船图、出口船图。该报文包含一个船名、航次的信息以及含有地点信息、危险品信息和必要注释在内的箱信息。

（4）集装箱装/卸报文（COARRI）替代装船清单、装/卸箱清单、理货清单、集装箱清单。该报文应包含船舶信息和含有装/卸交货地信息和残损信息在内的箱信息。

（5）危险品通知报文（IFTDGN）替代危险品性能说明书、危险品货物申报单、危险品货物准运单、危险品船运申报单。该报文应包含船舶信息、装卸港信息、货物信息和箱信息。

（6）装箱单报文（COSTCO）替代装箱单。该报文应包含船舶信息、装卸港信息、货物信息、货物描述、表头、危险品信息和箱信息。

（7）集装箱进/出口报文（CODECO）具有设备交接单部分功能。该报文应包含船舶信息、箱信息、残损信息和多式联运信息。

（8）正式订舱报文（IFTMBF）替代集装箱货物托运单、订舱申请单。该报文应包含订舱号和港口、收货地和装货港、可选卸货港、发货人、收货人、通知人、订舱预配箱、订舱货物、集装箱细目、货物信息、运费条款及其他信息。

（9）装箱指示报文（COSTOR）替代装箱单、预配清单。该报文应包含船舶有关的信息、卸货港和交货地点、提单号和集装箱细目、货物信息、货物描述、危险品信息。

（10）“一关三检”申报单报文（CUSDEC）替代海关申报单、商品检验申报单、卫生检疫申报单、动植物检疫申报单。该报文包含船信息、货信息、箱信息、提单信息及“一关三检”当局对在进口、出口、中转过程中所申报的信息作出货物放行、查验、拒绝放行的信息。

上述规则中确定的23个电子报文覆盖了将近90%的集装箱运输单证，尚缺、提单及提单副本、运费发票、运费舱单、银行汇票、税单等。这当中主要是与银行部门的信息传递，由于诸如体制、采用标准等原因，目前实现电子交换尚有困难，需要进一步分析、研究，以确定可以实现的交换内容和交换方式。

10.2.2　RFID在集装箱运输中的应用

为了增加市场竞争实力，提高运输效率和服务质量，实现集装箱运输的现代化，集装箱的运输管理需要一种更加自动化、智能化、能够实时更新数据的技术，RFID技术无疑具备这些特点。

1. 集装箱运输管理中RFID系统的结点选择

集装箱运输系统涉及很多港航相关企业，如货运代理公司、拖车公司、支线船公司、干线船公司、港口、堆场（专门提供空箱存放场所的公司）等，空间范围大，货物流转过程复杂（其货物流转过程见图10-4），因此，在集装箱运输系统中要建立RFID系统，首先面临的就是系统结点选择问题。

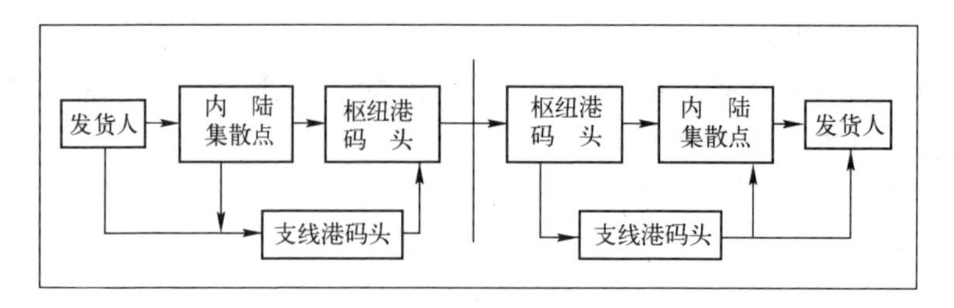

图 10-4 货物流转过程

从图 10-4 可以看出，货物从发货人的仓库到达收货人的仓库需要经历较多环节，这就需要企业间共同协作完成货物的运输、储存、装卸及保管等服务。

就起运点而言（即图 10-4 中的发货人），集装箱运输企业要面对不同规模、数量众多的发货人，就要求在这些不同的发货人那里建立 RFID 系统。发货人的数量和种类如此之多，谁来建立 RFID 系统？若让发货人来建立，对规模较大的发货人而言是可行的。而对众多中小发货人而言，考虑到建立一套 RFID 系统能够带来的效益和系统的使用率问题，让其建立 RFID 系统就缺乏积极性。若让集装箱运输企业建立，考虑到发货人庞大的数量和发货人的不确定性，让其建立 RFID 系统的起始结点是不可行的。起运点面临结点选择，对于集装箱运输的 RFID 系统的其他结点也同样如此。因此，在集装箱运输中建立 RFID 系统，首先要确立好各个结点，结点选择得好，不但能够完整跟踪集装箱，而且能够节约建设资金，这是关系到整个 RFID 系统建设成败的关键问题。

结点的选择应遵循以下原则：RFID 系统具有较高的使用率，可以带来较好的经济和社会效益；建设单位实力比较雄厚，信息系统及网络等配套设施齐全；RFID 系统能够给相关单位带来更好的服务。

根据这些原则，将 RFID 结点选择在堆场、闸口和岸吊等处非常合适。对于发货人或收货人，这类企业数目众多，规模差异较大；对于中小发货人，RFID 系统一般只有自己使用，其使用率必然很低，因此不将其作为 RFID 系统的结点。值得说明的是，虽然航运公司没有安装 RFID 读写器，但它是应用中的关键企业，它提供贴有 RFID 标签的集装箱。在港口，RFID 读写器安装在闸口处和岸吊上，就可以完全监控贴有 RFID 标签的集装箱进出港口的详细情况，在闸口的 RFID 读写器监控从陆路进出港口的集装箱，在岸吊上的 RFID 读写器监控从水路（船舶）进出港口的集装箱。

2. RFID 标签信息的更新与相关企业信息的获取

集装箱在一个运货循环中，RFID 标签信息将被多次更新，相关企业可通过 Internet 获得自己需要的相应信息。

发货人向航运公司订舱，航运公司获得订舱信息（假设订舱条款为 CY-CY）并接受订舱，然后通知发货人到某空箱堆场（在起运港外）提取空箱并将该发货人的订舱信息传递给空箱堆场，空箱堆场信息系统根据收到的订舱信息组织好将要写入到 RFID 标签中的信息；当发货人委派的拖车司机到空箱堆场提取空箱出闸口时，集装箱上的 RFID 标签被设置在闸口的 RFID 读写器写入已经组织好的信息；空箱在发货人的仓库装完货物后，运往起运港，当集装箱通过起运港的闸口时，闸口的 RFID 读写器一方面再次向 RFID 标签写入信息，如重箱运抵港口的时间，另一方面读取 RFID 标签中的信息，读取的信息经港口信息系统处

理后，通过 Internet 传递给航运公司；随后集装箱在装船时被安装在岸吊上的 RFID 读写器写入信息和读取信息，港口信息系统将集装箱装船的信息通过 Internet 传递给航运公司，航运公司也能监控集装箱装船的情况；集装箱装船后被运往国外港口，集装箱在卸船时被安装在岸吊上的 RFID 读写器写入信息和读取信息，港口信息系统将集装箱卸船的信息通过 Internet 传递给航运公司；收货人派拖车到卸货港提取集装箱，集装箱出闸口时 RFID 标签被写入信息和读取信息，港口信息系统将集装箱被收货人提取的信息通过 Internet 传递给航运公司，收货人将集装箱拆空后还回集装箱堆场，空箱进入闸口时，RFID 标签信息被重写。至此，集装箱完成一个完整的运货循环，对集装箱的跟踪也完成一个循环，当集装箱进入下一个运货循环时，对集装箱的跟踪也进入下一个循环。

3. RFID 系统的应用对集装箱运输相关企业的影响

对于航运公司，集装箱上的 RFID 标签在进出堆场、港口及装卸船时，都能够及时得到相关信息，对集装箱的控制更加有力度，对集装箱的掌握更加全面，对责任的区分更加明晰，能极大地提高对集装箱的管理效率。堆场或港口每次对 RFID 标签的读写都意味着责任的转移，比如空箱出堆场时，意味着责任转移到发货人那里，一旦集装箱出现什么意外就能立即通过系统找出责任人并展开调查和处理。同时，航运公司通过对集装箱运输过程的跟踪，能够为相关企业提供更准确及时的信息，从而提高自己的服务水平，增强企业的竞争力，争取更大的市场份额。

对于港口企业，通过基于 Internet 的 RFID 系统能够更早地了解到某航运公司某船舶某航次在本港将要出运的集装箱信息，包括集装箱的数量、种类，每个集装箱的重量和卸货港等信息，港口企业就可以根据这些信息对将要到港的集装箱的堆存进行提前规划，为随机到港的集装箱提供更合适的堆存位置，为集装箱的装船做好准备，既减少堆场内倒箱，又降低集装箱配载的难度，从而提高堆场系统的通过能力。同时，信息的提前获取也为集装箱的自动化、智能化配载和管理提供信息基础。

对于发货人和收货人，能够通过 Internet 及时了解集装箱的运输情况，为正确及时地进行与该集装箱相关的活动做好各种准备。

4. RFID 应用于集装箱运输管理的关键问题

（1）集装箱运输中 RFID 系统的数据同步。RFID 系统的结点是用来采集集装箱信息并跟踪集装箱的，这些标签中的信息要在各相关企业之间共享。标签信息在 RFID 系统的结点处可能会被读取或写入，这就要求 RFID 系统各结点的数据要同步。如果某结点对标签中的信息进行了更改，没有及时更新相关企业信息系统中的相关数据，则会由于错误的信息导致错误的判断和处理。比如，集装箱已经到达枢纽港码头结点，该结点对标签中的数据进行更新，但发货人结点没有得到该更新信息，这可能导致报关不及时从而影响装箱或延误船期。可见，数据同步是 RFID 系统的一个关键问题。

（2）集装箱运输中 RFID 系统的标签信息结构。在集装箱运输 RFID 系统中，标签信息既要满足物流链上各相关企业对信息存储和处理的需要，又要保证不泄露相关企业的商业机密。物流链上各相关企业对集装箱内货物信息的需求不一样，即对掌握信息的详细程度不同。比如，港口需要知道货物种类、箱型、尺寸、箱重、目的港等，而船公司还需要知道箱内货物的具体名称等更详细的信息。因此要满足物流链上各相关企业对信息存储和处理的需要，就要确定好标签的代码结构，使标签信息能够满足物流链上相关企业的共同需要。因此，集装箱运输中 RFID 系统的标签信息结构要处理好信息的完整性和保密性的关系。

（3）集装箱运输中 RFID 系统的标签功能。标签功能与标签成本有相关性，标签功能越丰富，其成本越高。目前，国外每件无源低频 RFID 标签平均要花 20～30 美分，国内无源低频、中频 RFID 标签的成本价格大约在 2～4 元人民币之间。这样的成本对 RFID 标签在零售业中的应用影响非常大，但是若要在集装箱运输系统中采用 RFID 技术，首先考虑的则是功能问题，而不是标签的价格，因为相对于集装箱本身的价格而言，标签的成本微不足道，再加上能够给多个企业带来方便，并能够提高物流服务的整体质量，因此，应用在集装箱运输系统中的 RFID 标签的功能要强大，比如，可以提高 RFID 的读取距离、抗干扰能力、能够辨识阅读器等功能。目前，若要建立集装箱运输系统的 RFID 系统，还需要进一步加强标签的功能以满足实际要求。

10.2.3 基于 OCR 的集装箱号识别技术

1. 箱号识别概念

集装箱号码自动识别，简称箱号识别，是基于图像识别中的 OCR（光学字符识别）技术发展而来的一种实用技术，它能对集装箱图像进行实时抓拍，对集装箱号码和箱型代码（ISO 号码）进行识别。实时的影像、车辆和集装箱的信息均转化成为数字化信息存储在计算机中，通过调用这些信息与物流、码头、堆场或海关的信息管理系统进行整合，提高关口和货物管理、集装箱存货管理、场地规划、收费管理及其他有关物流管理的自动化程度，有效地节省了集装箱检验的时间，降低了人手工记录集装箱号码的出错率，加强了码头出入口的保安。

2. 箱号识别系统原理

箱号识别系统通常由触发模块、控制器、图像采集模块、识别模块和辅助光源组成。为实现对箱体四个面的图像采集，一套箱号识别系统一般最少同时布置四台相机，分别负责对前后左右四个面的拍摄（见图 10-5）。

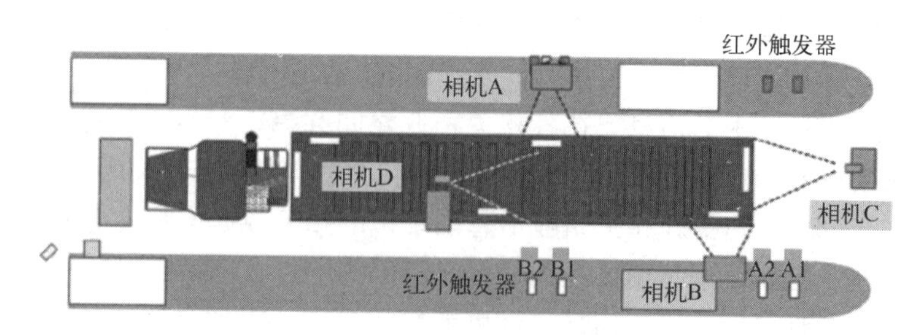

图 10-5　箱号识别系统的箱号采集

四路相机根据触发信号和控制器的指令进行拍摄，将图像传回计算机进行识别。当装有集装箱的集卡车进入通道时，由固定安装在通道两侧的光电传感器检测集装箱所处的位置，控制系统依据传感器的导通遮断状态和时序，判定集装箱的长短类型（是一个短箱，还是一个长箱或两个短箱），并在特定的几个时刻向固定安装在通道四周的特定位置的 4 台彩色摄像机（均配有强力的具有自动功能的补光用闪光灯）发出拍照指令（对应不同的装载类

型有不同的拍摄模式），以拍摄集装箱的四个箱面上有箱号的部分；相机产生带箱号部分的数码光学图像（短箱拍摄模式产生4幅图像，长箱或两个短箱拍摄模式产生6幅图像）。图像数据被实时采集进入计算机处理，由光学图像识别模块（OCR）识别出集装箱号码和箱型，供后台使用。系统的逻辑结构如图10-6所示。

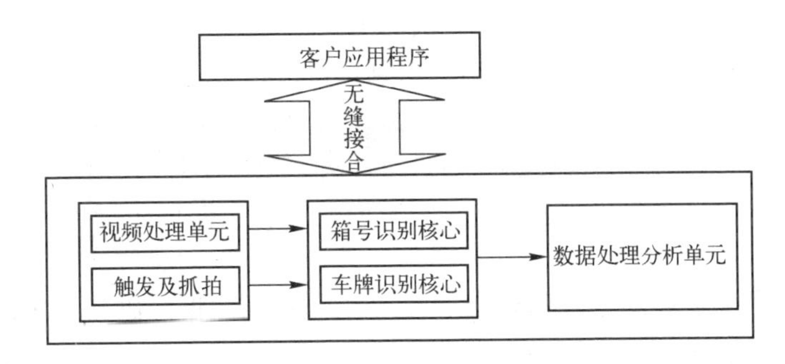

图10-6　箱号识别系统逻辑结构

如图10-6所示，识别系统由“逻辑判断和系统控制”收集来自“触发系统”的触发信号，过滤干扰确认集装箱的位置，进而操控“抓拍系统”对箱体的图像进行抓拍。抓拍的静态图片交由各个核心识别模块识别出相应的数字信息，并通过“集成接口”传送至第三方系统完成后台的集成和开发。

3. 箱号识别技术的优势及其应用

箱号识别技术实现了集装箱号码快速、自动的识别和输入，为码头、堆场、海关、物流等系统的自动化提供了极大的便利，有效地提高了工作效率和工作质量。与传统的手工记录相比，其优势主要表现在以下方面。

（1）速度快，加快了集装箱通关的速度，提高了效率。

（2）降低了错误率。

（3）杜绝了人为的舞弊现象。

（4）提高了信息查验的效率。

因此，箱号识别技术在许多领域都有重要的应用。

（1）港口、堆场闸口和口岸自动化。在集装箱进出频繁、业务繁忙的集装箱装卸港口、堆场及口岸，箱号识别装置可取代原来烦琐缓慢的人工抄录箱号的工作，自动识别、记录集装箱的过卡信息，并可实现集装箱不停车过卡，提高了作业速度，有利于增加港口吞吐量，同时还减少了人工操作出错的可能性，杜绝了可能存在的舞弊行为，为港区、堆场的集装箱作业带来了很大的方便，极大地提高了管理的自动化水平。通过与港口信息管理系统的信息交换，可及时、准确地跟踪有关情况，进行有效的管理。目前，箱号识别系统已成为现代化港口、口岸的标志。在天津、上海外高桥等港口，以及有全世界最繁忙的集装箱口岸之称的罗湖桥、落马洲、文锦渡口岸，箱号识别系统都得到了成功的应用，产生了巨大的效益。

（2）海关监管。集装箱是海关监管的重要对象，箱号识别系统可快速、准确地识别和记录通过监管点的集装箱信息，可有效地缩短通关时间，同时防止舞弊。通过将箱号识别的信息与海关信息平台和综合数据库相结合，可快速实现有效监管，为打击走私等违法、违规行为提供了重要的条件。在我国政府近年倡导的“大通关”计划中，箱号识别是不可缺少的环节之一。箱号识别技术还可用于对集装箱生产的监管。

（3）智能卡口。近年来，智能卡口的概念日益受到重视。在智能卡口中，地磅、箱号识别、车牌识别、IC卡、无线射频卡、电子挡杆、信号灯等设备被集成安装在一个卡口中，一套卡口综合集成信息管理软件对这些设备进行控制并获取有关结果，原先独立的或由人工完成的查验工作被这些设备自动完成。当集装箱通过卡口时，将首先分别由电子地磅获取其重量，箱号识别系统自动识别其箱号，车牌识别系统获取运载集装箱的集卡的车牌号，IC卡和射频卡装置读取相关信息，然后将这些信息送入信息管理系统中进行组合，获得该集卡和集装箱的完全资料，并与有关的数据资料进行比对，根据比对判断的结果给出电子挡杆和信号灯放行或拦截的指令。在智能卡口中，箱号识别是不可缺少的一个重要环节。

（4）集装箱吊装查验。除了固定安装在闸口外，箱号识别装置还可以被安装在港口的龙门吊上，对每一个被吊装的集装箱进行自动号码识别，并将号码与预定的装卸单进行比对，有效地防止吊装错误。

（5）物流监管。信息的采集是物流监管系统的基础工作。箱号识别技术可应用于物流监管的关键环节，对集装箱的转运过程进行快速严密的监控。

10.2.4 GPS在集装箱码头监控作业管理中的应用

近年，我国集装箱运输发展势头尤其强劲，在上海、深圳、宁波、青岛、天津、大连等港口陆续兴建了大量集装箱码头，而未来一段时间内仍将兴建许多集装箱码头。随着集装箱码头的大量建设，它们间（特别是地域相近的码头之间）的竞争不断激烈。竞争的焦点主要集中在集装箱船舶的在港时间及集装箱处理成本。船公司采用大型运输船舶并加速船舶周转以达到降低集装箱运输成本的目的，使得集装箱码头管理信息化和作业自动化成为提高作业效率、通过能力和服务水平进而提高竞争力的重要手段。为适应国际集装箱运输船公司的服务要求，管理信息化也得到了国内码头业的重视，大型集装箱码头均配备了计算机网络、无线网络和先进的集装箱操作管理软件，配备的管理系统具有自动进行作业设备分派、集装箱装卸作业顺序安排、船舶计划和配载、堆场计划、车辆和集装箱跟踪等功能。但由于对场地集装箱作业司机的操作缺乏严格有效的监控手段，集装箱生产仍存在箱位不受控、信息回传滞后、受下雪等特殊天气影响等问题，影响了码头的自动化水平和作业效率。针对上述问题，国内一些主要集装箱码头近年开始考虑利用GPS进行作业监管。

目前，GPS在集装箱码头的应用领域如下。

1. 作业机械监控

国内集装箱码头的作业机械包括码头岸边的装卸机械装卸桥QC、堆场装卸机械轮胎吊RTG（或轨道吊RMG）、岸边和堆场间集装箱平面运输的拖车、后方堆场和空箱作业及零散作业用的叉车/正面吊及运送维修人员和设备的工程维修车。对作业机械的监控可分为调度监控、维修监控和倒运监控三类。

（1）调度监控。由调度人员利用电子地图和实时生成的三维场景对作业机械进行可视化监控调度，以确定机械位置和状态，了解机械的分布，调度机械工作地点，减少等待及相互间的冲突，调度最近的空闲机械，以减少空车运行距离，从而提高码头装卸效率，降低生产成本。作业机械的位置也可以回送给集装箱操作管理软件，以便操作管理软件分配最优的作业指令。

（2）维修监控。由设备维护人员对作业机械的位置和状态进行监控，方便对设备的维

护和维修，另外，维修部门还可以监控工程维修车的位置，方便对维修车的调度。

(3) 倒运监控。对码头间或堆场间倒运经过海关检查集装箱的拖车进行监控，便于海关监管。

2. 箱位管理

集装箱码头配置无线系统和集装箱操作管理软件后，能够实现作业指令的自动生成和派发及箱位的自动管理。但RTG实际吊具位置没有可靠监控，司机作业存在人为错误的可能性，会出现不按作业指令和数据库记录位置堆放（即误码）的问题，影响后续作业效率，甚至会出现“丢箱”现象，给码头造成经济上和形象上的较大损失。

RTG安装GPS后可以实时获得小车的位置，与编码器结合可获得吊具的三维位置，当吊具不在作业指令给定的箱位时，禁止司机进行提放箱操作，从而根本上消除困扰集装箱码头的集装箱堆放误码或“丢箱”的问题。与PLC结合，除可以进行箱位控制外，还可以进行集装箱位置自动确认，减轻司机的劳动强度。另外，通过在提箱时进行作业完成提前确认，可以加快作业流程，提高作业效率。

3. 安全管理

码头作业繁忙，经常出现两个RTG近距离同时作业的情况，由于司机劳动强度大，疲劳后疏忽等原因，容易造成两个RTG相撞或RTG提箱过程中碰箱事故的发生，造成经济损失和人员伤亡。

(1) RTG/叉车防碰撞报警和控制。RTG安装了GPS以后，可根据两车的位置计算两者的距离，当两车接近危险距离时进行声光提示，当两车间距离小于危险距离时对RTG进行减速控制，从而避免事故的发生。

(2) RTG防碰箱。RTG在堆场某列进行提放箱作业时，根据GPS指示的位置信息，结合集装箱操作管理软件数据库中该列的集装箱层数，由PLC进行吊具最小起升高度控制，可避免碰箱事故的发生。

此外，拖车/叉车安装了GPS接收机后，利用GPS接收机给出的速度信息，可以向司机进行超速提醒，提高行驶安全性。

4. 作业机械辅助导航

北方码头冬天下雪后冰雪覆盖，RTG司机可能看不到地面的箱位和场标等标志，而利用驾驶室内的GPS自主导航界面，司机可以按指令移动大车和小车，并可以按作业指令在指定场位进行提放箱操作。另外，目前的RTG越来越高，雾天和雨天及黄昏未开灯光线较暗且场地标志磨损或污损的情况下，司机也会因看不清地标，而容易引起操作失误。利用GPS自主导航，可以避免这种失误。

拖车和叉车也可配置GPS辅助导航界面，司机可根据屏幕的指示快速找到作业地点。

5. RTG大车自动纠偏

利用GPS的虚拟轨道，实现大车直线行走，免除RTG司机需要长时间低头进行手动纠偏的疲劳作业和RTG行大车时同集装箱或其他车辆相撞的隐患，从而使RTG具有同RMG一样的大车运行功能。

6. RMG/QC同步控制

大跨距的RMG或QC在大车运行过程中容易产生因车轮打滑而引起的“啃轨”现象，从而降低起重机的使用性能和寿命。利用GPS系统可监测大车两侧打滑情况，以利于同步控制。

7. RTG/RMG/QC 大车自动行走

利用 RTG 的当前位置和要求作业集装箱的目标位置，结合大车自动纠偏和导航功能，可实现 RTG 的大车自动行走。届时司机只要轻触按钮，就可以实现在同跑道上 RTG 大车位置的自动变换。

同样，RMG/QC 上安装了 GPS 后，也可实现大车自动行车。

进一步，还可自动控制 RTG/RMG 的小车运行到作业指令指定的箱位，等待司机进行提放箱操作。

8. 时间同步

为了保持码头各职能部门及各计算机软件的协调一致运行及各种统计数据的一致性，需对各相关计算机进行时间同步。可利用 GPS 时间作为系统的统一时间基准，各作业机械上计算机的时间以其所载 GPS 接收机进行授时，调度/维修监控终端、服务器及集装箱操作管理软件所在服务器的时间以 GPS 基准站时间作为基准进行授时。

10.2.5 GIS 在集装箱多式联运系统规划中的应用

在集装箱多式联运中，进行系统规划十分重要。在 GIS 技术的基础上，利用 TransCAD 软件进行集装箱多式联运系统规划，可做到科学、有效、准确。

集装箱多式联运系统规划的根本任务是按照社会经济发展模式和趋向，设计合理的集装箱多式联运系统，以便为以后的土地利用与社会经济活动服务，满足社会和经济发展的需要，本着现有运输资源来探索最好的解决方案，制定目标并设计达到目标的策略或行动。具体内容有：集装箱量的产生（运输需求预测）、集装箱量的分布、运输方式选择、集装箱量分配（路径选择）、集装箱运输通道建设、土地利用、路网规划、运输设计、编组计划及运行图的编制等。集装箱多式联运系统规划的实质就是根据未来的集装箱运输需求分配合适的运输资源，以实现运输资源的最佳配置及高效利用的问题，使集装箱物流具有综合效率和综合效益的最大化。要制定合理的规划，必须先预测未来的运输需求情况，并了解现有运输系统的形态和土地利用情况，目前的交通路线及交通设施是否合理，是否足够并进行综合、定量分析，然后提出改进措施，以适应当今乃至将来发展的需要。

总之，集装箱多式联运规划主要解决两方面的问题，一是预测未来的集装箱运输需求情况，二是了解与分析现有运输资源状况。不管是运输需求还是运输资源都具有很强的空间特性（均分布于特定的空间位置上），并有丰富的社会属性，所有这些都涉及大量的空间数据与属性数据，如果仅靠人工手段处理这些数据将是非常繁重而又低效率的。GIS 具有强大的空间数据与属性数据综合处理能力，借助 GIS 技术处理集装箱多式联运系统规划中的海量数据，运输规划工作将大大简化，并更加具有高效性与科学性。

10.3 智能集装箱

近年来，集装箱运输不断发展，并发挥自身的优势成为世界货物运输最主要的方式。根据海关的统计，世界上 90% 的货物由集装箱运输，在美国，差不多一半的进口货物（按价值计算）是使用集装箱船运抵的。每年约有 700 万 TEU 的集装箱货物在美国各港口卸货。但是，随着世界海运的发展，对货物运输的实时性、可控性和安全性的要求越来越高，现在

集装箱运输系统存在的缺陷，如无法实现实时作业、无法随时获知货物的情况、无法实时确定集装箱在整条供应链中所处的位置等，也越来越多地制约了世界海运的蓬勃发展。

10.3.1 智能集装箱的概念

所谓智能集装箱通常是在设备的外部和内部均使用或者加装多个主动 RFID 产品（主动式电子标签内部自带电池，工作可靠性高，信号传送距离远。在结合 GPS 技术后，能在集装箱状态发生变化时，实时将状态变化发生的时间、地点及周围的环境信息传输到货主或管理人员的机器上去，实现集装箱的实时跟踪），包括一张电子封条，一张传感器封条，这些标签可以贴在运输货物的集装箱上，而这些标签能够随时将集装箱的一些关键信息如位置、安全状况、灯光、温度和湿度的变化传给读取器网络，读取器网络收集、过滤获得 RFID 的信息，并将有效信息输送到 TSS 系统（Transportation Sccurity System ，交通安全信息系统）。发货人通过 TSS 系统，就可以实现对货物的追踪，了解货物的及时方位、状态和安全状况。

10.3.2 构成智能集装箱的关键技术

1. RFID 技术

RFID 技术的原理在上面已作介绍，在具体应用中，RFID 技术系统包括 TSS 系统的导入、RFID 无线射频硬件配置及 TSS 系统对外接口信息三部分及其整合。

RFID 技术可以检测的相关信息有以下几类。

(1) 安全性信息。是否载有爆炸性物质、核物质、放射性物质、化学物质等危险性货物，是否有人藏匿，是否存在非法开箱行为。

(2) 运输信息。集装箱箱门开、关状态，集装箱是否满载、部分装载或者空箱，集装箱的位置。

(3) 设备信息。电池状态、集装箱自身状态及集装箱安全设备的状态。

2. 卫星技术

一般来说，有两种广义的 GPRS（全球定位通信）卫星系统，即低轨道卫星系统和高轨道卫星系统。低轨道卫星和高轨道卫星都可以跟踪和确认集装箱在供应链中的位置，但低轨道卫星的优势在于它可以以与调频信号类似的频率低成本地传送窄带数据，并传送声音和图像信号。最关键的是，低轨道卫星提供的接收盲点较少，并可以使用不可见的天线，在全球反恐的大局势下，这对供应链系统的安全性更有利。高轨道卫星的缺陷在于接收盲点较多，及安装在运输工具上的天线是可见的。可见的天线似无大碍，但是却给那些想要劫持破坏集装箱的非法分子提供了可乘之机。卫星技术只能帮助确定集装箱在供应链中所处的位置，无法探测到集装箱的具体状况。所以，只有将 RFID 技术和卫星通信技术有效结合，才能真正增强全球供应链的安全性，才能真正体现智能集装箱系统的“智能性”。

3. 人力因素

通常人们总是过多地关注于高新技术的应用，而忽略了人力在智能集装箱系统中的重要地位和作用。没有人力的有效操作，只使用 RFID 和卫星技术的智能集装箱系统是缺乏完整性和可控性的。对于一个智能集装箱系统来说，在集装箱运输的起运点需要有现场负责人检查集装箱所载货物的情况，确定舱单的准确性，并启动 RFID 和卫星技术系统，最后监督集装箱的封装。同样地，在集装箱运输的目的地也要有相应的现场负责人，双方必须通力合作

完成智能集装箱系统中的监控工作和安全作业。智能集装箱系统通常存在一个RFID技术的激活密码，负载了舱单信息和其他如使用系统的终端代理的身份确认等信息。这个安全电子密码是用来从公司的物流系统向集装箱安全设备传送和输入有用信息的。因此，负责输入这个电子密码以激活系统的人员也是智能集装箱系统中不可或缺的要素。

10.3.3 智能集装箱系统的作业流程

智能集装箱系统目前还没有真正广泛应用，如想在海运行业内推广，还要进行现有系统集装箱改造、新设备加装、技术网络构建等诸多步骤的努力。现在以在门到门运输模式下，对现有系统加装RFID设备的简单模式为例，说明智能集装箱系统的作业流程（见图10-7）。

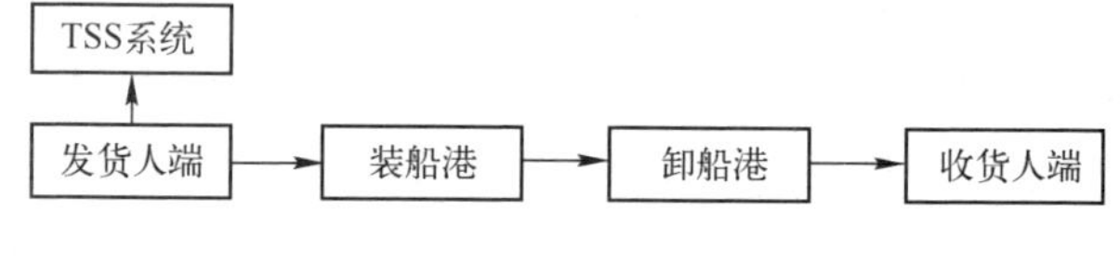

图10-7 智能集装箱系统的作业流程图

1. 发货人端

在发货人端，出口集装箱装箱完成作业后，须在集装箱上加装RFID电子标签并以手持终端机启动RFID电子标签，再由集装箱运输公司将集装箱运往码头集装箱堆场。

2. 集装箱装船港

待集装箱进入港口后，系统透过RFID读取器实时记录集装箱到达的时间与集装箱的安全状态，并实时将信息以GPRS传输方式传送至TSS系统。同时，必须通过网络登录事先预设的账户，并在TSS系统上维护测试集装箱的舱单资料。集装箱进场信息经过码头集装箱场的港口管理系统确认后，集装箱场的集装箱监控作业就开始由RFID监控读取器进行全程监控。当集装箱开始装船作业时，架设在船边的龙门起重机上的RFID读取器记载集装箱装船作业的时间，同时确认该集装箱的安全状态，确保装船的集装箱为安全状态，之后集装箱船即经海运路线驶往目的港。

3. 集装箱卸船港

集装箱船进港停靠码头后，经由卸货龙门起重机将集装箱调至集装箱场后，由现场的安全作业人员以手持终端机取得集装箱到港的信息。

4. 收货人端

在门—门运输模式下，集装箱被直接运送到收货人所在位置。收货人在收到集装箱之后，直接剪断电子标签的插闩，完成集装箱的安全旅程。

因此智能集装箱必须具备以下三大基本功能。

（1）能够在集装箱现场密切监督和自动报告企图非法入侵集装箱内部的任何人的活动，并且正确显示这种入侵活动并未经过任何权威部门的事先批准。

（2）能够在法律和现场允许的条件下，向愿意支付有关信息费用的当事人提供其供应链内的动态信息和集装箱具体位置。

（3）能直接从集装箱内对外发送有关集装箱的舱单、提单和装箱单等有关数据。

10.3.4 智能集装箱整体设计

智能集装箱由电子标签和阅读器两个子系统组成。其中电子标签安装在集装箱上，功能

是用于存储集装箱标识信息、集装箱装载货物信息、提单信息等；阅读器则用于读写集装箱上的电子标签。

智能集装箱的信息处理流程包括道口信息处理流程（如图10-8所示），也即集装箱进场过程，还包括港口信息处理流程（如图10-9所示），也即集装箱出港过程。

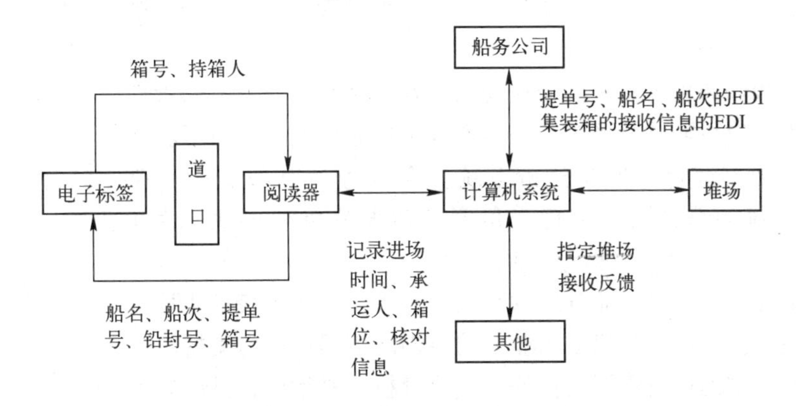

图10-8　道口信息处理流程图

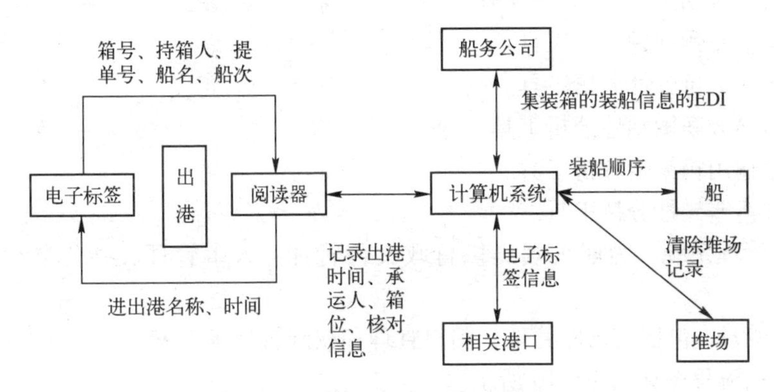

图10-9　港口信息处理流程图

本系统是以集装箱班轮运输业务为对象，以运输系统经济效益最优化为目标，解决船公司在业务处理流程中涉及的管理与决策问题的软件产品。通过对目前集装箱运输业务的系统分析，它既能为实际运输系统提供全面的管理支持，同时又运用多阶段决策的方法，为用户提供在既定运输需求和条件下的动态最佳运输资源分配方案。

Shipping Master是一个整合了集装箱船公司业务管理、业务分析和业务决策支持三大系统的综合性的软件系统。三个系统相互紧密配合又具有很好的独立性，系统间具有良好的数据接口关系。

Shipping Master建立在先进的最优化理论、数据仓库技术和Internet技术基础上，可为提升企业的管理水平，提高企业的科学决策水平带来巨大的帮助，给企业带来巨大的经济效益。

Shipping Master的基本组件如下。

（1）订舱和单证管理系统。接收和处理从货代公司上传的各类订舱单证。

（2）集装箱管理系统。管理与集装箱相关的各类业务，包括集装箱追踪和空箱调运管理，集装箱费用管理等。

（3）班期和调度管理系统。为船公司所有船舶的运营调度提供管理支持，包括航线和运营班期管理，以及船舶调度管理等。

（4）商务管理系统。为船公司的商务活动提供管理支持，包括销售管理、客户管理、合同管理、费率管理等。

（5）结算和账务管理系统。为船公司的费用结算和业务账款管理提供支持。包括航线费用结算，应收、应付账款管理等，并具备成本控制和效益分析等功能。

（6）业务数据综合再现和分析系统。在业务运营数据的基础上，运用数据仓库技术，对业务系统的综合数据进行多角度的数据分析和再现，为企业各级主管的决策提供数据基础。

（7）决策支持系统。在业务运营数据的基础上，运用最优化技术，对船公司的整体业务进行综合的最优化分析，为船公司业务的科学决策提供有力支持。

该系统由一系列针对不同目标的最优化分析工具组成，具体如下。

① 既定货运需求和班期条件下最优化运输方案自动生成工具。

② 班轮航线规划工具。

③ 班轮运输瓶颈问题研究工具。

④ 班轮运输运价弹性分析工具。

⑤ 班轮运输方案敏感性分析工具。

⑥ 班轮运输用箱策略分析工具。

⑦ 运输方案差异性分析工具。

（8）行政管理系统。为船公司提供行政文件管理、人事管理、办公自动化（OA）等功能。

（9）系统管理。包括数据库管理、用户管理和权限管理等功能。

系统的数据流程图如图 10-10 所示。

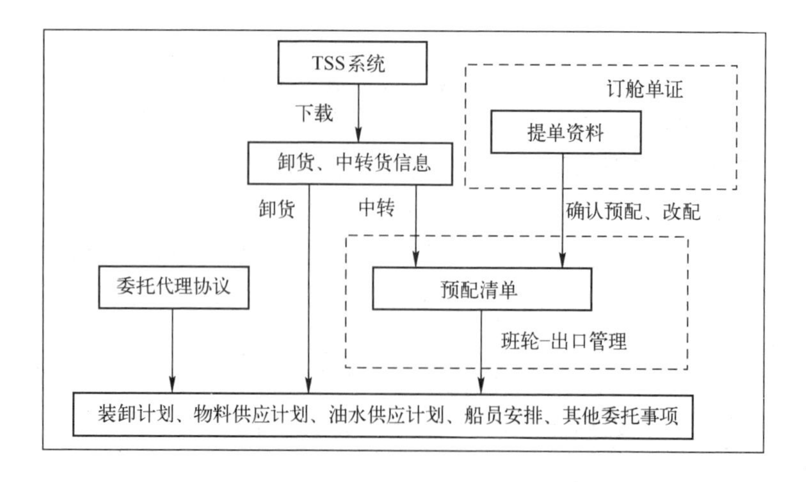

图 10-10　航次代理业务操作数据流程图

10.4　集装箱运输管理信息系统

集装箱运输管理信息系统（MIS）的开发使用，是针对集装箱运输所涉及的各个环节，分别建立子系统进行信息的采集、输入、整理、加工、输出，以实现运输业务流程作业、运输环节管理控制和为管理决策提供依据等功能。各个子系统不但可以自成体系单独运行，而且还可以拥有相应的支持子系统。这样的MIS不仅可以满足大型的综合性集装箱运输企业的要求，同时也可用于业务较单一的企业。

10.4.1　集装箱运输管理信息系统的概念

管理信息系统（MIS）是各类企业和一切组织机构进行现代化管理的基础，其特点是面向管理工作，提供管理所需的各种信息。它不仅仅是以计算机进行事务处理的数据处理系统，同时也是利用计算机为管理和决策提供信息的信息系统。

就集装箱运输的管理信息系统而言，它有其特定的功能与目标，其基本任务是收集、处理、存储、分析与集装箱运输活动中有关的各类信息，及时、准确地掌握集装箱运输的基本情况，向有关的运输管理机构及运输企业和客户提供可靠的信息，为统计分析、生产预测、管理决策的现代化服务。

10.4.2　集装箱运输管理信息系统的作用

集装箱运输是一种新型的现代化运输方式。在运输过程中，集装箱运量大、周转快、环节多，因此信息量很大，对信息管理的要求高。这种运输生产的组织、管理必然与管理信息系统联结在一起，没有以计算机为中心的管理信息系统就无法高效率地进行集装箱运输，这已得到国内外生产实践的证实。

不同类型的集装箱运输企业，因为所担负的运输职能不同，因而对集装箱管理信息系统的功能要求也不同。但是，从运输对象都是集装箱这一共性出发，具有一些共同的功能特征，内系统来完成以下几项任务。

（1）对集装箱进行动态跟踪，通过查询功能，掌握集装箱所在的地理位置和当前所处的状态。

（2）对集装箱的运量、流向等进行统计分析，制成各种统计分析报表。

（3）进行集装箱运输单证信息处理，包括电子计算机制单、通过数据通信网络传递单证信息。

（4）通过本企业的管理信息系统与其他企业的管理信息系统联网，获得需要的外部信息或其他企业传递的信息。

电子计算机能够高效地完成这些工作，其处理速度及信息的正确性、及时性是人工处理无法比拟的。集装箱运量越大，电子计算机的作用越加明显。当集装箱运输达到一定的规模时，配备集装箱管理信息系统就显得更加重要。

10.4.3　国外集装箱运输管理信息系统发展概况

国外集装箱运输管理信息系统的发展，已由单一企业的信息系统向多个企业联合参加的信息系统发展。

集装箱运输管理信息系统是随着管理信息系统这门学科的兴起及集装箱运量迅速增长的需要而逐步发展起来的。首先是各种运输企业根据自身的需求，建立起一个企业范围内的管理信息系统，并逐步发展完善，有些企业的信息系统规模很大。当今国外一些大型航运企业，如美国的海陆公司和总统轮船公司等，其集装箱管理信息系统均有全球性的计算机网络支持，能够对公司轮船航运至世界各地分支机构之间进行诸如运费、舱单、装箱单、海运提单等单证和报表的数据传输。这些系统在掌握了完整信息的基础上，可进行细致而周密的统计分析，为决策提供依据，其功能对集装箱运输组织管理起到了重要的作用。

由于集装箱运输，特别是国际集装箱多式联运涉及的企业和部门很多，随着运输规模和范围的扩大，企业和部门之间进行信息交换的需求越加迫切。自 20 世纪 80 年代开始，国外一些重要运输口岸，陆续建立起了多种企业联合参加的运输货物信息系统，其中包括集装箱运输管理信息系统，如日本东京等港的 SHUNETS 系统、德国汉堡港的 DOKOSY 系统、布来梅港的 LOTSE 系统、荷兰鹿特丹港的 INTIS 系统等。它们均是有多个企业参加的信息系统，有些系统已有银行、海关、保险公司等与运输行业相关的单位参加，也有的将集装箱运输管理延伸至内陆。这些系统在开发之始，均有加快信息在不同企业之间流转的共同出发点，开发成功之后，又各具特色，在集装箱运输管理中发挥了重要作用。

10.4.4 集装箱运输管理信息系统构成

一个比较完整的集装箱运输管理信息系统至少应包括航运管理、箱务管理、单证管理等若干子系统。

1. 集装箱航运管理子系统

航运管理子系统是航运企业主要的业务管理信息系统，它是以船舶、港口生产组织和调度指挥为中心展开的，实现和协调系统内各子系统具体功能，以全面提高航运管理的质量、提高企业的经济效益和生产效率服务为目的。此系统是海运企业经营管理的主要计算机系统，根据功能的不同，又可划分为揽货订舱管理子系统、运输统计和分析子系统、质量标准管理子系统等。航运业务管理各子系统同样具有数据输入、查询、修改、传输等功能，各子系统相互配合，共同完成航运业务管理工作，如图 10-11 所示。

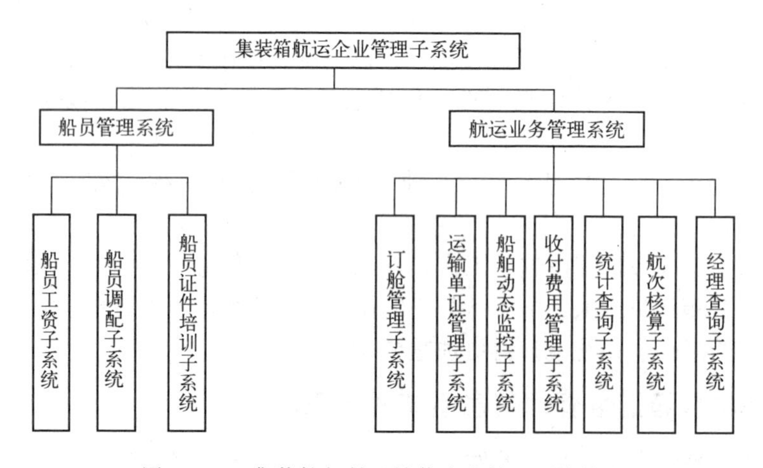

图 10-11　集装箱船舶运输信息化管理系统构成

2. 集装箱箱务管理信息子系统

本系统主要实现对集装箱的动态跟踪和对集装箱（货物）的信息显示，使用户能及时、准确、全面地了解和掌握集装箱的位置、物品的种类、数量、起始及终到地域、时间等信息，为用户决策提供支持。其主要功能为订单查询与管理、货物查询与跟踪（GLS 显示查询）、集装箱动态跟踪数据录入管理、集装箱动态跟踪查询（GLS 显示查询）、场站集装箱管理、空箱调配等功能。根据用户的系统操作权限，开放或关闭相应功能项目，实现用户对系统的使用操作，如图 10–12 所示。

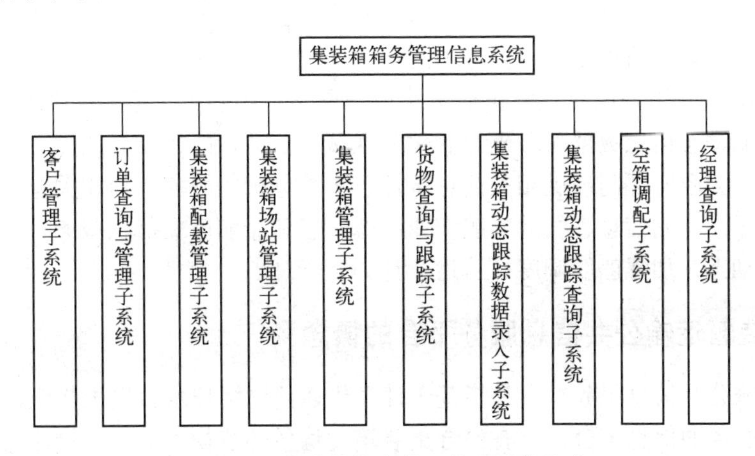

图 10–12　集装箱箱务管理信息系统构成

3. 集装箱单证管理信息子系统

该系统主要功能是接受处理客户委托，进行运输单证的制作和处理，通过数据通信网络传送单证信息，处理与进出口有关部门相关的单证，如图 10–13 所示。

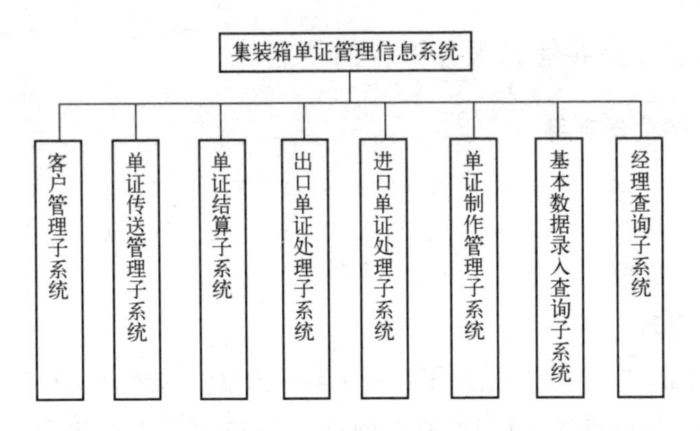

图 10–13　集装箱单证管理信息系统构成

需要特别指出的是，管理信息系统本身仍然在不断地发展和完善，不论其如何发展，目的都是使管理事务和管理决策更加科学、方便和准确，更加智能化。

10.5 集装箱运输公共信息服务平台

为进一步提升行业信息化服务水平，降低物流成本，交通运输部决定在2011年10月20日前建立并正式运行全国交通电子口岸公共信息服务平台，一期目标是实现国际集装箱船舶动态信息共享和查询服务。要按照先易后难、分步实施的原则，推进全国交通电子口岸公共信息服务平台建设；建设目标是通过交通电子口岸分中心、港航电子数据交换中心的网络互联和数据共享，建立全国交通电子口岸公共信息服务平台，为运输和物流企业及相关利益人提供准确、高效的信息服务，促进国际运输和物流便利化。全国交通电子口岸公共信息服务平台（一期）建设的内容主要包括1个门户网站、国际集装箱船舶动态信息服务系统、国际集装箱船舶动态信息数据库。平台涵盖分区域、分港口的集装箱船舶在港时间及在港作业情况等信息，为政府部门提供相关信息统计、决策分析等服务，为相关企业、货主提供船舶抵港预报及靠泊计划信息、在港船舶作业动态信息和船舶历史信息服务，便于企业跟踪集装箱船舶作业动态，加强船舶调度、营运、计划等管理。

10.5.1 集装箱运输公共信息服务平台的概念

集装箱运输公共信息服务平台是指基于计算机通信网络技术，提供物流信息、技术、设备等资源共享服务的信息平台。具有整合集装箱运输各环节物流信息、物流监管、物流技术和设备等资源，面向集装箱用户提供信息服务、管理服务、技术服务和交易服务的基本特征。

集装箱运输公共信息服务平台的信息服务需要大量权威的信息，管理服务是物流相关管理部门的政府职责，这两项功能应由相关政府管理部门负责建设提供；物流公共信息平台的技术服务和交易服务则完全可以采用市场化的机制建设和运行。

10.5.2 集装箱运输公共信息服务平台的特点

1. “云计算”的广泛应用

将当前最流行的“云计算”技术融入公共信息平台的搭建之中，将大量用网络连接的计算资源统一管理和调度，构成一个计算资源池向用户提供按需服务。使集装箱运输公共信息服务平台具有超大规模、虚拟化、可靠安全等独特功能。

2. “智慧物流管理”模式

“物联网”技术的加入为公共信息平台带来新的血液，通过物联网技术，集装箱运输公共信息服务平台的信息传递将会更加迅速、高效。物流管理过程将更加“智能”。

3. 区域性的物流企业管理通道

集装箱运输公共信息服务平台具备地域性特点，统一集成物流企业管理系统，便于物流企业更好管理和信息传达。

4. 信息更真实，更权威

政府参与，物流企业加入集装箱运输公共信息服务平台政务信息将具备公信力，物流企

业的货源信息、车源信息将最大化地保持真实有效性。

5. **“空中高速”的高效率**

集装箱运输公共信息服务平台在结合以往信息平台搭建的成功经验基础上，整合优化，使资源利用更合理，更科学。其“空中高速”的特点将更加淋漓尽致地得到体现，更快的信息传达、共享速度将使物流企业更具备效率。

10.5.3　港口集装箱运输公共信息服务平台的功能目标

1. **建立起港口物流集聚区物流业务协作的基础平台环境**

建立起港口物流业务系统统一的公共服务平台，为港口物流用户提供网站服务、统一的包含声讯、短信和地理信息等公共服务的工作环境，港口物流集聚区物流企业可以在统一的环境里进行高效的沟通和协作，并构建和扩展业务系统，以其为基础和枢纽，将实现物流业务的各应用系统的整合，形成一个有机的、紧密联系的整体。

2. **形成基于港口物流链信息存储规范的数据服务体系**

以港口物流链主要环节的信息为基础，按照港口物流业务协作的运作和客户需求为依据，归纳分析用于港口物流协同应用的客户信息及箱、货、运输等各类数据，以码头为中心，以码头周边的场站、货运站、物流园区，以及海关、海事、国检等政府监管部门为重要支撑，形成物理上分散、逻辑上统一的数据共享服务中心，统一规划、存储、规范数据服务体系是实现港口物流业务协同的基础。

3. **推动创新港口物流集聚区在物流运输、服务管理及箱货调配等方面的业务协同新模式**

加强以港口为核心的物流企业间的协调机制，建立彼此的物流信息交换通道，整合集聚区内物流信息协同服务资源，实现港口集聚区物流供应链上各环节信息的及时、有效沟通，改变当前普遍存在的各港口相对单一的物流提供模式。通过建设提升港口物流集聚区业务协作及满足港口客户跨地域需求的物流应用系统，提高港口物流集聚区整体上对物流信息的搜集、处理和服务能力，缩短物流信息交换与作业时间，做到优势互补，提高港口物流工作效率，创新港口物流集聚区在物流运输、服务管理及箱货调配等方面的业务协同模式。

10.5.4　港口集装箱运输公共信息服务平台的架构

港口集装箱运输公共信息服务平台的架构包括：“一个门户”和“两个中心”。“一个门户”是指平台中的“可定制区域性港口物流系统服务门户”，能够为区域内港口物流用户提供可定制的各类信息服务。“两个中心”是指平台将建设呼叫中心、数据中心。呼叫中心是指7X24小时提供电话语音、传真、电子邮件、互联网等多媒体手段和自动服务、留言管理、人工服务的多种服务方式，随时随地对各个环节的办事效率、行为规范等问题进行监督。数据中心是指以港区物流关联企业及政府监管部门的物流信息为基础，采用先进的计算机网络技术，构造形成一个逻辑上统一、异构数据资源无缝集成的综合数据服务体系。平台架构如图10－14所示。

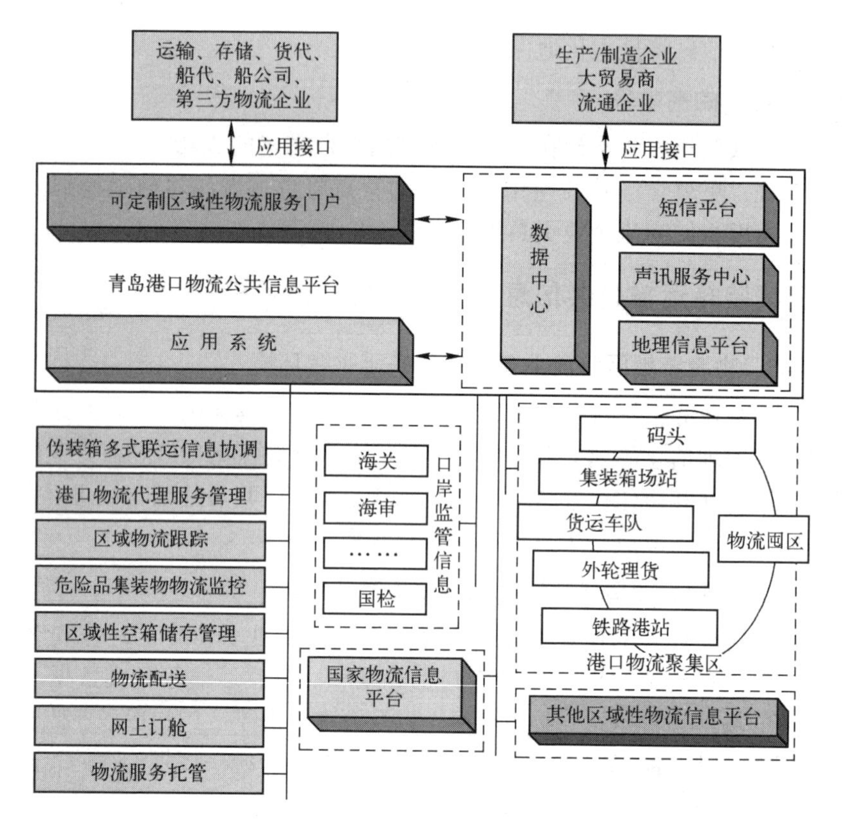

图 10-14　港口集装箱运输公共信息服务平台的架构

该信息平台可提供以下服务。

1. 网络服务

该平台可满足相关物流企业与青岛港口物流公共信息平台的联网需求，为信息和数据的交换提供链路支持；建设各种通信线路、无线传输线路等，为用户提供多途径的联网方式。利用现代计算机信息网络技术，以互联网为依托，以畅通、高效的各口岸物流信息平台为支撑，构建港口集装箱运输公共信息服务平台网络系统。

2. 数据中心

数据中心的建设是港口集装箱运输公共信息服务平台运作的基础，是对各港口物流协同信息资源进行系统性收集、过滤、存储、整合，并提供分析决策功能的数据服务机体。针对港口物流集聚区实现业务协作的特点，该数据中心的建设将采用物理上分散、逻辑上统一的形式。其主要作用是建立一个全面支撑港口物流集聚区物流业务协同及客户服务应用系统的数据服务体系，而不是一个直接面向客户服务的应用系统。

3. 声讯服务中心

为各类服务用户及时提供一个全面、快捷、便利的声讯信息服务平台，集视频语音通信系统、网页视频通信系统、声讯视频监控系统、视频录像系统、网络录音系统、即时文件传输系统、网络声讯播放系统于一身，实现了各港口服务单位与用户的即时交流、视讯沟通，同时提供了齐全的业务咨询、气象、海况和交通信息，以及远程网络声讯视频监控，进而创

造零距离、零库存的全息物流模式，解决了企业平常难以解决的物流滞后等瓶颈问题。

4. 短信服务平台

随着经济、技术及网络设施的不断发展，短信服务平台整合现有的信息资源和网络资源，把正确、权威、前瞻的服务信息第一时间通知客户，方便客户安排生产、生活。短信服务平台将成为相关港口、企业向客户提供服务的重要手段。通过为货主、船代、货代等与港口有业务关系的公司提供即时船舶到港查询、货物（集装箱）到港查询、集装箱位置查询等短信业务，开辟了为客户服务的又一通道，把服务延伸到了客户的手机，极具亲和力、影响力、吸引力和竞争力。相比于传统方式，更为高效和定向，使服务水平和形象宣传更加有效，大幅降低服务成本、提高服务效率，通过移动技术使服务水平达到全新的阶段、更高的层次，提高服务满意度，增加办事透明度。

5. 地理信息平台

地理信息平台是以青岛港物流集聚区为覆盖范围的地理信息系统。利用计算机建立地理数据库，将地理环境中的各种要素，包括它们的地理空间分布状况和所具有的属性数据，进行数字存储、处理和分析，建立专属的地理信息数据库。通过网络互联与分布式数据库系统建立地理信息平台。地理信息平台的数据将通过多种方案为港口物流企业提供基础地理数据的共享服务，可叠加自己港口、企业的专业数据以便使用。通过对多种要素的综合分析，方便快速地获取信息，满足各种不同的应用的需要，并以图形和数字的方式表示结果。基于这个系统，主要建设物流跟踪管理、物流配送系统等应用系统。为港口、物流中心、企业的水运、铁路、公路等提供地理信息数据服务、地理信息功能服务和移动地理信息服务。

10.5.5　集装箱运输公共信息服务平台建设内容

以集装箱为龙头，以公用物流信息系统为切入点、以资源整合为基础、以企业化运营为模式、以会员制管理为手段，将集装箱物流中各种环节信息资源纳入一个平台，包括物流园区（场站）、港口、营运车辆船舶、配载业户、物流企业、生产企业、仓储基地等，在此基础上与银行、工商及各企业信息系统对接联合，形成一个组织化、开放性、高效能的公共物流服务体系，建成一个沟通政府和企业、多向联系的交通物流信息枢纽和交通物流信息增值服务平台。

复习思考题

1. 集装箱运输信息化的关键技术有哪些?
2. 简述 RFID 技术的工作原理及其优点。
3. 简述 RFID 系统的工作流程。
4. RFID 应用于集装箱运输管理要解决的关键问题有哪些?
5. RFID 系统的应用对集装箱运输相关企业有怎样的影响?

案例分析

集装箱电子标签引发运输革命

一块巴掌大小的红匣子，不起眼地挂在一只集装箱的门闩上。它只值50元钱。可是，不要小看这个红匣子。它的名字叫“集装箱电子标签装置”。三年前，它刚出现在第105届巴黎国际发明展览会上，就一举摘得国际发明金奖。当时法国评委会主席预言，这项发明“将引发一场改变人类运输方式的革命”。

此论是否言过其实、哗众取宠？三年时间过去，事实证明，这位法国评委会主席一言而言中，是完全正确的。

红匣子中的芯片几乎储存了集装箱的所有信息：货物名称、件数、起运港、目的港、船公司、货主等。集装箱经过港区道口，或者在码头被装上货轮时，电子标签都会自动将最新状态发送到服务器，而货物主人只要登录互联网，就能及时掌握集装箱的动向。以前集装箱发出后，就像断了线的风筝，中途出现什么问题，谁都说不准。海外曾有一群偷渡客躲在一个集装箱内漂洋过海，但这拨人是在何时、何地、如何进入集装箱的？由于没有实时监控系统，谁也说不清楚。现在好了，有了电子标签，打开一查，偷渡客何时、何地进入集装箱，一目了然。如果集装箱中途被非法打开，网页将显示红色报警。它能及时有效地遏止违法行为。

21世纪是网络的世纪，也是电子的世纪。飞机上有黑匣子，集装箱上有红匣子。电子标签是一种非接触式的自动识别技术，通过射频信号自动识别目标对象并获取相关数据，识别工作无须人工干预，不怕油渍、灰尘污染等，具有条形码所不具备的防水、防磁、耐高温、使用寿命长、读取距离大、标签上数据可以加密、存储数据容量更大、存储信息可更改等优点。它不仅是货运的“监控器”，是集装箱的“电子锁”，还是食品安全运输的“保护神”。有了这样一个小小的红匣子，大大提高了集装箱运输的效率，大大减少了员工的劳动量，大大降低了航运企业的运营成本，上海港发出的集装箱已被国外不少港口视为“优等生”，从而享受绿色通道待遇。从2009年3月开始，上海外轮代理公司承运的7000多只集装箱，在电子标签的全程监控下完成了远洋之旅，整个运输过程得到了货主，尤其是食品进出口企业的高度评价。

科学技术是一种生产力。电子标签也是一种生产力。电子标签的出现震撼了全世界的航运业。人类的运输方式——航运的管理，因此发生了一种革命性的变化。据悉，由上海承担的国家科技支撑计划项目“现代港口物流服务示范工程”，通过了科技部的验收。“集装箱电子标签”国际标准提案，日前在法国巴黎召开国际标准化组织第17次工作组会议上获得通过，新标准的国际编号为ISO/NP（编制阶段）18186。这标志着中国在获准制定航运国际标准方面终于实现了零的突破。当今集装箱运输领域存在着几十种国际航运标准，但清一色由欧美国家制定。而这次，中国终于在数字航运上抢先了一步，发出“中国声音”，在制定新的国际标准时拥有了话语权。电子标签的应用不仅推动港口从传统装卸向现代服务业的转型，更引领了新的国际标准的制定。这样的自主创新，无疑为上海国际航运中心建设添上了浓重的一笔。

思考题：RFID技术的优势在哪里？它的广泛应用将给集装箱运输管理带来哪些好处？

第11章

危险货物集装箱运输

本章要点

- 熟悉危险品的主要分类；
- 掌握国际危险品运输的主要内容；
- 熟悉危险品的标志和标记；
- 掌握集装箱码头堆场及公路中转站堆场正确处理危险货物集装箱。

开篇案例

运输中的电石受潮燃爆事故

上海铁路局嘉善车站货运堆场所属的一个内河港务码头上，工人们正在将北京站发运来的208桶电石装上驳船，准备运往目的地。作业时装卸工人将电石桶掀倒后用独臂杠杆吊入船舱，再扳正后装舱。就在作业进行过程中，一桶电石发生爆炸，造成多名工人受伤。

思考题：危险货物集装箱运输的重要意义?

11.1 危险货物集装箱运输及危险货物分类

11.1.1 危险货物集装箱概述

随着科学技术的进步和社会的发展，尤其是化学工业的发展，出现了越来越多的新的化学物质。据统计，地球上存在的物质有1 200万种，其中，仅用于工农业生产的物质就达60多万种。在现已存在和应用的物质中，具有明显或潜在危险的物质就有3万多种，其中以化学工业品居多。据有关资料统计，每年由于危险品运输而造成的世界船舶失事率有上升的趋势，这些海损事故中，火灾和爆炸的事故约占总量的26.7%。同样，装卸作业中也涉及不同的危险货物。

危险货物具有爆炸、易燃、腐蚀、毒害、放射性等特性，有一定的潜在危险。因此，在运输和装卸作业过程中需要加以特别保护，而当它一旦受到某些因素的影响，若处理不当，就有可能发生危险，造成人员伤亡和财产损毁。

危险货物在海上货物运输量中约占整个海上货物运输量的一半。由此可见，危险货物从最初的生产者运输到最终的使用者手中的整个流通过程中，船舶和港口担负着重要的任务。危险货物采用集装箱运输有利于提高运输的安全性，因此，危险货物集装箱运输目前正被各国广泛采用，其运量也在不断增长。

船舶从事危险货物的运输在 19 世纪基本上是禁止的，如英国 1875 年颁布的《商船法》中规定，商船不准危险货物运输，这在当时的历史条件下是合理的。但是，自第二次世界大战以来，由于危险货物的品种和数量的急剧增加，船舶运输危险货物的数量也随着大幅度地增长。为了适应运输的需要，也为了防止事故的发生，各国对海上运输危险货物均制定了相应的规章制度，从而加强了对这类货物的运输管理。

对危险货物运输的管理，主要是采用立法或采取建议措施的方法加以管理，但各个国家和地区的规章和做法均不一致，这造成了管理上的困难。

1929 年，国际海上人命安全会议认识到对海上运输危险货物进行国际管理的必要性，并建议有关这方面的规则应具有国际效力。

1948 年，国际海上人命安全会议通过了危险货物分类和有关船舶运输危险货物的一般规定，并建议应作进一步的研究，以便能起草一个国际规则。

1956 年，联合国危险货物运输专家委员会向联合国大会递交了一份议案——《危险货物运输》，即橙皮书。其最终目的是要达到让危险货物在海运和其他运输方式中的管理在世界范围内取得一致。

在此基础上，1960 年，国际海上人命安全会议在《国际海上人命安全公约》的第七章中对危险货物运输作了各项有关规定，并提交国际海事组织（IMO）研究，以便制定一个共同的国际海上危险货物运输规则，并要求 1960 年《国际海上人命安全公约》的各缔约国政府予以通过。

1965 年，第一部《国际海上危险货物运输规则》（简称《国际海运危规》）颁布。该规则自始至终都考虑到许多海运国家的惯例和手续，以便使规则尽可能地得到广泛的接受，该规则由 IMO 推荐给各国政府。

经过多数海运国家的使用及相关组织的修订，1982 年《国际海上危险货物运输规则》再版，IMO（第 51 号建议案）建议各国政府以它作为制定本国规章的基础。到目前为止，已有五十多个国家全面接受了该规则，有些国家部分接受，有些国家正在考虑接受。

我国是一个海运大国，船舶危险货物运箱量目前已有大幅度的增长，为了有效防止危险货物对人员造成伤亡和财产损毁，保证安全运输，近年来，我国对危险货物的运输管理工作日益重视，并把它放在了重要的地位。

我国政府在 1954 年制定的《船舶装运危险品暂行规则》的基础上，经 1959 年，1960 年两度修改后，颁布了 1962 年 3 月 16 日起实施的《水上危险品货物运输规则》。后又经修改，改名为《危险货物运输规则》（国内危规），并于 1972 年 1 月 1 日起执行，这是国内最初使用的《危规》。

1973 年，我国加入《国际海上人命安全公约》，并参与了该国际组织的活动。为了适应国际惯例和国际贸易运输的需要，使危险货物在分类、标志、包装、单证、运输条件等方面

与国际上取得一致，我国政府决定1982年10月1日起在国际航线上（包括港口装卸）开始执行《国际海上危险货物运输规则》，并结合我国实际情况作了一些补充规定。

从我国对危险货物水路运输管理角度来看，在内贸运输中执行《国内危规》，在外贸运输中执行《国际危规》造成了许多人为矛盾。为了使《国内危规》向《国际危规》靠拢，我国于1996年7月1日正式起用新的《水路危险货物运输规则》（简称《水路危规》）。

新的《水路危规》是根据我国水路运输危险货物的特点和有关要求，参照“国际危规”中有关危险货物的分类、标志、包装等有关规定，还参考了其他国家航运对危险货物运输的要求和有关规定而进行制定的，规则对危险货物运输中的各个环节和所采用的不同运输方式（如集装箱、滚装船等）都作了比较明确的规定。

在执行新的《水路危规》时，还配套使用《船舶装运危险货物应急措施》和《危险货物医疗急救指南》。

11.1.2 危险货物的分类

凡具有燃烧、爆炸、腐蚀、毒害及放射性的性质，在运输、装卸和保管过程中，如果处理不当可能会引起人身伤亡或财产损毁的物质或物品，统称为危险货物。

《国际海上危险货物运输规则》将危险货物分为九大类，即爆炸品、气体、易燃液体、易燃固体、易自燃物质和遇水放出易燃气体的物质、氧化物质（剂）和有机过氧化物、有毒的（毒性的）物质和感染性物质、放射性物质、腐蚀品、杂类危险物质。

1. 第1类：爆炸品

本类包括爆炸性物质、爆炸性物品及为产生爆炸或烟火效果而制造的物质和物品。

所谓爆炸性物质是指通过其本身的化学反应产生气体，其温度、压力和速度能对周围环境造成破坏的某一固态、液态物质或混合物。

爆炸品按其危险性，又分为以下五类。

1.1项：具有整体爆炸危险（即实际上同时影响全部货物的爆炸）的物质和物品。

1.2项：具有喷射危险，但无整体爆炸危险的物质和物品。

1.3项：具有燃烧危险和较小爆炸危险，或者兼有此两种危险，但无整体爆炸危险的物质和物品。

1.4项：无重大危险的物质和物品。

1.5项：具有整体操作危险但极不敏感的物质。

爆炸品的危险特性主要有爆炸性、燃烧性、毒性或窒息性。

爆炸品如在一起能安全积载或运输而不会明显增加事故率或在一定量的情况下不会明显增大事故后果，可以认为是“相容的”或“可配装的”。根据这一标准，本类物质又可分成12个配装类，用英文字母A－L（不包括I）和S表示。

2. 第2类：气体

本类包括永久性气体（指在环境温度下不能液化的气体）、液化气体（指在环境温度下经加压能成为液体的气体）、可溶气体（包括经加压后溶解在溶剂中的气体）及深度冷却的永久性气体（指在低温下加低压液化的气体）。

气体按其危险性可分为以下几项。

2.1项：易燃气体。这类气体自容器中溢出与空气混合，当其浓度达到极限爆炸时，如被点燃，能引起爆炸及火灾。

2.2 项：非易燃气体。这类气体中有的本身不能燃烧，但能助燃，一旦和易燃物品接触，极易引起火灾；有的非易燃气体有窒息性，若处理不当，会引起人畜窒息。

2.3 项：有毒气体。这些气体毒性很强，若吸入人体内，能引起人中毒。有些有毒气体还有易然、腐蚀、氧化等特性。

第 2 类危险货物的危险特性主要有以下表现。

（1）易燃性和爆炸性。一些易燃气体容易燃烧，也易于和空气混合形成爆炸性锟合气体。

（2）窒息性、麻醉性和毒性。本类气体中除氧气和空气外，若大量溢出，都会因冲淡空气中氧气的含量而影响人畜正常的呼吸，严重时会因缺氧而窒息。

（3）污染性。一些气体对海洋环境有害，被认为是“海洋污染物”。

3. 第 3 类：易燃液体

本类易燃液体包括在闭杯试验 61℃（相当于开杯试验 65.6℃）以下时放出易燃蒸气的液体或液体混合物，或含有处于溶液中呈悬浮状态固体的液体（如油漆、清漆等）。

易燃液体按其闪点的大小分为以下三小项。

3.1 项：闭杯闪点低于 -18℃ 的低闪点类液体。

3.2 项：闭杯闪点为 -18℃ ~ -23℃（不包括 23℃）的中闪点类液体。

3.3 项：闭杯闪点为 23℃ ~61℃（包括 61℃）的高闪点类液体。

易燃液体的危险特性主要有以下表现。

（1）挥发性和易燃性。易燃液体都是含有碳、氢等元素的有机化合物，具有较强的挥发性，在常温下就易挥发，形成较高的蒸气压。易燃液体及其挥发出来的蒸气，如遇明火，极易燃烧。易燃液体与强酸或氧化剂接触，反应剧烈，能引起燃烧和爆炸。

（2）爆炸性。当易燃液体挥发出的蒸气与空气混合，达到爆炸极限时，遇明火会引起爆炸。

（3）麻醉性和毒害性。易燃液体的蒸气，大都有麻醉作用，如人体长时间吸入乙醚蒸气会引起麻醉，失去知觉。深度麻醉或长时间麻醉可能导致死亡。

（4）易积聚静电性。大部分易燃液体的绝缘性能都很高，而电阻率大的液体一定能呈现带电现象。

（5）污染性。一些易燃液体被认为是对海洋环境有害的海洋污染物。

4. 第 4 类：易燃固体、易自燃物质和遇水放出易燃气体的物质

本类是指除了划为爆炸品以外的，在运输情况下易于燃烧或者可能引起火灾的物质。本类在“国际危规”中，可分为以下三小项。

4.1 项：易燃固体。具有易被外部火源（如火星和火焰）点燃的固体和易于燃烧、助燃或通过摩擦引起燃烧的固体，以及能自发反应的物质。本类物质包括浸湿的爆炸品。

易燃固体的危险特性。易燃固体燃点低，对热、摩擦、撞击及强氧化剂作用较为敏感，易于被外部火源所点燃，燃烧迅速。

4.2 项：易自燃物质。具有易于自行发热和燃烧的固体或液体。本类物质包括引火物质（与空气接触在 5 min 内即可着火）和自燃发热物质。

易自燃物质的危险特性。本类物质无论是固体还是液体都具有自燃点低、发热及着火的

共同特征。这类物质自燃点低，受外界热源的影响或本身发生生物化学变化，热量积聚而使其温度升高引起燃烧。

4.3项：遇湿危险物质。即遇水放出易燃气体的固体或液体，在某些情况下，这些气体易自燃。

遇湿危险物质的特性。本类物质遇水发生剧烈的反应，放出易燃气体并产生一定热量。当热量使该气体的温度达到燃点时或遇到明火时会立即燃烧甚至爆炸。

5. 第5类：氧化物质（氧化剂）及有机过氧化物

5.1项：氧化物质。氧化物质是一种化学性质比较活泼的、在无机化合物中含有高价态原子结构的物质，其本身未必燃烧，但通常因放出氧气能引起或促使其他物质燃烧。

5.2项：有机过氧化物。有机过氧化物是指其物质分子结构极不稳定、易于分解的物质。

氧化物质具有以下的危险特性。

（1）在一定的情况下，直接或间接放出氧气，增加了与其接触的可燃物发生火灾的危险性和剧烈性。

（2）氧化剂与可燃物质，诸如糖、面粉、食油、矿物油等混合易于点燃，有时甚至因摩擦或碰撞而着火。混合物能剧烈燃烧并导致爆炸。

（3）大多数氧化剂和液体酸类会发生剧烈反应，散发有毒气体。

（4）有些氧化剂具有毒性或腐蚀性，或被确定为海洋污染物。

有机过氧化物具有如下危险特性。

具有强氧化性，对摩擦、碰撞或热都极为不稳定，易于自行分解，并放出易燃气体。受外界作用或反应时释放大量热量，迅速燃烧；燃烧又产生更高的热量，形成爆炸性反应或分解。有机过氧化物还具有腐蚀性和一定的毒性，能分解放出有毒气体，对人员有毒害作用。

6. 第6类：有毒（毒性）的物质和感染性物质

6.1项：有毒（毒性）的物质。它是指被吞咽、吸入或与皮肤接触易于造成死亡、伤害或损害人体健康的物质。

有毒物质的危险特性如下。

几乎所有的有毒物质遇火或受热分解时会散发出毒性气体；有些有毒的物质还具有易燃性；很多本类物质被认为是海洋污染物。

有毒物质毒性大小的衡量指标如下。

（1）致死剂量，用符号LD_{100}或LD_{50}表示。

（2）致死浓度，用符号LC_{100}或LC_{50}表示。

根据毒性的危险程度，有毒物质的包装可分为以下三个类别。

包装类1：呈现剧毒危险的物质和制剂。

包装类2：呈现严重性危险的物质和制剂。

包装类3：呈现较低毒性危险的物质和制剂。

6.2项：感染性物质是指含有微生物或它们的毒会引起或有可能引起人或动物疾病的物质。

感染性物质的危险特性是对人体或动物都有危害性的影响。

7. 第7类：放射性物质

本类包括自发地放射出大量放射线，其放射性比活度（单位为kBp/kg）大于70 kBp/kg的物质。

放射性物质放出的射线有 a 射线、β 射线、γ 射线及中子流等四种。所有的放射性物质都因其放射出对人体造成伤害的看不见的射线而具有或大或小的危险性。

在《国际海上危险货物运输规则》中，放射性物质放出射线量的大小用放射性活度、放射性比活度、辐射水平〔单位为 msv/h（毫希沃特了小时）〕、运输指数（YI）来衡量。

为了确保运输安全，必须对运输指数进行有效的控制。在常规运输条件下，运输工具外部表面任何一点的辐射水平不得超过 2 msv/h，并且距其 2m 处不得超过 0.1 msv/h。装在单一运输工具上的包件、集合包装、罐柜和货物集装箱的总数在该运输工具上的运输指数总和应不超过《国际海上危险货物运输规则护货物集装箱和运输工具的运输指数限值》表中所规定的数值。

8. 第 8 类：腐蚀性物质

本类包括在其原态时或多或少地具有能严重伤害生物组织，如从其包装中漏出也可损坏其他货物或运输工具的固体或液体。

腐蚀性物质的化学性质比较活泼，能与很多金属、有机物及动植物等发生化学反应，并使其遭到破坏。

腐蚀性物质具有如下危险特性。

具有很强的腐蚀性及刺激性，对人体有特别严重的伤害；对货物、金属、玻璃、陶器、容器、运输工具及其设备会造成不同程度的腐蚀。腐蚀性物质中很多具有不同程度的毒性，有些能产生或挥发有毒气体而引起中毒。

9. 第 9 类：杂类危险物质

杂类危险物质和物品具有多种的危险特性，每一杂类危险物质和物品的特性都载于有关该物质或物品的各个明细表中。

11.2　危险货物品名编号及运输包装

11.2.1　危险货物品名编号

1. 编号的组成

危险货物品名编号由 5 位阿拉伯数字组成，表明危险货物所属的类别、项号和顺序号。

类别、项号和顺序号根据 GB 6944－86《危险货物分类和品名编号》及 GB 12268－90《危险货物品名表》中的类别项号、品名标号确定。

2. 编号的表示方法

危险货物编号方法如图 11－1 所示。

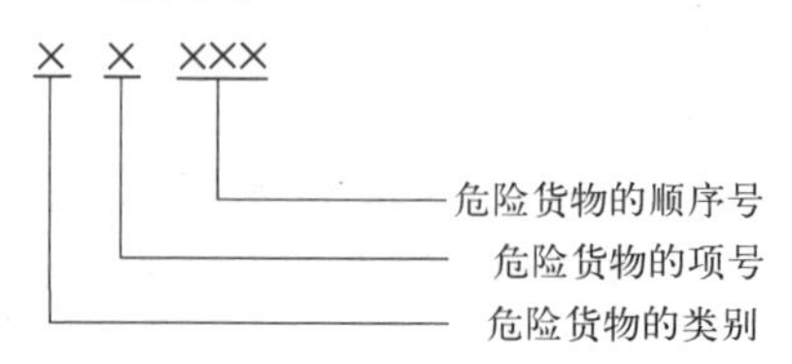

图 11-1　危险货物编号方法

每一危险货物指定一个编号，但对性质基本相同，运输条件和灭火、急救方法相同的危险货物，也可使用同一编号。例如，品名为煤气的编号为：GB No. 23023，表明该危险货物为第2类第3项有毒气体（顺序号为023）。

11.2.2 危险货物运输包装及包装标志

1. 包装的作用

危险货物运输包装是保护产品质量不受损坏和数量完整、防止在正常运输过程中发生燃烧、爆炸、腐蚀、毒害、放射性核辐射等事故的重要条件之一，也是安全运输的基础。

使用一些包装材料，将商品或产品组合成符合运输要求的单件，以适应运输、储存和销售等方面的要求，这些材料所构成的物体称为包装。包装有商品包装和运输包装两类。对于运输装卸过程，主要着重检查货物的运输包装。

危险货物运输包装的作用如下。

（1）防止因接触雨雪、阳光、潮湿空气和杂质使产品变质或发生剧烈的化学反应而造成事故。

（2）减少货物在运输过程中所受的碰撞、滚动、摩擦和挤压，使其在包装的保护下处于完整和相对稳定状态，从而保证安全运输。

（3）防止因货物撒漏、挥发及性质相互抵触的货物直接接触而发生事故或污染运输设备及其他货

（4）便于运输过程中的装卸、搬运和保管，做到及时运输。

2. 包装的一般要求

1）包装应与所装危险货物的性质相适应

由于危险货物的性质不同，对包装及容器的材质有不同的要求。如浓硫酸和盐酸都属于强酸，都是腐蚀品，但包装容器材质的选择却不相同。浓硫酸可用铁质容器，而盐酸则需用玻璃容器，氢氟酸可用塑料、橡胶质容器装运，而不能用玻璃容器；硝酸是一种强酸，对大多数金属有强腐蚀性，并可引起有机材料如木材、棉花及其纤维产品的燃烧。因此，硝酸可用玻璃瓶、耐硝酸腐蚀的塑料瓶或金属制成的桶来盛装。

压缩气体和液化气体，因其处于较高压力的状态下，应使用耐压的钢瓶来装运。

包装与所装物品直接接触的部分，不应受某些物品的化学或其他作用的影响，必要时，制作包装的材料可采用惰性的材料或涂有适当的内层，以防止发生危险反应。

2）包装应具有一定的强度

包装应具有一定的强度，一般来说，性质比较危险、发生事故造成危害较大的危险货物，其包装强度要求就高。同一种危险货物，单位包装重量越大，危险性也就越大，因而包装强度的要求也越高。质量较差或用于瓶装液体的内容器包装强度要求应较高。同一种类包装，运输距离越大，倒载次数越多，包装强度要求也应越高。所以在设计危险货物运输包装时，应考虑其构造能否在正常运输条件下，不受温度、湿度和压力等方面变化的影响，而使包装不发生损坏和所装物品无任何渗漏。如盛装低沸点液体的包装强度，必须具有足够的安全系数，以承受住包装内部可能产生较高的蒸气压力，因此这类包装强度要求较高。

船舶装运危险货物时，由于舱容大、船舱深，一般万吨级货船，舱深为8m左右，因此

包装应有一定的强度，能经受住其上面货物重量的压力及在航行途中风浪等海况引起货物的挤压、振动而不损坏。

3）包装的封口应符合所装危险货物的性质

对于危险货物的包装，一般来讲，封口均应严密，特别是易挥发和腐蚀性强的各种气体，封口应更严密。但也有些危险货物其封口不要求密封，而且还要求设有通气孔。因此，如何封口要根据所装危险货物的特性来确定。

根据包装性能的要求，封口可分为气密封口（不透蒸气的封口）、液密封口（不透液体的封口）和牢固封口（关闭的程度应使所装的干燥物质在正常运输过程中不致漏出）三种。

4）内、外包装之间应有适当的衬垫

内包装（容器）应装在外包装内，以防止内包装（容器）在正常运输的条件下发生破裂、戳穿或渗漏，而使内容器中所装物品进入外包装，特别是对于易破裂或戳穿的内包装（容器），如玻璃、陶瓷或某些塑料等制成的内包装（容器），应采用适当的减振衬垫材料固定在外包装内。属于防震、防摩擦的衬垫材料有瓦楞纸、泡沫塑料、塑料袋等。属于吸收性材料的衬垫材料有矿土、陶土等。

5）包装应便于装卸、运输和储存

每件包装的最大容积和最大净重均有规定。根据《国际海运危规》的规定，包装的最大容积为450L，最大净重为400kg。我国的《水路危规》目前也采用这一标准。由此看来，每个包装的最大容积和最大净重不得过大或过重。对于较重的包装件应设有便于提起的提手或吊装的吊扣，以便于搬运和装卸。同样，包装的外形尺寸应与船舱的容积、载重、装卸机具相配合，以利于装卸、积载、搬运和储存。

3. 包装类型及标志

1）包装类型

危险货物运输包装，除第2类、第7类危险货物所用的包装另有规定外，其他的各类危险货物包装，根据其危险程度不同，可分为三个等级。

Ⅰ类包装物：适用于内装危险性较大的货物。

Ⅱ类包装物：适用子内装危险性中等的货物。

Ⅲ类包装物：适用于内装危险性较小的货物。

2）包装标记

凡通过性能试验合格的包装，均应标注持久清晰的标记，以示证明。例如，X：用于Ⅰ类包装；Y：用于Ⅱ类包装；Z：用于Ⅲ类包装。

3）危险货物运输包装标志

（1）标志的种类及式样。根据危险货物的危险性质和类别，危险货物运输包装标志可分为主标志和副标志。主标志为表示危险货物危险特性的图案、文字说明、底色和危险货物类别号等四个部分组成的菱形标志；副标志与主标志的区别在于没有危险货物类别号。当某一危险货物具有两种或两种以上危险性时，需同时采用主标志和副标志。

主标志和副标志的图案力求荐单明了，并能准确地表示危险货物所具有的危险性质。

危险货物包装标志的底色尽量与所表示货物的危险性相对应。

我国危险货物包装标志中的文字一般采用中文。考虑到外贸运输的需要，也可采用中外

文对照或外文形式，外文一般采用英文。

（2）危险货物包装标志的尺寸。危险货物包装标志的尺寸一般不得小于100mm×100mm；集装箱和可移动罐柜上危险货物包装标志的尺寸一般不得小于250mm×250mm。

（3）危险货物包装标志的材质和粘贴。危险货物包装标志的材质和粘贴应满足运输的要求。根据国际海事组织的规定，危险货物包装标志要求在海水中浸泡三个月后不脱落，图案文字仍清晰。考虑到实际情况，作为最低标准，危险货物包装标志要求在储运期间不脱落，不褪色、图案文字清晰。

（4）危险货物包装标志的标用方法。凡向运输部门托运的危险货物，每个包装件上都必须粘贴《国际危规》所规定的相应的危险货物包装标志。

危险货物包装标志粘贴的位置如下。

①箱状包装：应位于包装两端或两侧的明显处。

②袋状包装：应位于包装明显的一面。

③桶状包装：应位于桶盖或桶身。

④集装箱应位于箱的四侧。

11.3 危险货物运输的技术条件

11.3.1 装运危险货物的基本要求

装运危险货物只要符合一定的技术条件并辅以谨慎操作，就可以达到安全运输的目的。

若危险货物的包装、标志、积续、隔离均符合《危规》的要求，那么运输工具本身的构造、设备是否也达到装运危险货物的要求，就成为确保运输安全的重要条件了。运输工具既要符合运输安全的基本条件，又必须适应装载危险货物的特殊要求。例如，船舶要满足建造规范、稳性规范和抗沉规范等。按照这些规范建造的船舶，能够满足装运货物的基本要求。

11.3.2 危险货物的承运及其装运与积载要求

1. 装运危险货物的运输工具条件

装运危险货物应采用优质运输工具；应有可靠的电器连接装置或避雷装置；同时应具备相应的设备条件，如防火、救灾的设备。装运爆炸品、易燃气体、易燃液体、易燃固体及遇湿危险物质的运输工具都应符合相应的运输要求。

2. 危险货物的承运要求

1）具有合格的包装

包装的材质、形式、包装方法及包装封口等应与所装危险货物的性质相适应，包装制作恰当，且状况完好；包装的内表面与被运输内装物质接触时，应具有不致发生危险性反应的特性；包装应坚固，具有一定的强度，能经受得住装卸及运输方式的一般风险；液体包装容器内要有适当的衬垫，在布置上应能防止货物移动；所采用的吸收材料，在数量上应足够吸收液体，防止由于容器万一破裂时所造成的货物外漏。

装有危险货物的包装应符合要求，并被主管部门确认，取得包装适用证书并应经有关检验机关检验合格，取得包装检验证明书，方可使用。

2）具有正确的标记、标志及标牌

每个装有危险货物的包件都应标有其内装物的正确运输名称的耐久标记。其标注方法应符合运输与包装的要求。标记在海水中至少浸泡3个月后仍然清晰。含有海洋污染物的包件还应标以耐久的海洋污染物标记。

除另有规定者（第9类杂类危险物质，没有特殊的标志要求）外，一切盛装有危险货物的包件应有适当的识别标志、图案标志或标牌，以表明货物的危险性质。

同时具有两种以上危险货物的包件，应贴主标志和副标志。副标志下角无类别号，以示主、副区别。一般在物质明细表中都应注明主、副标志。

3）具有正常完备的托运单

托运人提交的危险货物申报单内必须填写危险货物的正确运输名称、数量、货物的类别及细分类（对第1-4类物质和物品还应说明配装类及积载需求）、联合国编号（托运“限量内危险货物”无此要求）及《国际危规》页码。并需出具危险货物包装审核单位签署的包装适用证书及危险货物包装检验机构签署的包装检验证明书。在危险货物申报单中应附有说明该交付托运的危险货物业已妥善包装和妥善地加上了标记、标志和标牌及合适的装运状态的证明书或声明书。

如危险货物系海洋污染物（凡含有10%或以上的一种几种会对海洋造成污染的，以及含有1%以上会对海洋造成非常严重的潜在污染的溶液或混合物），应标明“海洋污染物”。

托运《国际危规》中未列名的危险货物时，应填报危险货物技术证明书。

对放射性物品还应提交有关核查单位签发的放射性货物剂量检查证明书。

采用集装箱运输的危险货物，必须在运输前取得装箱部门提供的、经有关法定机关或监装机关签发的危险货物装箱证明。采用水运方式，则装运危险货物的船舶，应具有列明船上所装危险货物及其位置的特殊清单或舱单。标明所有危险货物类别并注明其在船上位置的详细的货物积载图可以代替此种特殊清单或舱单。

11.3.3 危险货物的装运与积载要求及注意事项

7 承运单位要认真核对货主托运的危险货物的正确运输名称、理化特性、所属类别、包装数量、积载要求、消防急救措施及对运输管理的要求等。对性质不清的货物，必须搞清其性质。对《国际危规》品名表中未列明的危险货物（即对运物中不常见的或国际贸易中的新产品，其性质属该类别定义范围内，并在各类中授予了联合国编号，但在该规则中未列出具体名称的物质或物品），应要求托运单位提交危险货物技术证明书。在装运前，须认真检查包装和标志，对具有多种危险性质的货物，应坚持标贴副标志。凡不符合规定或者质量不符合要求的，应一律不接受托运。

如运输设备有明显缺陷，应积极采取措施进行修复或改装。装运危险货物时，必须事先对运输设备、包装进行临时检验。在检查认可合格，并取得合格装运危险品证书后，方可接受承运。

11.4 危险货物的积载、隔离、配装

11.4.1 爆炸品的配装与积载

第1类爆炸品的积载方式及要求与其他各类危险货物有所不同，一般要求较高。第1类爆炸品可按配装表进行积载。

11.4.2 危险货物的隔离

各类危险货物相互之间的隔离，按照危险货物隔离表的要求，分为四个级：隔离1至隔离4，即“远离”“隔离”“用一整个舱室或货舱隔离”和“用一个介于中间的整个舱室或货舱作纵向隔离”。见危险货物隔离表。

隔离表中列出的是危险货物各类别之间的一般隔离要求，但鉴于每一类别中的物质或物品的特性差别很大，因此，应随时查阅明细表中对隔离的具体要求。

（1）隔离1指“远离”。

（2）隔离2指“隔离”。舱内积载时，应装在不同的货舱内。

（3）隔离3指“用一整个舱室或货舱隔离”。

（4）隔离4指“用一个介于中间的整个舱室或货舱作纵向隔离”。

危险货物与食品的隔离应做到腐蚀性物质及海洋污染物与食品应“远离”；有毒物质及放射性物品与食品及其原料应“隔离”；所有感染性物质的积载应与食品“用一个整舱或货舱隔离”。

11.4.3 装运危险货物集装箱的隔离要求

装运危险货物集装箱的隔离原则是严格按配装要求进行配箱；严格按隔离要求和积载类要求进行积载。除按隔离表积载外，集装箱还应按下列要求进行积载。

1. 装运危险货物集装箱在“隔离1”条件的积载

（1）封闭式集装箱的垂直积载。

（2）封闭式集装箱的水平积载。

（3）开敞式集装箱的水平积载。

2. 装运危险货物集装箱在“隔离2”条件下的积载

（1）封闭式集装箱的水平积载。

（2）开敞式集装箱的水平积载。

开敞式集装箱不应装在同一个舱室内；隔离舱壁应为钥质；舱面积载应按封闭式集装箱的要求进行处理。

3. 装运危险货物集装箱在“隔离3”条件下的积载（垂直方向原则上不积载）

（1）封闭式集装箱不应装在同一舱室内，且两个舱室之间的舱壁应为钢质。

（2）开敞式集装箱应隔开一个整舱，中间需隔离两个钢质舱壁或甲板。

（3）可舱面积载。

4. 装运危险货物集装箱在“隔离4”条件下的积载（垂直方向不能积载）

（1）封闭式集装箱应隔开两个钢质舱壁或隔开一个钢质舱壁。但间隔至少24m，且距舱壁最近处的距离不少于6m。

（2）开敞式集装箱至少隔两个钢质舱壁。

11.5 集装箱内危险货物的积载

11.5.1 危险货物在集装箱内积载的一般要求

1. 适箱货物

适箱货物是指适合装箱的危险货物。一般是指包装完好，符合运输条件的危险货物。

2. 配装要求

指相容货物允许在同一箱内装配。危险货物的箱内配装应按配装表的要求进行配装。

3. 隔离要求

指按隔离要求将危险货物用不容易与其发生反应的货物（危险货物、普通货物）进行有效隔离。

4. 安放与固定

箱内货物之间或货物与箱壁之间有空隙，在运输和航行途中会造成货物的移动或碰撞，这样不但会引起箱内货物的损坏和箱体的损坏，还会造成一定的危险性。为避免事故的发生，必须对箱内的危险货物进行固定。

11.5.2 箱内危险货物的配装

1. 爆炸品的配装

1）爆炸品之间的配装

《国际危规》将第1类货物分成12个配装类，我国《水路危规》将第1类货物也分成12个配装类。爆炸品之间的配装，应严格按爆炸品配装类的规定进行配装。

爆炸品之间的配装，一般将性质相似的类划分为同一配装类，并根据不同的配装类提出相应的隔离要求，属于同一配装类组的爆炸品可以放在一起运物，属于不同配装组的爆炸品原则上不能放在一起运输。

【例1】1.1A与1.1B的配装。

1.1A为起爆物质，1.1B为含起爆药且不含两种有效保险装量的物品。

根据爆炸品之间的配装要求1.1A与1.1B不能配装，即不能同箱运输。

【例2】1.1B与1.2B的配装。

1.1B是具有整体爆炸危险的物品。1.2B是具有抛射危险，但无整体爆炸危险的物品。

根据爆炸品之间的要求，1.1B与1.2B可以配装，即能同箱运输。

2）爆炸品与压缩气体和液化气体的配装

这是第1类与第2类的配装。爆炸品发生爆炸或燃烧后，极易引起气体钢瓶的爆炸，故一般都不得与第2类配装。并且易燃气体与爆炸品应按“隔离4”的要求进行隔离。不易燃气体与爆炸品应按“隔离1”的要求进行隔离（但可同舱）。

3）爆炸品与第3类、第4类的配装

爆炸品与第3类、第4类均不能配装，第3类与第1类应按“隔离4”的要求进行隔离。

4）爆炸品与第5类的配装

第6类除具有较强的氧化性外，很多还具有易燃易爆的特性，故不能与第1类配装。

5）爆炸品与第6类的配装

第6类具有较强的毒性和感染性，一旦发生事故，会使损害扩大，施救困难，故不能与第1类配装。

6）爆炸品与第8类配装

很多腐蚀品易与爆炸品发生化学反应，很多还具有易燃性，故不能与爆炸品配装。

2. 第2类的配装

1）第2类与第3类

2.1项与第3类、第4类不得配装；2.2项与自燃物品可同舱积载，但需按“隔离1”隔离。

2）第2类与第5类

2. 1项与5.1项不得配装；第2类与5.2项不得配装。

3. 第3类的配装

第3类与第4类不得配装；第3类与第5类按隔离表配装。

4.4. 3项的配装

不得与酸性腐蚀品配装。

5. 第5类的配装

5.1项与5.2项不得配装；第5类与第8类不得配装。

6. 第7类的配装

不得与除第6类以外的其他各类同舱积载。

11.5.3 各类危险货物在箱内的积载与固定

一般要求如下。

积载：符合配装要求和隔离要求。

固定：固定物体用的结构、装置、用具及材料应符合危险货物运输的要求；箱内固定的方法要合适恰当；各类危险货物在箱内积载均应有效地固定。

11.6 危险货物集装箱的装卸与保管

11.6.1 装卸危险货物集装箱前的准备工作

装卸危险货物集装箱前的准备工作应做到以下几点。

（1）明确危险货物的性质，积载位置及应采取的安全措施，并申请监装，取得适装证书。

（2）应将审签的货物积载图交当地法定机关进行审定。

（3）保证舱室清洁、干燥和水密。

（4）在装卸货现场，备妥相应的消防设备，并使其处于随时可用状态。

（5）夜间作业应备好足够的照明设备；装卸易燃易爆危险货物必须使用防爆式或封闭式安全照明设备，严禁使用其他不安全灯具。

（6）起卸放射性物品或能放出易燃、易爆、有毒气体的危险货物前，应进行充分的通风。应有防止摩擦产生火花的措施，须经有关部门检测后才能开始卸货作业。

11.6.2 装卸危险货物的注意事项

危险货物的装卸工作尽可能安排在专用作业场地，应严格按货物积载图装货，严格执行装卸货注意事项，加强监装监卸，注意装卸货安全。

（1）装卸作业时，要悬挂显示规定的灯号或标志。

（2）装卸危险品时，应有专人值班，并进行监装监卸工作，坚守岗位，落实各项安全措施。

（3）装货时监装人员应逐件检查货物包装及标志，破、漏、渗的包件应拒装。

（4）严格按积载图装卸及执行危险货物卸货的注意事项。

（5）装卸危险货物时应使用适当的机具。在装卸易燃、易爆、剧毒、腐蚀及放射性危险货物时，装卸机具应按额定负荷降低25%使用；在装卸易然或爆炸品时禁止使用易产生火花的工具。

（6）装卸危险货物时应采取正确的作业方法，小心谨慎地操作，平稳吊落货物，轻拿轻放。严禁撞击、摩擦、拖拉、滑跌、抛丢、坠落、翻滚、挖井等野蛮作业。保持包装完好，严禁超高堆装，堆码应整齐牢固。桶盖、瓶口应朝上，禁止例置、倒放。

（7）根据危险货物不同的性质，活用相应的铺垫隔衬材料进行衬垫、遮盖、绑扎和加固。

（8）起卸包装破漏的危险品时现场严禁明火，有关人员应站在上风处，对包装破损严重的，要进行必要的修理和清洁工作，以避免危险品的大量渗漏，但必须十分注意安全，并根据应急措施表及医疗急救指南采取相应的措施。

（9）在装卸爆炸品或烈性易燃品时，不得进行能产生火花的检修工作和拷铲油漆作业。

（10）装卸危险货物过程中，遇有闪电、雷击、雨雪天或附近发生火警时，应立即停止装卸货作业。

（11）停装停卸时，应关闭照明及电源。

（12）装完货后应进行全面检查，应及时取得监装。

危险货物集装箱的保管应符合有关堆放、储存、转运的法令法规及企业的规章制度。

复习思考题

1. 装卸危险货物有哪些注意事项？
2. 危险货物在集装箱内积载的一般要求有哪些？
3. 简述危险货物包装的一般要求。

案例分析

2014 年春天，某轮 0012E 航次停靠在比利时的安特卫普港装货，欧控操作部负责公司船舶在欧洲地区的集装箱配载工作。在作预配载时，欧控操作部的德籍配载员将 5 个 8 类危险品小柜配在 39BAY 舱内，根据该轮危险品适装证书记载规定，第五货舱内不允许积载危险品箱，而 39BAY 属于第五货舱的前半部份，显然是配错了地方。在装货前，该轮船长、大副没有认真检查码头提供的预装船图，没有及时发现问题。船航行到下一港西班牙的瓦伦西亚，被港口当局检查发现，造成倒箱 73 个，损失两天船期和被迫出具 10 万欧元的担保，给公司造成很大的经济损失，并损害了中海集运的声誉。

思考题：试分析导致这次事故的原因。

中华人民共和国海上国际集装箱运输管理规定

国务院关于修改《中华人民共和国海上国际集装箱运输管理规定》的决定

国务院决定对《中华人民共和国海上国际集装箱运输管理规定》作如下修改。

一、第二条修改为："本规定适用于从事海上国际集装箱运输及与海上国际集装箱运输有关的单位和个人。"

"海上国际集装箱运输是指中华人民共和国港口与外国港口之间的海上集装箱运输，包括按照合同约定全程运输为海上国际集装箱运输的中华人民共和国港口之间的区段。"

二、第六条增加两款，分别作为第二款、第三款："经营海上国际集装箱班轮运输，由国务院交通主管部门批准。"

"外国企业不得经营中华人民共和国港口之间的海上集装箱班轮运输。"

三、删去第三十一条，增加一条，作为第三十一条："对违反本规定应当给予行政处罚的行为，县级以上交通主管部门应当全面、客观、公正地进行调查，收集有关证据；必要时，可以查看被调查企业的运输单证、财务账册等有关资料。"

"有关单位和个人对县级以上交通主管部门的调查应当予以配合，如实提供有关资料；县级以上交通主管部门应当为被调查企业保守商业秘密。"

四、第三十二条修改为："违反本规定，同时违反国家有关价格管理的法律、法规的，由价格主管部门依照有关法律、法规的规定给予处罚。"

五、第三十三条修改为："违反本规定第十四条、第二十一条的规定，不使用规定的集装箱运输单证，或者不报送集装箱运输统计报表，或者报送集装箱运输统计报表不实的，由县级以上交通主管部门责令改正；拒不改正的，处5万元以下罚款。"

六、第三十四条修改为"违反本规定，有下列行为之一的，由县级以上交通主管部门责令改正；拒不改正的，没收违法所得，并处违法所得一倍以上三倍以下的罚款；没有违法所得的，按照以下规定处以罚款：

（一）未经批准，擅自经营海上国际集装箱运输、港口装卸、中转站、货运站业务的，处3万元以上30万元以下的罚款；

（二）未经批准，擅自经营海上国际集装箱班轮运输，属国内区段的集装箱班轮运输的，处3万元以上30万元以下的罚款；属近洋国际集装箱班轮运输的，处5万元以上50万元以下的罚款；属远洋国际集装箱班轮运输的，处50万元以上500万元以下的罚款。"

"违反前款规定，情节严重的，由工商行政管理部门吊销营业执照。"

七、删去第三十五条、第三十六条。

本决定自发布之日起施行。

此外，对部分条文的文字和条文的顺序作相应的调整和修改。

《中华人民共和国海上国际集装箱运输管理规定》根据本决定作相应的修正，重新发布。

《中华人民共和国海上国际集装箱运输管理规定》

（1990年12月5日中华人民共和国国务院令第68号发布根据1998年4月18日《国务院关于修改〈中华人民共和国海上国际集装箱运输管理规定〉的决定》修正）

第一章　总　　则

第一条　为加强海上国际集装箱运输管理，明确有关各方责任，适应国家对外贸易的需要，制定本规定。

第二条　本规定适用于从事海上国际集装箱运输及与海上国际集装箱运输有关的单位和个人。

海上国际集装箱运输是指中华人民共和国港口与外国港口之间的海上集装箱运输，包括按照合同约定全程运输为海上国际集装箱运输的中华人民共和国港口之间的区段。

第三条　中华人民共和国国务院交通主管部门主管全国海上国际集装箱运输事业。

第四条　海上国际集装箱运输必须贯彻安全、准确、迅速、经济和文明服务的方针，积极发展门到门运输。

第二章　海上国际集装箱运输企业的设立和班轮航线的审批

第五条　海上国际集装箱运输企业是指从事海上国际集装箱运输的航运企业、港口装卸企业及其承运海上国际集装箱的内陆中转站、货运站。

第六条　设立经营海上国际集装箱运输的航运企业，应当经省、自治区、直辖市交通主管部门审核，报国务院交通主管部门审批。

经营海上国际集装箱班轮运输，由国务院交通主管部门批准。

外国企业不得经营中华人民共和国港口之间的海上集装箱班轮运输。

第七条　设立港口国际集装箱装卸企业应当经省、自治区、直辖市交通主管部门审批，报国务院交通主管部门备案。

本规定发布后新设立承运海上国际集装箱的内陆中转站、货运站，应当经设立该企业的主管部门审核同意后，由省、自治区、直辖市交通主管部门审批，报国务院交通主管部门备案。

对外经济贸易系统新设立的承运海上国际集装箱的内陆中转站、货运站的审批办法，由国务院交通主管部门会同国务院对外经济贸易主管部门另行制定。

第八条　设立中外合资经营、中外合作经营的海上国际集装箱运输企业，须经国务院交通主管部门审核同意后，按照有关法律、法规的规定，由国务院对外经济贸易主管部门审批。

第九条　设立经营海上国际集装箱运输的企业，应当具备以下条件：

（一）有与其经营范围和服务对象相适应的运输船舶、车辆、设备及其他有关设施；

（二）有相应的组织机构、办公场所、专业管理人员；

（三）有与所经营的集装箱运输业务相适应的注册资本和自有流动资金；

（四）国家法律、法规规定的设立企业的其他条件。

第十条 交通主管部门应当根据申请经营海上国际集装箱运输企业的资金来源、设备情况、管理水平、货源情况，审核批准其业务经营范围。

第十一条 交通主管部门应当将批准文件发给获准经营海上国际集装箱运输的企业。取得批准文件的单位，凭该文件向工商行政管理部门申请登记注册，经核准发给营业执照后，方可开业。

设立承运海上国际集装箱的内陆中转站、货运站，还应当向海关办理登记手续。

第三章 货运管理

第十二条 用于海上国际集装箱运输的集装箱，应当符合国际集装箱标准化组织规定的技术标准和有关国际集装箱公约的规定。

集装箱所有人、经营人应当做好集装箱的管理和维修工作，定期进行检验，以保证提供适宜于货物运输的集装箱。

违反本条第二款规定，造成货物损坏或者短缺的，由责任人按照有关规定承担赔偿责任。

第十三条 承运人及港口装卸企业应当保证运载集装箱的船舶、车辆、装卸机械及工具处于良好的技术状况，确保集装箱的运输及安全。

承运人及港口装卸企业违反本条第一款规定，造成货物损坏或者短缺的，应当按照有关规定承担赔偿责任。

第十四条 承运人及港口装卸企业应当按照国家规定使用集装箱运输单证。

第十五条 承运人可以直接组织承揽集装箱货物，托运人可以直接向承运人或者委托货运代理人洽办进出口集装箱货物的托运业务。

第十六条 托运人应当如实申报货物的品名、性质、数量、重量、规格。托运的集装箱货物，必须符合集装箱运输的要求，其标志应当明显、清楚。

第十七条 托运人或者承运人在货物装箱前应当认真检查箱体，不得使用影响货物运输、装卸安全的集装箱。

第十八条 装运粮油食品、冷冻食品等易腐食品的集装箱，须经商检机构检验合格后方可使用。

第十九条 集装箱货物运达目的地后，承运人应当及时向收货人发出提货通知，收货人应当在收到通知后，凭提单提货。

收货人超过规定期限不提货或者不按期限归还集装箱的，应当按照有关规定或者合同约定支付货物、集装箱堆存费及支付集装箱超期使用费。

第二十条 海上国际集装箱的运费和其他费用，应当根据国家有关运输价格和费率的规定计收；国家没有规定的，按照双方商定的价格计收。任何单位不得乱收费用。

第二十一条 承运人及港口装卸企业，应当定期向交通主管部门报送运输统计报表。

第二十二条 与海上国际集装箱运输相关的各方应当及时相互提供集装箱运输信息。

第四章　交接和责任

第二十三条　承运人与托运人或者收货人应当根据提单确定的交接方式，在码头堆场、货运站或者双方商定的其他地点办理集装箱、集装箱货物交接。

第二十四条　参加海上国际集装箱运输的承运人、港口装卸企业应当按照下列规定办理集装箱交接：

（一）海上承运人通过理货机构与港口装卸企业在船边交接；

（二）经水路集疏运的集装箱，港口装卸企业与水路承运人在船边交接；

（三）经公路集疏运的集装箱，港口装卸企业与公路承运人在集装箱码头大门交接；

（四）经铁路集疏运的集装箱，港口装卸企业或者公路承运人与铁路承运人在装卸现场交接。

第二十五条　集装箱交接时，交接双方应当检查箱号、箱体和封志。重箱凭封志和箱体状况交接；空箱凭箱体状况交接。

交接双方检查箱号、箱体和封志后，应当作出记录，并共同签字确认。

第二十六条　承运人、港口装卸企业对集装箱、集装箱货物的损坏或者短缺的责任，交接前由交方承担，交接后由接方承担。但如果在交接后180天内，接方能提出证据证明集装箱的损坏或者集装箱货物的损坏或者短缺是由交方原因造成，交方应当承担赔偿责任。法律另有规定的除外。

第二十七条　除法律另有规定外，承运人与托运人应当根据下列规定，对集装箱货物的损坏或者短缺负责：

（一）由承运人负责装箱的货物，从承运人收到货物后至运达目的地交付收货人之前的期间内，箱内货物损坏或者短缺，由承运人负责；

（二）由托运人负责装箱的货物，从装箱托运后至交付收货人之前的期间内，如箱体和封志完好，货物损坏或者短缺，由托运人负责；如箱体损坏或者封志破坏，箱内货物损坏或者短缺，由承运人负责。

承运人与托运人或者收货人之间要求赔偿的时效，从集装箱货物交付之日起算不超过180天，但法律另有规定的除外。

第二十八条　由于托运人对集装箱货物申报不实造成人员伤亡，运输工具、货物自身及其他货物、集装箱损失的，由托运人负责。

第二十九条　由于装箱人的过失，造成人员伤亡，运输工具、其他货物、集装箱损失的，由装箱人负责。

第三十条　集装箱货物发生损坏或者短缺，对外索赔时需要商检机构鉴定出证的，应当依照《中华人民共和国进出口商品检验法》办理。

集装箱、集装箱货物发生短缺，对外索赔时需要理货机构出证的，应当依照有关规定办理。

第五章　罚　　则

第三十一条　对违反本规定应当给予行政处罚的行为，县级以上交通主管部门应当全面、客观、公正地进行调查，收集有关证据；必要时，可以查看被调查企业的运输单证、财务账册等有关资料。

有关单位和个人对县级以上交通主管部门的调查应当予以配合，如实提供有关资料；县级以上交通主管部门应当为被调查企业保守商业秘密。

第三十二条 违反本规定，同时违反国家有关价格管理的法律、法规的，由价格主管部门依照有关法律、法规的规定给予处罚。

第三十三条 违反本规定第十四条、第二十一条的规定，不使用规定的集装箱运输单证，或者不报送集装箱运输统计报表，或者报送集装箱运输统计报表不实的，由县级以上交通主管部门责令改正；拒不改正的，处5万元以下的罚款。

第三十四条 违反本规定，有下列行为之一的，由县级以上交通主管部门责令改正；拒不改正的，没收违法所得，并处违法所得一倍以上三倍以下的罚款；没有违法所得的，按照以下规定处以罚款：

（一）未经批准，擅自经营海上国际集装箱运输、港口装卸、中转站、货运站业务的，处3万元以上30万元以下的罚款；

（二）未经批准，擅自经营海上国际集装箱班轮运输，属国内区段的集装箱班轮运输的，处3万元以上30万元以下罚款；属近洋国际集装箱班轮运输的，处5万元以上50万元以下的罚款；属远洋国际集装箱班轮运输的，处50万元以上500万元以下的罚款。

违反前款规定，情节严重的，由工商行政管理部门吊销营业执照。

第六章　附　　则

第三十五条 本规定自发布之日起施行。

附录B

中华人民共和国国际海运条例实施细则

中华人民共和国交通部令（2003年第1号）

《中华人民共和国国际海运条例实施细则》已于2002年12月25日经第14次部务办公会议通过，现予公布，自2003年3月1日起施行。

部长　张春贤

二〇〇三年一月二十日

中华人民共和国国际海运条例实施细则

第一章　总　则

第一条　根据《中华人民共和国国际海运条例》（以下简称《海运条例》）的规定，制定本实施细则。

第二条　交通部和有关地方人民政府交通主管部门应当依照《海运条例》和本实施细则的规定，按照公平、高效、便利的原则，管理国际海上运输经营活动和与国际海上运输相关的辅助性经营活动，鼓励公平竞争，禁止不正当竞争。

第三条　《海运条例》和本实施细则中下列用语的含义如下。

（一）国际船舶运输业务，是指国际船舶运输经营者使用自有或者经营的船舶、舱位，提供国际海上货物运输和旅客运输服务以及为完成这些服务而围绕其船舶、所载旅客或者货物开展的相关活动，包括签订有关协议、接受订舱、商定和收取运费、签发提单及其他相关运输单证、安排货物装卸、安排保管、进行货物交接、安排中转运输和船舶进出港等活动。

（二）国际船舶运输经营者，包括中国国际船舶运输经营者和外国国际船舶运输经营者。其中，中国国际船舶运输经营者是指依据《海运条例》和本实施细则规定取得《国际船舶运输经营许可证》经营国际船舶运输业务的中国企业法人；外国国际船舶运输经营者是指依据外国法律设立经营进出中国港口国际船舶运输业务的外国企业。

（三）国际班轮运输业务，是指以自有或者经营的船舶，或者以《海运条例》第十六条第三款规定的方式，在固定的港口之间提供的定期国际海上货物或旅客运输。

（四）无船承运业务，是指《海运条例》第七条第二款规定的业务，包括为完成该项业务围绕其所承运的货物开展的下列活动：

（1）以承运人身份与托运人订立国际货物运输合同；

（2）以承运人身份接收货物、交付货物；

（3）签发提单或者其他运输单证；

（4）收取运费及其他服务报酬；

（5）向国际船舶运输经营者或者其他运输方式经营者为所承运的货物订舱和办理托运；

（6）支付港到港运费或者其他运输费用；

（7）集装箱拆箱、集拼箱业务；

（8）其他相关的业务。

（五）无船承运业务经营者，包括中国无船承运业务经营者和外国无船承运业务经营者。其中中国无船承运业务经营者是指依照《海运条例》和本实施细则规定取得无船承运业务经营资格的中国企业法人；外国无船承运业务经营者是指依照外国法律设立并依照《海运条例》和本实施细则的相关规定取得经营进出中国港口货物无船承运业务资格的外国企业。

（六）国际船舶代理经营者，是指依照中国法律设立从事《海运条例》第二十九条规定业务的中国企业法人。

（七）国际船舶管理经营者，是指依照中国法律设立从事《海运条例》第三十条规定业务的中国企业法人。

（八）国际海运货物仓储业务经营者，是指依照中国法律设立，提供海运货物仓库保管、存货管理以及货物整理、分装、包装、分拨等服务的中国企业法人。

（九）国际海运集装箱站与堆场业务经营者，是指依照中国法律设立，提供海运货物集装箱的堆存、保管、清洗、修理及集装箱货物的存储、集拼、分拨等服务的中国企业法人。

（十）外商投资企业，是指依照中国法律投资设立的中外合资经营企业、中外合作经营企业和外商独资企业。

（十一）外商常驻代表机构，是指外国企业或者其他经济组织在中国境内依法设立的，为其派出机构开展宣传、推介、咨询和联络活动的非营利性机构。

（十二）企业商业登记文件，是指企业登记机关或者企业所在国有关当局签发的企业营业执照或者企业设立的证明文件。以企业商业登记文件为复印件的，须有企业登记机关在复印件上的确认或者证明复印件与原件一致的公证文书。

（十三）专用发票，是指由国家税务总局批准统一印制的票据，它是证明付款人向国际船舶运输经营者或者其代理人、无船承运业务经营者或者其代理人支付运费或者其他相关费用的凭证，包括《国际海运业运输专用发票》和《国际海运业船舶代理专用发票》。

（十四）班轮公会协议，是指符合联合国《1974 年班轮公会行动守则公约》定义的，由班轮公会成员之间以及班轮公会之间订立的各类协议。

（十五）运营协议，是指两个或者两个以上国际班轮运输经营者为稳定或者控制运价订立的关于在一条或者数条航线上增加或者减少船舶运力协议，以及其他协调国际班轮运输经营者共同行动的协议，包括具有上述性质内容的会议纪要；两个或者两个以上国际班轮运输经营者为提高运营效率订立的关于共同使用船舶、共同使用港口设施及其他合作经营协议和

各类联盟协议、联营体协议。

（十六）运价协议，是指两个或者两个以上国际班轮运输经营者之间订立的关于收费项目及其费率、运价或者附加费等内容的协议，包括具有上述内容的会议纪要。

（十七）公布运价，是指国际班轮运输经营者和无船承运业务经营者运价本上载明的运价。运价本由运价、运价规则、承运人和托运人应当遵守的规定等内容组成。

（十八）协议运价，指国际班轮运输经营者与货主、无船承运业务经营者约定的运价，包括运价及其相关要素。协议运价以合同或者协议形式书面订立。

（十九）从业资历证明文件，是指被证明人具有3年以上从事国际海上运输或者国际海上运输辅助性经营活动经历的个人履历表。个人履历表须经公证机关公证。

第二章　国际海上运输及其辅助性业务的经营者

第四条　在中国境内设立企业经营国际船舶运输业务，或者中国企业法人申请经营国际船舶运输业务，应当符合《海运条例》第五条规定的条件，考虑交通部公布的国际海运市场竞争状况和国家关于国际海上运输业发展的政策。

交通部应当在其政府网站和其他适当媒体上及时公布国际海运市场竞争状况和国家关于国际海上运输业发展的政策。上述状况和政策未经公布，不得作为拒绝申请的理由。

第五条　在中国境内设立企业经营国际船舶运输业务，或者中国企业法人申请经营国际船舶运输业务，申请人应当向交通部提出申请，报送相关材料，并应同时将申请材料抄报企业所在地的省、自治区、直辖市人民政府交通主管部门。申请材料应当包括：

（一）申请书；

（二）可行性分析报告、投资协议；

（三）申请人的企业商业登记文件（拟设立企业的，主要投资人的商业登记文件或者身份证明）；

（四）船舶所有权证书、国籍证书和法定检验证书的副本或者复印件；

（五）提单、客票或者多式联运单证样本；

（六）符合交通部规定的高级业务管理人员的从业资格证明。

有关省、自治区、直辖市人民政府交通主管部门自收到上述抄报材料后，应当就有关材料进行审核，提出意见，并应当自收到有关材料之日起10个工作日内将有关意见报送交通部。

交通部收到申请人的申请材料后，应当在申请材料完整齐备之日起30个工作日内按照《海运条例》第五条和第六条的规定进行审核，作出许可或者不许可的决定。决定许可的，向申请人颁发《国际船舶运输经营许可证》；决定不许可的，应当书面通知申请人并告知理由。

第六条　中国国际船舶运输经营者在中国境内设立分支机构的，适用本实施细则第五条规定的程序。申请材料应当包括：

（一）申请书；

（二）可行性分析报告；

（三）母公司的商业登记文件；

（四）母公司的《国际船舶运输经营许可证》副本；

（五）母公司对该分支机构经营范围的确认文件；

（六）符合交通部要求的高级业务管理人员的从业资格证明。

中国国际船舶运输经营者的分支机构可为其母公司所有或者经营的船舶提供办理船舶进出港口手续、安排港口作业、接受订舱、签发提单、收取运费等服务。

第七条 在中国境内设立企业法人经营国际船舶代理业务或者中国企业申请经营国际船舶代理业务，应当向交通部提出申请，报送相关材料，并应当同时将申请材料抄报企业所在地的省、自治区、直辖市人民政府交通主管部门。申请材料应当包括：

（一）申请书；

（二）可行性分析报告、投资协议；

（三）申请人的商业登记文件（拟设立企业的，主要投资人的商业登记文件或者身份证明）；

（四）固定营业场所的证明文件；

（五）《海运条例》第九条第（一）项规定的高级业务管理人员的从业资历证明文件；

（六）关于同港口和海关等口岸部门进行电子数据交换的协议。不具备电子数据交换条件的，应当提供有关港口或者海关的相应证明文件。

有关省、自治区、直辖市人民政府交通主管部门收到上述抄报材料后，应当就有关材料进行审核，提出意见，并应当自收到有关材料之日起 7 个工作日内将有关意见报送交通部。

交通部收到申请人的申请材料后，应当在申请材料完整齐备之日起 15 个工作日内按照《海运条例》第九条规定进行审核。审核合格的，予以登记，并发给《国际船舶代理经营资格登记证》；不合格的，应当书面通知当事人并告知理由。申请人持交通部发给的《国际船舶代理经营资格登记证》向企业登记机关办理企业登记或者变更登记，向海关、税务、外汇等部门办理相关手续。

第八条 中国企业法人申请经营国际船舶管理业务或者在中国境内设立企业经营国际船舶管理业务，应当向拟经营业务所在地的省、自治区、直辖市人民政府交通主管部门提出申请，申请材料应当包括：

（一）申请书；

（二）可行性分析报告、投资协议；

（三）申请人的商业登记文件（拟设立企业的，主要投资人的商业登记文件或者身份证明）；

（四）固定营业场所的证明文件；

（五）《海运条例》第十一条第（一）项规定的高级业务管理人员的从业资历证明文件；

（六）《海运条例》第十一条第（二）项规定的人员的船长、轮机长适任证书复印件。

有关省、自治区、直辖市人民政府交通主管部门收到申请人的申请材料后，应当在申请材料完整齐备之日起 15 个工作日内进行审核。材料真实且符合《海运条例》第十一条规定条件的，予以资格登记，并颁发《国际海运辅助业经营资格登记证》；材料不真实或者不符合《海运条例》第十一条规定条件的，不予登记，书面通知申请人并告知理由。申请人持《国际海运辅助业经营资格登记证》向企业登记机关办理企业登记，向税务部门和外汇管理部门指定的银行办理相关手续。

第九条 国际船舶代理经营者和国际船舶管理经营者在中国境内的分支机构经营相关业

务的，应当符合《海运条例》第九条、第十一条的规定，并按照《海运条例》第十条、第十二条和本实施细则第七条、第八条的规定进行登记。登记申请材料应当包括：

（一）申请书；

（二）可行性分析报告；

（三）母公司的商业登记文件；

（四）母公司的《国际船舶代理经营资格登记证》或者《国际海运辅助业经营资格登记证》副本；

（五）母公司确定该分支机构经营范围确认文件；

（六）营业场所的证明文件；

（七）《海运条例》第九条、第十一条规定的人员的从业资历或者资格的证明文件；

（八）国际船舶代理经营者设立分支机构的，有关该分支机构同港口和海关等口岸部门进行电子数据交换的协议。不具备电子数据交换条件的，应当提供有关港口或者海关的相应证明文件。

第十条　国际船舶运输经营者申请经营进出中国港口国际班轮运输业务，应当向交通部提出申请，并报送《海运条例》第十七条规定的材料。交通部应当按照《海运条例》第十七条的规定进行审核。予以登记的，颁发《国际班轮运输经营资格登记证》。申请材料不真实、不齐备的，不予登记，应当书面通知申请人并告知理由。国际船舶运输经营者依法取得经营进出中国港口国际班轮运输业务资格后，交通部在其政府网站公布国际班轮运输经营者名称及其提单格式样本。

第十一条　申请办理无船承运业务经营者提单登记的，应当向交通部提出提单登记申请，报送相关材料，并应当同时将申请材料抄报企业所在地或者外国无船承运业务经营者指定的联络机构所在地的省、自治区、直辖市人民政府交通主管部门。申请材料应当包括：

（一）申请书；

（二）可行性分析报告；

（三）企业商业登记文件；

（四）提单格式样本；

（五）保证金已交存的银行凭证复印件。

申请人为外国无船承运业务经营者的，还应当提交本实施细则第二十五条规定的其指定的联络机构的有关材料。

有关省、自治区、直辖市人民政府交通主管部门自收到上述抄报材料后，应当就有关材料进行审核，提出意见，并应当自收到抄报的申请材料之日起7个工作日内将有关意见报送交通部。

交通部收到申请人的材料后，应当在申请材料完整齐备之日起15个工作日内按照《海运条例》第七条和第八条的规定进行审核。审核合格的，予以提单登记，并颁发《无船承运业务经营资格登记证》；不合格的，应当书面通知当事人并告知理由。

中国的申请人取得《无船承运业务经营资格登记证》，并向原企业登记机关办理企业相应登记手续后，方可从事无船承运业务经营活动。

第十二条　外国无船承运业务经营者按照外国法律已取得经营资格且有合法财务责任保证的，在按照《海运条例》和本实施细则申请从事进出中国港口无船承运业务时，可以不向中国境内的银行交存保证金。但为了保证外国无船承运业务经营者清偿因其不履行承运人义务或者履行义务不当所产生的债务以及支付罚款，满足《海运条例》第八条第三款的规定，该外国无船承运业务经营者的政府主管部门与中国政府交通主管部门应就财务责任保证实现方式签订协议。

第十三条 没有在中国港口开展国际班轮运输业务，但在中国境内承揽货物、签发提单或者其他运输单证、收取运费，通过租赁国际班轮运输经营者船舶舱位提供进出中国港口国际货物运输服务；或者利用国际班轮运输经营者提供的支线服务，在中国港口承揽货物后运抵外国港口中转的，应当按照本实施细则的有关规定，取得无船承运业务经营资格。但有《海运条例》第十六条第三款规定情形的除外。

第十四条 中国的无船承运业务经营者在中国境内的分支机构，应当按照《海运条例》第八条第二款的规定交纳保证金，并按照本实施细则第十一条的规定进行登记，取得《无船承运业务经营资格登记证》。申请登记应当提交下列材料：

（一）申请书；

（二）母公司的企业商业登记文件；

（三）母公司的《无船承运业务经营资格登记证》副本；

（四）母公司确认该分支机构经营范围的确认文件；

（五）保证金已交存的银行凭证复印件。

第十五条 无船承运业务经营者申请提单登记时，提单台头名称应当与申请人名称相一致。

提单台头名称与申请人名称不一致的，申请人应当提供说明该提单确实为申请人制作、使用的相关材料，并附送申请人对申请登记提单承担承运人责任的书面申明。

第十六条 无船承运业务经营者使用两种或者两种以上提单的，各种提单均应登记。

国际班轮运输经营者和无船承运业务经营者的登记提单发生变更的，应当于新的提单使用之日起 15 日前将新的提单样本格式向交通部备案。

第十七条 无船承运业务经营申请者交纳保证金并办理提单登记，依法取得无船承运业务经营资格后，交通部在其政府网站公布无船承运业务经营者名称及其提单格式样本。

第十八条 无船承运业务经营者应当依法在交通部指定的商业银行开设的无船承运业务经营者专门账户上交存保证金，保证金利息按照中国人民银行公布的活期存款利率计息。

第十九条 无船承运业务经营者交存的保证金，受国家法律保护。除下列情形外，保证金不得动用：

（一）因无船承运业务经营者不履行承运人义务或者履行义务不当，根据司法机关已生效的判决或者司法机关裁定执行的仲裁机构裁决应当承担赔偿责任的；

（二）被交通主管部门依法处以罚款的。

有前款第（一）、第（二）项情形需要从保证金中划拨的，应当依法进行。

无船承运业务经营者的保证金不符合《海运条例》规定数额的，交通部应当书面通知其补足。无船承运业务经营者自收到交通部书面通知之日起 30 日内未补足的，交通部应当按照《海运条例》第十五条的规定取消其经营资格。

第二十条 无船承运业务经营者被交通部依法取消经营资格、申请终止经营或者因其他原因终止经营的，可向交通部申请退还保证金。交通部应将该申请事项在其政府网站上公示

30 日。

在公示期内，有关当事人认为无船承运业务经营者有本实施细则第十九条第一款第（一）项情形需要对其保证金采取保全措施的，应当在上述期限内取得司法机关的财产保全裁定。自保证金被保全之日起，交通部依照《海运条例》对保证金账户的监督程序结束。有关纠纷由当事双方通过司法程序解决。

公示期届满未有前款规定情形的，交通部应当通知保证金开户银行退还无船承运业务经营者保证金及其利息，并收缴该无船承运业务经营者的《无船承运业务经营资格登记证》。

第二十一条　中国国际船舶运输经营者、中国无船承运业务经营者、国际船舶代理经营者、国际船舶管理经营者有下列变更情形之一的，应当向原资格许可、登记机关备案：

（一）变更企业名称；

（二）企业迁移；

（三）变更出资人；

（四）歇业、终止经营。

变更企业名称的，由原资格许可、登记机关换发相关经营许可证或者经营资格登记证；企业终止经营的，应当将有关许可、登记证书交回原许可、登记机关。

第二十二条　除《海运条例》和本实施细则第四章规定的外商投资企业外，经营国际海运货物仓储、国际海运集装箱站与堆场业务的经营者应当自开始从事上述经营活动之日起 30 日内将有关情况向企业所在地的省、自治区、直辖市人民政府交通主管部门报备。

第三章　国际海上运输及其辅助性业务经营活动

第二十三条　国际班轮运输经营者新开或者停开国际班轮运输航线，或者变更国际班轮运输船舶、班期的，应当按照《海运条例》第十九条的规定在交通部指定媒体上公告，并按规定报备。

第二十四条　中国国际船舶运输经营者增加运营船舶，包括以光船租赁方式租用船舶增加运营船舶的，应当于投入运营前 15 日向交通部备案，取得备案证明文件。备案材料应当载明公司名称、注册地、船名、船舶国籍、船舶类型、船舶吨位、拟运营航线。

交通部收到备案材料后，应当在 3 个工作日内出具备案证明文件。

第二十五条　在中国港口开展国际班轮运输业务的外国国际船舶运输经营者，以及在中国委托代理人提供进出中国港口国际货物运输服务的外国无船承运业务经营者，应当在中国境内委托一个联络机构，负责代表该外国企业与中国政府有关部门就《海运条例》和本实施细则规定的有关管理及法律事宜进行联络。联络机构可以是该外国企业在中国境内设立的外商投资企业或者常驻代表机构，也可以是其他中国企业法人或者在中国境内有固定住所的其他经济组织。委托的联络机构应当向交通部备案，并提交下列文件：

（一）联络机构说明书，载明联络机构名称、住所，联系方式及联系人；

（二）委托书副本或者复印件；

（三）委托人与联络机构的协议副本；

（四）联络机构的工商登记文件复印件。

联络机构为该外国企业在中国境内的外商投资企业或者常驻代表机构的，不需提供本条第一款第（二）项、第（三）项文件。

联络机构或者联络机构说明书所载明的事项发生改变的，应当自发生改变之日起 15 日内向交通部备案。

第二十六条 任何单位和个人不得擅自使用国际班轮运输经营者和无船承运业务经营者已经登记的提单。

第二十七条 无船承运业务经营者需要委托代理人签发提单或者相关单证的，应当委托依法取得经营资格的国际船舶运输经营者、无船承运业务经营者和国际海运辅助业务经营者代理上述事项。

前款规定的经营者不得接受未办理提单登记并交存保证金的无船承运业务经营者的委托，为其代理签发提单。

第二十八条 国际班轮运输经营者与货主和无船承运业务经营者协议运价的，应当采用书面形式。协议运价号应当在提单或者相关单证上显示。

第二十九条 国际船舶运输经营者不得接受未办理提单登记并交纳保证金的无船承运业务经营者提供的货物或者集装箱。

第三十条 国际班轮运输经营者委托代理人接受订舱、代签提单、代收运费等项业务的，委托的代理人应当是依法取得经营资格的国际船舶代理经营者。

第三十一条 国际班轮运输经营者和无船承运业务经营者应当将其在中国境内的船舶代理人、签发提单代理人在交通部指定的媒体上公布。公布事项包括代理人名称、注册地、住所、联系方式。代理人发生变动的，应当于有关代理协议生效前 7 日内公布上述事项。

国际班轮运输经营者、无船承运业务经营者应当及时将公布代理事项的媒体名称向交通部备案。

第三十二条 国际船舶运输经营者之间订立的涉及中国港口的班轮公会协议、运营协议、运价协议等，应当自协议订立之日起 15 日内，按下列规定向交通部备案。

（一）班轮公会协议，由班轮公会代表其所有经营进出中国港口海上运输的成员备案。班轮公会备案时，应当同时提供该公会的成员名单。

（二）国际船舶运输经营者之间订立的运营协议、运价协议，由参加订立协议的国际船舶运输经营者分别备案。

第三十三条 中国国际船舶运输经营者之间或者中国国际船舶运输经营者与外国国际船舶运输经营者之间的兼并、收购，由兼并、收购的一方将兼并、收购协议按照《海运条例》第二十四条的规定报交通部审核同意。

第三十四条 下列经营者在中国境内收取运费、代为收取运费以及其他相关费用，应当向付款人出具专用发票：

（一）中国国际船舶运输经营者及其分支机构；

（二）中国无船承运业务经营者及其分支机构；

（三）国际船舶代理经营者及其分支机构；

（四）《海运条例》第三十三条规定的企业。

前款所列经营者应当向公司所在地的省、自治区、直辖市人民政府交通主管部门办理专用发票使用证明后，向公司所在地的税务机关申请领取专用发票。国家税务总局另有规定的，从其规定。

第三十五条 国际船舶管理经营者应当根据合同的约定和国家有关规定，履行有关船舶

安全和防止污染的义务。

第三十六条　经营进出中国港口国际班轮运输业务的国际班轮运输经营者，应当填报《中华人民共和国海上国际运输业信息表（航运公司基本情况）》、《中华人民共和国海上国际运输业信息表（航运公司集装箱出口重箱运量）》和《中华人民共和国海上国际运输业信息表（航运公司集装箱进口重箱运量）》，于当年3月31日前报送交通部。

外国国际船舶运输经营者的上述材料由其委托的联络机构报送。

第三十七条　中国国际船舶运输经营者、国际船舶代理经营者以及国际集装箱运输港口经营人，应当分别填报《中华人民共和国海上国际运输业信息表（航运公司基本情况）》、《中华人民共和国海上国际运输业信息表（国际船舶代理）》和《中华人民共和国海上国际运输业信息表（港口集装箱吞吐量）》，于当年3月15日前报送公司所在地省、自治区、直辖市人民政府交通主管部门。

各有关省、自治区、直辖市人民政府交通主管部门应当将上述信息表及其汇总信息于当年3月31日前报送交通部。

第三十八条　国际船舶代理经营者、国际船舶管理经营者、国际海运货物仓储业务经营者以及国际集装箱站与堆场业务经营者，不得有下列行为：

（一）以非正常、合理的收费水平提供服务，妨碍公平竞争；

（二）在会计账簿之外暗中给予客户回扣，以承揽业务；

（三）滥用优势地位，限制交易当事人自主选择国际海运辅助业务经营者，或者以其相关产业的垄断地位诱导交易当事人，排斥同业竞争；

（四）其他不正当竞争行为。

第三十九条　外国国际船舶运输经营者以及外国国际海运辅助企业的常驻代表机构不得从事经营活动，包括不得：

（一）代表其境外母公司接受订舱，签发母公司提单或者相关单证；

（二）为母公司办理结算或者收取运费及其他费用；

（三）开具境外母公司或者其母公司在中国境内设立的《海运条例》第三十三条规定的企业的票据；

（四）以托运人身份向国际班轮运输经营者托运货物；

（五）以外商常驻代表机构名义与客户签订业务合同。

第四章　外商投资经营国际海上运输及其辅助性业务

第四十条　设立中外合资、合作经营企业经营国际船舶运输业务，应当通过拟设立企业所在地的省、自治区、直辖市人民政府交通主管部门向交通部提出申请。申请材料应当包括：

（一）申请书；

（二）可行性分析报告；

（三）合资或者合作协议；

（四）投资者的企业商业登记文件或者身份证件；

（五）符合交通部规定的高级业务管理人员的从业资格证明。

有关省、自治区、直辖市人民政府交通主管部门应当自收到完整齐备的材料之日起10

个工作日内将申请材料及意见转报交通部。

交通部应当自收到转报的上述材料和意见之日起30个工作日内，按照《海运条例》第三十二条第二款、第三款和第四款的规定以及交通部公布的国际海运市场竞争状况和国家关于国际海上运输业发展的政策进行审核，作出批准或者不予批准的决定。决定批准的，发给批准文件；不予批准的，应当书面通知申请人并告知理由。

获得批准的申请人应当持交通部批准文件，按照国家有关外商投资企业的法律、法规的要求，到有关部门办理相应的设立外商投资企业的审批手续。取得相应的审批手续后，应当持有关部门许可设立企业的文件和本实施细则第五条第一款（四）至（六）项的相关材料，按照本实施细则第五条规定的程序向交通部领取相应的《国际船舶运输经营许可证》。

第四十一条 设立《海运条例》第三十三条规定的外商投资企业，应当按照交通部和对外贸易经济合作部的有关规定办理。

第四十二条 设立外商投资企业经营国际船舶代理业务，应当通过拟设立企业所在地的省、自治区、直辖市人民政府交通主管部门向交通部提交本实施细则第七条规定的申请材料。有关省、自治区、直辖市人民政府交通主管部门收到完整齐备的上述材料后，应当于10个工作日内将有关材料及意见转报交通部。

交通部应当自收到转报的上述材料和意见之日起30个工作日内，按照《海运条例》第九条的规定进行审核，作出批准或者不予批准的决定。决定批准的，发给批准文件；不予批准的，应当书面通知申请人并告知理由。

获得批准的申请人应当持交通部批准文件，按照国家有关外商投资企业的法律、法规的要求到有关部门办理相应的设立外商投资企业的审批手续。取得相应的批准文件后，应当持有关部门批准设立企业的文件按本实施细则第七条的规定到交通部办理登记，并领取《国际船舶代理经营资格登记证书》。

第四十三条 设立外商投资企业经营国际船舶管理业务，应当通过拟设立企业所在地的省、自治区、直辖市人民政府交通主管部门向交通部提交本实施细则第八条规定的申请材料。有关省、自治区、直辖市人民政府交通主管部门收到完整齐备的上述材料后，应当于10个工作日内将有关材料及意见转报交通部。

交通部应当自收到转报的上述材料和意见之日起30个工作日内，按照《海运条例》第十一条的规定进行审核，作出批准或者不予批准的决定。决定批准的，发给批准文件；不予批准的，应当书面通知申请人并告知理由。

获得批准的申请人应当持交通部批准文件，按照国家有关外商投资企业的法律、法规的要求到有关部门办理相应的设立外商投资企业的审批手续。取得相应的审批手续后，应当持有关部门的批准文件按照本实施细则第八条规定的程序向企业所在地的省、自治区、直辖市人民政府交通主管部门办理登记，领取《国际海运辅助业经营资格登记证》。

第四十四条 经营国际海运货物仓储业务，应当具备下列条件：

（一）有固定的营业场所；

（二）有与经营范围相适应的仓库设施；

（三）高级业务管理人员中至少2人具有3年以上从事相关业务的经历；

（四）法律、法规规定的其他条件。

第四十五条 经营国际海运集装箱站及堆场业务，应当具备下列条件：

（一）有固定的营业场所；

（二）有与经营范围相适应的车辆、装卸机械、堆场、集装箱检查设备、设施；

（三）高级业务管理人员中至少2人具有3年以上从事相关业务的经历；

（四）法律、法规规定的其他条件。

第四十六条 设立外商投资企业，经营国际海运货物仓储业务或者设立中外合资、合作企业经营国际集装箱站与堆场业务，应当通过拟设立企业所在地的省、自治区、直辖市人民政府交通主管部门向交通部提出申请。申请材料应当包括：

（一）申请书；

（二）可行性分析报告；

（三）合资或者合营协议；

（四）投资者的企业商业登记文件或者身份证件；

有关省、自治区、直辖市人民政府交通主管部门收到完整齐备的上述材料后，应当于10个工作日内将有关材料及意见转报交通部。

交通部应当在收到转报的上述材料和意见之日起30个工作日内，按照本实施细则第四十四条或者第四十五条的规定进行审核，作出批准或者不批准的决定。决定批准的，予以登记，并发给相应的批准文件；不予批准的，应当书面通知申请人并告知理由。

获得批准的申请人应当持交通部批准文件，按照国家有关外商投资企业的法律、法规的要求到有关部门办理设立外商投资企业的审批手续。取得相应的批准文件后，向交通部办理登记，换领《国际海运辅助业经营资格登记证》。

第四十七条 国际海运货物仓储业务经营者、国际集装箱站与堆场业务经营者，须持交通部颁发的资格登记证明文件，向监管地海关办理登记手续后，方可存放海关监管货物或者集装箱。

第四十八条 外国国际船舶运输经营者以及外国国际海运辅助企业在中国境内设立常驻代表机构，应当通过拟设立常驻代表机构所在地的省、自治区、直辖市人民政府交通主管部门向交通部提交下列材料：

（一）申请书，申请书应当载明拟设机构名称、设立地区、驻在期限、主要业务范围等；

（二）企业商业登记文件；

（三）企业介绍，包括企业设立时间、主营业务范围、最近年份经营业绩、雇员数、海外机构等；

（四）首席代表授权书，由企业董事长或者总经理签署；

（五）首席代表姓名、国籍、履历及身份证件。

有关省、自治区、直辖市人民政府交通主管部门收到完整齐备的上述材料后，应当于7个工作日内将有关材料及意见转报交通部。

交通部应当在收到转报的上述材料和意见之日起15个工作日内，作出批准或者不予批准的决定。决定批准的，由交通部颁发《外国（境外）水路运输企业在中国设立常驻代表机构批准书》（简称批准书）；申请材料不真实的，不予批准，书面通知申请人并告知理由。

获得批准的申请人应当自批准之日起30日内，持批准书向企业登记机关办理注册登记。逾期未办理相关手续的，批准书即自行失效。

常驻代表机构的批准驻在期限为3年。

第四十九条　常驻代表机构变更名称、首席代表的，应当在变更后15日内向交通部备案。

变更首席代表的，备案时应当同时报送新任首席代表的履历及身份证件复印件，以及由企业董事长或者总经理签署的首席代表授权书。

变更常驻代表机构名称的，备案时应当同时报送原名称与现名称关系的说明；属于外国企业名称变更或者因为企业合并、分立等原因变更常驻代表机构名称的，还应当报送相关法律证明文件。

交通部收到报备材料后应当及时办理有关变更登记手续。

第五十条　常驻代表机构需要延长驻在期的，应当自期满之日60日前向交通部提出申请。申请材料包括：

（一）申请书；

（二）交通部颁发的批准书复印件；

（三）常驻代表机构工商登记文件复印件。

常驻代表机构的每次延长驻在期限为3年。

交通部应当自收到申请人齐备有效材料之日起15个工作日内办理变更登记手续，并出具相关登记证明文件。

第五十一条　常驻代表机构终止，应当在终止之日起10日前报告交通部，由交通部注销该常驻代表机构。

常驻代表机构驻在期满未办理延期登记手续的，该常驻代表机构驻在资格自动丧失。

常驻代表机构终止、自动丧失资格或者被注销，由交通部签发《外国（境外）水路运输企业在中国设立常驻代表机构注销通知书》，同时通知有关省、自治区、直辖市人民政府交通主管部门和企业登记机关。

第五章　调查与处理

第五十二条　利害关系人认为国际海上运输业务经营者、国际海运辅助业务经营者有《海运条例》第三十五条和本实施细则第三十八条规定情形的，可依照《海运条例》第三十五条的规定请求交通部实施调查。请求调查时，应当提出书面调查申请，并阐述理由，提供必要的证据。

交通部对调查申请应当进行评估，在自收到调查申请之日起60个工作日内作出实施调查或者不予调查的决定。

（一）交通部认为调查申请理由不充分或者证据不足的，决定不予调查并通知调查申请人。申请人可补充理由或者证据后再次提出调查申请。

（二）交通部根据评估结论认为应当实施调查或者按照《海运条例》第三十五条规定自行决定调查的，应当将有关材料和评估结论通报国务院工商行政管理部门和价格部门。

第五十三条　调查的实施由交通部会同国务院工商行政管理部门和价格部门（以下简称调查机关）共同成立的调查组进行。

调查机关应当将调查组组成人员、调查事由、调查期限等情况通知被调查人。被调查人应当在调查通知送达后30日内就调查事项作出答辩。

被调查人认为调查组成员同调查申请人、被调查人或者调查事项有利害关系的，有权提出回避请求。调查机关认为回避请求成立的，应当对调查组成员进行调整。

第五十四条 被调查人接受调查时，应当根据调查组的要求提供相关数据、资料及文件等。属于商业秘密的，应当向调查组提出。调查组应当以书面形式记录备查。

调查机关和调查人员对被调查人的商业秘密应当予以保密。

被调查人发现调查人员泄露其商业秘密并有充分证据的，有权向调查机关投诉。

第五十五条 调查机关对被调查人“低于正常、合理水平运价”的认定，应当考虑下列因素：

（一）同一行业内多数经营者的运价水平以及与被调查人具有同等规模经营者的运价水平；

（二）被调查人实施该运价水平的理由，包括成本构成、管理水平和盈亏状况等；

（三）是否针对特定的竞争对手并以排挤竞争对手为目的。

第五十六条 调查机关对“损害公平竞争”或者“损害交易对方”的认定，应当考虑下列因素：

（一）对托运人自由选择承运人造成妨碍；

（二）影响货物的正常出运；

（三）以账外暗中回扣承揽货物，扭曲市场竞争规则。

第五十七条 调查机关作出调查结论前，可举行专家咨询会议，对“损害公平竞争”或者“损害交易对方”的程度进行评估。

聘请的咨询专家不得与调查申请人、被调查人具有利害关系。

第五十八条 调查结束时，调查机关应当作出调查结论，并书面通知调查申请人和被调查人：

（一）基本事实不成立的，调查机关应当决定终止调查；

（二）基本事实存在但对市场公平竞争不造成实质损害的，调查机关可决定不对被调查人采取禁止性、限制性措施；

（三）基本事实清楚且对市场公平竞争造成实质损害的，调查机关应当根据《海运条例》的规定，对被调查人采取限制性、禁止性措施。

第五十九条 调查机关在作出采取禁止性、限制性措施的决定前，应当告知当事人有举行听证的权利；当事人要求举行听证的，应当在自调查机关通知送达之日起10日内，向调查机关书面提出；逾期未提出听证请求的，视为自动放弃请求听证的权利。

第六十条 就本实施细则第三十八条所列情形实施调查的，调查组成员中应当包括对被调查人的资格实施登记的有关省、自治区、直辖市交通主管部门的人员。

对有本实施细则第三十八条第（三）项所列违法行为并给交易当事人或者同业竞争者造成实质损害的，调查机关可采取限制其在一定时期内扩大业务量的限制性措施。

第六章 法律责任

第六十一条 违反《海运条例》和本实施细则的规定应当予以处罚的，交通部或授权的省、自治区、直辖市人民政府交通主管部门应当按照《海运条例》第六章和本章的规定予以处罚。

第六十二条 外商常驻代表机构有本实施细则第三十九条规定情形的，交通部或者有关省、自治区、直辖市人民政府交通主管部门可将有关情况通报有关工商行政管理部门，由工商行政管理部门按照《海运条例》第五十二条第二款的规定处罚。

第六十三条 班轮公会协议、运营协议和运价协议未按规定向交通部备案的，由交通部依照《海运条例》第四十八条的规定，对本实施细则第三十二条规定的备案人实施处罚。班轮公会不按规定报备的，可对其公会成员予以处罚。

第六十四条 调查人员违反规定，泄露被调查人保密信息的，依法给予行政处分；造成严重后果，触犯刑律的，依法追究刑事责任。

第七章 附 则

第六十五条 《海运条例》和本实施细则规定的许可、登记事项，申请人可委托代理人办理。代理人办理委托事项的，应当提供授权委托书。外国申请人或者投资者提交的公证文书，应当由申请人或者投资者所在国公证机关或者执业律师开出。

本实施细则所要求的各类文字资料应当用中文书写，如使用其他文字的，应随附中文译文。

第六十六条 对《海运条例》和本实施细则规定的备案事项的具体要求、报备方式和方法应当按照交通部的规定办理。

第六十七条 香港特别行政区、澳门特别行政区和台湾地区的投资者在内地投资从事国际海上运输和与国际海上运输相关的辅助性业务，比照适用《海运条例》第四章和本实施细则第四章的有关规定。

第六十八条 《海运条例》第二十条规定的公布运价和协议运价备案的具体办法，由交通部另行规定。

第六十九条 经营港口国际海运货物装卸、港口内国际海运货物仓储业务和国际海运集装箱码头和堆场业务的，按国家有关港口管理的法律、行政法规的规定办理。

第七十条 本实施细则自2003年3月1日起施行。交通部1985年4月11日发布的《交通部对从事国际海运船舶公司的暂行管理办法》、1990年3月2日发布的《国际船舶代理管理规定》、1990年6月20日发布的《国际班轮运输管理规定》、1992年6月9日发布的《中华人民共和国海上国际集装箱运输管理规定实施细则》和1997年10月17日发布的《外国水路运输企业常驻代表机构管理办法》同时废止。

附录C

国际集装箱多式联运管理规则

（一九九七年三月十四日）

第一章　总　　则

第一条　为了加强国际集装箱多式联运的管理，促进通畅、经济、高效的国际集装箱多式联运的发展，满足对外贸易发展的需要，根据《中华人民共和国海商法》、《中华人民共和国铁路法》和中华人民共和国交通部、铁道部（以下简称交通部、铁道部）有关规定，制定本规则。

第二条　本规则适用于水路、公路、铁路的国际集装箱多式联运。

第三条　交通部、铁道部是我国国际集装箱多式联运的主管部门。各省、自治区、直辖市交通主管部门根据本规则管理本地区的国际集装箱多式联运。铁路部门按系统管理国际集装箱多式联运。

第四条　本规则下列用语的定义

（一）“国际集装箱”，是指符合国际标准化组织规定的技术标准的集装箱。

（二）“国际集装箱多式联运（以下简称多式联运）”，是指按照国际集装箱多式联运合同，以至少两种不同的运输方式，由多式联运经营人将国际集装箱从一国境内接管的地点运至另一国境内指定交付的地点。

（三）“国际集装箱多式联运合同（以下简称多式联运合同）”，是指多式联运经营人凭以收取运费、负责完成或组织完成国际多式联运的合同。

（四）“国际集装箱多式联运单据（以下简称多式联运单据）”，是指证明多式联运合同以及证明多式联运经营人接管集装箱货物（以下简称货物）并负责按合同条款交付货物的单据。该单据包括双方确认的取代纸张单据的电子数据交换信息。

（五）“国际集装箱多式联运经营人（以下简称多式联运经营人）”，是指本人或者委托他人以本人名义与托运人订立一项多式联运合同并以承运人身份承担完成此项合同责任的人。

（六）“区段运输承运人”，是指与多式联运经营人签订区段运输合同，完成此项多式联运中的某区段运输的人，不管他是否与多式联运经营人属于同一人。

（七）“托运人”，是指本人或委托他人以本人的名义与多式联运经营人订立多式联运合同，将货物交给多式联运经营人的。

（八）“收货人”，是指有权从多式联运经营人处接收货物的人。

（九）“迟延交付”，是指货物未在明确约定的时间内交付。

（十）“计算单位”，是指国际货币基金组织规定的特别提款权（SDR）。

第二章　多式联运的管理

第五条　申请经营多式联运业务的企业应符合下列条件。

（一）具有中华人民共和国企业法人资格。

（二）具有与从事多式联运业务相适应的组织机构、固定的营业场所、必要的经营设施和相应的专业管理人员。

（三）该企业具有三年以上国际货物运输或代理经历，有相应的国内、外代理。

（四）注册资金不低于人民币1000万元，并有良好的资信。增设经营性的分支机构时，每增设一个分支机构增加注册资金人民币100万元。

（五）符合国家法律、法规规定的其他条件。

第六条　多式联运经营人的审批

（一）铁路系统以外的企业申请经营多式联运业务，应上报至省、自治区、直辖市交通主管部门，并抄报所在地市（设区市）以上的交通主管部门。省、自治区、直辖市交通主管部门自收到全部申请文件起30日内提出意见后转报交通部。国务院部门在京直属企业申请经营多式联运业务，可直接向交通部、铁道部申报。铁路系统的企业申请经营多式联运业务，由企业所在地的铁路局向铁道部直接申报。在收到上述转、申报文件后60日内，交通部、铁道部共同审核发出批准文件或不批准的通知，并按两部共同商定的工作程序办理。

（二）已批准经营多式联运业务的企业凭批准文件到省、自治区、直辖市交通主管部门领取经营许可证，国务院部门在京直属企业到接受申请单位领取经营许可证，铁路系统的企业到铁道部领取经营许可证。

（三）申请经营多式联运业务的企业，应提交下列文件：

1. 申请报告；
2. 企业章程、业务章程；
3. 经营多式联运业务的可行性研究报告；
4. 多式联运单据样本；
5. 国内、外代理机构企业名称、地址和协议；
6. 资信证明；
7. 企业法人营业执照副本及批准文件；
8. 法定代表人的个人简历和身份证明；
9. 五名以上业务人员的国家承认、相关专业中级以上的职称资格证书和任职证书；
10. 该企业三年以上国际货物运输或代理经历的证明；
11. 主管部门要求的其他文件。

（四）经交通部、铁道部共同审批同意后，凭批准文件、经营许可证，按照有关法律、法规的规定向工商、海关、银行、税务部门办理相应手续。

第七条　申请成立多式联运企业应符合第五条第（一）、第（二）、第（四）、第（五）

项的规定，其主要投资者应具有三年以上国际货物运输或代理经历，有相应的国内、外代理。审批程序按第六条的规定办理。

第八条 经营许可证的有效期为三年。有效期届满，需继续从事多式联运业务的，应在有效期满30日前向原发证主管部门申领换证。如不申请换证，其多式联运业务资格在期满后自动丧失。

交通部、铁道部及省、自治区、直辖市交通主管部门对多式联运经营人的经营行为随时进行监督检查。省、自治区、直辖市交通主管部门对多式联运经营人的资格条件和多式联运单据进行年审。铁路系统的年审由铁道部执行，国务院部门在京直属企业的年审由交通部、铁道部共同执行。

第九条 多式联运企业设立经营性分支机构应向有关部门提出申请，提交申请报告、可行性研究报告，并具有与分支机构经营相适应的组织机构、固定营业场所、必要的经营设施、相应的管理人员、流动资金，审批程序按第六条的规定办理。

第十条 要求停止多式联运业务的企业必须向发放经营许可证的单位提出申请，上报交通部、铁道部，经审批同意后，收回经营许可证，并凭批准文件向工商、海关、银行、税务部门办理相应手续。

第十一条 中外合资企业、中外合作企业申请经营多式联运业务，须经交通部、铁道部共同批准后，按照有关法律、行政法规的规定到有关部门办理相应手续；其申领经营许可证、换证、停业均按本章有关规定办理。外商独资企业不得从事多式联运业务，法律、行政法规另有规定的除外。未经交通部、铁道部共同批准，境外企业不得从事我国国际集装箱多式联运业务。

第十二条 从事多式联运业务的企业使用的多式联运单据应符合第三章规定的要求。多式联运单据实行登记编号制度。凡在我国境内签发的多式联运单据必须由多式联运经营人或其代理人报交通部、铁道部登记，并在单据右上角注明许可证编号。

第十三条 多式联运经营人使用电子计算机传递运输信息、数据时，其传送代码、报文格式应符合国内规定适应国际标准的EDI标准，参加多式联运的区段运输承运人应按多式联运经营人的要求提供集装箱的动态信息及有关资料。

第三章 多式联运单据

第十四条 多式联运单据的内容。

（一）多式联运单据应当载明下列事项：

1. 货物名称、种类、件数、重量、尺寸、外表状况，包装形式；
2. 集装箱箱号、箱型、数量、封志号；
3. 危险货物、冷冻货物等特种货物应载明其特性、注意事项；
4. 多式联运经营人名称和主管业所；
5. 托运人名称；
6. 多式联运单据表明的收货人；
7. 接收货物的日期、地点；
8. 交付货物的地点和约定的日期；
9. 多式联运经营人或其授权人的签字及单据的签发日期、地点；

10. 交接方式、运费的交付，约定的运达期限，货物中转地点；

11. 在不违背我国有关法律、法规的前提下，双方同意列入的其他事项。

（二）多式联运单据缺少本条第一款所指事项中的一项或数项，并不影响该单据作为多式联运单据的法律效力，但是应当能证明具有第四条第（四）项的规定内容。

第十五条 多式联运经营人接收货物时，应由本人或其授权的人签发多式联运单据。多式联运单据上的签字，可以是手签、盖章，或双方确认的电子数据。签发一份以上正本多式联运单据时，应注明正本份数。副本单据应注明不可转让。

第十六条 多式联运单据的转让依照下列规定执行：

（一）记名单据：不得转让；

（二）指示单据：经过记名背书或者空白背书转让；

（三）不记名单据：无须背书，即可转让。

第四章 托运人责任

第十七条 托运人将货物交给多式联运经营人，所提供货物的名称、种类、包装、件数、重量、尺寸、标志等应准确无误，如系特殊货物还应说明其性质和注意事项。

第十八条 由于下列原因所致造成货物灭失、损坏或对多式联运经营人造成损失，托运人应自行负责或承担赔偿责任：

（一）箱体、封志完好，货物由托运人装箱、计数、施封或货物装载于托运人的自备箱内；

（二）货物品质不良或外包装完好而内装货物短损、变质；

（三）运输标志不清，包装不良。

第十九条 由于托运人的过失和疏忽对多式联运经营人或第三方造成损失，即使托运人已将多式联运单据转让，仍应承担赔偿责任。多式联运经营人依照第十七条与前款规定取得这种赔偿权利，不影响其根据多式联运合同对托运人以外的任何人应负的赔偿责任。

第二十条 托运人托运危险货物，应当依照该种货物运输的有关规定执行，并妥善包装，粘贴或拴挂危险货物标志和标签，将其正式名称和性质以及应采取的安全防护措施书面通知多式联运经营人；由于未通知或通知有误的，多式联运经营人可以根据情况将货物卸下、销毁或者采取相应的处理手段，而不负赔偿责任。托运人对多式联运经营人因运输该种货物所受到的损失，应当负赔偿责任。多式联运经营人知道危险货物的性质并已同意装运的，在发现该种货物对于运输工具、人员或者其他货物构成实际危险时，仍然可将货物卸下、销毁或者使之不能发生危害。多式联运经营人的责任适用于所发生区段的有关法律、法规。

第五章 多式联运经营人的责任

第二十一条 多式联运经营人签发多式联运单据后，即表明多式联运经营人已收到货物，对货物承担多式联运责任，并按多式联运单据载明的交接方式，办理交接手续。

第二十二条 多式联运经营人对货物的责任期间：自接收货物时起至交付货物时止。接收是指货物已交给多式联运经营人运送，并由其接管。交付是指按多式联运合同将货物交给

收货人或根据交付地适用的法律或贸易做法将货物置于收货人的支配下，或必须交给的当局、第三方。

第二十三条　多式联运经营人在接收货物时，已知道或有合理的根据怀疑托运人陈述或多式联运单据上所列货物内容与实际接收货物的状况不符，但无适当方法进行核对时，多式联运经营人有权在多式联运单据上作出保留、注明不符之处、怀疑的根据或无适当核对方法的说明。多式联运经营人未在多式联运单据上对货物或集装箱的外表状况加以批注，则应视为他已收到外表状况良好的货物或集装箱。

第二十四条　除依照第二十三条的规定作出保留外，多式联运经营人签发的多式联运单据，是多式联运经营人已经按照多式联运单据所载状况收到货物的初步证据。

第二十五条　多式联运经营人有义务按多式联运单据中收货人的地址通知收货人货物已抵达目的地。

第二十六条　收货人按多式联运单据载明的交接方式接收货物，在提货单证上签收。多式联运经营人收回正本多式联运单据后，多式联运经营人责任即告终止。

第二十七条　货物的灭失、损坏或迟延交付发生在多式联运经营人责任期间内，多式联运经营人应依法承担赔偿责任。货物在明确约定的交货日期届满后，连续60日仍未交付，收货人则可认为该批货物已灭失。货物的灭失、损坏或迟延交付发生于多式联运的某一区段的，多式联运经营人的赔偿责任和责任限额，适用该运输区段的有关法律、法规。货物的灭失、损坏不能确定所发生的区段时，多式联运经营人承担赔偿责任的赔偿责任限制为：多式联运全程中包括海运的适用于《中华人民共和国海商法》，多式联运全程中不包括海运的适用有关法律、法规的规定。

第二十八条　货物的迟延交付不能确定所发生的区段时，多式联运经营人对迟延交付承担的赔偿责任限制，在多式联运全程中包括海运段的，以不超过多式联运合同计收的运费数额为限。货物的灭失或损坏和迟延交付同时发生的，多式联运经营人的赔偿责任限额按货物的灭失或损坏处理。

第二十九条　因货物灭失、损坏或迟延交付造成损失而对多式联运经营人提起的任何诉讼，不论这种诉讼是根据合同还是侵权行为或其他理由提起的，均适用第二十七条、第二十八条规定的赔偿责任限制。

第三十条　由于货物灭失、损坏或迟延交付造成损失而对多式联运经营人的受雇人提起诉讼，该受雇人如能证明其是在受雇范围内行事，则该受雇人有权援用多式联运经营人的辩护理由和赔偿责任限制。

第三十一条　如能证明货物的灭失、损坏或迟延交付是多式联运经营人有意造成或明知有可能造成而毫不在意的行为或不行为所致，多式联运经营人则无权享受第二十七条和第二十八条所规定的赔偿责任限制。

第三十二条　多式联运经营人可以与有关各方签订协议，具体商定相互之间的责任、权利和义务及有关业务安排等事项，但不得影响多式联运经营人对多式联运全程运输承担的责任，法律、法规另有规定者除外。

第六章　书面通知、诉讼

第三十三条　书面索赔通知提出时效。

（一）多式联运经营人向收货人交付货物时，收货人未将货物灭失或者损坏的情况书面通知多式联运经营人的，此项交付视为多式联运经营人已经按照多式联运单据的记载交付以及货物状况良好的初步证据。货物灭失或者损坏的情况非显而易见的，整箱货物交付的次日起连续十五日内，货物拆箱交付的次日起连续七日内，收货人未提交书面通知的，适用前款规定。

（二）货物交付时，收货人已经会同多式联运经营人对货物的状况进行联合调查或检验，无须就查明的灭失或损坏的情况提交书面通知。

（三）多式联运经营人自向收货人交付货物的次日起连续60日内，未收到收货人就货物因迟延交付造成经济损失而提交书面通知的，不负赔偿责任。

（四）本条有关书面通知提出时间，并不妨碍在所确定货物灭失、损坏发生区段法规所适用的书面通知提出的时效。

第三十四条 诉讼时效。

（一）多式联运全程包括海运段的，对多式联运经营人诉讼时效期间为一年。多式联运全程未包括海运段的，按民法通则的规定，对多式联运经营人的诉讼时效期间二年。

（二）时效时间从多式联运经营人交付或应当交付货物的次日起计算。

（三）本条诉讼时效的规定不妨碍索赔人在能确定货物发生灭失、损坏区段时，根据该区段法规所规定的有权提起的诉讼时效。

（四）多式联运经营人对第三人提起追偿要求的时效期限为90日，自追偿的请求人解决原赔偿请求之日起或者收到受理对其本人提起诉讼的法院的起诉副本之日起计算。

第七章 罚 则

第三十五条 擅自经营多式联运业务，一经查获，处以非法收入两倍的罚款，最高不超过30000元。虽经批准从事多式联运业务，但以后又不具备多式联运经营人资格的企业开展多式联运业务，视情节轻重处以20000～30000元罚款。

第三十六条 多式联运经营人未在多式联运单据上印制许可证编号，一经查获，令其改正，应在15日内按要求申报登记，并在单据右上角注明许可证编号之后方可经营多式联运业务。限期内不改正者，视情节轻重处以10000～30000元罚款。不按第四十一条规定报送统计报表的给予警告，并限期补报；限期不报的，处以2000～10000元罚款。

第三十七条 处罚由省、自治区、直辖市交通主管部门执行；铁路系统的处罚由铁道部执行；国务院部门在京直属企业的处罚由交通部、铁道部共同执行。法律、法规另有规定者除外。

第八章 附 则

第三十八条 国内水运和国际海运视为两种不同运输方式。

第三十九条 非国际标准集装箱多式联运可参照本规则执行。

第四十条 多式联运单据推荐格式见附表一（略）。

第四十一条 多式联运经营人应在每年1月底前将上年的经营情况报告当地省、自治区、直辖市交通主管部门和交通部、铁道部。铁路系统的同时报告所在地铁路局。报告内容为：

（一）多式联运运量；

（二）经营情况及存在问题；

（三）多式联运经营人的基本情况说明（包括拥有的设备、设施、运力）。

第四十二条　本规则由交通部、铁道部共同负责解释。

第四十三条　本规则自 1997 年 10 月 1 日起施行。

附录D

2014年全球二十大集装箱吞吐量港口排名

2014排名	2013排名	港　口	所属国家	集装箱吞吐量/(万TEU)	同比/(%)
1	1	上海港	中国	3500～3530	4.3～5.2
2	2	新加坡港	新加坡	3360～3390	3.1～4.1
3	3	深圳港	中国	2330～2355	0.8～1.8
4	4	香港港	中国	2280～2295	2.0～2.7
5	6	宁波—舟山港	中国	1900～1920	10.4～11.6
6	5	釜山港	韩国	1810～1830	2.4～3.5
7	7	青岛港	中国	1650～1670	4.0～5.3
8	8	广州港	中国	1630～1650	7.3～8.6
9	9	迪拜港	阿联酋	1400～1420	2.9～4.4
10	10	天津港	中国	1375～1395	5.7～7.3
11	11	鹿特丹港	荷兰	1165～1185	0.2～2.0
12	13	大连港	中国	1080～1095	7.9～9.4
13	12	巴生港	马来西亚	1065～1080	2.9～4.3
14	14	高雄港	中国	1000～1010	0.6～1.6
15	15	汉堡港	德国	965～975	4.2～5.3
16	17	厦门港	中国	870～880	8.6～9.9
17	16	安特卫普港	比利时	860～870	0.3～1.4
18	18	洛杉矶港	美国	810～820	2.9～4.2
19	19	丹戎帕拉帕斯港	马来西亚	775～785	1.6～2.9
20	20	长滩港	美国	675～685	0.3～1.8

附录E

国际海运危险品货物标志与隔离表

1. 国际海运危险品货物标志

危险货物标志不应小于 100 mm × 100 mm；集装箱、可移动罐柜使用的标志不应小于 250 mm × 250 mm。

根据《GB 13690－1992 常用危险化学品的分类及标志》，危险品主标志有 16 种，副标志 11 种。

副标志：当一种危险化学品具有一种以上的危险性时，应用主标志表示主要危险性类别，并用副标志表示重要的其它危险性类别。副标志图形中没有危险性类别号（即底下没有数字）。

主 标 志		副 标 志	
爆炸品标志		爆炸品标志	
易燃气体标志		易燃气体标志	
不燃气体标志		不燃气体标志	
有毒气体标志		有毒气体标志	
易燃液体标志		易燃液体标志	
易燃固体标志		易燃固体标志	
自燃物品标志		自燃物品标志	
遇湿易燃物品标志		遇湿易燃物品标志	
氧化剂标志		氧化剂标志	
有机过氧化物标志			
有毒品标志		有毒品标志	
剧毒品标志			
一级放射性物品标志			
二级放射性物品标志			
三级放射性物品标志			
腐蚀品标志		腐蚀品标志	

B1　主标志	
底色：橙红色	底色：正红色
图形：正在爆炸的炸弹（黑色）	图形：火焰（黑色或白色）
文字：黑色	文字：黑色或白色

标志 1　爆炸品标志	标志 2　易燃气体标志
底色：绿色	底色：白色
图形：气瓶（黑色或白色）	图形：骷髅头和交叉骨形（黑色）
文字：黑色或白色	文字：黑色

标志 3　不燃气体标志	标志 4　有毒气体标志
底色：红	底色：红白相间的垂直宽条（红 7、白 6）
图形：火焰（黑色或白色）	图形：火焰（黑色）
文字：黑色或白色	文字：黑色

标志 5　易燃液体标志	标志 6　易燃固体标志

续表

底色：上半部白色	底色：蓝色，下半部红色
图形：火焰（黑色或白色）	图形：火焰（黑色）
文字：黑色或白色	文字：黑色
标志7　自燃物品标志	标志8　遇湿易燃物品标志
底色：柠檬黄色	底色：柠檬黄色
图形：从圆圈中冒出的火焰（黑色）	图形：从圆圈中冒出的火焰（黑色）
文字：黑色	文字：黑色
标志9　氧化剂标志	标志10　有机过氧化物标志
底色：白色	底色：白色
图形：骷髅头和交叉骨形（黑色）	图形：骷髅头和交叉骨形（黑色）
文字：黑色	文字：黑色
标志11　有毒品标志	标志12　剧毒品标志

续表

底色：白色	底色：上半部黄色
图形：上半部三叶形（黑色）下半部白色	图形：上半部三叶形（黑色）
下半部两条垂直的红色宽条	下半部一条垂直的红色宽条
文字：黑色	文字：黑色
一级放射性物品 7	二级放射性物品 7
标志 13　一级放射性物品标志	标志 14　二级放射性物品标志
底色：上半部黄色	底色：上半部白色
下半部白色	下半部黑色
图形：上半部三叶形（黑色）	图形：上半部两个试管中液体分别向
下半部三条垂直的红色宽条	金属板和手上滴落（黑色）
文字：黑色	文字：（下半部）白色
三级放射性物品 7	腐蚀品 8
标志 15　三级放射性物品标志	标志 16　腐蚀品标志

续表

B2　副标志	
底色：橙红色	底色：红色
图形：正在爆炸的炸弹（黑色）	图形：火焰（黑色）
文字：黑色	文字：黑色或白色
标志 17　爆炸品标志	标志 18　易燃气体标志
底色：绿色	底色：白色
图形：气瓶（黑色或白色）	图形：骷髅头和交叉骨形（黑色）
文字：黑色	文字：黑色
标志 20　有毒气体标志	不燃气体标志
底色：红色	底色：红白相间的垂直宽条（红 7、白 6）
图形：火焰（黑色）	图形：火焰（黑色）
文字：黑色	文字：黑色
标志 21　易燃液体标志	标志 22　易燃固体标志

续表

底色：上半部白色，下半部红色	底色：蓝色
图形：火焰（黑色）	图形：火焰（黑色）
文字：黑色或白色	文字：黑色

标志 23　自燃物品标志	标志 24　遇湿易燃物品标志
底色：柠檬黄色	底色：白色
图形：从圆圈中冒出的火焰（黑色）	图形：骷髅头和交叉骨形（黑色）
文字：黑色	文字：黑色

标志 25　氧化剂标志	标志 26　有毒品标志
底色：上半部白色，下半部黑色	
图形：上半部两个试管中液体分别向金属板和手上滴落（黑色）	
文字：（下半部）白色	

标志 27　腐蚀品标志	

2. 包装危险货物隔离表

本隔离表选自包括至 Amdt. 28 –96 修正案的中文译本。

《国际危规》对包装危险货物的隔离表

类别	1.1 1.2 1.5	1.3 1.6	1.4	2.1	2.2	2.3	3	4.1	4.2	4.3	5.1	5.2	6.1	6.2	7	8	9
爆炸品 1.1，1.2，1.5	*	*	*	4	2	2	4	4	4	4	4	4	2	4	2	4	×
爆炸品 1.3，1.6	*	*	*	4	2	2	4	3	3	4	4	4	2	4	2	2	×
爆炸品 1.4	*	*	*	2	1	1	2	2	2	2	2	2	×	4	2	2	×
易燃气体 2.1	4	4②	2	×	×	×	2	1	2	×	2	2	×	4	2	1	×
无毒不燃气体 2.2	2	2	1	×	×	×	1	×	1	×	×	1	×	2	1	×	×
有毒气体 2.3	2	2	1	×	×	×	2	×	2	×	×	2	×	2	1	×	×
易燃液体 3	4	4	2	2	1	2	×	×	2	1	2	2	×	3	2	×	×
易燃固体 4.1	4	3	2	1	×	×	×	×	1	×	1	2	×	3	2	1	×
易自燃物质 4.2	4	3	2	2	1	2	2	1	×	1	2	2	1	3	2	1	×
遇湿危险物质 4.3	4	4②	2	×	×	×	1	×	1	×	2	2	×	2	2	1	×②
氧化剂 5.1	4	4	2	2	×	×	2	1	2	2	×	2	1	3	1	2	×
有机过氧化剂 5.2	4	4	2	2	1	2	2	2	2	2	2	×	1	3	2	2	×
毒害品 6.1	2	2	×	×	×	×	×	×	1	×	1	1	×	1	×	×	×
感染性物质 6.2	4	4	4	4	2	2	3	3	3	2	3	3	1	×	3	3	×
放射性物质 7	2	2	2	2	1	1	2	2	2	2	1	2	×	3	×	2	×
腐蚀品 8	4	2	2	1	×	×	×	1	1	1	2	2	×	3	2	×	×
杂类危险物质和物品 9	×	×	×	×	×	×	×	×	×	×	×	×	×	×	×	×	×

表中：1——“远离”；

2——“隔离”；

3——“用一整个舱室或货舱隔离”；

4——“用一介于中间的整个舱室或货舱作纵向隔离”；

×——隔离要求（如存在）应查阅物质明细表；

②——《我国水路危规》定义“2——隔离”；

*——详见《国际危规》第1类爆炸品之间的隔离要求。

除第1类爆炸品之间的隔离要求外，上述危险货物四个等级的隔离含义如下：

1）隔离1：远离（Away from）。

有效地隔离从而使互不相容的物质在万一发生意外时不致相互起危险性反应，但只要在水平垂直投影距离不少于3 m，仍可在同一舱室或货舱内或“舱面”上装载。

2）隔离 2：隔离（Separated from）。

在“舱内”积载时，装于不同舱室或货舱内。如中间甲板是防火防液的，垂直距离，即在不同的舱室积载，可以看成是同等效果的隔离。就舱面积载而言，这种隔离应不小于 6 m的水平距离。

3）隔离 3：用一整个舱室或货舱隔离（Separated by a complete compartment or hold from）垂向的或水平的隔离。

如果中间甲板不是防火防液的，只能用一介于中间的整个舱室或货舱作纵向隔离。就“舱面”积载而言，这种隔离即不少于 12 m 的水平距离。如果一包件在“舱面”积载，而另一包件在最上层舱室积载，也要保持上述的同样距离。

4）隔离 4：用一介于中间的整个舱室或货舱作纵向隔离（Separated by an intervening complete compartment or hold from）。

单独的垂向隔离不符合这一要求。在舱内积载的包件与在“舱面”积载的另一包件之间的距离包括纵向的一整个舱室在内必须保持不少于 24 m。就“舱面”积载而言，这种隔离应不少于 24 m 的纵向距离。

由于每种危险货物的性质差别很大，因此查阅物质明细表中对隔离的具体要求比查阅一般要求更为重要。同时，在确定隔离要求时还应当以危险货物主、副（如果存在时）标志的隔离要求中较高者为准。

3. 危险品集装箱隔离表

本隔离表选自包括至 Amdt. 28 −96 修正案的中文译本。

《国际危规》对危险品集装箱的隔离表

<table>
<tr><th rowspan="3">隔离要求</th><th colspan="3">垂 直</th><th colspan="7">水 平</th></tr>
<tr><th rowspan="2">封闭式与封闭式</th><th rowspan="2">封闭式与开敞式</th><th rowspan="2">开敞式与开敞式</th><th rowspan="2"></th><th colspan="2">封闭式与封闭式</th><th colspan="2">封闭式与开敞式</th><th colspan="2">开敞式与开敞式</th></tr>
<tr><th>舱面</th><th>舱内</th><th>舱面</th><th>舱内</th><th>舱面</th><th>舱内</th></tr>
<tr><td rowspan="2">“远离”1</td><td rowspan="2">允许一个装于另一个上面</td><td rowspan="2">允许开敞式装于封闭式上面，否则按开敞式和开敞式的要求装载</td><td rowspan="6">除非以一层甲板隔离否则不容许装于同一垂线上①</td><td>首尾项</td><td>无限制</td><td>无限制</td><td>无限制</td><td>无限制</td><td>一个箱位</td><td>一个箱位或隔一个舱壁</td></tr>
<tr><td>横向</td><td>无限制</td><td>无限制</td><td>无限制</td><td>无限制</td><td>一个箱位</td><td>一个箱位</td></tr>
<tr><td rowspan="2">“隔离”2</td><td rowspan="4">除非以一层甲板隔离，否则不允许装于同一垂直线上①</td><td rowspan="4">按开敞式与开敞式的要求装载</td><td>首尾向</td><td>一个箱位</td><td>一个箱位或隔一个舱壁</td><td>一个箱位</td><td>一个箱位或隔一个舱壁</td><td>一个箱位</td><td>隔一个舱壁</td></tr>
<tr><td>横向</td><td>一个箱位</td><td>一个箱位</td><td>一个箱位</td><td>两个箱位</td><td>两个箱位②</td><td>隔一个舱壁</td></tr>
<tr><td rowspan="2">“用一整个舱室或货舱隔离”3</td><td>首尾向</td><td>一个箱位②</td><td>隔一个舱壁</td><td>一个箱位②</td><td>隔一个舱壁</td><td>两个箱位②</td><td>隔两个舱壁</td></tr>
<tr><td>横向</td><td>两个箱位②</td><td>隔一个舱壁</td><td>两个箱位②</td><td>隔一个舱壁</td><td>三个箱位②</td><td>隔两个舱壁</td></tr>
</table>

续表

隔离要求	垂直			水平						
	封闭式与封闭式	封闭式与开敞式	开敞式与开敞式		封闭式与封闭式		封闭式与开敞式		开敞式与开敞式	
					舱面	舱内	舱面	舱内	舱面	舱内
“用一介于中间的整个舱室或货舱作纵向隔离”4	禁止			首尾向	最小水平距离24m②	隔一个舱壁并且最小水平距离不小于24m②	最小水平距离24m②	隔两个舱壁	最小水平距离24m②	隔两个舱壁
				横向	禁止	禁止	禁止	禁止	禁止	禁止

表中：所有舱壁和甲板均应是防火防液的；

① —— 对于无舱盖集装箱货船，《国际危规》定义为：“不允许在同一垂线上”；

② —— 对于无舱盖集装箱货船，《国际危规》定义为：“一个箱位且不在同一货舱上”；

③ —— 集装箱距离中间舱壁不少于6.0m。

“封闭式”是指封闭式集装箱，意为采用永久性的结构将内装货物全部封装在内的集装箱。它不包括具有纤维质周边或顶部的集装箱。

“开敞式”是指开敞式集装箱，意为非封闭式集装箱。

“一个箱位”是指前后不小于6m，左右不小于2.4m的空间。

参考文献

[1] 高明波．集装箱物流运输［M］．北京：对外经济贸易大学出版社，2008.

[2] 中国国际货运代理协会．国际多式联运与现代物流理论与实务［M］．北京：中国商务出版社，2006.

[3] 马天山．集装箱运输管理［M］．北京：人民交通出版社，2009.

[4] 李佑珍．集装箱运输管理［M］．北京：人民交通出版社，2007.

[5] 杨茅甄．集装箱运输实务［M］．北京：高等教育出版社，2003.

[6] 武德春．集装箱运输实务［M］．北京：机械工业出版社，2003.

[7] 莱文森．集装箱改变世界［M］．姜文波，等译．北京：机械工业出版社，2008.

[8] 陈心德等．集装箱运输与国际多式联运管理［M］．北京：清华大学出版社，2008.

[9] 王学锋等．集装箱管理与装箱工艺［M］．上海：同济大学出版社，2006.

[10] 顾丽亚．集装箱运输管理实务［M］．北京：电子工业出版社，2008.

[11] 江静．国际集装箱运输与多式联运［M］．北京：中国商务出版社，2006.

[12] 陈琳．集装箱多式联运［M］．上海：上海财经大学出版社，2006.

[13] 宋伟刚．物流工程及其应用［M］．北京：机械工业出版社，2003.

[14] 中国国际货运代理协会．国际海上货运代理理论与实务［M］．北京：中国商务出版社，2006.

[15] 中国国际货运代理协会．国际航空货运代理理论与实务［M］．北京：中国商务出版社，2006.

[16] 杨志刚．国际集装箱码头实务、法规与案例［M］．北京：人民交通出版社．2009

[17] 杨茅甄．国际集装箱港口管理实务［M］．上海：上海人民出版社，2007.

[18] 汪益兵．集装箱运输实务［M］．北京：机械工业出版社，2006.

[19] 朱晓宁．集装箱运输与多式联运［M］．北京：中国铁道出版社，2005.

[20] 谢东建．集装箱运输管理［M］．北京：中国物资出版社，2007.

[21] 孙家庆．集装箱多式联运［M］．北京：中国人民大学出版社，2010.

[22] 陆华．集装箱运输与多式联运［M］．上海：上海交通大学出版社，2008.

[23] 孙家庆．集装箱内陆港理论与实务［M］．北京：中国物资出版社，2011.

[24] 王为．国际铁路货物联运［M］．北京：中国商务出版社，2007.

[25] 孙家庆．物流运输组织与管理［M］．大连：大连海事出版社，2004.

[26] 陈琳．集装箱多式联运［M］．上海：上海财经大学出版社，2006.

[27] 王海兰．集装箱运输管理实务［M］．北京：电子工业出版社，2014.